髙橋昌明

平家と六波羅幕府

東京大学出版会

A New Study on the Political Power of the Heike

Masaaki TAKAHASHI

University of Tokyo Press, 2013
ISBN 978-4-13-020150-6

i

目次

第三部　日宋の交流と海

序、ならびに用語について

はじめに

治承・寿永内乱が二年目に入った治承五年（一一八一）閏二月四日、清盛は平家の行く末を案じながら世を去った。時に六四歳。逆算すると生まれは永久六年（一一一八）である。生まれた日は正月一八日。それは鎌倉前期の摂政関白九条道家の日記『玉蘂』の建暦元年（一二一一）三月一四日条によってわかる。この時代、臣下で誕生の日までわかる人物は稀なのだが、「正月誕生の人、皆最吉なり」の例としてあげられた。三〇年後の若手政治家道家も、平家の悲劇的な滅亡にもかかわらず、彼のたぐい稀な人生を「最吉」と理解していたのである。

父は伊勢平氏の棟梁忠盛、その妻が、保安元年（一一二〇）七月一二日急死した。この女性を清盛の生母と考える点については、各論者異論がない。その死を記した中御門宗忠の日記は、彼女が「仙院の辺」、すなわち白河法皇の身辺に仕えていた女性だとする（『中右記』）。『平家物語』には、白河法皇の胤を宿した女性が、懐妊したまま忠盛に与えられた、忠盛は実の父ではなく育ての親だ、という説を紹介している（巻六祇園女御）。

当時白河法皇は院政の主催者だった。院政とはおおざっぱにいって、天皇位を退いた王家の家長（治天たる上皇、出家して法皇）が、直系卑属たる現天皇や朝廷に働きかけて、政治に積極的に関与し、その実際を動かすような政治のあり方をいう。落胤説には懐疑的な論者も少なくないが、清盛の母が白河法皇の身辺の女性だという情報は、やはり重要であるし、筆者はその他の論拠をあげながら、落胤説に立っている。

伊勢平氏が院政下で頭角を現し始めたのは、一一・一二世紀の交、忠盛の父正盛の頃からである。正盛が頭角を現す以前、伊勢平氏は「侍」身分（上流貴族に奉仕する身分呼称。武士と文士からなる点に留意されたい。位階的には貴族の下の六位クラス。社会的中間層）に低迷していたが、正盛は白河院の愛人祇園女御、同じく第一の寵臣藤原顕季らとの縁で白河院の近習化した。忠盛も白河院、ついで鳥羽院の庇護をえて、諸大夫（中下級貴族の身分呼称）に上昇、その中で粘り強く昇進を続け、公卿の直前、正四位上に達した。

正盛や忠盛が家格の壁に守られた貴族社会で地位向上を実現できたのは、北面の武士（院の親衛軍）の首領格として、使い勝手がよかったからであり、富裕な受領として造寺・造塔など院への財力奉仕に熱心だったからである。忠盛は鳥羽院の家政機関（院庁）運営の中心的な幹部（年預《ねんよ》別当）となり、仁平元年（一一五一）には重職である刑部卿に補せられている。武力・財力以外にも和歌・笛・香道など宮廷の教養も身につけていた。清盛はその忠盛のもとで、順調以上の官位昇進を果たした。以上の事実については、すでに二八年前の旧作である拙著『清盛以前――伊勢平氏の興隆』で詳しく論述した[1]。

一二世紀五〇年代後半、保元・平治の乱が起こる。伊勢平氏の棟梁は、すでに清盛に替わっていたが、二つの乱を見事に勝ち抜いた結果、平氏は他から抜きんでた武装集団となり、中央政界の動向を左右する勢力の位置を確立する。平治の乱後、二条天皇親政派と後白河上皇の対立が激化すると、清盛は基本的には天皇側についた。そして、巧みな政界遊泳と武力を背景に、急速な官位の昇進を果たす。長寛二年（一一六四）には、娘の盛子を摂関家の基実に嫁がせている。この年は平家納経を厳島神社に奉納した年でもあった。

永万元年（一一六五）二条天皇が没し、その子六条が即位した。翌年、二条天皇派仲間の摂政基実が死ぬと、一転清盛は後白河との連携に向かう。以後一〇年以上、国家権力は後白河院勢力とそれを支える平家が掌握することになった。翌仁安二年（一一六七）二月、五〇歳の清盛は太政大臣に進む。太政大臣は律令制で最上位の大臣であるが、それ自体は明確な職掌を持たないため、当時は摂関家以外の上流貴族の長老を祭り上げる名誉職になっていた。とはいえ、武士であり諸大夫の家から出た清盛がこの官に昇るのは、いわば驚天動地のできごとである。だが彼は太政大臣になってわずか三カ月で辞した。名誉職とはいえ、現職公卿の地位にいれば、朝廷の煩瑣な儀式やしきたりに拘束される。それを嫌ったのだろう。前太政大臣の肩書きだけで十分だったのである。

翌仁安三年、清盛は重病で出家（以下、本書で扱う大部分の時期、清盛は静（浄）海の法名を名乗り、一般には入道相国・禅門などと呼ばれているが、便宜上清盛で統一する）。清盛の後ろ盾を失うことを恐れた後白河は、六条天皇を退位させ、寵愛する平滋子（のちの建春門院）との間に生まれた憲仁親王を即位させた。高倉天皇で、母の滋子は清盛の妻時子の腹違いの妹だった。奇跡的に病癒えた清盛は以後も僧形のまま政局を左右し続ける。出家は、世俗から離脱するたてまえなので、既存の権威や政治秩序をも相対化できる。これにより清盛は、自由な立場で行動することが可能になったのである。さらに彼は仁安四年春以降、摂津福原（現神戸市兵庫区平野）に居をさだめ、そこから京都政界に大きな影響力を行使していった。

ここまでの平家、およびそれ以後の歴史的展開は、二〇〇七年に刊行した講談社の選書メチエの一冊、『平清盛福原の夢』で詳述した(2)。それにたいし本書のめざすところは、前著の清盛個人を中心とした伝記的な研究では、必ずしも本格的に論じられなかった平家権力の歴史的段階、ことに筆者が最初の幕府と呼ぶ理由、およびそれを実現し得た権力基盤としての家人制の分析や家政機構への言及、権力拠点としての六波羅・西八条・福原・大輪田泊などへの実証的な掘り下げである。嘉応・安元両度の強訴、福原遷都など政治史上の重大な局面への詳細な復元的研究、宋銭の流入と平家のそれへの対応にも取り組んだ。前著の内容と重なる点もあるが、その実証的な基礎となった研究および前著刊行後のより深化した提案とご理解いただきたい。

さらには余論として、外国人研究者に向けた今日的水準の平家と『平家物語』の紹介・考察、『平家物語』研究への歴史研究者としての参入のささやかな試みなどを収めた。「朝敵」という政治用語の成立の背景は、それらとも有形無形関係する楽しい仕事だった。平家を対象とする研究は、むろんこれらに尽きるものではないが、補訂・加筆を続ける内に一冊の書物としてまとめるのに十分な分量に達したので、あらためて研究書として世に問うことにした。なお全盛期以降の平家の群像については、一般向けの書物としてすでに『平家の群像　物語から史実へ』を上梓しているので、ご参照いただきたい(3)。

一　平　家

本論に入る前に、本書で使用する二つの用語について説明しておきたい。

一つは「平氏」ではなく「平家」という用語を使うことについて。よく知られているように、桓武天皇治世の八世紀末以後、天皇皇子・皇女（一世皇親）に対し、氏姓を与えて臣籍に降下させる政策がとられ皇族に対する賜姓が頻繁になる。この時、臣籍降下の皇族に下賜された氏名《うじな》の一つが平で、平氏は桓武天皇皇子葛原親王の皇子（桓武二世王）に与えられたのが最初である。源氏が歴代天皇皇子（一世王）に下賜される氏の名であるのにたいし、平は二世王以下のそれだった(4)。その後光孝・仁明・文徳の各天皇の子孫にも平が与えられた。

さらに桓武天皇の皇子で平氏を与えられた系統は全部で三つあり、伊勢平氏の出た葛原親王のそれがもっとも繁栄した。葛原親王の系統は、親王の長男高棟と弟高見王の子高望を祖とする二流に大別され、高棟流はそのまま宮廷文官貴族として展開してゆく。一方、高望の子孫は、多く下総・常陸・武蔵など関東各地に分かれて「土着」し、その

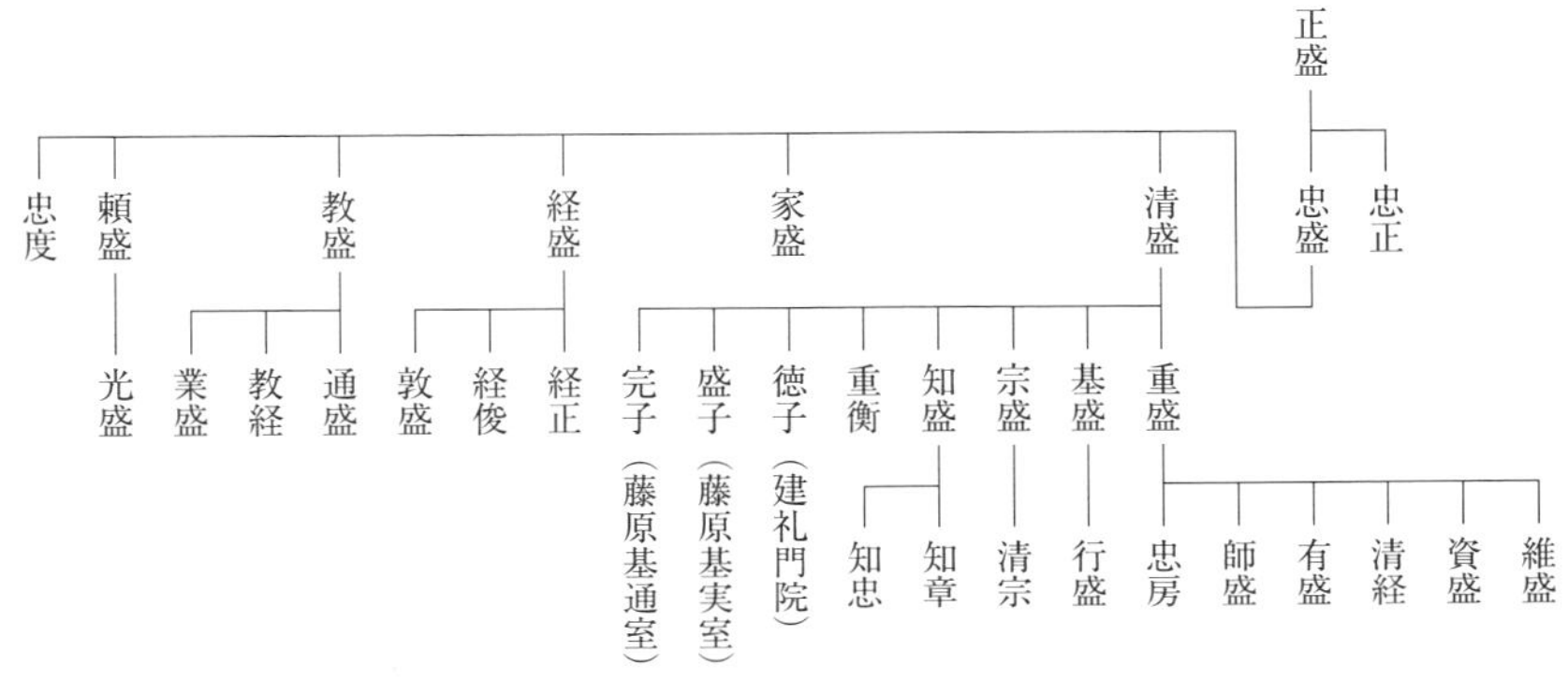

系図１　平家略系図

子孫から坂東平氏の各流が生じた。清盛の先祖はその中で伊勢に転じた一流である。清盛率いる一族は、これら宮廷貴族の諸平氏や坂東諸平氏らと区別する必要がある。

これを別の形でいいなおすと、本書であつかうほとんどの時期、清盛とその一族は、正盛・忠盛の伊勢平氏の発展型にとどまらず、公卿としての家格を獲得した段階のそれであった（系図1）。清盛は永暦元年（一一六〇）の参議正三位を手はじめに、急速な官位の昇進を果たし、中央の政局を左右する政治勢力に成長してゆく。そして仁安元年（一一六六）一一月一一日になると内大臣に、翌二年には太政大臣に進む。内大臣は左右大臣の補佐、代行の役。大納言以下の官は除目で任ぜられるのにたいし、大臣は宣命をもって任命される。内大臣就任の際、清盛はとくに「勲労久しく積みて、社稷を安全にせり、その功振古（大昔）にも比類少なければ、酬賞無くてやはあるべし」と告げられている（『兵範記』）。

父忠盛は公卿直前までゆきながら結局公卿に昇れなかった(5)。その後継者がいまや大臣の栄誉に輝いた。かかる破格は平安中期以降では、左大臣源高明が失脚した安和の変（九六九年）の余禄で、七八歳の高齢にもかかわらず右大臣に昇任した藤原在衡の例があるのみである（『花園天皇宸記』元応元年六月晦日条）。その他一族子弟も次々と公卿に昇任した。『平家物語』は『平氏物語』ではなく、その平家の物語なのである。それが、平家という用語で統一したい理由の、より本質的な内容である。

それがなぜ「平家」であって「平氏」でないかといえば、もともと律令制では四品以上の親王、三位以上の職事（現職）の「家」は公的な存在で、家政を掌る職員（家令）が官給されていた。平安中期以降これらの家政機関は変質するが、公卿とそれ以下は「家」であるかないかで厳格に区別された。平安後期の家政職員には、一般に家司・職事、侍、知家事・案主らがいる。摂関家では家司・職事は五位程度の大夫層の者が選任され、家司は主として政所別当に、職事は侍所別当に補されて家政の中核を占めた。また主家の家領の所職を給与されて家産経済の一翼を担った。侍には六位程度の侍品の者がなって、主に「所」の預の任に当たる。知家事・案主は下家司とも称され、政所の事務に当たった。このような家政職員のあり方は、一つには政所・侍所・随身所など「所」の分化による家政機関の拡充・整備に原因がある[6]。

ただし残念なことに、平家の家政機関とそのスタッフについての史料の残りは大変に悪い。初期の清盛家家司藤原能盛、その後の家司の中心となった平盛国などが、わずかにその具体的活動を知りうる存在である。前者については正木喜三郎氏の研究があり[7]、後者については本書第七章でその仕事ぶりの一端をあつかった。

二　平氏系新王朝

二つ目は平氏系新王朝という用語を使用する理由である。まず平氏系であるが、前述した通り、桓武平氏高棟流は宮廷文官貴族として展開し、一族は平安後期には四位・五位の中下級貴族層にとどまっていた。鳥羽院政期に兵部権大夫時信が出る。時信は摂関家の忠実・忠通父子に従い、ながらく鳥羽院庁の判官代も務めている。時信は八人の子女をもうけて久安五年（一一四九）に亡くなった。

その一人が清盛の嫡妻（正妻）時子であり、時子は大治元年（一一二六）年生まれだから夫の八歳下になる。母は太皇太后宮令子内親王（白河天皇第三皇女）家の半物《はしたもの》だったらしい。その兄弟姉妹には、同母では四つ歳下の弟に時忠がいる。[8] 異腹の弟には一八歳下の親宗がおり、さらに別の異腹には、鳥羽院の信頼厚き近臣だった権中納言藤原顕頼の娘との間に生まれた姉妹がいる。時子からいえば一六歳歳下の滋子と二〇（二一）歳下の清子である。滋子は、後白河上皇の寵愛を受け憲仁親王（即位して高倉天皇）を生んだ。のちの建春門院である。他にも生母・生年ともに不明ながら重盛の妾である女性らもいる。

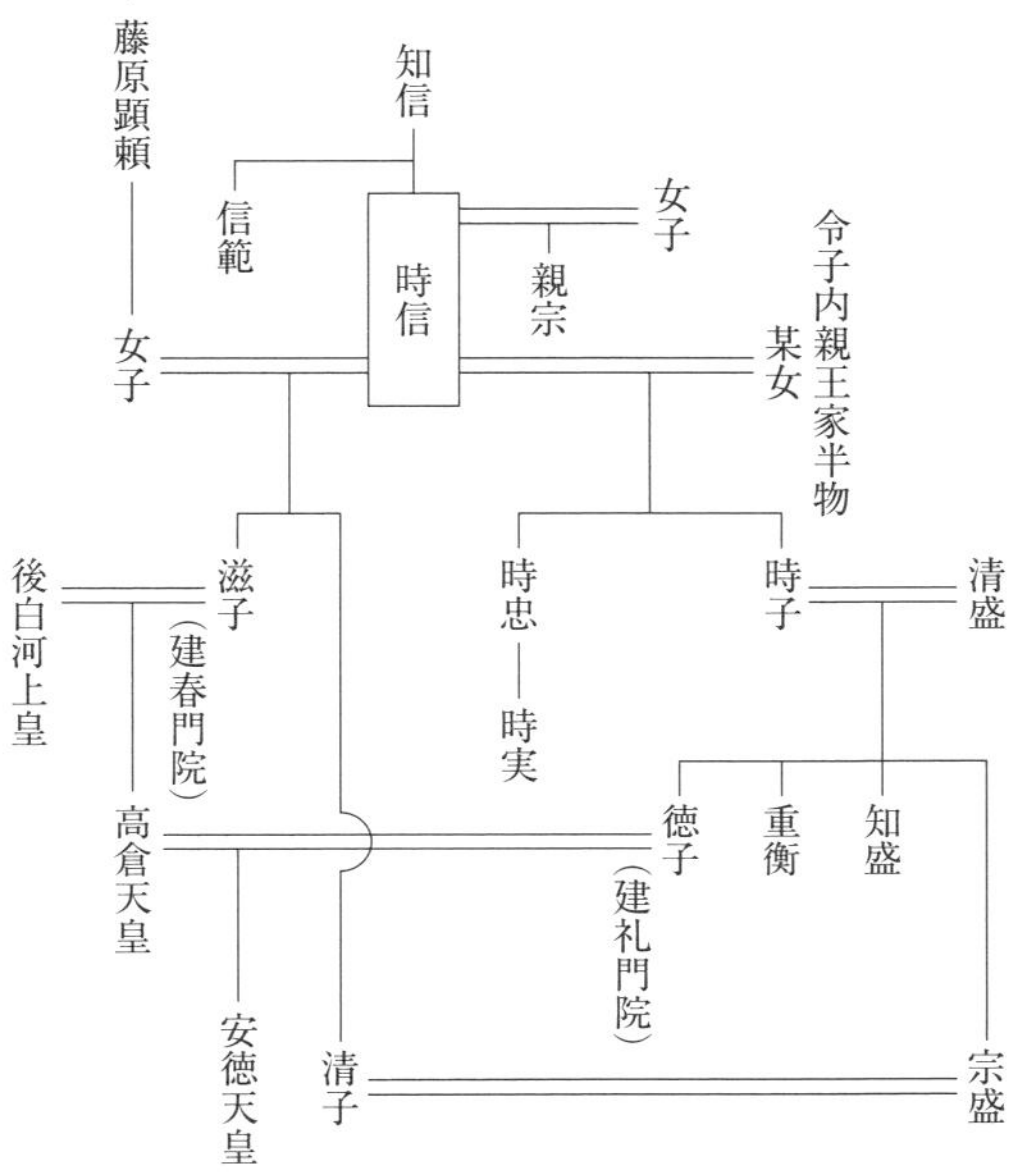

系図２　時信の子女

時子が清盛と結婚したのは久安三年（一一四七）以前で、清盛との間には公卿に昇った宗盛・知盛・重衡の男子と、高倉天皇の中宮になった徳子が生まれた（のちの建礼門院）。高倉と徳子の間に言仁親王が生まれる。壇ノ浦で祖母二位尼時子に抱かれて海中深く没した、のちの安徳天皇である（以上系図２参照）。

親宗を除く時子・時忠・滋子・清子（宗盛妻）らは躍進する清盛の平家と連携し、にわかに時めいた。治承三年一一月の軍事クーデタ後、平家はついに高倉上皇―安徳天皇の高倉院政をつくりあげ、国家権力を全面的に掌握した。時子・時忠らは清盛の平家と渾然一体であるかのように見える。が、貴族社会では両者は別存在と認識されていた。

たとえば、福原遷都にあたり宮内権少輔の藤原親経は、日記に「入道相国幷に二品□□等大半下向」と記している（『親経卿記』治承四年六月二日条）。摩滅・虫損などで二字判読できないが、それでも活字本では二字目は族と傍注しており、とすれば「一族」「之族」などが該当するであろう。すなわち遷都の主体は清盛と時子（二品）にそれぞれ代表される集団であり、時子サイドも武家平家に埋没していたわけではない。とくに清盛が福原に常住し始めた嘉応元年（一一六九）以降、在京の両平氏を大きくまとめていたのは、西八条に住み「八条殿」の敬称で呼ばれた時子であったと推測される（『平安遺文』四〇八七号など）。

また、元暦二年（一一八五）壇ノ浦で生け捕りになった人びとを、源義経がともなって京に凱旋する以前の四月二一日、後白河は公卿らを集めて、神器還京の件を論議させた。その際兼実は、我朝では死刑は行わない、宗盛は東海・東山道の遠流に処させるのが無難のうえ、頼朝の気持ちにも叶うか、などと暢気なことをいっていた。四月二六日帰京した宗盛・時忠・清宗らは、義経の家に収容される。ところが、来月四日に虜囚らは義経が連れて鎌倉におもむく、との風聞が伝わってくる。院や朝廷は完全に無視された。頼朝にとって平家追討は、父義朝の遺恨を晴らす私戦でもあり、捕らえた宗盛・清宗父子の処分は自分の思いのままと考えていたのである。五月七日、義経は宗盛父子ならびに郎従ら十余人を従えて鎌倉に下った。兼実は日記に「これ配流の儀にあらず」と書いた（『玉葉』）。

しかし同じ捕虜でも、時忠はもともと宮廷文官貴族の家柄であったため、京都にとどめられた。彼の処分は頼朝の勝手が許される対象ではなかったのである。彼は神鏡を保持した功を主張して死罪を逃れ、能登配流と決まった。その後も義経を女婿として保身を図ったが、院も頼朝も許さず配流を実行する。

清盛が安徳天皇の外戚であったのは指摘するまでもないが、時忠も宮廷世界では高倉天皇の「外舅（母方の伯父）」と表現されており（『禅中記抄』安元元年九月二三日条）、さらに『平家物語』では「高倉の上皇の御外戚なり」と出てくる（巻十二平大納言被流）。すなわち高倉上皇―安徳天皇の高倉院政は、はるか遠い昔に枝分かれした別個の平氏を出自とする清盛と時忠という二人の権力者が、それぞれ外戚（天皇の祖父、上皇のヲヂ）であることを特徴とする院政であった。換言すれば、清盛と時子の婚姻を媒介に生まれた政治集団、時信の子供たちが相対的な独立性を保持しつつ形成された二つの平氏からなる政治勢力が、背後にあって同院政を支えていた。そのように考えてくれば、時忠が語ったとされる有名な「此一門にあらざらむ人は、皆人非人なるべし」という放言も（巻一禿髪）、自分を含めた政治勢力の権勢についての傲岸な自賛というよりは、時忠側から見た「六波羅殿（清盛の平家一族）」の隆盛ぶりへの第三者としての評価とも読めよう。

高倉上皇―安徳天皇の治世は、王の系譜面から見れば、両平氏が創りだした新王朝といえる。これをさして平氏系新王朝と呼ぶことにしたい。むろんそのことは、真の原動力が清盛側にあったことを過少評価するものではないが、前掲拙著『平家の群像　物語から史実へ』で詳しく述べた、平家全盛期における重盛の小松家と時子の子宗盛以下の一門主流との隠微な葛藤・対立の背景を説明することにもなろう。

次に、すでに使用済みであるが、新王朝という術語の意味である。そもそも王朝の定義は意外に難しい。手許の各種歴史辞事典を見ても「王朝」という項目はなかなか見つからない。現代中国で出版された『中國歴史大辞典』でも、人名としての王朝しか出ていない(9)。気のついた範囲では、少し古いが平凡社一九五五年版の『世界大百科事典』に、成瀬治氏の書かれたものがある。成瀬氏は「統治者の家系もしくは血統。すなわち、単一の家族にぞくし、もしくは共通の祖先の血をひく主権者の系列をいう」と定義する。

王朝という言葉は当然漢語から来ている。諸橋轍次の『大漢和辞典』を引くと「①王が朝政をみること。又その場所」、「②王の朝廷。帝王親政の朝廷」という意味と、それぞれの用例（周礼、地官、師氏）（漢書、韋賢伝。旧唐書、魏玄同伝）が掲げられている。そのコンパクト版・現代版で鎌田正・米山寅太郎両氏による同じ大修館発行の『廣漢和辞典』になると、①②は用例も含めて諸橋辞書を踏襲しているが、さらに「③同じ王家に属する統治者が治めている時期。「周王朝」」、「④奈良・平安両朝をいう。また、特に平安朝をいう。「王朝時代」」、の二つがつけ加えられている。

このうち④は日本史・日本文学史の時代区分にかかわる特殊な用法である。③には漢籍の用例表示がなく、英語のDynastyに王朝の訳語を宛てたため、Dynastyの意味が加わった結果と推量しうる。Dynastyとはたとえば『エンサイクロペディア・アメリカーナ』のインターナショナルエディションには、「同じ血統あるいは家族による支配者の継承。この語は元来ただ「主権」あるいは「権力」を意味した、しかしおそらく、階層的な社会で権力が集団あるいは家族で自らを永続させる傾向があったがゆえに、一七世紀の初めごろに、それは（子孫に）伝えられた権力の意味を獲得した（拙訳）」とあった。

イスラム世界のマムルーク朝のように、マムルーク（奴隷もしくは奴隷軍人）の実力者が次々王国の支配者となる例もあるが[10]、通常、権力の継承は世襲により行われる。成瀬氏は前掲の定義につづけて「しかしヨーロッパでは、前王の遠縁の家系から新王が即位する時は、血のつながりがあっても王朝の名が変わるのを常とする」という。つまりヨーロッパ文化圏では、王朝が同一家名の君主の連続によるものと定義され、家名が王朝名である。ヨーロッパの王家が武力で亡ぼされた例は少ない。ほとんどが直系断絶による家名の変更である。傍系継承や女系継承が起きた場合も家名が変わるので、王朝交替とみなされる。たとえばフランスのヴァロワ朝はカペー朝のフィリップ三世（剛勇王）の孫フィリップ六世の登位したものだから、ヨーロッパでは王朝交替とされるが、東アジア文化圏なら同一王朝とみなされよう。

一方、中国では隋は楊氏、唐は李氏、宋は趙氏のように、王朝は同姓の一族による世襲を指し、王朝ごとに国号が変わるため、国号が王朝名に使われることが多い。相続は男系継承で、血統がかなり離れた相続も可能である。漢の第七代武帝徹の位は、その子第八代昭帝弗陵―第九代昌邑王賀（廃帝、昭帝の兄弟の子）―第一〇代宣帝詢（昭帝の別の兄弟の孫）と継承された。ただ、一度亡んだ王朝を再興した場合には、前漢・後漢のように区別する。王朝の交替、すなわち姓を異にする二王室の間に行われる統治者の位置の交替（放伐・禅譲）が易姓革命である。

洋の東西で定義の違いがあるため、自然、王朝の範囲は国によって異なる。日本の場合は、天皇位を同一の皇統が占め続けたといわれ、天皇一族は交替する姓すら有さない（倭は大王の姓だったという説はあるが）[11]。本居宣長のように、『日本書紀』の日本という題号さえこの国では用いるべきではない、といった主張があったほどである（『古事記伝』一之巻）。大日本帝国の時代には、万世一系、金甌無欠の国体という政治言語が、人びとの合理的思考と自由な表現を金縛りにした。しかし戦後の古代史学では大化前代での何回かの王朝交替が論じられているし、天智系王朝（皇統）・天武系王朝（皇統）という術語も普通に使用されている。嵯峨朝・仁明朝のような一代の天皇治世を指す時代区分さえある。これらは天皇位が父子継承と兄弟継承の間を揺れ、時には武力による前朝の打倒があったことの表現であろう。天皇位は建前として父系（男系）継承であるが、中世でも近衛天皇没後八条院姫宮（暲子内親王）が即位の候補に挙がったように（『愚管抄』第四、『今鏡』すべらぎの下）、ことしだいでは女帝の登極が検討された。家族や親族組織にかかわる議論はこみ入って難しいけれど、政治史の次元では、母方の親類たる外戚の発言権が極めて大きかったことは周知の事実である。

日本古代が親族組織の面では、自己からみて父方《かた》・母方《かた》に顕著な差が存在しない双方的（bi-lateral）な家族が、社会の基礎的な単位となっていたことが注目されている。そして支配者層では、このような双方的な家族を基礎として、父系の親族組織である氏《うじ》が形成された。父系の系《けい》（lineal）とは、方《かた》（lateral）と違って祖先を起点とする関係であり、氏は父系（男系）による継承を原理とする[12]。平氏と藤原氏はむろん父系の一族であった。

院政期は中世的なイエ（父と子の関係を基本とする）としての「王家」[13]が形成され、その家長たる治天が重きをなし始めたため、外戚の影響力や地位は大きく後退する。そして院が天皇の後宮を差配することによって、皇子誕生の過程に深く介入し、さらに皇位の行方も自ら決定する皇位継承システムが出現したと説かれている[14]。しかし、後白河院権力は鳥羽のそれに比して平家（清盛）によって支援もしくは制約される面が大きかったため、治天としての権威の確立は十分でなく、このシステムの実質を平家の手に握られる状態が生まれた。それは古い摂関期の外戚政治の復活に近似している。

日本ではこれまで、王朝という術語は政治史や文学史の時期区分に用いられてきた。天皇位は、現実には蘇我氏や藤原北家、あるいは藤原道長とその直系子孫、さらには平家などの力によって左右され続けた。乱暴ないい方をすれば、時の権力者が皇族のうちで自己に都合のよい人物を天皇位につけたのである。だから外戚や背後勢力の交替によって皇統が皇族の中を移動することを、すこしゆるやかにとって日本における新王朝の誕生と説明することは許されるだろう。

二つの平氏が外戚の立場から創り上げた高倉上皇―安徳天皇の政権を、平氏系王朝もしくは平氏系新王朝と呼ぶのは以上の理由からである。問題はその新王朝が何をめざしたかで、これは本文にゆずらねばならない。なお書名中の六波羅幕府という造語については、第一部の二つの章をとって詳しく説明するので、ここでは省きたい。

最後に、特別の場合を除き、本書では漢文史料の引用は、筆者の内容理解を明確に示すため、旧かなの読み下し文とした。典拠となる記録類の表記は紙面の節約のため、原則当該本文の文末に括弧して、（『玉葉』治承四年一一月一四日条）のような形としたことをお断りしておく。また同じ理由で、本文の記述と同日の記事によっている場合、年月日あるいは年月を省略した。『平家物語』についても、以下ただ『平家物語』という場合にはおおむね覚一本を指し、それ以外の『平家物語』諸本は延慶本といったテキスト名で表記する。

注

（1）初刊『清盛以前——伊勢平氏の興隆』平凡社選書、一九八四年。再刊『〔増補改訂〕清盛以前——伊勢平氏の興隆』文理閣出版、二〇〇四年。三刊『〔増補改訂〕清盛以前——伊勢平氏の興隆』平凡社ライブラリー、二〇一一年。二〇〇四年版で増補改訂を行い、二〇一一年版でさらに誤記の訂正、若干の加筆などを行った。
（2）拙著『平清盛　福原の夢』講談社選書メチエ、二〇〇七年。
（3）拙著『平家の群像　物語から史実へ』岩波新書、二〇〇九年。
（4）宇根俊範「源平藤橘の由来」『月刊百科』三〇四号、一九八八年。
（5）拙著注(1)平凡社ライブラリー、二〇一一年。
（6）藤木邦彦「奈良・平安朝における権勢家の家政について」同『平安王朝の政治と制度』吉川弘文館、一九九一年。石田祐一「諸大夫と摂関家」『日本歴史』三九二号、一九八一年。中原俊章「中世地下官人の系譜と身分」同『中世公家と地下官人』吉川弘文館、一九八七年。井原今朝男「摂関家政所下文の研究」同『日本中世の国政と家政』校倉書房、一九九五年。元木泰雄「摂関家家政機関の拡充」同『院政期政治史研究』思文閣出版、一九九六年など。
（7）正木喜三郎「藤原能盛考——古代末期における一武官系下級貴族の生涯」『九州中世史研究』第一輯、一九七八年。
（8）平藤幸「平時忠伝考証」『国語と国文学』七九巻九号、二〇〇二年。金永「平時子論」『文学』隔月刊三巻四号、二〇〇二年。
（9）中国歴史大辞典編纂委員会編、上海辞書出版社、二〇〇〇年など。
（10）佐藤次高『マムルーク——異教の世界からきたイスラムの支配者たち』東京大学出版会、一九九一年。
（11）吉田孝『日本の誕生』第三章、岩波新書、一九九七年。
（12）吉田孝「律令時代の氏族・家族・集落」同『律令国家と古代の社会』岩波書店、一九八三年。同『歴史のなかの天皇』岩波新書、二〇〇六年など。
（13）栗山圭子「中世王家の存在形態と院政」同『中世王家の成立と院政』吉川弘文館、二〇一二年。
（14）伴瀬明美「院政期における後宮の変化とその意義」『日本史研究』四〇二号、一九九六年など。

第一部　六波羅幕府と平氏系新王朝

第一章　後白河院と平清盛
——王権をめぐる葛藤

一　後白河時代をどうとらえるか

かつて院政の研究は、成立期の白河院政か、その制度的確立をみた後嵯峨院政期に集中していた。ところが近年、後白河院政期の研究が蓄積されている。井原今朝男・玉井力・美川圭・川合康・下郡剛ら諸氏の研究がそれで[1]、これに龍粛の古典的研究を加えれば[2]、同時期の国家意志決定方式および国政運営の輪郭も、格段の具体性をもって把握することが可能になった。それらの成果を要約してみよう。

当該期、国家意志は、蔵人・弁官を介した天皇・院・摂関（初期には家長の大殿忠通も参加）間の連絡・調整によって決定された。そして、この王家と摂関家の合議による国家意志形成を、補完・下支えする役割を果たしたのが、国家の大事を審議する公卿議定（院御所議定・内裏殿上定・陣定など）と、有力貴族諸家の家長を諮問の対象にする在宅諮問制度であった。

執政の中心である王権は、ひきつづき強化の方向にあったが、王家内では天皇と後白河院の対立・葛藤が絶えず、政治過程は白河・鳥羽期に比べ波乱多きものだった。双方の力関係があたかもシーソーのように上下した結果、権力行使面で後白河か天皇のどちらかが不参加（無視）もしくは意識的に排除されている時期が生じた。それを念頭において、平家の都落ちまでの後白河時代の時期区分を行うと、およそ次の諸段階が設定できるだろう。

第一期、応保元年（一一六一）九月一五日以前。後白河・二条執政期。職事弁官が使者となって院・天皇・大殿忠通・関白基実の間を往来して意見の調整と合意をはかり、日常的な政務が処理されていた段階。

第二期、応保元年九月から永万二年（一一六六）七月の六条天皇摂政基実の死まで。実質的には二条天皇執政期および同天皇の死によって幼帝六条が即位した直後まで。二条天皇と大殿忠通および関白基実の合意によって政務が処理された段階。皇子憲仁（のちの高倉天皇）を皇位につけようとする院と、それを阻まんとする天皇が衝突、院の政務が否定され、後白河が国政運営から排除された段階。

第三期、基実の死から安元三年（一一七七）六月の鹿ヶ谷事件まで。幼帝六条が棚上げになり、後白河院の執政が復活する時期。二年後、後白河の子高倉が即位した。国政は、院と摂政（関白）基房の合議によって運営され、院の意志が、天皇の勅旨なしにそのまま国家意志になりえた。

第四期、鹿ヶ谷事件以降、治承三年（一一七九）の平家の軍事クーデタまで。事件の結果、後白河院が人事から表向き手を引かざるを得なくなり、院の政務関与はなくなりはしなかったが、天皇・院・関白間の合意形成は、高倉天皇中心に行われた。

第五期、軍事クーデタから治承五年正月一七日の後白河院政復活まで。すなわち高倉親政・院政期。後白河は幽閉され、意志決定は表向き高倉と関白基通の合議および九条兼実への諮問によってなされた。

第六期、後白河院政復活から寿永二年（一一八三）八月平家の都落ちまで。

右の各段階を画する最大の要素は、清盛率いる平家の動向であった。第四期・第五期を開いた鹿ヶ谷事件や軍事クーデタは、いうまでもないだろう。第六期も、いわゆる福原遷都の挫折後、清盛が法皇に院政の復活を乞うことによってはじまった。さらに第二期・第三期を現出せしめたのも、清盛の力に負うところが大きい。その点を確認しておく。

応保元年（一一六一）、九月一五日生後間もない後白河の皇子憲仁を立太子させようという陰謀が発覚し、「院中の人々」左馬権頭平教盛・右少弁平時忠が解官せられ（『山槐記』『帝王編年記』、『源平盛衰記』巻二二代后付則天武后）、少納言で五位蔵人であった平信範も解任、左京権大夫に左遷された（『公卿補任』承安元年尻付記事）。この政変が第一期から第二期への移行の契機となる。

さらに一一月二九日には「上皇近習の輩」右馬頭信隆・右中将成親・右少将実家・美濃守基仲・飛騨守為行・内匠頭範忠も解官され（『山槐記』、『百錬抄』九月二八日条、『帝王編年記』）、翌年六月二日にいたり、二条を賀茂社で呪詛したとの密告で、修理大夫源資賢・同息左少将通家・同猶子上総介雅賢ら「院中の人々」が解官（『百錬抄』『帝王編年記』）、六月二三日流罪に処される。生まれたばかりの憲仁の立太子を望んで失言した時忠も同日流罪（『清獬眼抄』『百錬抄』『帝王編年記』、『愚管抄』巻五、『公卿補任』仁安二・三年条、『源平盛衰記』巻二二代后付則天武后）。

一連の事件で、教盛や時忠が解官・配流され、憲仁の母が時忠異母妹の滋子であり、かつ時忠同腹の姉が清盛妻の時子であったところから、一見平家が後白河側に立っていたかのようにも見える。

しかし、時子は二条天皇の乳母であり（『山槐記』応保元年一二月二七日条）、したがって清盛は天皇の後見役であった。清盛が二条天皇と後白河院の間を「アナタコナタ」したとの『愚管抄』の評はよく知られているが（巻五）、彼は基本的には二条天皇派とすべきである(3)。この事件では、熟慮の結果、時忠らを跳ね上がり分子として切り捨て、二条天皇側に、はっきりと重心を移したのであろう。

『源平盛衰記』は、事件の結果について、「又上皇政務を聞召すべからざるの由、清盛卿申行ひけり」と記しており（巻二、二代后付則天武后）、武力を背景にする清盛によって、院の発言が封じこまれたもようである。以後、平氏は二条親政を推進する力として機能した。

以後『愚管抄』に「サテ主上二条院世ノ事ヲバ一向ニ行ハセマイラセテ、押小路東洞院ニ皇居ツクリテオハシマシテ（応保二年〈一一六二〉三月）、清盛ガ一家ノ者サナガラソノ辺ニトノヰ（宿直）所ドモツクリテ、朝夕ニ候ハセケリ」とあるように（巻五）、平家は天皇の身辺と彼の親政を守護する力として機能した。

第二期はあしかけ六年続いたが、永万元年（一一六五）四月中旬以降、二条天皇は病に冒され、六月二五日ついにわずか二歳の第一皇子順仁親王に譲位する（『顕広王記』同日条裏書）。四日後の六月二九日、上皇は太上天皇の尊号をたてまつられ、同日院司が補任され、院殿上始めが行われた（『山槐記』）。七月二六日、幼帝六条の即位の儀が行われ、その二日後、二条上皇は、押小路東洞院亭で亡くなった。

二条院の執事別当に参議平重盛と藤原定隆が選ばれているところに、二条の院政を平家が支えるという選択肢も考慮されていたと思われるが（『山槐記』六月二九日条）、上皇の死、さらに翌永万二年七月、清盛ともども二条—六条の王統を支えていた摂政基実が死ぬと、政界の様相は根本的に変わった。ここに後白河と、もともと高倉の即位を望んでいた平家の間に、改めて政治同盟が結ばれたのである。第三期が本格的に始まった。

永万元年八月一七日には、清盛が権大納言に昇任、九月一四日、出雲に配流されていた時忠が召還され（『百錬抄』）、翌年三月二七日本位に復した（『公卿補任』）。配流以来四年目の復帰である。一足先に内蔵頭教盛・左京権大夫信範に、内昇殿が許されていることとあわせ（『山槐記』永万元年六月三〇日条）、応保元年九月の政変が公式に否定された。

永万元年一二月二五日、憲仁に親王宣下があり、清盛が親王家の勅別当に補された（『顕広王記』）。『源平盛衰記』は、「（後白河は）年来は打籠められて御座て幽か也けるが、今は万機の政一院聞こし召せば、憚り無く宣下せられけり」（巻三高倉院春宮立即位）と記す。

二　王権のラブコール

清盛との連携による後白河の執政期（第三期）は、内にさまざまな矛盾をかかえていたが、当初は蜜月の関係として発進した。両者の親密の基礎には、清盛が平忠盛の実子ではなく、白河法皇の落胤で、両者、歳は九つしか違わないが、大叔父と甥の子の間柄で、王家の血を共有していたことがあるだろう。また、新しがりやの合理主義者で、世間の常識にこだわらない果断さが持ち味の清盛と、新奇なものを好み「制法に拘わらない」後白河、という性格面での共鳴も考えられる。

両者の密着ぶりは、仁安元年（一一六六）一〇月一〇日の憲仁立太子式に端的に現れている。式を沙汰したのは後白河、式場の東三条亭に向う後白河の牛車の警固責任者は権中納言重盛、その席の除目で東宮大夫に任ぜられたのが清盛であった。権大夫は彼の盟友である藤原邦綱、亮は清盛弟の教盛、大進は清盛最愛の息子知盛、乳母に重盛の室（経子）および邦綱の娘（邦子）が選ばれる。水も漏らさぬ布陣であった（『兵範記』）。

後白河が、憲仁の即位と自らの皇統の永続、それへの平家の協力をいかに待望していたのか、その心情を直接語った史料はむろん残されていない。そのためここでは、『彦火々出見尊絵巻』（図1）に注目してみたい。

これは、現在福井県明通寺蔵の近世前期模本しか残されていないが、原本は、後白河院期を代表する絵師の常磐源二光長が描き、詞書は能書をうたわれた藤原教長の筆になるもの、と推定されている作品である(4)。後白河院の制作関与がほぼ確実で、かつては法皇の蓮華王院の宝蔵に納められていたとされるものである(5)。

絵巻の内容は、記紀神話の海幸・山幸の物語に取材したもので、天孫降臨したニニギノミコトの長子ホノスソリノミコト（海幸彦）と末子ヒコホホデミノミコト（山幸彦）、二人の兄弟の葛藤と山幸勝利の話、および山幸の海神宮（竜

図1　竜王（左），ミコト（右）を娘の聟にと懸命に口説く
（『彦火々出見尊絵巻』）

宮）訪問、海神の女（豊玉姫）との結婚の話からなる。女から生まれた子がウガヤフキアエズノミコトで、神武天皇はその子である。一方ホノスソリノミコトは隼人の祖先となった。

書紀神話において、この話は、第一に隼人族の服属起源譚の意味をもつ。東西辺境の蝦夷と隼人を服属させることは、古代国家確立のための必須条件であった。隼人は蝦夷より早く宮廷に服従し、服属儀礼として交替番上して大嘗会に隼人舞を奏したり、また大嘗会や天皇の遠行の際に犬声を発して奉仕した。

第二に新王誕生の物語でもある。他界である海神国を訪問し、女と宝物をえてよみがえり、対立者を降して王になる話は、死と復活の儀礼をふまえており、豊玉姫との結婚も、天なる父が母なる大地（海原）との婚姻を象徴的に演じ、自然の豊饒を招き寄せる即位儀礼の一環としての聖婚の説話化であった。ちなみに、『日本書紀』の第四の一書には、ワタツミノカミノ宮で山幸彦が真床覆衾の上に座ったとあるが、これは、ホノニニギが天から降る時にくるまっていた衾であり、大嘗会の祭儀で天皇が新君主として誕生する以前にくるまる衾であった。[6]『古事記』の海神宮神話も、大嘗会の祭儀神話だとする有力な主張がある。[7]

『日本書紀』の伝える話と『彦火々出見尊絵巻』の相違点は、後者が、神話のいかめしさではなく全体に民話風の脚色が施されている、「あにのみこ（兄の尊）」「をと丶のみこ（弟の尊）」とだけあって、ヒコホホデミノミコトのような具体的な神名がみえない、「弟の宮はすることもなく」過ごしたとあるので、厳密には山幸ではない、弟が竜王よりもらった干満の玉によって兄を苦しめ従える箇所がより詳しい、出産時に産所をのぞくなとの警告を弟が無視したため竜王の女が去ってゆくくだりがない、などである。(8)

後白河が、『彦火々出見尊絵巻』を制作させた意図は、次のような所にあると考えられる。すなわち、具体的実名が避けられている「をと丶のみこ（弟の尊）」「あにのみこ（兄の尊）」は後白河自身と崇徳上皇、「竜王」は清盛、「竜王の姫君」は平徳子(9)（のちの建礼門院）を暗示し、彼の王位は兄弟間の争いでもあった保元の乱の勝利によって確立したこと、海原の支配者である平家の力を借りて政権を運営すること、高倉天皇と徳子との間に生まれる皇子が皇位を継承し、それは子孫に受け継がれてゆくべきものであること、などを主張する（図1）。

つまり、海幸・山幸の物語を、自らの王権の正統性と皇統の永続を訴えるストーリーに換骨奪胎し、絵巻という中世的＝現代的媒体を使って、見るものの視覚に訴え、一層印象強いメッセージとする政治的ねらいがあったと考える。

如上の含意からいって本絵巻の成立は、後白河院政の第三期、高倉に徳子が入内した承安元年以降の比較的早い段階と考えるのが妥当であろう。

ところで、大量の絵巻が蓮華王院宝蔵に秘蔵されたのは、知の独占であり、珍蔵する王権の権威づけである。隠すことは、見たい渇望をいっそうかきたて、そのものの価値を実物以上に高める。その公開は王者の恩寵であり、それがまた臣下の忠誠を調達する手段になった(10)。この理解に立つとき、後白河は新たに制作された本絵巻を、真っ先に清盛に見せたのではないか、との想像が生まれる。清盛は、絵巻をいの一番に拝見する光栄に感激し、後白河―高倉王統の永続というメッセージが、後ろ盾としての平家への期待という形で示されていることを悟り、目も眩む思いがするだろう、後白河はそのように考えたのではないだろうか。

むろん、証明する手だてのない仮説に過ぎないが、絵巻制作は、たんなる秘宝の収集ではなく、素材・メッセージ・技法・表現の選定や方向性の決定という積極的な営為をともなう。それら絵巻は後白河院の意志の反映でなければならない(11)。だからこそ、産所をのぞき見したため竜王の女が去っていったとする記紀神話の本来の主張は、平家との不協和音を予想する点で、その時点の後白河には不都合、削除されるべきものだったのだろう。本絵巻が民話調になっているのも、白拍子にじかに教えをうけ、今様の比類なき名手であり、『梁塵秘抄』の撰者であった後白河の個性的な表現感覚がなせるわざだったと解しておきたい。

以上のように、本絵巻を後白河の政治的意図に即して読んでみたが、後白河が海幸・山幸説話におのれのメッセージを託そうと思ったとき、『源氏物語』が脳裏になかったはずがない。というのは『源氏物語』の前半の山場である光源氏の須磨明石流離譚は同説話を典拠にしており、ヒコホホデミノミコトが光源氏、ホノスソリノミコトが源氏の兄の朱雀帝、竜宮の竜王が明石入道、豊玉姫が明石の君の人間像に換骨奪胎されている、と考えられているからである(12)。堀河天皇の康和年間の末には『源氏物語』受容の最初の高まりがみられるといわれているが、じつは清盛の平家納経の見返し絵にも『源氏物語』の明石一族と光源氏のモチーフが反映されているという指摘がある(13)。これらの問題にかんしては、拙著『平清盛　福原の夢』第三章第六節で詳しく論じた。とくに『彦火々出見尊絵巻』をなぞった前述の主張を表のそれとすると、裏には『源氏物語』に依拠した別個の主張が隠されていて、清盛を明石入道、徳子を明石の君になぞらえた後白河（光源氏）の、清盛や徳子への冷ややかな視線を読み取ることが可能だと論じた点は、積極的な問題提起と自負している(14)。空論と決めつけず、ぜひご一読、ご検討を願いたい。

三　平家の国政への介入方式

第一節の後白河時代時期区分で説明したのは、表面に現れた意志決定および国政運営の形式に過ぎず、それらを左右し得る水面下の平家の力は一旦捨象されている。当然、清盛や平家が、国政に具体的にどのような方法で影響を及ぼしていたのか、を明らかにせねばならない。まず、清盛の国家意志の形成へのかかわりを示す事例を検討する。

（ア）応保元年（一一六一）四月一日、清盛、初斎院司除目にあたり、伝奏として公卿達の所望を二条天皇に取り次ぐ。除目聞書と呼ばれる除目の結果を通報する文書が、院（後白河）・大殿（忠通）・関白（基実）・大理（清盛）に遣わされる（『山槐記』）。

（イ）同年九月三〇日、二条天皇から蔵人頭藤原忠親へ、五節沙汰遅延の処理を大殿と計らい、ついで負担させるべき人の人選を清盛と相談するよう指示が出る（『山槐記』）。

（ウ）応保二年三月七日、流人経宗以下を召し返す件について、蔵人重方が天皇の仰せを奉じて参院、ついで清盛亭に向かい、また大殿に申す（田中本『山槐記』）。

（エ）仁安二年（一一六七）五月一九日、小除目・小叙位について、頭弁平信範、院の使として摂政基房・前太政大臣清盛の亭に向かい、相談する（『兵範記』）。

（オ）仁安三年六月一六日、院は頭弁信範より奏聞のあった諸案件について、信範を使者として六波羅入道清盛亭に派遣、相談させる（『兵範記』）。

（ア）は、後白河時代第一期、（イ）（ウ）は第二期、（エ）（オ）は第三期にあたる。永暦から長寛の頃にかけては（一一六〇―一一六五）、貴族の日記の残りが悪く、要求を満たすといえるほどの材料ではないが、（ア）では除目聞書を届けられている。これは清盛が公卿たちの所望を二条天皇に取り次いだからで、人事を決定する側に位置しているわけではない。たいするに、（イ）（ウ）の清盛は、摂関家の大殿忠通とほぼ同格の存在として扱われ、とくに（ウ）は国事犯の復権問題という国政にとっては、（イ）よりはるかに重要問題だった。天皇はまず後白河院、次いで清盛に復権の意向を示し、大殿忠通への連絡は最後に回されている。経宗は二条天皇親政派の筆頭で、二年前後白河が清盛の力を借りて政界から放逐した人物である。院と清盛の同意なしにはあり得なかったのは当然にせよ、清盛の存在感の増大を感じさせる一件である。

忠通が没したのちの（エ）（オ）は、摂政とならんで権力の中心核を構成し、蔵人頭や頭弁を介しながら人事をはじめ国家意志の形成にかかわっていた状態が読み取れる。周知のように、平清盛は仁安二年二月に太政大臣に就任するが、三ヵ月後に辞任。翌年二月重病にかかり、覚悟の出家をする。その後一命をとりとめ、政界からも表向き引退の形になったが、（エ）は、彼がいぜんとして国政に大きな発言権を有していた事実を示している。

その後、彼は摂津福原に山荘を営み退隠した。その時期は仁安四年春と推測できる[15]。以後清盛は福原に常住、後述のようにめったに上洛しなくなり、（ウ）～（オ）にみられた国家の意志形成への日常的で直接的な関与は、第五期までみられなくなる。

では、平家はその期間中、どのような方法で、自らの利害要求を国政に反映していたのだろうか。本来なら、一門内で清盛に次ぐ官位者だった嫡男の重盛が、その代わりを務めるべきであろう。だが、平家一門の公卿は、院評定を含め各種の公卿議定に参加していないことが、すでに指摘されている[16]。重盛も公卿議定に参加した形跡がない。

そもそも公卿議定は「有識」の議政官（現任公卿）と特に許された前官者が、参加有資格者である。平家の公卿は「有識」には遠かったし、前官者や非参議が多く、議政官は多いときでも五名しかいなかった（治承三年正月時点で、内大臣重盛・権大納言宗盛・権中納言時忠・同頼盛・参議教盛）。平家の公卿達は、並び大名の域をでるものではなかった。

右の点と、時忠以外に弁官経験者が皆無であり、除目・叙位関係など重要な公事の上卿を勤めた者がみられず、儀式の役を勤めることがほとんどなかった、という事実は対応関係にある。(17)

彼らが公卿議定に参加できなければ、その意志は、参加可能な人びとに代弁させるほかないだろう。(18)親平家の公卿については、承安元年（一一七一）一二月二六日、清盛の娘徳子に女御の宣旨が下されたときの親族拝の儀に列した顔ぶれが参考になる。そこには、平家一門に混じって「異姓の人々」が多く弓場殿に列立し、拝舞した。彼らは「或いは由緒あり、或いは不審」と評されている。その顔ぶれと「由緒」は以下の通り（『兵範記』）。

まず左大臣経宗がいるが、彼は徳子の「養外祖父の儀と云々」、つまり彼女の入内時に父親役だった重盛の妻経子を猶子としていた。また重盛の子宗実も猶子としていた。権大納言藤原隆季は息男の隆房が「入道（清盛）の聟たる故」である。権中納言藤原邦綱は「左馬頭（清盛五男の重衡）の□（舅）たる故」、同藤原兼雅は「入道の聟たる故」、民部卿平親範の「由緒」は記されていないが、時忠とは別系の文官貴族の平氏で、『平家物語』によれば娘が重衡の恋人の「内裏女房」である（巻十）。参議藤原家通は「入道の猶子と号す」、同左大弁藤原実綱は「入道の姉（妹ヵ）の前夫の故」であり、(19)娘教子が高倉天皇の典侍だった（『兵範記』仁安三年三月一一日条）。参議頼定は「左府の親昵たる故」で、実際は猶子の関係にあった。『兵範記』の記主、非参議平信範もこの中に入ってしかるべきだったが、「散三位は永久（の例）に見えざる由議あり」ということで列立していない。

この他平家親昵の公卿として、兼雅の父前太政大臣藤原忠雅、忠雅の弟権中納言藤原忠親、忠雅の婿にして教盛の婿でもあった源通親などがおり、経宗・忠雅・忠親らは「有職」の公卿として知られ、在宅での諮問を含め公卿議定の常連メンバーである。(20)姻族というだけなら、平家が摂関家対策で重視した近衛基通（父基実の妻が清盛の娘盛子で、本人の妻も清盛娘完子）もいるが、彼は軍事クーデタ以前は、形ばかりの無力な存在だった。

公卿議定が表のルートであるとすれば、いわば裏ルートにあたるのが後白河の寵臣藤原成親を介して影響力を及ぼす方法である。よく知られているように、重盛は成親の妹経子を妻に迎え、嫡子維盛も成親の婿である。白河・鳥羽院政期に、武家平氏は成親の父家成・曾祖父顕季と深い関係を結んでおり、平家は院の最有力近臣善勝寺流の力を借りながら、立身の階段を昇っていったといえる。(21) 清盛が平治の乱時藤原信頼に与同した成親を助命したのは、そのような両家の歴史が背景にあった。彼らの提携の深さを代表していたのが、まさに重盛―維盛の小松家なのである。

これとは別に、建春門院滋子を介する方法があった。彼女の（異母）兄弟姉妹には時子・時忠・親宗・「彼御方《かのおんかた》」（重盛の妻妾の一人、『山槐記』治承二年一一月一二日条）・清子（宗盛の妻・中納言三位）らがいる。これらは親宗を除いてみな清盛の平家に近い。滋子は後白河と平家を結ぶ存在として理解されてきたが、栗山圭子氏は、滋子が日常的に後白河院政に参画する存在で、後白河不在時には公事を啓上され、代行機能を果たすなど、むしろ後白河院政の一分肢であった事実を明らかにした。(22)

氏の主張するように、彼女が政治的にアクティブな存在なら、平家にとって存在意義、利用価値はなおのこと大きい。建春門院を中心とする人的ネットワークの中に位置を占めるのが、彼女の猶子で、女御のときは職事、皇大后のときは同宮職の権大夫、女院のときは別当と、一貫して傍らにあった宗盛である（『愚管抄』巻五、『兵範記』仁安二年正月二七日、仁安三年三月二〇日、嘉応元年四月一二日の各条）。宗盛は、しだいに重盛の平家棟梁としての地位を脅かす存在になっていくが、それは彼が清盛の嫡妻である二位尼時子の長男で、妻清子が高倉天皇乳母だっただけでなく（『顕広王記』治承二年七月一六日条）、この建春門院との関係の深さによるだろう。(23)

四　福原居住の政治的効用

清盛が福原に去った後、平家の政界への発言力は、親平家の公卿による代弁、院近臣・建春門院を通しての反映すべてを併せても、十分でないようにみえる。平家の国政への影響力は低下したのだろうか。

平家関係者以外が、福原在住の清盛の意志・意向を直接確かめた事例の主なものとして、以下のことが知られる。

まず、嘉応二年（一一七〇）一〇月二〇日、上皇が、藤原光能を入道相国の福原邸に遣わしている。『玉葉』同日条に「世間何事なるかを知らず」とあるが、おそらく同じ月の二一日、重盛が武士をして参内途中の摂政基房を辱めさせた著名な事件（「殿下の乗合」）の事後処理を講じるための使であろう。この時上皇の使に立った光能は、「院の近臣」といわれている人物である（『玉葉』安元二年一二月四日条）。

つぎに、承安四年（一一七四）八月一九日、平信範が、福原の入道相国のもとに向かっている。『玉葉』には、基通の三位中将拝賀の件にかんして、清盛の指示に従うためとある。盛子の猶子にして清盛の娘婿である右中将近衛基通が、同月二日従三位に昇叙し、三位中将となったことを祝賀する件で、清盛の指図をうけるというのだから、信範の福原訪問は、近衛家の側の実務責任者としてのそれであろう。八月二一日、拝賀御慶の際には、清盛の口入によって、藤原邦綱・平宗盛・時忠・頼盛・教盛以下七、八人の「一家の人々」が近衛殿に参入している（『吉記』）。

安元二年（一一七六）一一月二四日、兼実は、兵仗（随身）を辞退したいと思い、その意図を伝えるため、家司の中原有安を福原に派遣しようとした。もっとも清盛が熊野に詣でるとのことで、一一月二六日、下向はとりやめになり、歳を越した翌二月二日、有安は清盛の辞退不可の返答を持ち帰っている（『玉葉』）。なお、この兵仗辞退の件は、兼実にとって気がかりな問題だったようで、治承四年三月六日にも有安を福原に派遣し（『玉葉』）、さらに元暦元年九月一八日にも、病を口実に右大臣と兵仗の辞退を願っている（『玉葉』『山槐記』、『尊卑分脈』第一篇摂家相続孫九条）。

また、安元三年六月一五日、兼実は、中原有安をもって、法眼（道快）の法性寺座主のことを、入道相国のもとに示し送っている（『玉葉』）。道快は兼実の弟慈円のことで、鹿ヶ谷事件の激震のあとだから、清盛在京時の可能性もあるが（『玉葉』によれば同月二一日には福原にあり）、慈円が無事法性寺座主に就任できるよう、家人をして清盛の了解をとりつけるべく使を遣わしたのであろう。

以上は摂関家という権門の社会的体面や摂関家関係者の人事にかんして、清盛の意向を聴取し、その了解をとりつけるための使の派遣ばかりである。清盛が盛子を介して摂関家の家政を左右する権限を握っていたがゆえに起こった事態であろう。なお基通については、嘉応二年四月彼が元服した時、九条兼実が加冠役を務めている。それは藤原邦綱より清盛が望んでいるとの連絡があったからである（『玉葉』四月一八日条）。この時清盛は東大寺での後白河と同時受戒のため、上京していた。

右の四例が摂関家関係のそれであるのは、それを伝える史料がすべて『玉葉』という摂関家関係者の日記であるから当然といえばいえる。しかし最初の件は摂関家も関係者であるとはいえ、国政の重要事件の処理にかかわる遣使である。おそらく他にもこうした国政関係の使派遣が少なからずあったことだろう。

このほか承安四年（一一七四）七月九日、重盛が三七歳で右近衛大将に任じられた。近衛大将は中納言の兼任もあったけれど、たいていは大納言の兼任官である。候補と目されたのは重盛と藤原兼雅であったが、「禅門の心重盛にあり」ということで、この決定になった。兼実は、日記に「将軍は顕要の職なり、古来その人を撰び補し来る所なり。今重盛の卿、当時に於ては尤もその任と謂ふべし」と書きながら、「嗟乎《ああ》悲しいかな、悲しいかな」と平家嫌いの感情を吐露している（『玉葉』）。福原の清盛の意向が重要人事を左右している顕著な事例である。

しかし、清盛は、福原から指示を送る、あるいは京都からの働きかけを待つだけの存在ではない。彼は必要とあれば速やかに上洛し、用件を済ますと風のように去っていった。具体的事例については本書第三章で一覧を掲げ、かつ整理しておいた。これらはそれぞれに大きなインパクトがあり、彼の上洛によって政治はときに安定、ときに激震した。彼の意欲と政治力にはいささかの翳りもみられない。でもそうなら、清盛はなぜわざわざ辺鄙な福原に引きこもったのだろう、と改めて問いを発せねばならない。彼の情熱の対象である対中国貿易の拠点たる大輪田泊近くに陣取るため、という答えは一つの回答ではあろうが、より重要なのは以下の視点だと考える。

つまり、清盛がいかほど実力と権威をそなえた権力者であろうとも、臣下の埒を越えることはできない。臣下にとり王権は、容易に反抗・拮抗しがたい重みがある。その圧力をとりあえずそらし、自らの意志を可能な限り保全するにはどうすればよいか。この場合、出家による世俗的秩序からの離脱は常套手段である。だが出家は、彼の場合大病の結果だった。それに比べ、政治手法として意識的に採用したのが、福原への退隠だと思う。

当時の交通・通信の状態では、政治家が近傍に立ち退くだけでコミュニケーションに障害が生ずる。コミュニケーション量の減少は、相手とのかかわりの減少を意味した。空間的・地理的な距離が相手との政治的・心理的な距離に対応するわけで、一種の非言語的コミュニケーションといえる(24)。この都と福原の絶妙な距離の効用をよく示したのが、安元三年（一一七七）夏の延暦寺衆徒らの強訴にはじまる一連の政治劇の期間である。

事件の詳しい経過は本書第八章に譲るが、四月一四日強訴の再来を恐れ、後白河は閑院内裏にあった内侍所（神鏡）を鴨川東の法住寺殿に移そうとして公卿達の反対にあう。そこで平経盛に、内侍所守護のため閑院に向かえ、と命じた。しかし、経盛は後白河の再三の出動命令にも「左右は入道の許しにあり」と取り合わず、右大将宗盛も、院に「経盛は（法住寺殿に待避中の天皇と）一所に候ずべきの由、入道申す所なり」と述べて彼を援護した（『玉葉』四月一五・一八・一九日条）。

その後、強訴をけしかけた罪で明雲が配流に出立したところを、大衆が勢多で奪取した。これにより、六月二三日後白河は叡山攻めを決意。重盛・宗盛両大将を召し、坂本を固めるべしと命じている。両名が「先づ入道に仰すべし、その左右に随ふ」と遁辞を述べたので、二四日早朝、使が福原に向かった（『顕広王記』五月二四日条）。その結果二五日深夜、清盛が入洛し西八条亭に入った（『顕広王記』五月二五日条）。院との頂上会談以外に局面打開の途なしと判断したのであろう。

この件は、後白河の姿勢が極めて固かったため、結局東西の坂本を固め叡山を攻めるという法皇の主張通りになり、それがさらに暗転して鹿ヶ谷事件に発展してゆく。とはいえ、経過から、在京の平家公卿たちが、別場所にいる清盛の指示を口実に、事実上院の要求をこばみ、あるいは時間稼ぎし、とどのつまりは清盛の上洛による政治決着にゆだねる、という対応を取っていることがわかる。めったに姿を見せない、しかし誰もが最高実力者と認める人物が頂上会談に現れるとき、周囲や相手に、懸案は解決する、悪くともなんらかの光明が見えるに違いない、そういう期待や心理的誘導をよび起こすのである。

清盛の福原居住が、京都不在による政治的マイナスを差し引いても、権門としての平家の威信や自立を保持するのに、有効な方法だった事実は疑えない。そして、この手法をより本格的に採用したのが頼朝であろう。鎌倉での幕府開設と上洛の禁欲、および議奏公卿制や京都守護の組み合わせは、すでに平家によってひな型が準備されていたのである。

清盛の福原退隠が以上のねらいと効果をもっていたとして、逆に後白河の福原御幸には、どんな意図がこめられていたのだろうか。彼単独または建春門院をともなっての福原訪問は、嘉応元年（一一六九）三月に始まり、安元三年三月を最後とする。この間七回、他に安元二年三月九日、法皇・建春門院は、有馬温湯に御幸している（『顕広王記』『百錬抄』）。湯治の後、福原に向った可能性も絶無ではない。

法皇を迎えての最大儀式が、三月中旬、一〇月中旬の三日程度輪田の浜に仮屋を建て、持経者千人が法華経を転読などし、ときには後白河自身も千僧の一人として参加した千僧供養の式である。それに、平家こそ海路の安全保障を実現する力、と世間に印象づける意図があったことについては、第三章および第九章で詳しく述べることにしたい。

問題は、後白河の側の動機である。清盛が福原に退隠して後白河との距離を保とうとするなら、後白河側は幾度でも出向いて、その距離を詰める必要があるだろう。実態はどうであれ、院と清盛の密着ぶりを内外に宣伝する機会でもある。なによりも、かの地滞在中の清盛の応対のさまざまを通して、両者が君臣関係にあると世間に再確認させ、清盛自身にも思い知らせる必要がある。鎌倉・室町幕府の政治用語でいえば「御成」にあたる。

清盛も、たまの上洛では言い尽くせない自らの抱負や要求を対置したに違いない。福原での二人だけの濃密な時間に、どのような主張が交差し、息づまる駆け引きが行われたか、推量すべくもないが、承安元年（一一七一）一〇月の上皇・建春門院の福原御幸などは、その年末に実現する徳子入内の件が談合されたと考えて間違いない(25)。

五　対立のかなたに——結びにかえて

平家・後白河の関係が、あからさまな不協和音を奏で始める契機は、安元二年（一一七六）七月八日の建春門院の死である。後白河にとって、平家への最大不満は、入内してはや六年、すでに二二歳になる徳子が、いまだ懐妊の兆候すらなく、皇位の継承にまったくメドが立たない点にあろう。

王家の家長としては、皇統の連綿を安泰ならしめるのは絶対至上の命題で、皇位継承者不在のままでは王家は危殆に瀕する。といって平家の威勢を考えると、他家の女性から生まれた皇子を東宮に据えることもままならない。治天固有の権能としての皇位継承者指名権が、平家の皇子に限定されるどころか、凍結のままあてもなく先延ばしを余儀なくされている。王者最大の権能が侵された。それへの憤懣である。

建春門院諒闇中の一〇月二三日、法皇の御子が密かに閑院内裏に参った（『玉葉』）。それから一週間たたない一〇月二九日、今度は別の後白河皇子参内の噂が流れ、翌月二日実際に時忠にともなわれて参内した（『玉葉』）。高倉天皇はいずれの皇子も養い子にしている。

前者は後白河院の第八皇子で、承安四年（一一七四）一〇月仁和寺に入り、師であり兄である守覚法親王から密典を学んだ。守覚は、国家仏教（顕密体制）の最右翼たる真言密教界を統制するため、後白河が宗教界に送りこんだ彼の分身というべき人物である(26)。皇子の母は法眼応仁（仁操）の娘、花園左府源有仁の孫女にあたる女性で（『仁和寺御伝』他）、有仁は白河院に皇位を阻まれた後三条天皇第三皇子輔仁親王の子、白河上皇の猶子となり、皇嗣に擬せられた時期もある。

後者の第九皇子（のちの天台座主承仁法親王）は、院が江口の遊女に産ませた子で（『天台座主記』）、建春門院猶子として、彼女の異母弟蔵人右少弁平親宗が子養していた。前年安元元年八月一六日には、建春門院の七条殿から明雲の三条末京極北の房に入室している（『山槐記』）。

高倉が秘密裏に後白河の皇子二人を猶子にしたのは、聞きつけた九条兼実が、「抑両人同時にこの事あり、人奇しとなす、疑ふに儲弐たるべきの器か」と記しているように（『玉葉』一〇月二九日条）、徳子に皇子が生まれない事態を予想し、皇嗣の候補として準備したわけである。それは時忠・親宗という二人の兄弟が関与しているように、亡き建春門院の許容するところで、もちろん後白河の強い要望のしからしむるところだったのだろう。皇子を養った親宗は、後白河の近臣として知られた人物だからである（『吉記』寿永二年七月九日条）。

女院の没後、ことが表面化したのは、身を後白河院の側に置きながら、なお法皇と武家平家の対立の緩衝役だった彼女が、院の皇位指名権を事実上凍結状態においていたからに相違ない。彼女が亡くなれば、もはや誰はばかるものもない。一方、清盛側にとり、徳子腹でない東宮が誕生し、そのまま高倉の退位にいたるなら、平氏系の王朝を樹立する願望は一場の夢と消える。それは絶対に認められない。

両者の対立は深刻の度を加え、安元三年延暦寺の強訴とその後の処理をめぐって、葛藤は臨界点を越えた。意のままにならぬ延暦寺大衆と平家を闘わせようともくろむ後白河院にたいし、清盛は六月一日、法皇近習の一斉逮捕をもって応える。鹿ヶ谷事件である。

かくして後白河時代の第四期がはじまった。『玉葉』一一月一五日条に「今度の除書、一向内（天皇）の御沙汰たるべし、院知ろし食すべからざるの由これを申さる」とあるように、後白河の人事への口出しは一部を除いて停止された。除目・叙位は天皇と関白の手でなされ、任人折紙（実質的な補任権者の命を示す補任者一覧）も天皇のもとで作られるようになる。(27)

治承元年（一一七七）七月五日より、建春門院の一周忌仏事がゆかりの最勝光院で行われた。それとは別に天皇が、亡き母のため前年秋より金字妙法蓮華経を書写しており（『玉葉』）、その宸筆御八講会の実施場所が問題になった。このとき蔵人左少弁兼光が、兼実に以下のように語っている。「後白河院は「天皇の母后の場合、先例ではその旧居で実施されるべきであるが、天皇はいま八条院御所に行幸している、閑院に帰って行うべし」と申された。しかし、世間には「八条院御所への行幸は清盛のにわかな一言で決まったもので、無断で閑院に還御すれば清盛が内心何と思うかわからない、八条院御所でやっても問題ない、必ずしも閑院である必要はない」との声もあるようです。それで場所の件は福原の清盛に問い諮って、その返事を待ちますので、二、三日は決定あるべきではありません」と（『玉葉』六月二一日条）。いまや天皇の母にして愛妻の冥福を祈る儀式の場所決定すら、清盛を憚る廷臣の保身で、勝手に左右されかねない状況が現出していた。

また翌治承二年（一一七八）閏六月一七日、「新制十七ヶ条」が発令された。高倉天皇の新制発布は、後白河院政の陰で存在感の薄かった彼の治世が到来したことを顕示する意味がある。三月以来、新制の具体的内容について提案を求められていた九条兼実は、一五カ条からなる彼の案を蔵人頭藤原光能に示した。それについて光能が「今日（六月八日）入道相府の許に仰せ含められるべし」と語っているので、当時上京中の清盛にその内容を示して同意をえる手はずになっていた（『玉葉』六月八日・七月二九日条）。清盛は兼実提案の一五カ条中、沽価法の制定について内容に不満があったようで、結果としてそれだけが採用されていない。

翌治承三年七月、高倉天皇は改めて万物沽価法の制定に強い意欲を示した。内容には「近代渡る唐土の銭（宋銭）」の流通公認が含まれており、それは清盛の意向の反映と考えられる。清盛が前年兼実の沽価法制定提案に賛同しなかったのは、沽価法一般に反対だったのではなく、宋銭の公認、銭の直法を含まない沽価法など時代錯誤と考え、時期を見計らって自分から実現に動こうと考えたからではないか[28]。

ところで治承二年六月時点で清盛が滞京していたのは、同年五月二四日、徳子懐妊が確実になったからである。妊娠五ヵ月にあたる六月の二八日、着帯の儀が行われ、その日から安産の御祈がはじまった（『山槐記』）。二八日の洪水のような祈禱の大部分は、時子の沙汰によるものであり、後白河が沙汰したのは薬師法一回のみと、法皇の醒めた感情を示している。一一月一二日、六波羅泉殿で、難産のあげく待望の皇子言仁（のちの安徳天皇）が誕生、一二月一五日には早くも立太子の儀が行われ、東宮坊は傅藤原経宗、大夫宗盛、権大夫藤原兼雅、亮重衡、権亮維盛の陣容で発足した（『玉葉』）。

翌年二月二八日、高倉天皇に第二皇子守貞が誕生する（『山槐記』）。母は中宮徳子の女房であった七条院殖子、数奇な運命をたどったのちの後高倉院である。その養育は知盛夫妻に任され、西八条亭においておこなわれた。言仁に万一の場合を予想して、スペアとして囲いこんだのであろう。四月一六日、それを見届けたかのように、院の第八皇子が出家した。長じて仁和寺二品道法法親王と呼ばれる人物である。「内々猶予の儀ありて出家を抑留」していた若宮の「東宮降誕の後」の出家は（『山槐記』）、後白河院のひとまずの休戦宣言だった。

その翌年、六月・七月とたて続けに、高倉天皇准母の白河殿盛子および内大臣重盛が没した。平家は、基実没後盛子が相続していた摂関家領を高倉天皇領に移そうとするが、後白河はこれに介入、自らの管理下においた[29]。一〇月九日には、平家の推す近衛基通を越えて松殿基房の子師家を権中納言に任じ、小松家の知行国越前の召し上げを行った。前者は師家に摂関家嫡流の地位を継承させ、摂関家領を伝えるための措置である。

清盛は、一一月一四日軍事クーデタをもって応え、院政を停止。関白を基通に替え、反対派廷臣を大量に解官する。後白河時代の第五期がはじまり、高倉上皇―安徳天皇―平家という新院政、いな新王朝・新政治体制の構築に道が開かれた。この時より国政は高倉と基通の合議および九条兼実への諮問により運営されるが、高倉・平家一門・平家与党の公卿たちの「内議」とそれを統轄する清盛の意志が実質を決めた(30)。

クーデタの最中、清盛は天皇に、自らを疎外した後白河の非をならしつつ、「しかじ、身の暇を賜はり辺地に隠居せんには。仍りて両宮（中宮・東宮）を具し奉らんがため、行啓を催し儲くる所なり」と奏上する（『玉葉』一一月一五日条）。「辺地」を「鎮西の方」とする風聞もあったが、同じ件が『山槐記』では、「入道大相国天下を怨み、中宮を迎へ取り奉られ、福原に下向せらるべしと云々」と記されている（一一月一五日条）。いわゆる福原遷都構想が顔をのぞかせた瞬間だろう。

この点は安元の大火によって延焼した八省院の再建が、言仁の誕生とともに事実上中止されたことからも推測される。当時八省院は儀礼の場であり、とくに天皇即位関連儀式（即位儀・大嘗会）挙行の場だった。言仁の誕生により、新天皇の即位が近い将来の現実になる以上、八省院の再建は絶対に欠かせないし、遅れはどんなに無理をしてでも、取り戻さねばならないはずである。しかも再建の中心になったのは後継者宗盛と清盛に同調する藤原邦綱だった。

再建が頓挫しているのは、故意のサボタージュの結果であって、清盛側に、平安京での即位式にこだわらない事情が発生した、いいかえると新都での即位の可能性を考え始めたからに違いない(31)。天武系から天智系に替わった桓武天皇が長岡・平安の新都建設にまい進したように、新王朝のための新都構想（翌治承四年二月二二日の清盛名の国家による大輪田泊改修要求は、いまだ真の意図は秘匿されているものの、実質は遷都に向けてのインフラ整備）が、すでに清盛の脳裏に胚胎しつつあったとみなしたい(32)。

クーデタ一ヵ月後の一二月一六日　清盛は東宮言仁を西八条第に迎え、『太平御覧』を贈った（『山槐記』）。普通はこれを清盛が中国貿易に熱心だった例に挙げる。入手の方法はまさにそれに違いないだろうが、こめられた意図は、そのような単純なものとは考えられない。

これより一〇ヵ月前の二月一三日、忠親のもとに、清盛が本朝未到来の『太平御覧』二六〇帖を内裏に献上する、現物は摺本（木版印刷本）だが、それを清盛が筆写し、写本を手許にのこしておく、という情報が届いている（『山槐記』）。事前情報では「二百六十帖」、年末に実際に言仁に献上されたものは「総数三百巻」、いずれにせよ、これほどの大部のものを清盛がすべて自ら筆写したとは考えられず、側近・能筆らに分担させたのではないかと思われるが、一二月一六日当日の献上は三帖のみ、筥に入れず裸のまま美しい裂につつんだ。裂は蘇芳色をぼかし染めにしたもので、縦糸を浮かすことにより文様を織りだした高級な綾だった。その上この包みは銀でつくった松の飾り枝に結んであるという風流ぶりである。

言仁への献本を日記に記した新東宮大夫藤原忠親は、「後朱雀院儲君の時、万寿の比御堂より御送物あり、摺本文選・文集と云々、具に経頼卿記に見ゆ、蓋しかの例を追はるるなり」と記した（一四・一六日条）。このことは実際に源経頼の日記『左経記』万寿二年（一〇二五）七月三日条に見え、藤原道長が摺本の『白氏文集』一部と同『文選』一部を、やはり斑濃の薄物で包み、銀の飾り枝につけて孫たる東宮敦良《あつなが》、のちの後朱雀天皇に贈ったとある。

それにしても「蓋し」以下はまことに興味深い観察である。というのは、同じ年の正月一一日、参内した清盛は、高倉天皇・中宮徳子・東宮言仁と対面した。これにたいしても忠親は、「御堂以後未だかくの如き事を聞かず、珍重の事なり」の感想を書き留めている（『山槐記』）。忠親が念頭に置いていたのは、万寿四年（一〇二七）一一月下旬、死に臨んだ道長が、法成寺阿弥陀堂に後一条天皇・中宮威子・東宮敦良親王を迎えた事実であろう（『栄華物語』巻三十）。忠親は、清盛のふるまいに、晩年の御堂関白道長の姿を重ね合わせていた。それはただに忠親の観察たるにとどまらず、清盛自身が強く意識したふるまいだったはずである。

「去る冬以来、(高倉の)御悩隙無し」(『玉葉』治承四年五月一八日条)ということもあり、言仁には、翌治承四年正月に着袴、魚味の実施が内定し、二月には高倉帝の譲位(安徳の践祚)、四月に即位の儀と予定が定められていた(『山槐記』二月二一日条)。しかも『太平御覧』という書物の性格がある。これは、全体を天・時序・地・皇王・偏覇・皇親・州郡など五五部門一千巻に分け、あらゆる事類を網羅しようとした一大類書である。

清盛は、『文選』や『白氏文集』は伝統になずむ過去の天皇のもので、新時代の天皇には東アジア規模の情報の宝庫『太平御覧』がより相応しい、と考えていたのだろう。献本は、ただの舶来珍本趣味ではなく、近未来の天皇たる言仁に、知識欲旺盛な天皇、東アジアに開けた天皇に育って欲しい、との願いをこめたものではなかったか。御覧は、天子が御覧になること、またその書物をさすからである。多忙な清盛が『太平御覧』をわざわざ自ら筆写し手許に留め置いたのも、知的な意味でも幼帝の後見たらんとする自らの覚悟を、広く知らしめんとするものだったのであろう。

内陸部の京都に替わる海に向かった新都、東アジア世界全体に深い関心を寄せる天皇と面目を一新した国際貿易港大輪田泊、それらが自らを藤原道長に擬す外祖父と精強な平家軍団によって支えられる王権の構造、清盛の夢見ていた幻の王朝は、そのようなものであった、と思えてならない。

注

(1)　玉井力「「院政」支配と貴族官人層」同『平安時代の貴族と天皇』岩波書店、二〇〇〇年。川合康「後白河院と朝廷」古代学協会編『後白河院──動乱期の天皇』吉川弘文館、一九九三年。田中文英『平氏政権の研究』思文閣出版、一九九四年。井原今朝男『日本中世の国政と家政』第一部第一・第二章、校倉書房、一九九五年。美川圭『院政の研究』臨川書店、一九九六年。下郡剛『後白河院政の研究』吉川弘文館、一九九九年。

(2)　龍粛「後白河院の治世についての論争」同『平安時代』一九六二年、春秋社。

(3)　玉井注(1)論文。元木泰雄「院の専制と近臣──信西の出現」「後白河院と平氏」同『院政期政治史研究』思文閣出版、一九九六年。

(4) 小松茂美「『彦火々出見尊絵巻』の制作と背景」『日本絵巻大成22　彦火々出見尊絵巻・浦島明神縁起』中央公論社、一九七九年。

(5) 同右。竹居明男「蓮華王院の宝蔵」同『日本古代仏教の文化史』吉川弘文館、一九九八年。

(6) 倉塚曄子「海幸・山幸」『平凡社百科大事典　第二巻　イン―カイ』平凡社、一九八四年。およびその背景をなす西郷信綱氏の一連の『古事記』研究。

(7) 水林彪『記紀神話と王権の祭り』岩波書店、一九九一年。

(8) 武者小路穣『絵巻の歴史』吉川弘文館、一九九〇年。

(9) 初出論文では弟のミコトの配偶者という点から、比較的安易に「竜王の姫君」を平滋子としていた。一方、初出論文以前に発表された稲本万里子氏の「描かれた出産」服藤早苗他編『生育儀礼の歴史と文化』森話社、二〇〇三年では、拙稿同様「をとゝのみこ（弟の尊）」を後白河、「竜王」を清盛としているが、「竜王の姫君」については平徳子と読んでいる。氏の判断が正しいと思い、二〇〇七年刊の拙著『平清盛　福原の夢』では氏の論文に学んで徳子と訂正した。ただし稲本氏は絵巻の海神の娘の出産が治承二年一一月の徳子の出産と重ねあわされているとするが、その時点では後白河と清盛は非和解的な対立関係にあり、後白河にとって言仁（安徳）は、皇位継承者として内心歓迎されざる存在だった。絵巻の成立がいまだ両者の関係が破綻する以前、承安元年以降の比較的早い段階だと考えたのは、その理由による。

(10) 拙稿「解説――故・棚橋光男の人と仕事」棚橋光男『後白河法皇』講談社、一九九五年。

(11) 佐野みどり「物語る力――中世美術の場と構想力」『日本の中世7　中世文化の美と力』中央公論新社、二〇〇二年。

(12) 石川徹「光源氏須磨流謫の構想の源泉――日本紀の局」同『平安時代文学論』笠間書院、一九八〇年。

(13) 梶谷亮治「平家納経雑感」『鹿園雑集』第二・三合併号、一九九八年。

(14) 拙著『平清盛　福原の夢』講談社選書メチエ、第三章第六節「後白河と清盛と『源氏物語』」参照。

(15) 拙稿「平家の館について」本書第五章に所収。

(16) 元木泰雄「後白河院と平氏」同『院政期政治史研究』思文閣出版、一九九六年。下郡剛「公卿議定に見る後白河院政」同『後白河院政の研究』吉川弘文館、一九九六年。

(17) 松園斉「武家平氏の公卿化について」『九州史学』一一八・一一九合併号、一九九七年。

(18) 元木泰雄「『福原遷都』考」同『院政期政治史研究』思文閣出版、一九九六年。
(19) 注(14)拙著第四章注(6)参照のこと。
(20) 下郡剛注(16)論文。
(21) 拙著『増補改訂・清盛以前――伊勢平氏の興隆』平凡社ライブラリー、二〇一一年。
(22) 栗山圭子「院政期における国母の政治的位置（第一節）」同『中世王家の成立と院政』吉川弘文館、二〇一二年。
(23) 下郡剛「伝奏の女房――高倉院政期の性と政」『院政期文化論集　第一巻　権力と文化』森話社、二〇〇一年。
(24) この観点については、佐々木隆『伊藤博文の情報戦略』中公新書、一九九九年から学んだ。
(25) 注(14)拙著第三章第四節「ついに入内へ」参照。
(26) 横内裕人「仁和寺御室考――中世前期における院権力と真言密教」『史林』七九巻四号、一九九六年。
(27) 玉井力注(1)論文。
(28) 拙稿「宋銭の流通と平家の対応」本書第一〇章に所収。
(29) 田中文英「高倉親政・院政と平氏政権」同『平氏政権の研究』思文閣出版、一九九四年。
(30) 同右。
(31) 拙稿「福原遷都をめぐる政治」本書第二章に所収。
(32) 福原遷都が新王朝のための新首都建設をもくろむものであった点は、元木泰雄氏がすでに『平清盛の闘い――幻の中世国家』角川書店、二〇〇一年で喝破している。

第二章　福原遷都をめぐる政治
——治承二年(一一七八)から同四年八月末まで

はじめに

従来福原遷都は、京都にいては以仁王を背後で支援する勢力、とくに奈良の寺院勢力の圧力を回避できないと判断しての、清盛の突然の暴走のようにいわれてきた。政治過程の面では首肯できる点もあるが、都遷りという巨大な事業には、もう少し根深い背景と企図があって、しかるべきと思われる。本章では、一・二節で、治承二年（一一七八）冬以降さほど時をおかない間に、新都造営の構想がめばえた可能性について、試論を提起してみる。そのほか、三節で行幸後の福原での政務処理の一端、四・五節で安徳天皇即位大嘗会実施の問題を通して、遷都推進派と反対派の角逐の様相をうかがってみたい。

三節以下で扱う内容も、これまで事実の面、推進・反対両者の論理、力関係など、必ずしも十分明らかにされていない諸問題である。本章が福原遷都についての議論を深める契機となれば幸いである(1)。

なお本章での遷都の語は、安徳天皇以下の福原への行幸、および一七〇日間の彼の地での滞在をさして使われており、新都の造営が完了し、国家権力機関が遷ったという意味でないのは、もちろんである。

一　遷都は清盛の突然の暴走か

治承二年五月二四日、中宮権大夫平時忠は、高倉天皇に中宮徳子懐妊ほぼ間違いなしを伝える（『山槐記』）。そして難産の末、一一月一二日には皇子（言仁《ときひと》）が生まれ、翌月八日早くも東宮に立てられた。ところが、この時期はそれ以前からとりくまれてきた八省院（その正殿が大極殿）再建が、足踏みした時期でもあった。

そこで、八省院再建事業の推移を跡づけてみる。安元三年（一一七七）四月二〇日、いわゆる安元の大火が発生した。樋口富小路から発した火は、折からの強風にあおられて末広がりに延焼、坊市二万余家、一二百余町が罹災し、焼死者数千人という大惨事になった。火は大内裏にも及んで、大極殿以下八省院一切（小安殿・廻廊ことごとく焼失）・会昌門・応天門・朱雀門・神祇官（八神殿ならびに蔵物焼けず、八神殿の正体焼失）・民部省（図帳の倉は焼亡せず）・主計寮・主税寮・式部省南門・兵部省門・真言院（地を払う、両界曼陀羅も焼亡）・主水司・大膳職などが焼け、宮城外でも大学寮（廟蔵焼けず、孔子の御影を取り出す）・勧学院・関白基房以下公卿邸一四が焼失した（『玉葉』『仲資王記』、『顕広王記』同日条裏書）。

七月一八日、後白河院は大極殿・八省院等修造の件につき、「関白（基房）に申して沙汰致すべし、年内に事始あるべし」と命ずる（『玉葉』）。七月二七日以前に、内々に大極殿以下修造の行事官などを定めよとの院の命があったらしく（『玉葉』）、八月一三日にいたり造八省定があった。行事官は、別当が大納言藤原実定・権中納言源雅頼・参議藤原長方、行事が左中弁藤原重方・右中弁藤原経房・左大史小槻隆職・右大史中原成挙の顔ぶれであった（『玉葉』八月一九・二三・二四日条）。このうち、雅頼は、信西のもとで保元の内裏造営にもかかわった実務派公卿である（『兵範記』保元二年一〇月二二日条）[2]。

その日、国宛（経費の割当て国）は定められなかったが、翌日大極殿は藤原邦綱（備前の知行国主、以下同じ）、小安殿は藤原光隆（越後）、会昌門は源資賢（備中）、廻廊は諸国に宛てる、という風聞が流れている（『玉葉』八月二四日条）[3]。国宛された用途は、一般には正税・不動穀、公領への臨時賦課、あるいは一国平均役でまかなわれる[4]。一〇月八日には、造八省行事所始が行われた（『百錬抄』）。

ついで、治承二年正月二〇日外記政始の時、発給手続きを待つ文書の中に「造八省国充の官符数十枚」があった（『山槐記』）。また少し後の、治承五年正月一九日の主殿寮解には、八省造営負担の代償として、済物を免除された国々のうち、播磨は主殿寮に納めるべき油を年々究済したが、阿波は雑掌が造営にこと寄せて難済した、とのくだりがある（『平安遺文』三九四九号）。実際に中央への貢納免除と引き替えに、八省造営の賦課が行われていた様子がうかがえる。

ところが、この後邦綱に国宛された大極殿の再建は進捗をみせず、二年以上経った安徳の即位時でも、「前大納言邦綱卿の沙汰たるに依りて、土木の営みを致すと雖も、未だ立柱に及ばず、只材木少々龍尾壇にありと云々」というていたらくだった（『山槐記』治承四年四月二二日条）。

福原遷都を考えるのに、なぜ言仁の誕生や八省院再建事業に注目するのかというと、当時八省院は儀礼の場であり、とくに天皇即位関連儀式（即位儀・大嘗会）挙行の場だったからである[5]。大極殿以外で即位の儀があったのは、陽成天皇（大極殿の焼亡により、豊楽院で）・冷泉天皇（精神的な疾患により内裏紫宸殿で）・後三条天皇（八省院・豊楽院・内裏がともに焼亡したため太政官庁で）の三例しかない（同右）。

言仁は後述のように、清盛が待ちこがれていた皇子である。その誕生により、新天皇の即位が近い将来の現実になる以上、八省院の再建は絶対に欠かせないし、遅れはどんなに無理をしてでも、取り戻さねばならないはずである。それが事実上中断しているのは、清盛側に、平安京での即位式にこだわらない事情が発生した、いいかえると新都での即位の可能性を考え始めたからに違いない。新都を造るつもりがあるなら、大内裏に八省院を再建する必要はまったくない。費用が無駄になるばかりか、平安京大内裏の整備を行うことが、せっかく八省院を新造したのにと、かえって遷都反対の口実の一つになるからである。

ところで、これより以前から、後白河と平家は、皇位継承者問題をきっかけに、ぬきさしならぬ対立関係にあった。すなわち、清盛の娘徳子は、承安元年（一一七一）入内後長らく皇子の誕生がなかった。といって、平家の威勢を考えると、他家所生の皇子を東宮に据えるのは難しい。皇位継承者不在の状態が続いていた、というより、後白河は徳子の存在と平家の圧力によって、治天としての皇位継承者指名権を、事実上凍結させられていた。

安元二年（一一七六）年七月、法皇の平家への不満の爆発を、なんとか押さえていた建春門院滋子が没すると、高倉が後白河の皇子二人を相次いで猶子にするという、法皇の皇嗣づくりの動きが表面化する(6)。徳子腹でない東宮が誕生し、そのまま高倉の退位にいたるなら、平氏系王朝を樹立する夢は、雲散霧消する。それは清盛にとって絶対に認められない。両者の確執は、安元三年の鹿ヶ谷事件、治承二年の言仁の誕生と東宮立坊を経、後白河側の挑発と治承三年一一月の軍事クーデタによる後白河院政の停止、平家の国家権力の全面掌握によって、一旦終止符が打たれた(7)。

後白河院とつばぜりあいを演じながら、東宮立坊にこぎつけた清盛は、いまや高倉―安徳と続く平氏系新王朝創設への展望を開くにいたった。新王朝には新都がふさわしい(8)。周知のように、これより三百九十余年前、長岡（→平安京）の新都建設に邁進した桓武天皇は、奈良時代以前の天武系天皇たちに替わり、天智系として即位した天皇だった(9)。

二　福原が新都の候補地だった徴証

治承二年になって、八省院造営が事実上中断された背景は、以上のようなものであったと考えられる。では治承四年六月をさかのぼる以前に、清盛が福原を新都の候補地と考えていた証拠はあるのだろうか。以下四点にわたって、その可能性を論じてみる。

まず第一。治承三年一一月クーデタの最中、清盛は高倉天皇に、自らを疎外した後白河の非をならしつつ、「しかじ、身の暇を賜はり辺地に隠居せんには。仍りて両宮（中宮・東宮）を具し奉らんがため、行啓を催し儲くる所なり」と奏上した（『玉葉』一一月一五日条）。この「辺地」を「鎮西の方」とする風聞もあったが、『山槐記』一一月一五日条では、同じ件が「入道大相国天下を怨み、中宮を迎え取り奉られ、福原に下向せらるべしと云々」と記されている。中宮徳子・東宮言仁の福原行きは、すでにこの時点で予告されている。

第二に、クーデタ一ヵ月後の一二月一六日、清盛は言仁を京都西八条第に迎え、摺本『太平御覧』を贈った。献本の事実を日記に記した東宮大夫藤原忠親は、「後朱雀院儲君の時、万寿の比御堂（藤原道長）より御送物あり、摺本文選・文集と云々、具に経頼卿記[10]に見ゆ、蓋し彼の例を追はるるなり」と記す（『山槐記』）。清盛が道長の先例を追ったという観測だが、道長が孫にあたる東宮敦良親王に、『文選』や『白氏文集』を贈ったのは、天子の教養の理想をそこに求めていたからである。

第一章で述べたように、清盛が藤原道長の先蹤を追おうとしていたのは、明らかである[11]。問題は『太平御覧』の献本だろう。同書は、ただの舶来の珍本にとどまらない。『太平御覧』は、宋初の太平興国二年（九七七）、太宗の勅命をうけて編纂、全体を五五部門に分け、あらゆる事類を網羅しようとした、いわば一大百科事典である。

鎌倉期になると、「平家入道大相国〈清盛〉始めてこれを渡し取る。近くは高倉院以来連々宋人これを渡す、方今は我朝数十本に及ぶか」といわれるように招来も数多くなり、権大納言藤原師継は、宋客から一部一千巻を直銭三〇貫文で購入している（『妙槐記』文応元年四月二二日条）。だが、御覧は本来天子が御覧になること、またその書物をさし、容易に入手披見し得る性格の書物ではなかった。

たとえば、高麗はすでに第一一代国王文宗の時、宋に求めて得られず、その子第一五代粛宗の六年（一一〇一）六月になって、ようやく全巻揃いを賜る。初めは購入しようとしたが、宋人が秘して許さなかったので、宋に派遣された使節の呉延寵が上表して懇請したところ、「聞く国王文を好めりと、近来海東の文物大いに興り、上る所の表章甚だ佳なり、朝廷頗るこれを美とせり」と評価され、賜与をうけた粛宗は非常に喜んでいる（『高麗史』巻十一粛宗六年六月丙申条、同巻九十六呉延寵伝、『東国通鑑』巻十八）。

高麗は、第一三代宣宗の時にも『太平御覧』を求めて果たさなかった（『宋史』巻四百八十七高麗伝元豊八年条）。宋が許さなかったことについて、書誌学者尾崎康氏は、蘇軾らの再三の反対によるのだといい、それは宋が北方の遼（契丹）の脅威におののき、同書により宋の制度・地理などの国情が、遼につつぬけになるのを恐れたためだという[12]。当時高麗は遼とも冊封関係を結んでおり、蘇軾が高麗の外交姿勢をとがめ、中国典籍の購入を阻止したのはたしかな事実だから（『宋史』巻三百三十八蘇軾伝、同巻十七哲宗本紀元祐二年二月辛亥条）、『太平御覧』の購入についても、その可能性があるだろう[13]。

ともあれ、『太平御覧』は東アジアの王権に備わるべき書物だった。清盛は献本に、言仁にはすべてをすべる天皇、東アジア規模の視野を持つ天皇に育って欲しい、との願いをこめていたに違いない。別言すれば、『文選』や『白氏文集』は、伝統になずむ過去の天皇のもので、新時代の天皇には『太平御覧』の情報力がよりふさわしい、と内外に宣言したのである。こういう天皇には、東アジアに直接開かれた都こそ似つかわしい。

第三。治承四年（一一八〇）二月、清盛は、「延喜の例」により、国家権力の力によって大輪田泊（経の島）を改修したい、との解状を提出した。解状は、具体的には「石椋（石垣）造築役」の催徴を内容とし、摂津・河内・和泉および山陽・南海両道諸国に、荘園公領を問わず、田一町につき一人、畠は二町につき一人の割合で、人夫を強制雇用して提供させるのを、主なる要求とした（『山槐記』三月五日条所収二月二〇日太政官符）。

この要求にもとづき、清盛の希望と高倉天皇の命で、兼実が宣下の上卿に指名された。ところが解状は、「入道前太政大臣家」からの提出であり、奥に前筑前守平貞能の署判があり、出家人の解状に家令が加署する前例はないなど、難点があった。

上卿を引き受けた兼実は、解状の署所の件はたしかに問題で、理によれば自解たるべきだと述べ、五位蔵人行隆も、「(太政)官も同じくこの旨を申す所なり、然りと雖もこの事必ず今日宣下せらるべし。今に至りては福原に通ふこと能はず、又暗に解状を書き改むべからず、仍りて進退谷《きは》まり了んぬ。官重ねて申して云ふ、口宣を以て仰せ下さるべし」と言う。兼実は、「口宣は猶その謂無し」と退け、「自解の条又勿論、今に於ては只家令加署すべし、何事のあらんや」と不問に付し、結局二〇日に太政官符として発給をみている(『玉葉』)。

解状が、「入道前太政大臣家」、つまり清盛の政所としての要求で、平貞能が加署していた件は、貞能が平氏の最有力家人の一人であることを思えば、武力をちらつかせての断固実行、の意志表明とも考えられる。そして「この事必ず今日宣下せらるべし」と指示したのは高倉天皇であろうし、ひいては、清盛の強い希望だったのだろう。今日中にこだわったのは、翌二一日に高倉天皇の譲位、安徳の即位を控えていたからで、まさにぎりぎりの日限での、駆けこみ要求とその承認だった。だから異例の上申文書であっても、在福原の清盛に、様式の修正すら言い出せなかった。

高倉治世中の承認という形にこだわったのは、安徳の即位がクーデタによる軍政下のそれで、正統性に瑕疵がある、との負い目があったからだろう。同時に、高倉なら同じ平氏系天皇であっても、後白河と清盛の蜜月期に即位した、正当で、自身の独立した判断をもち得る天皇の裁可であることをうたう効果がある。襁褓もとれぬ幼帝の、その意志さえ問いえない決定ではないという見せかけであり、成人天皇がはじめた路線を、純粋の平氏系天皇がその後見のもとで完成させる、という装いをこらしているわけである。

またこの件は、当初上卿は右大将九条良通にというのが清盛の意向だったが、思い直して父の右大臣兼実を指命してきた。清盛が兼実を希望したのは、当時一四歳の少年ではなく、政界の重鎮たる兼実の指揮という形にして、太政官符に重みをつけようと図ったのだろう。

大輪田泊の国家による改修申請は、福原遷都のわずか百日前のことである。常識的に考えても、安徳に引き継がれるべき国家的事業が、安徳のための未来の新都構想と無関係であるはずがない。この推測が正しいとすれば、国家による大輪田泊の改修は、「海の都」建設にともなうインフラ整備を、真の目的を秘匿したまま、一足早く承認させるもの、と位置づけねばならない。

第四は、この大輪田泊（経の島）改修にあたって、「播磨は小安殿を造り、備前は大極殿を造る、已に以て営み大功、他国に准ずべから」ざるをもって、前記賦課を免除すべしと上申され、承認されている点である。中断していたかにみえた八省院の造営の労が、何でここで唐突にもちだされているのだろう。

当時備前の知行国主は前権大納言藤原邦綱、播磨の知行国主は同平宗盛だった(14)。宗盛は、むろん重盛亡き後の平家を率いる清盛の後継者である。一方、邦綱は清盛の盟友で、富裕をうたわれていた。大内裏の造進にも格別の関心を持っていたらしく、「未来の亀鏡に備へんがため」「大内裏の絵」を作成していた（『簡要類聚抄』第一）。宗盛は財力や威信、邦綱は財力に加え八省院造営への知識の蓄えにも欠けるところがない。

実際には造営事業は遅々として進んでいないにもかかわらず、「営み大功」を理由に、備前・播磨両国の賦課を免除させたのは、清盛の意を体する両名に平安京での造営をサボタージュさせ、その経済力を来たるべき遷都とそこでの八省院造営に向けて温存する、との彼の意図が隠されている、と見るべきではないだろうか。

なお、『平家物語』では、和田京（後述）の造営が難渋したことを述べ、源通親の発案で、まず里内裏を造るべしとして、六月公卿衆の評議で、五条大納言邦綱卿に臨時に周防の国を賜って造営させたという（巻六都遷）。これは史実ではなく、しかも続く月見の章段には、六月九日新都の事始め、八月一〇日上棟、一一月一三日新内裏への移徙とあるので、和田京の里内裏と後述の清盛造営の福原新内裏が意図的に混同されている。とはいえ、邦綱による内裏造営というフィクションは、遷都時に大極殿を造営させようとしたという、上記想定と何らか通ずるものがあるように思われる。

さらに、福原での新造内裏の指図を作ったのは、八省院造営の行事官であったベテランの権中納言源雅頼であった事実にも留意しておきたい（『山槐記』八月二四日条、『玉葉』八月二九日条）。

以上四点から導き出せる結論は、清盛は、やはり治承四年六月以前から、福原を新都の候補地と考えていたということである。清盛は、第一章で述べたように、新王朝にふさわしい新都建設、東アジア世界全体に深い関心を寄せる天皇と面目を一新した国際貿易港大輪田泊、それらが藤原道長に擬される外祖父清盛と精強な平家の軍団によって支えられる、そのような王権を構想していたに相違ないのである。

三　福原への行幸

六月二日の朝、安徳以下の一団が福原に向けて出発した。行幸の規模や福原での当面の政務執行の体制は、どのようなものだったのだろう。

まず、行幸に同伴した主な顔ぶれは、行幸の列に公卿四人、左大将実定・検非違使別当平時忠・宰相中将藤原実守・同源通親、近衛司として左中将藤原泰通・右中将藤原隆房、蔵人では頭中将平重衡・頭弁藤原経房、摂政近衛基通がおり、上皇・法皇の御幸の列には帥大納言藤原隆季・前大納言邦綱、さらに前大将宗盛などの顔ぶれがあった（『玉葉』）。「洛陽に留まるの輩中、刑を蒙るべきの者ありと云々」という説が流れた割には、随行者は多いとはいえない。

そのはずで、兼実が五月三〇日、高倉上皇の招客に候じたところ、仰せて言うには、福原に御供する顔ぶれはただ清盛があれこれ考えて決定するだけで、自分はそれにたいし一切是非をいわず、ただ聞きおくばかりである、とのことだった。翌六月一日、兼実は、清盛に福原に参るべきか否かを尋ねるが、寄宿すべき所がないので急ぎ来なくてよい、追って自分の方から案内を申す、とすげない返事が返ってきた（『玉葉』）。

随行のメンバーは、平家一門と清盛の眼鏡にかなった昵近の公卿・殿上人、最低限必要な実務官人たちだったのだろう。もちろん、蔵人宮内権少輔藤原親経のように、数日遅れで駆けつける官人たちもいたのであろうが（『親経卿記』六月五日条）。

それでも天皇の行幸ともなれば、しかるべき数の邸宅・宿所が確保されていなければならない。出発前から、安徳天皇は平中納言頼盛の家、高倉上皇が禅門（清盛）の別荘、後白河法皇は平宰相教盛（清盛の弟）の家、摂政基通は安楽寺（太宰府天満宮）別当安能の房と、入るべき邸宅がそれぞれ予定されていた。随行の人びとは、福原到着後、あちこちの平家関係者の宅や在地の寺社に分宿したのだろう。しかし、宿所は始めから足りず、あぶれた人びとは「道路に坐すが如し」という、乱暴で大雑把な遷都だった（『玉葉』六月二日条）。

一行が福原に向かった直後の、平安京にたいする平家の処置を伝える史料として、従来未利用の『親経卿記』の六月二日条が、もっとも注目される。清盛と時子の一族は大半が下向し、わずかに重盛の息清経・維盛が、留守居役として京都に残った。そのほか清盛の命により、狼藉に備えるため郎従が差し置かれた。大内の留守は通親の弟の伊豆守源通資が勤仕し、なかでも外記局・官文殿・内蔵寮・大学寮などには、とくに警固の兵士が派遣された。この兵士は「武勇の侍の家の輩、廷尉に仕官の者」で、おのおの分に従っての派遣だという。斎院範子内親王のもとにも、武士が差し遣わされた。白河の御願寺などには、格別の沙汰はなかった。

外記局・官文殿に警固の兵士が派遣されたという情報は、注目すべきであろう。外記局の文殿には外記日記のほか、政務・儀式運営の根拠となる式文や記文、先例勘申の史料となる各種勘文などが保管されていた[15]。官文殿は太政官におかれた文庫で、ここも「年中給ふ所の宣旨・官符の本書・草案及び臨時所所行事記文等」を保管する（『類聚符宣抄』第六[16]）。院政期にはその無実化が進んでいたといわれるが、兵士の派遣は、なお保存されていた文書を盗難・散逸などから防ぐ目的からであろう。

たまたまこの点に関連する史料がある。鎌倉前期には成立した東大寺図書館蔵『因明十帖』（一二四／二〇／一）の紙背文書で、左大史隆職が山城国乙訓郡の海印寺別当補任の先例について、質問に答えたA・B二通の書状である[17]。学界で未検討史料なので、読み下さない。

A　海印寺別当事、二箇度官符注申候、遷都之時文書多宿納西郭辺之間、此外付御使不注所候也、恐々謹言

七月四日　　左大史隆職記

B　海印寺別当　宣旨補任之条、勿論事候、近代猶如此、況於往昔乎、重引勘近古長案早可注申候也、但嘉祥比符案被仰置文殿候、件所輙不開候也、可期便宜候、其次文徳　清和両代之例可勘見候也、恐々謹言

七月五日　左大史隆職記

この二通で、隆職は、同寺別当は当然宣旨で補任されます（B）、先例中「二箇度の官符」については「注し申し」して、御使に付しましたが、その外は「遷都の時文書多く西郭の辺りに宿し納め」ていますので、当座には間に合いませんでした（A）、「近古の長案[18]」についても「重ねて引勘」し「早く注し申すべ」きでありますが、「嘉祥比の符案」は「文殿に仰せ置かれ候ふ、件の所輙く開かず候ふ」という状況なので、「便宜を期すべ」きです、それから

「文徳　清和両代の例」もありますが、それは開扉の「ついで」に「勘見」すべきでしょう（B）、と釈明している。

　Aの「遷都の時」が、福原行幸のことをさしているのは間違いない。したがって、両書状は行幸一ヵ月後の治承四年七月四日・五日に記されたと考えてよい。Aの「西郭の辺り」が判然としないが、大宰府条坊では平安京の左京・右京にあたる両区を「左郭」・「右郭」と呼んでいたから（『平安遺文』三七五・五七五号など）、京都の右京（西郭）のどこかをさし、そこに設けていた小槻氏の文書庫のことではないか[19]。

　また、官文殿は、平安の中ごろから大夫史が文殿別当として管理していたから、Bの「文殿」は、官文殿でなければならない。太政官の文殿は左右あって（『延喜太政官式』文殿書条）、『百錬抄』嘉禄二年八月二七日条に「官文殿〈五間瓦葺〉」が焼亡したとあり、それは『明月記』同日条では「太政官庁西文庫」と記されている。「文殿」とは、具体的にはその西（右）の文庫をさしているのであろう。

　小槻氏が弁官の事務局たる官務を世襲するようになると、「率爾の尋ねに備へんがため」手許に「要須の文書」、つまり必要な太政官の文書の写や記録類を集めるようになっていた（『玉葉』寿永三年正月二八日条）[20]。隆職は遷都にあたり、それらのうち役目上日常参看せねばならない文書群ばかりを持って福原に行き、重要だがさしあたり不要なその他の文書は、京都の「西郭の辺り」の文庫に留めおいたのであろう。それらは「宿し納め」るという表現から、当人にとっても一時的な格納と意識されていたようである。そして、それ以外の官文殿に収納されていた「近古」以前の文書群は、行幸時に警固の兵士たちによって封鎖され、一ヵ月後になっても、文殿別当の左大史ですら、披見がたやすくなかったことを示している。

　大夫史たる隆職は、当面は福原に持参した文書類を利用して、国政運営や執務を下支えしたのであろうが、彼はすでに安元の大火で多くの文書を失っている（『玉葉』安元三年四月二九日条）。太政官の事務責任者が、こんな状態では、日常の政務の渋滞も避けがたかったに違いない。外記も外記文庫が封鎖されているので、福原で諸司を統轄して儀式・節会を運営することに、多くの差し障りが生じていたことだろう。そもそも場所・施設と密接に結びついている権門寺社関係の宗教儀式・法会は、平安京で行わざるをえなかった。[21]

行幸から二ヵ月以上たった八月七日でも、「両大外記〈頼業・師尚〉、大夫史〈隆職〉、福原に候ず、頼業真人に於ては、釈奠に参らんがため、去る比旧都に罷り帰ると雖も、火急の召しに依りて、一昨日又参入し了んぬ、六位の外記近日二人あり、一人は福原に候じ、一人は旧都にあり」（『山槐記』）といわれている。やむない福原・平安京二拠点併用の結果であった。

清盛や隆職の思惑では、造都や福原在住が軌道に乗れば、官方の文書などは当然移送されるはずだったのだろう。ところが、新都建設の具体的検討で、最初の候補だった和田（輪田）の地（現在の神戸市兵庫区南部・長田区一帯）が、左京は南は五条まで、東は平安京でいえば西洞院大路にあたるあたりまでしか確保できない、右京は宮城の西に小山がある上、平地が幾ばくもないとの理由で、ペーパープランのまま、早々に放棄される（図1参照）。

福原にほぼ常住する公卿も、平家一門を除くと、行幸時に供した高倉上皇執事別当隆季や左大将実定以外には、ほとんど見あたらない。当時の国政審議の中心は、指名された特定メンバーによる院御所議定によってなされていたから、[22]必要な人物を京都から呼び寄せれば、重要決定にも踏み切れる。とはいえ、兼実など上皇から、和田京建設につき福原に来て意見を述べよといわれ、しかも当地には一切宿所がないから、邦綱の寺江（現尼崎市今福から大阪市西淀川区佃の辺り）の別荘に入り、福原には日帰りせよと命ぜられている（『玉葉』六月八日条）。

つづいて昆陽野（現伊丹市）、さらに印南野（現明石市）が、新都の候補地に挙がるしまつで、結局一ヵ月あまりを空費してしまう。[23]なぜ遷都の成否がかかる大事な時に一ヵ月も無為に空費したのか謎が多いが、福原遷都でもっとも基本になる史料『山槐記』の六月条が欠けている事情もあり、詳細の究明はなお今後の課題である。

ともあれ、七月中旬には、「福原暫く皇居たるべし、道路を開通し、宅地を人々に給ふべし」（『玉葉』七月一六日条）

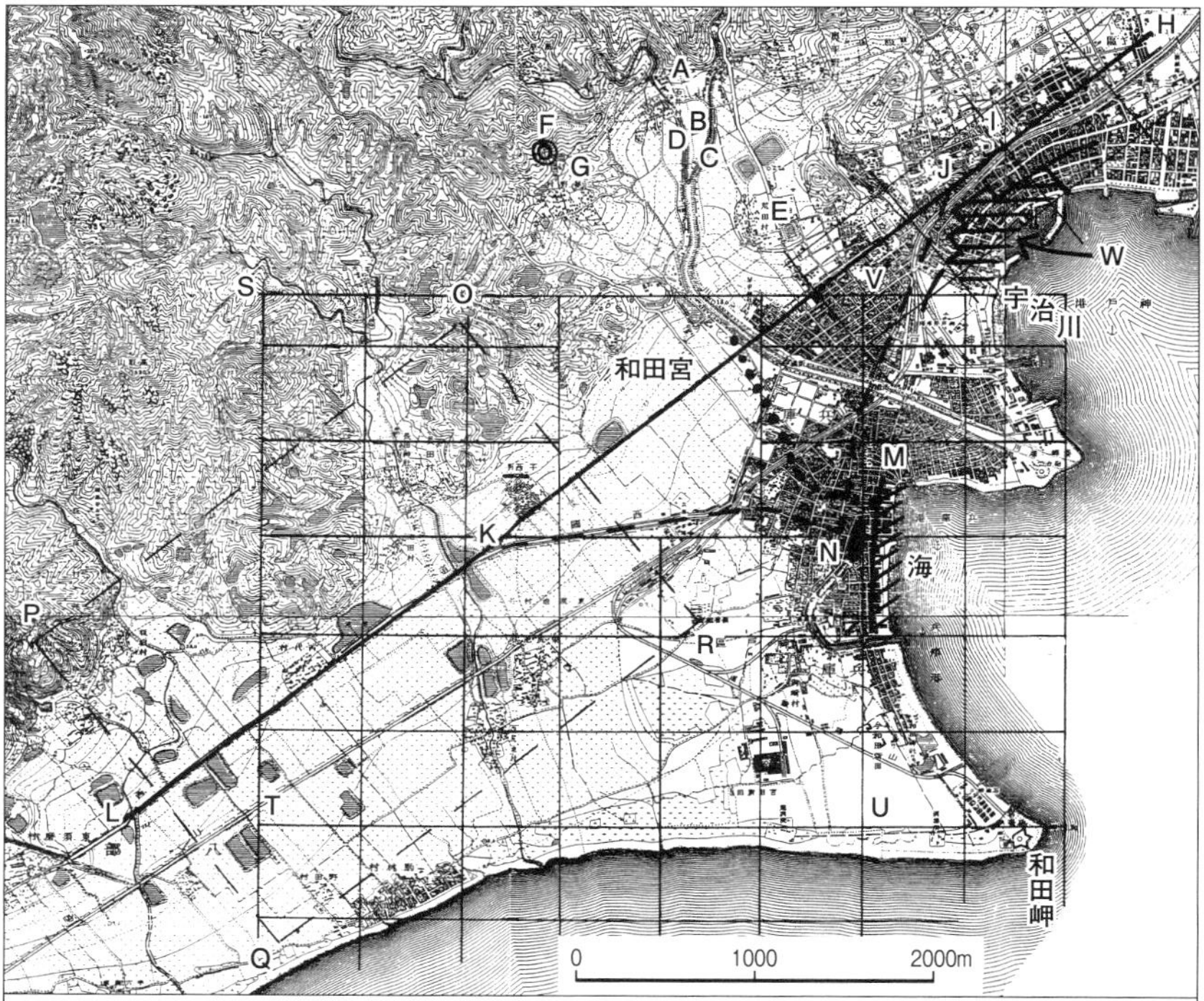

A．清盛亭(内裏)　B．雪御所(重衡亭・新院御所)　C．天王谷川　D．石井川　E．頼盛亭　F．氷室神社(二重丸印)
G．夢野村(教盛亭?)　H−L．山陽道　I．のちの神戸市街に面する段丘　J．同上，ならびに大輪田泊道分岐点
K．大輪田泊道分岐点　M．これ以南，古代海岸線　N．経の島附近　O−P−Q−R．喜田案和田京
S−T−U−V．和田京試案　W．矢印先の横線部は応保2年(1162)八部郡条里断簡図の比定により，海であったことが判明する部分．

図1　福原（和田）京想定位置図
（原図足利健亮氏．記号の説明一部改訂．使用の地形図は明治19年仮製図）

と、福原の地を天皇の暫時の滞在地と定め、それにともなって都市域を整備するという方針に切り替えられてゆく。政権中枢からすら出始めた、さまざまな遷都反対論を踏まえた玉虫色の妥協策というべきだろう。

以上から明らかなように、四百年の平安京を棄て新都を経営する見識と意気ごみに比べ、準備の方はひいき目に見ても、十分とはいえなかった。一・二節での拙論が正しければ、遷都の計画は、すでに以前から清盛の脳裏で発酵しつつあったはずである。それがこのような準備不足と不首尾を露呈したのは、なぜだろうか。

思うに清盛は、安徳の即位をもう少し後に予定していたのであろう。近くは崇徳が五歳、近衛が三歳、後白河は二九歳、二条が一六歳、六条は二歳、高倉は八歳で即位した。後白河と近衛・六条は特殊な政情のもとでの中継ぎや強引な即位で考慮外に置くと、二条・高倉はもとより、崇徳に比してさえ三歳の安徳即位は早すぎるといわねばならない。鹿ヶ谷事件で押さえこんだはずの後白河のまきかえしと露骨な挑発により、清盛は治承三年（一一七九）一一月に軍事クーデタで対応せざるを得ず、加えて高倉の健康はその年の冬よりかなり悪化していた（『玉葉』治承四年五月一八日条）。結果として一二月一一日には、翌年二月に高倉譲位、四月に安徳即位儀を行うことを決定するなど（『山槐記』）、新王朝創設の予定全体が繰り上がる、大きな誤算が生じたのではないか。

すでに安徳が即位した以上、遷都も急がねばならない。そこへもってきて、同年五月中旬の、自らを天武天皇になぞらえ、安徳の即位を王位を推し取る偽朝と真っ向から否定する以仁王の挙兵計画の発覚と、強力なその背後勢力の存在は、清盛に躊躇を許さず、なかば反射的な遷都決行にいたったのではなかったか。(24)

準備なお不十分のまま遷都に突入せざるをえなかった真の原因は、清盛の予想をこえた後白河院勢力の結束と反発力にあったと思われる。

四　都遷りか離宮か

和田京建設計画が早々に頓挫し、一カ月を空費したあげく、七月中旬には福原を中心とした都市域整備計画にトーンダウンする。その後、下旬から八月中旬まで、清盛を先頭にする人びとと伝統的な王朝貴族との間で、安徳天皇の大嘗会を平安京でやるか、福原でやるかが、厳しく議論された。これについても、従来きちんと論じられていないけれど、私見では、福原の現状に多少手を加えて正規の都へと持ってゆくか、福原はあくまで離宮にすぎないと都遷りを否定するのか、という政争に直接からむ最重要論争だった。いささか煩雑だが、議論の経過をたどってみよう。

後者の代表たる右大臣九条兼実は、すでに六月中旬、高倉上皇から諮問をうけた三ヵ条のうち、「大嘗会の事」にたいし、以下のように答えている。

「大祀（大嘗会）」と「遷都」はいずれも国家の重事である、並行して行うのは国の費えが多い、しばらく旧都に還御して大嘗会を挙行して後、遷都に専念するのがもっともよろしい。ただし、遷都をどうしても急ぎ行わるべきなら、大嘗会を延期すべきであるが、「撰式」（『儀式（貞観儀式）』の選定、八七三―八七七年ころ成立か）以来、大嘗会を延期した例はない、だから、新宮の造営が間に合わなければ、儀式に必要な所々を選び、突貫工事で早急に仕上げるべきである。それが不可能なら、たとえその例がなくとも、大嘗会は明年に延期するほかない。

これに対し、頭弁経房が、外記の勘申によれば、七月以前即位の主が翌年に大嘗会を行った例は、大同・弘仁にある（平城・嵯峨両天皇の場合）と述べると、それは『儀式』選定以前の話で例にならないと反論し、さらに経房の新都造営が実現しそうもないから、現在の御在所などに、少々舎屋を造り加えて行うのはどうかとの問いに、たとえ古昔の例があっても、「離宮」で大礼を行うことには従いがたい、と峻拒した（『玉葉』六月一五日条）。

安徳天皇は、すでに四月二二日、紫宸殿で即位の儀を済ませているが（『山槐記』）、当時は即位の儀より大嘗会が重要視されていた。大嘗会という天皇即位仕上げの儀式を、離宮で行うのは、孝謙天皇の「大郡宮」の「南の薬園の新宮」（現奈良県大和郡山市材木町）以来例がない（『続日本紀』天平勝宝元年一一月乙卯条）。

四三〇年間も離宮で大嘗会を行っていないので、それを和田ないし福原で行えば、そこがすなわち安徳天皇の都と、遷都を公式に承認するに等しくなる。この地を「離宮」と言い続けた兼実が、大嘗会は還都して行うか、明年に延期するかいずれかだと主張し、大嘗会の当年福原実施に水をさしたのは、この段階での推進派との力関係を考慮し、そういう理屈で抵抗し、遷都推進の勢いが衰えるのを待つ一種の迂回戦術だったのである。

　それを承知の清盛は、和田京頓挫ののち、福原を整備して居座るという現実路線を採用し、この地で大嘗会を行うことで、なんとか遷都を既成事実化しようとした。一方、高倉上皇はといえば、遷都に見切りをつけ、離宮でよい、大嘗会も延期と考えるようになっていた。そのことは、七月二九日福原を発ち、八月一日入洛した大外記清原頼業が、兼実に「遷都の事、故郷を棄つべからざるの由仰せ下され了んぬ、福原に離宮を立て、暫く経廻あるべしと云々、八省・大内に及ばず、又大路・小路便に随ひてこれを抜き、然るべき卿相・侍臣等を撰び、その地を宛つべしと云々、大礼の事、延引の由、仰せ下され了んぬ」と伝えたことからも、あきらかであろう（『玉葉』八月四日条）。

　ところが上皇は、八月一日には一転、「猶今年大嘗会を行はるべきなり、仍りて内裏を造営せらるべし、その間の事早々に申沙汰せしむべし」と命じている（『玉葉』八月二九日条）。清盛の遷都実現の強い意志を前に、翻意させられてしまった結果だろう。上皇が清盛と遷都反対派の板挟みになって苦しみぬいていたのは、七月二九日、彼が摂政基通に、「遜位の後、猶朝務を聞くは自然《おのづから》の事なり、更に本意にあらず、その器に堪へず、申すに於て恐れあり、随《まにまに》近日病重く存命不定、（基通が）天下の事一向御沙汰あるべし、この事只嫌ひ申すに非ず」と、内々申し伝えたことからも察せられる（『山槐記』）。

　この日の上皇の大嘗会当年実施＝内裏造営発言については、頭弁藤原経房が異議を唱えた。その論拠は、①六月二日の慌ただしい遷幸の時、「遷都の由」を仰せられていない、②その後遷都せらるべきだという相談もあったが、肝心の遷都先がたびたび定まらず、現在時点では御所も定まっておらず、帝都たるべしの由を仰するも、もはや離宮のようなものである、③旧都の人屋は一人もいまだ移住せず、もろもろの公事はことごとく旧都で行っている、の三点である。そして、それらはいずれも長岡から平安京へ遷都した延暦の例に符合していない、延暦時には王相方（陰陽道で王相神のいる方角、月毎にその所在の方角が変動し、その方角は、月ふさがると称して、移転、建築などを避けた）を犯すという方角の禁忌を避けなかったという一事に至っては、それを前例として用いるのは、道理に叶わない。しかも延暦の例はすでに完成し、人も移住した場所への移徙であって、これから造る場合の犯土（陰陽道で、遊行する土公が居るとされる時期に、その場所や方角において、土を掘ったり動かしたりするのを重い禁忌とし、これを犯すことを犯土という。内裏や官庁の建物の新造・補修にあたって、それがしばしば問題になった）と同日に論ずべきでない、と述べた（『玉葉』八月二九日条）。

延暦の例が問題になっているのは、高倉院の内裏建設の意向をうけた時忠が、福原は「犯土の作事」だと主張する反対派の意見を封ずるため、陰陽師安倍季弘の「延暦已に移徙あり、今度の犯土何事かこれあらんやの旨存ずる所なり」という見解を、拠り所にしたからである（『玉葉』八月二九日条）。つまり、福原は平安京の西にある。治承四年は子の歳で大将軍は酉の方角にあり、福原での造作・転居は塞がっているはずだ。けれども、平安遷都の延暦一三年（七九四）一〇月二一日は、北が王相の方角にあたっていたにもかかわらず、方角の禁忌を避けていない、また大将軍の禁は王相のそれに及ばないから、この延暦の佳例によって、治承四年の遷都（造皇居）は、たとえ大将軍の方角であっても、憚るべきでない、との主張だった（延慶本第二中都遷）。

方角の禁忌や「犯土の作事」を持ちだせば、遷都どころか、福原での皇居（里第）の新造すらかなわなくなる。経房の突出した個人的意見ではなく、背後に広範な賛同勢力があるに違いない。遷都反対派は、福原での都市域整備という清盛の後退に勢いをえて、いざ皇居建設が問題になると、それにも反対し始めたわけである。

むきになった時忠は、大外記頼業が周公旦の「洛邑（王城）を営むに方忌無」しという言を引き、「方忌あるべからず」と主張した、と経房に反論する。経房の反対意見を内心喜んだに違いない高倉院は、それは「漢家摂録（籙）の例」であって「本朝の帝王の儀に比し難きか、経房の申す旨一々その謂あり」とたしなめ、これらの趣意を摂政基通に触れるべしといい、基通は「人々に問はれるべき」由を申した（『玉葉』八月二九日条）。

そこで高倉院は、来る一二日に左大臣経宗・右大臣兼実・大納言実定・権大納言隆季・同実房・権中納言忠親をメンバーとする「院の殿上」での会議（院御所議定）を開催するよう命ずる。在福原の実定・隆季を除く面々は京都から召すことになったが、兼実は招集を伝える経房の書札を携えた使者に、疾重きにより参入に耐えずと返答した（『玉葉』八月八日条）。これを聞いた清盛は「聊かも快からずば、一切御参りの儀あるべからず」と連絡してきた（『玉葉』八月一二日条）。反対する者は来なくてよい、である。

一一日には、五位蔵人藤原光長が兼実宅を訪問したので、兼実は簾前に呼び不審を質す。光長が大嘗会はきっと福原で行われるだろうと語ると、兼実は「彼の地帝都たるべきの由仰せられ了んぬか、将《はた》又離宮に於て大嘗会を行はるべきか、その条専ら然るべからざるか、古京に還御叶ふべからずんば、福原を以て都地と定めらるるの後、この礼行はるべきか如何」と問う。すると光長は「この条（福原を正式に都と定める件）申し出づるの人無し、只承る如くんば、形の如く里内を造営し、遂げ行はるべきか、凡そその間の事、人々に問はるべし」と答え、さらに「又方角の事尋ねられんがため、在京の陰陽等を召す」との情報を伝えている。光長は六日の入洛なので、これは八月一日から彼の福原出立直前、四日ごろまでの現地の雰囲気を伝えているのであろう（『玉葉』）。

五　八月一二日院御所議定

以後、一二日院御所議定の前哨戦として、福原では同月八日までに、二つの流れが顕在化する。一つは還都の声が公然とささやかれるようになった点である。八日以前のこととして、隆季が密かに「遷都の事、凡そ叶ふべからざるものを、拠る所なき沙汰かな、今始終見るべし」と語り、これを聞きつけた清盛が「安からず」と怒り、「この一言に依りて、更に（遷都に）励む心を起し」たとの噂が、兼実に伝わっている（『玉葉』八月八日条）。また、邦綱から兼実への極秘情報によると、「去る比」福原では古京に還御すべきだという意見がぼつぼつ出はじめたので、隆季・時忠が相談し清盛に還都を進言した。ところが、彼が「（還都は）尤も然るべし、但し老法師に於ては、御共に参るべからず」とむくれたので、人びとはたちまち当てはずれになり、一切沙汰止みになったという。

「去る比」が八月一日以前なら、上皇の大嘗会当年実施、内裏建設への方針転換は、このやりとりがきっかけになっているわけだし、隆季のなげやりな発言も、都還り提案を一蹴されたことが不満の捨て台詞になる。邦綱自身は日ごろから大嘗会は延引すると思っていたが、清盛の「何故に行はれざるや、太だ以てその心を得ず」とのいらだちの声が聞こえてくるその足下から、還都の話が出始めたことに驚きを示している（『玉葉』八月一二日条）。

いま一つは、八日に脇陣で陰陽師や両大外記清原頼業・中原師尚、大夫史隆職等への意見聴取（内議）が行われ、そこで方角の禁忌をめぐって対立していた内裏建設について、打開策が浮上した点である。この日、名人陰陽師として評判の高い安倍泰親（光長が都から召すとした陰陽師の一人か）は、皇居建設について、「犯土の作事に於ては、尤も忌まるべし、勿論の事なり、但し禅門の沙汰として、然るべきの舎屋を造られ、かの人移徙の後、借り召され、皇居に用ゐらるれば宜しかるべし、公家の御沙汰は一切然るべからず」と提案した。清盛が造ったものを借り上げるならいいが、天皇・朝廷がいささかでも関与するのは適当でないと提案した。八月一日に、福原での皇居建設に犯土の禁なしと説いた季弘は、泰親の子だが、この日父の激怒に気圧されて、その申状に従うと述べた。それで、時宜に諛わんため、詐偽をもって君に奏したにもかかわらず、今度は言葉を変じて父命に従った、「謀計の士、不忠の臣」だと人びとの顰蹙をかっている。

結局、天皇の命による公的な建設でなく、清盛の作事という私的営みの形をとり、実質的に内裏建設を進める点で、合意が成立したらしい（『玉葉』八月二九日条）。反対派は、実をとらせながらも、公式の皇居建設は、きっちり阻止に成功したのである。

この三ヵ月後の一一月、新内裏完成にともなって、清盛に家の賞（別荘の提供）と造宮の賞を与えることになった。ところが、経房は、家の賞は当然だが、造宮の賞は「方角の禁忌の事に依りて、入道相国私亭を新造し、進らさるべきの由、議定切り訖んぬ、而るに指図の体皇居に似せたり、然而《しかれ》ども私に移徙し畢りて進らされ了んぬ、何ぞ造宮の賞に及ぶべきや」、方角に憚りがあるので、朝廷の命による造営でなく、清盛が私宅を新造し、それを天皇に提供するというのが評議内容だった、それなのに「大内」（平安京大内裏内の内裏）に似せたものを造り[25]、内々にそこから退去し天皇に提供したのだ、なんで造宮の賞に値するものか、と疑問を呈している（『吉記』一一日条）。名はもとより実すら認めぬ勢いで、こういう駆け引きにかけては、王朝貴族はさすがに巧者である[26]。兼実ものちに、あれは「皇居」ではなく「人家」だ、「若し皇居と称して犯土（あらば）、公家のおほんために便無かるべきか」と、決めつけている（『吉記』養和元年八月一七日条）。

話を八日の内儀にもどすと、新造内裏を舞台とする大嘗会については、頼業が七月に延引の沙汰があった、大事は再挙せず延引だといい、師尚は孝謙天皇の例があるから、今年離宮で大嘗会を開催するのは問題ないと主張。隆職は現在にいたるも準備がない、無理に決行するのはかえって「式文」の趣旨にも反す、明年宜しかるべしと説いて、延期説が多数を占めたようである（『玉葉』八月二九日条）。

九日、遅れて福原に参上した別の陰陽師賀茂在憲も、泰親の意見に同意。一日の議定では、時忠が「方角のことは一切沙汰あるべからず」と命じたので、無言で退出した、その時、時忠は季弘の申状に依拠したがもちろん論外だ、と述べている（『玉葉』八月二九日条）。

さて、本番の一二日、その日の高倉院殿上での議論は、どう決着したのだろうか。

参加者は、病と称した兼実を除く被招集者全員だった。経房が参入し、これまでの議論の内容を紹介し、上卿左大臣経宗に「只各の評定を申すべし」との院の言葉を伝えた。しかし、経宗は「定議」どおり末座の忠親に発言を促し、忠親は以下の四点を述べ、それが議論全体を方向付けした。

①　方忌の件は在憲・泰親朝臣の申す趣旨が一致している。当然大将軍の方は憚られるべきである。ただし、まったく旧都を棄てられたなら現在の皇居（もと清盛別荘）が御本所（もと住んでいたところ）であるべきだ。方忌はそこから立てられるべきだが、この地は遷都ではなくただの離宮だそうだ。それならこの地（平安京から見て大将軍の方角たる福原）を憚るべきではないか。そもそも禁忌の方に遷るべきでない。それなのにこの地で本所の忌をいい出すのは不審である。延暦の冬の節に平安京に遷都した。本所の忌とは忌方（福原）に遷ることをいうのは明白である。

②　そうではあるが、今事情があって都を定められるのに御猶予があるのなら、八日の内々の評議の如く、清盛が土木の功を果たし、皇居を新たにするという点は問題ないだろう。

③　ただし、今年大嘗会を挙行せねばならぬから、皇居を造営するという件は、都合よくことが運ばないだろう、なぜなら今日明日に造作を始めたとしても、清盛の退去ののち天皇が内裏（もと清盛別荘）を出られてそこに遷るのは、今月中には実現不可能である。しかるに九月には斎場所《さいじょうしょ》（大嘗会の時、神供を調えるために設けられる建物。宮城の正北、平安京では北野の地を卜定した）を造らねばならない。皇居が定まらないのに先ず斎場所を立てられるのはよろしくない。禁忌を避けるかのようであるが、清盛が造築進上するのを待ちながら、事前に斎場所を設けるのは、却って勝手な御振る舞いとなる恐れがある。

④　今年新嘗会の節会以前に清盛造進の皇居の造作を終え、大嘗会については明年行うのが宜しいのではないか。大同四年（八〇九）平城上皇が平城旧京に遷都しようとし、実現しなかったにもかかわらず、同年四月即位した嵯峨天皇の大嘗祭は延期された。

これに諸卿賛同し、経宗は「今年（大嘗会を）強ちに行はるるの条、還りて不法の恐れあるべし、又斎場所幷に引標（しめ結いカ）の間、その地等沙汰あるべし（べからずカ）」と結んだ。頭弁経房は高倉院のもとに参上、議論のなりゆきを奏し、それをうけて高倉は「定め申す旨尤も然るべし、異議に及ぶべからず」と述べ、延引を命じた（『山槐記』八月一二日条、『玉葉』八月二九日条）。

こうして、大嘗会が来年に延期と決まった時点で、将来の可能性まで断たれたわけではないが、遷都は宙吊り状態から実現かなり厳しき状態に追いこまれたといえよう。だがその後、福原を都として実質あるものにせんとする清盛側の反撃があったらしい。

八月二九日、兼実は、福原からやってきた経房に、福原経営の将来計画を問うた。経房は、「福原は只今の如くんば離宮なり、明後年に八省を造らるべしと云々、今年五節（舞）以前に皇居を造らるべし、これ禅門私の造作なり、かの人移徙の後、借り召さるべきの儀と云々、即ち件の離宮（新造の皇居）の傍に、八省の地を占め置き、幷《あ》はせて要須の所司の跡等[27]を立つべし、この離宮を以て即ち内裏に用ゐるべし、大内に於ては移建すべからずと云々、件の指図源納言（雅頼）これを造進し、堀川納言（忠親）又潤色を加ふ」と語っている（『玉葉』）。

今は離宮の状態にとどまるが、再来年には皇居の傍に八省院を造り、あわせて必要な役所も立ち上げることになっている、という。福原は、離宮のままでは終わらないというのだから、明らかに、遷都を実効あるものにしよう、とする揺り戻しがあったことを示している。明示されていないが、こういう揺り戻しの震源は、清盛以外にはありえない。

また、内裏造営とワンセットになっている大嘗会について、兼実は「先度沙汰あり延引す、今又俄にこの儀あり」と驚いている（『玉葉』八月二九日条）。兼実は八月一四日には、福原の邦綱からの書状で、「大嘗会猶延引の由、（高倉院が）これを仰せられ了んぬ、明年行はるべし」との情報を得ている（『玉葉』）。それから二週間以上もたって「今又俄にこの儀あり」というのだから、その後また実施の儀が再燃したらしい。清盛が、最後の最後まで大嘗祭本年実施に執着していたことを示すものではないか。

とはいえ、九月には斎場所を造らねばならないというのが、当年実施のタイムリミットである。九月に入ると、さすがに大嘗会の件は話題にのぼらなくなった。

六　結　び

一二日の大嘗会延期決定の五日後、伊豆で頼朝が挙兵、九月には信濃で義仲が挙兵、内乱は一気に全国化してゆく。拙著で述べたように、それでも内裏の新造、福原の都市整備は、それなりに進み、忠親・時忠・邦綱などの邸宅の建設も進む[28]。加えて忠親は、「家人等を据へしめんがため」「輪田の原」に行き、「小松原」に「二三町ばかり」の土地を確保している（『山槐記』八月二三日条[29]）。福原は手狭で居住空間としては余裕がない。そのため身分の低い家人クラスは、上流階層の住まいする福原中心部から閉め出され大輪田泊あたりに集住していたらしい。九月中旬頃には「今は指したる公事の外、故京に還るべからず」と、公卿・貴族・官人たちに福原集住が命ぜられる（『玉葉』九月一二日条）。議定では押さえこまれても、遷都の既成事実を作り上げようとする、清盛の執念には目を見張るものがある。

皇居造りは順調に進み、一〇月九日には、頭弁経房が忠親の所へやってきて、南殿（紫宸殿）に宛てられる寝殿の障子の図柄は、いかがしましょうかと意見を求めている。経房は時忠から「賢聖の障子」でどうか、忠親とも相談せよと指示されたのだが、忠親は東三条第という摂関家の公式の邸宅を例に挙げ、そこの寝殿の障子には山水が描かれており、代々の天皇が里内裏に用いた時も改めなかった、だからここも「山水の障子」でいいんじゃないか、と答えている（『山槐記』）。

経房に「賢聖の障子」の指示を与えた時忠は高倉院の別当だから、これは大内に似せようという高倉院の意志が示されているのだろう。そもそもこの内裏新造は清盛の私力による造営という形で落着したが、実際は高倉上皇の命で進められたらしい。一〇月二〇日兼実は、やってきた陰陽師の泰茂（安倍泰親の子）にたいし新都の作事の進捗を尋ね、泰茂から「凡そ作事の指図以下の用途等、一事以上御沙汰たり、只仮に他人を以て名となすの条、偏に神を謀るに似たり、驕慠の沙汰なり」の証言をえている（『玉葉』）。清盛の命を「御沙汰」ということはありえないので、これは高倉上皇の指示であろう。清盛は還都と遷都の間を揺れ動く高倉上皇をあくまで表に立てながら、この事業に公的な装いをとらせようとしていたのである。

しかし、内乱の広がりと深刻化は予想以上で、結局同年一一月、天皇が新造内裏に行幸し五節を挙行した。清盛最後の意地で、それを花道に天皇・上皇らは都に帰還。一一月二九日、清盛も福原より引き上げ、新都の夢は半年で潰え去った。

清盛は全国にわたる反乱を鎮圧すべく最後の力を傾けるが、翌年閏二月京都で没し、再び福原の地を踏むことはなかった。

還都を、清盛の現状打開の方途、再構築策として、積極評価できないわけではない[30]。しかし、以上述べた見地からすれば、福原遷都の失敗は、清盛の「革命」が、雄図空しく挫折した以外の何ものでもない。新王朝と新都建設を志向した清盛は、やはり「人のありさま、伝うけ給るこそ、心も詞も及ばれね」（『平家物語』巻一祇園精舎）と評さるべき人物だったのである。

注

（1）福原遷都に言及した概説の類は多いが、基本的なものとして『神戸市史　別録一（復刻版）』第七―第九章（喜田貞吉著）、名著出版、一九七一年（原著は一九二四年刊）、および『兵庫県史　第二巻』第一章第一節（大山喬平著）、同第二節（石田善人著)、兵庫県、一九七五年がある。近年の福原遷都にかんする代表的研究は、山田邦和「『福原京』の復元的研究」同『日本中世の首都と王権都市』文理閣、二〇一二年、元木泰雄「「福原遷都」考」同『院政期政治史研究』思文閣出版、一九九六年、足利健亮「清盛時代の大輪田泊と福原、和田京」歴史資料ネットワーク編『歴史のなかの神戸と平家』神戸新聞出版センター、一九九八年、元木泰雄「福原遷都と平氏政権」、近藤安紀「『平家物語』における還都」いずれも『古代文化』(特輯　平家と福原)第五七巻四号、二〇〇五年があり、さらに二〇〇四年一月一〇日開催の「緊急シンポジウム・平家と福原京の時代――楠・荒田町遺跡の評価をめぐって」における岡田章一・須藤宏・元木泰雄・髙橋昌明・佐伯真一の各報告(歴史資料ネットワーク編『平家と福原京の時代』岩田書店、二〇〇五年に収載)、および拙著『平清盛　福原の夢』第六章、講談社選書メチエ、二〇〇七年がある。

(2) 源雅頼については、『陽明叢書記録文書篇　別輯　宮城図』解説(瀧浪貞子氏執筆分)、思文閣出版、一九九六年に詳しい。

(3) 邦綱が備前の知行国主であることは『玉葉』治承三年一二月一四日条に見え、それが治承元年の国宛の時期まで遡るものであることは、『愚昧記』治承元年一一月一五日条よりわかる。光隆の越後知行国主は、『山槐記』治承三年正月六日条に見え、それが治承元年まで遡るものであることは、彼の子藤原雅隆が、安元三年六月二八日に越後守に任じられていることからわかる(『公卿補任』文治元年条)。源資賢の備中の知行国主は、『玉葉』承安三年一一月一二日条に見え、それが治承元年まで継続していることは、彼の孫である雅賢が安元元年正月二二日に備中守を重任していることからわかる(『玉葉』)。主に菊地紳一・宮崎康充「国司一覧」『日本史総覧　第Ⅱ巻』新人物往来社、一九八四年を参考にした。

(4) 上島享「平安後期国家財政の研究――造宮経費の調達を中心に」『日本史研究』三六〇号、一九九二年。

(5) 拙稿「大内裏の変貌」著者編『院政期の内裏・大内裏と院御所』文理閣、二〇〇六年。

(6) 拙稿「後白河と平清盛――王権をめぐる葛藤」本書第一章に所収。

(7) 同右。

(8) 元木泰雄『平清盛の闘い――幻の中世国家』角川書店、二〇〇二年。

(9) 瀧川政次郎「革命思想と長岡遷都」同『法制史論叢　第二冊　京制並に都城制の研究』角川書店、一九六七年。

(10) この事実は『左経記』(経頼卿記)万寿二年七月三日条にたしかに見えている。

(11) 拙稿注(6)論文。

(12) 尾崎康「『太平御覧』――統一王朝による集大成」『しにか』九巻三号、一九九八年。

(13)　北村明美氏（高麗・朝鮮王朝史）の教示による。
(14)　小安殿の再建が播磨（宗盛）に割り当てられているのは、三年前の治承元年段階での国宛についての風聞が、光隆だけ「但しこの事不定」とあり、不確定情報で、もともと宗盛の担当だったのかもしれない。
(15)　中野淳之「外記局の文書保管機能と外記日記」河音能平編『中世文書論の視座』東京堂、一九九六年。
(16)　橋本義彦「官務家小槻氏の成立とその性格」同『平安貴族社会の研究』吉川弘文館、一九七六年。
(17)　著者他編の『長岡京市史　資料編二』長岡京市、一九九二年で紹介。ただし、長岡京市史編纂時に、海印寺関係史料として、堀池春峰氏から提供いただいた同裏文書の釈文では、左大史の名を隆成と読んでおられた。隆成という左大史は史上存在しない。今回確認のため、東大寺図書館に原本閲覧の願いを出したが、堀池氏が釈文を作成した時点とは違い、現状は新たにコヨリで綴られていた。文書保全の見地から、紙背文書の調査は許されず、写真も撮影していないという。やむなく『因明十帖』の表の面を観察するにとどまった。しかし、この時の左大史は小槻隆職であり、職は偏のくずし方しだいでは成のくずし字とよく似ている場合がある。問題は残るが、職と読むことが可能と判断したので、今回隆職に改めた。
(18)　長案とは外記・弁官・八省などで、官符・宣旨などの重要文書を写して巻子としたもののことである。岩橋小彌太「文殿長案と外記日記」同『上代史籍の研究』下巻、吉川弘文館、一九五八年参照。
(19)　両書状の解釈にあたっては、大村拓生・田島公両氏の教示を得た。
(20)　橋本義彦注(16)論文。
(21)　松薗斉「武家平氏の公卿化について」『九州史学』第一一八・一一九合併号、一九九七年。
(22)　下郡剛『後白河院政の研究』吉川弘文館、一九九九年。
(23)　この点については、山田邦和注(1)論文の第二節「福原遷都の混迷と挫折」が詳しい。
(24)　羽下徳彦「以仁王〈令旨〉試考」『豊田武博士古稀記念　日本中世の政治と文化』吉川弘文館、一九八〇年。五味文彦『平家物語、史と説話』平凡社、一九八七年。
(25)　清盛が新造した内裏は、指図によると「大内を模し、少々間数を縮むるなり、北方は里亭の如し」というもので（『山槐記』八月二四日条）、殿舎配置の基本は平安京大内裏中のそれに準ずるものであったことがわかるが、規模縮小がどの程度であったかに問題を残している。注(1)の拙著『平清盛　福原の夢』の段階では、内裏内郭の規模南北七二丈（二一八メートル）、東西五七丈（一七三メートル）を少し縮めたものをイメージしていた。しかし一町規模の平安京土御門烏丸内裏でも「殿舎大略大内を模す」（『百錬抄』永久五年一一月一〇日）といわれており、形式的には清盛亭として建て、しかも土地に限りある現神戸大学附属病院付近に造られたと考えられるので、方一町規模と考えるのが妥当だろう。この点山田邦和氏の教示をえた。なお同氏注(1)論文の第三節「『福原京』の復元研究」参照。

(26) のちの安徳天皇の新造内裏への行幸にかんする『吉記』記事中（一一月一一日条）に見える「入道太政大臣亭」が、新造内裏そのものであるという私見にたいし、前記シンポジウム討論で、須藤宏氏よりそれなら「なぜ太政大臣邸としか書かなかったのか」との疑問が出されているが、それは本文で詳述したような事情があったからである。注(1)『平家と福原京の時代』に所収した拙稿「福原の平家邸宅について」およびそこでの討論の頁参照。

(27) 原文「占置八省之地幷可立要須之所司之跡等」のうち、「之跡等」の部分は意味不明。誤写ではないかと思われる。

(28) 拙著『平清盛　福原の夢』講談社選書メチエ、二〇〇七年、二五三―二五五頁。

(29) 小松原は寛政一〇年（一七九八）刊の『摂津名所図会』に「和田小松原」として、「東は兵庫の町の端《はづれ》より、西は東尻池村まで一面の松原にして」とある。清盛塚より南と西に広がる一帯であろう。

(30) 元木泰雄注(1)論文。

第三章　六波羅幕府と福原

一　清盛の福原退隠

平清盛は、仁安二年（一一六七）二月、太政大臣に就任する。この地位は当時一種の名誉職であり、極論すれば辞任後「前大相国」という肩書きで政界に勢威をふるう、そのための準備期間に過ぎなかった。彼も僅か三ヵ月で辞任したが、翌年二月大病を患い出家入道した。

間もなく清盛は摂津平野の福原山荘に移り住むようになり、表向き政治の表舞台から退いた。本拠の京都六波羅も嫡子重盛に引き渡し、平家の代表権は重盛に移行した。仁安四年（一一六九）春のことである。

以後めったなことでは京都に出かけず、居住すること一〇年以上に及んだ。上京の時も六波羅ではなく、妻時子の西八条亭に入るという徹底ぶりだった。彼は瀬戸内海で、好んで中国人クルーが操船する宋船（いわゆるジャンクだが、junkは一種の蔑称としても使われているので、この語は使用しない。中国の伝統的木造帆船）を乗り回し、山荘では厳島の内侍（巫女）たちに「唐（宋）」の女性の装いをさせ、大陸の舞を舞わせた（『高倉院厳島御幸記』）。

清盛が福原山荘に腰を落ち着けたのはなぜか。よくいわれるのは大輪田泊の存在である。山荘の南二・五キロメートルにあった同港は、海の難所である明石海峡を通過する船の潮待ち、風待ちの港として重要だった。すなわち明石海峡は、最速時七ノット（時速約一三キロメートル）を越える潮流が、一日四回その流れを反転させながら、川のように流れている。現在でも通行船舶数は全国トップクラスで、瀬戸内各地を結ぶフェリーや外国の貨物船・タンカーが頻繁に通る。和船や小舟では逆巻く激流は相当な難物であるけれど、ここを越えれば、播磨灘以西や大阪湾への航行はぐっと楽になる。(1)

平安期の朝廷が明石海峡東西の大輪田と魚住（現明石市）両泊を重視したのは当然である。両泊および三国川（神崎川）河口の河尻（現尼崎市）、韓《からさき》（現姫路市福泊もしくは加古川市福）、檉生泊《むろふ》（現たつの市室津）の五泊は、各一日行程の間隔にあり、行基菩薩が「計り建て置ける」ところという（『意見十二箇条』）。

大輪田泊は瀬戸内海を東に進んだ船舶の、寄港地になる必然性があった。いや、たんなる内海水運の掌握にとどまらない。清盛の福原退隠の翌年、宋人が福原にやってくる（『玉葉』『百錬抄』嘉応二年九月二〇日条）。史料は明示していないが、宋船が直接大輪田泊付近に停泊した可能性も想定できる。清盛はすでに応保二年（一一六二）、福原・大輪田泊をそのうちに含む摂津国八部《やたべ》郡の国衙領を領有する権利を得たらしく、家司の藤原能盛に一郡全域の検注を命じている。この時、検注に名を借りて多くの荘園が押領された（『鎌倉遺文』一二九〇号）。

続く仁安二年（一一六七）八月一〇日、清盛は、播磨の印南野などを大功田として子孫に伝えるべしという官符を賜っている（『愚昧記』、『公卿補任』仁安二年尻付記事）。印南野とは、東播磨の明石川と加古川およびその支流美嚢《みのう》川との間の台地である。印南野台地は当時大半が未墾の原野だったから、清盛に与えられた大功田は、印南野のあちこちに点在していた小規模耕地をかき集めたものである。石田善人氏は、そのことは広大な印南野全体が、大功田の形で清盛の永世私領として認められる端緒になったと主張する。(2) つまり清盛は、大功田拝領を口実に、付近の五つの荘園とその周辺を取りこんで五箇荘と名づけた、平家隆盛の季節だから他からの反論抵抗もなく、容易く立券荘号が認められた、取りこまれた五つの荘園とは、賀古・今福・大国・印南・魚住の各荘であろうと。そうするとこれは、東は明石の西郊から加古川まで、印南・賀古・明石の三郡にまたがる途方もなく巨大な荘園である。

またその間の永万年間（一一六五―六六）には、八部郡の山田荘を、自領越前国大蔵荘との交換によって獲得している（『平安遺文』三五二二号）。山田荘は八部郡の北半分にあたる広大な荘園、現在の神戸市北区山田町一帯で、六甲山地の裏手だから福原の後背地である。

その他、ここでは詳しく述べ得ないが、摂津の西端から播磨東部の沿岸、内陸部の要所要所が平家領化していたことが確認できる(3)。

二　平家にとっての福原の意味――六波羅幕府論

清盛が福原に去った後、彼の京都政界への影響力は、親平家の公卿による代弁、院近臣藤原成親や建春門院を通しての働きかけによって確保されていた(4)。また摂関家の家政を実質掌握していた清盛にたいし(5)、彼の意向を聴取しその了解をとりつけるための摂関家の使が、福原に派遣されていたことを語る史料も、いくつか残っている。後白河院が国政にかかわる重要事件の事後処理のための使を送ったこともある。

それらのことは清盛が、各種方式で指示を送る、あるいは京都からの意見聴取を待つだけの存在だったことを意味しない。彼は必要とあれば速やかに上京し、用件を済ますと風のように去っていった。管見に入った限りでの、清盛の上京の事例を数え上げてみると、表1のようになる。これらのうち妻や子の病気の見舞いを名目とするものを除くと、上京の目的は、

（a）高倉天皇らとの対面（2、14）。

（b）後白河の高野詣の見送りや、院との東大寺・延暦寺での同時受戒、あるいは院の五〇歳の賀宴への対応（1、

表1　清盛の上洛の事例一覧

	日　時	事　項	出　典
1	仁安4年(1169)3月13日	上皇の高野山参詣にあたり，六条面に桟敷を構え見送る．	『兵範記』
2	嘉応元年(1169)9月13日	蔵人頭信範，院に参り，次いで清盛，次いで摂政基房のところ，次いで内裏に参る．	『兵範記』
3	嘉応元年10月7日	時忠・宗盛を従えて内裏に参る，朝餉の間において高倉天皇に数刻対面，深更に退出．	『兵範記』
4	嘉応2年正月17日	暁，山門強訴への対処で福原別業より上洛．	『玉葉』
5	嘉応2年4月19日	後白河の奈良御幸に宇治で合流，重盛・教盛らを従える．4月20日，法皇・清盛，鳥羽法皇・忠実同時受戒の例にならって東大寺で受戒．勅封蔵を開いて，宝物を見る．	『玉葉』『兵範記』『百錬抄』
6	承安元年(1171)7月21日	時子重病により，前夕福原より上洛．重盛・宗盛ら八条大宮泉亭に参集．7月26日，羊5頭・麝1頭を後白河と建春門院に献じているので，このときまで在京か．	平松家本『兵範記』，『百錬抄』
7	承安4年2月15日	法住寺殿に参る．	『吉記』
8	安元2年(1176)3月4～6日	法皇の50歳の賀にあたり在洛，賀宴のあと，西八条の清盛のもとに院宣が遣わされる．	『安元御賀記』
9	安元2年4月27日	法皇，天台の戒を受けるため延暦寺に御幸，受戒の沙弥としてそれに従う．	『吉記』
10	安元2年6月30日	法住寺殿に参入．建春門院御悩によりて上洛するも，自らの病によってこの時まで不参．	『吉記』『百錬抄』
11	安元3年5月25日	入道相国福原より上洛　→鹿ヶ谷事件	『顕広王記』
12	治承2年(1178)6月2日	徳子懐妊により上洛．以後11月16日の暁まで京都にとどまり(期間中何度か福原に帰った可能性あり)，福原に下向．	『玉葉』『山槐記』
13	治承2年11月28日	上洛して言仁(安徳)を皇太子にするよう要請	『玉葉』
14	治承3年正月11日	院に参る，次いで内裏に参る．高倉天皇・中宮徳子・東宮言仁と対面．忠親，御堂(藤原道長)以後未だかくの如き事を聞かず，珍重のことなりと感想を述べる．	『山槐記』『百錬抄』
15	治承3年11月14～20日	クーデタ遂行のため数千の軍兵を率いて上洛，反対派を大量解官し，院政を停止，後白河を幽閉．	『玉葉』『山槐記』
16	治承3年12月9日	上洛の風聞あり，12月16日西八条邸に東宮を迎える．	『玉葉』
17	治承4年正月19日	時子二禁を患い，これによって上洛．入れ替わって宗盛が福原に下向．正月22日，福原に帰る．この間，20日には東宮の真菜，着袴の儀があったので，それへの対応の可能性あり．	『玉葉』『山槐記』『百錬抄』
18	治承4年5月10日	福原より上洛，翌日福原に帰る．8日夜からの息知盛の重病見舞いか．12日知盛平癒す．	『玉葉』
19	治承4年5月26日～6月2日	以仁王の乱への対応と福原遷都に向けての上洛．	『玉葉』
20	治承4年11月29日～治承5年閏2月4日	福原より還都，以後在京．八条河原口の平盛国宅で死去．	『吉記』『吾妻鏡』

5、8)。

（c）徳子の懐妊や言仁（安徳天皇）の立坊・着袴などの儀式とかかわって（12、13、17）。

（d）強訴への対処、政変、クーデタ、遷都開始にあたって、還都のため（4、11、15、19、20）。

（e）その他、建春門院の病勢把握と政情の行く末を見定めるため（10）。

などに整理される。

それぞれに大きなインパクトがあり、彼の上京によって政治は時に安定、時に激しく揺れ動いた。彼の意欲と政治力にはいささかの翳りも見られない。でもそうなら、清盛はなぜわざわざ辺鄙な福原に引きこもったのだろうか。政界の実力者が、失脚・配流の結果でもないのに、都から遠く離れて長期に居住するという事態は、かつて前例の無いことである。情熱を傾けた対外貿易の拠点近くだからという理由だけでは、とうていそれを説明しきれない。二百数十年後、足利義満が明国の使を迎接するためたびたび兵庫に下向したように[6]、宋船の来着時など必要に応じて福原に通えばよいからである。この謎について筆者は、本書第一章で次のように述べた。

清盛がいかほど実力と権威をそなえた権力者であろうとも、臣下の埒を越えることはできない。臣下にとり王権は、容易に反抗・拮抗しがたい重みがある。その圧力をとりあえずそらし、自らの意志を可能な限り保全するにはどうすればよいか。この場合、出家による世俗的秩序からの離脱は常套手段である。だが出家は、彼の場合大病の結果だった。それに比べ、政治手法として意識的に採用したのが、福原への退隠だと思う。

当時の交通・通信の状態では、政治家が近傍に立ち退くだけでコミュニケーションに障害が生ずる。コミュニケーション量の減少は、相手とのかかわりの減少を意味した。空間的・地理的な距離が相手との政治的・心理的な距離に対応するわけで、一種の非言語的コミュニケーションといえる。

この都と福原の絶妙な距離の効用をよく示したのが、安元三年（一一七七）夏の延暦寺衆徒等の強訴に始まる一連の政治劇の期間である(7)。

ことの経過から、在京の平家公卿たちが、遠く離れた清盛の指示を理由に、事実上院の要求をこばみ、あるいは時間稼ぎし、最後は清盛の上京による政治決着にゆだねる、という対応を取っていることがわかる。めったに姿を見せない、しかし誰もが最高実力者とみなす人物が頂上会談に現れる時、周囲や相手に、懸案は妥協に達する、いや達しなければならぬ、そういう期待や心理の誘導をよび起こすのである。

清盛の福原居住が、京都不在による政治的マイナスを差し引いても、権門としての平家の威信や自立を保持するのに、有効な方法だった事実は疑えない。実際、在京し日常的に姿を見せるより、離れた場所にあって誰もが対処に窮するような切羽詰まった難局、つまり国家の大事という場合にだけ、姿を見せて事態を動かす方がカリスマ性はずっと高まる。普段は何を考え何をしているかわからない方が不気味で、存在感も増すわけである。

平家の全盛期、六波羅には国家の軍事警察部門の担い手としての重盛以下が陣取り、閑院内裏の大番に駆り出された諸国の平家御家人たちも、そこに宿を借り集住していたのだろう。この六波羅や西八条の様相については、すぐる一九九一年二月二四日に行われた第一回平泉シンポジウム「古都平泉の実像をさぐる」であらましを報告した。その後それを補訂し発展させたものが本書第五章にあたる。そして、一門の公卿・殿上人は多数の知行国、荘園の領有で富を蓄積し、親平家の公卿たちの手を借りて平家の政治的な意向を国家国政に反映させる。一方、一門の司令塔は、福原にあって西摂津・東播磨にまたがる広大な領域を押さえている。こうした京都（六波羅・西八条）と福原の二拠点を基礎に半独立的に構築された、院権力を相対化しうる権門勢力を六波羅幕府と名づけたい。

日本人の常識では、幕府といえば鎌倉幕府以降の武家権力しかない。しかし平安期に幕府といえば近衛府の唐名で、転じて近衛大将の居館、または、左右の大将その人をさす（『小右記』長和四年六月一九日条など）。重盛は承安四年（一一七四）七月以来右近衛大将であり、三年後には重盛・宗盛の兄弟が左右の大将を占める。形式的にいっても幕府と称しておかしくない。

頼朝の幕府を特別視する人たちは、彼が、平家が創り出したひな型を、より厳格より本格的に追求した点に思いを致すべきである。頼朝は、福原以上に都から離れた鎌倉に幕府を開設し、清盛にまして上京を禁欲し（平家討滅後僅か二回）、親平家公卿を使う手法から一歩進んで王朝側に議奏公卿制を押しつけ、そうして六波羅を鎌倉権力の京都での拠点として再編成した。これが京都守護であり、のちに南北両六波羅（探題）に発展する。清盛が西摂津・東播磨にまたがる地域を基盤的勢力圏としたのにたいし、研究者によっては「東国国家」とまで規定する、東日本諸国への強力広範な行政権を掌握した。

両者の最大の違いは、軍事権門としての平家の本拠は形式・実質ともに六波羅で、福原は最高実力者が退隠しているとしても、あくまでヒンターランドに過ぎず、そこには鎌倉のようなしかるべき政庁も行政吏僚集団も見あたらない。しかし、それは鎌倉幕府が、平治の乱の敗者が流刑地で反乱軍を立ち上げ、やがてそのまま東国を実効支配し、それを公的な支配領域として王朝に追認させたという、内乱期の特殊な政治過程に起因する点が大きいことを忘れてはならない(8)。しかも、近年の研究では、鎌倉には一部を除いて御家人は常住しておらず、軍事力はプールされていないと指摘され(9)、鎌倉殿の京都の六波羅御所は、京都側の秩序からすれば征夷大将軍の本邸である、という刺激的な議論すら出されているのである(10)。鎌倉幕府論自体が、旧来の殻を破って新たな展開を見せつつある現在、平家から源氏への幕府の連続と断絶を、とらわれない眼で追求してゆく姿勢が肝要であろう。

本章では鎌倉幕府に歴史的に先行する六波羅幕府の存在という問題提起にとどめ、研究史を踏まえたより詳しい説明は本書第四章に譲りたい。

三　福原での発掘の現状

福原を都市として見た場合、どこまでのことがわかっているのだろうか。そこで平家関係の邸宅について概観してみる。治承四年（一一八〇）の福原遷都にあたり出発前から、安徳天皇は平中納言頼盛（清盛の異母弟）の亭、高倉上皇が禅門（清盛）の別荘、後白河法皇は平宰相教盛（清盛の異母弟）の亭、摂政基通は大宰府の安楽寺（菅原道真の廟所）別当安能の房と、入るべき邸宅がそれぞれ予定されていた（『玉葉』同年六月二日条）。そして到着翌日の六月四日には、天皇と上皇は住まいを入れ替わっている（『玉葉』六月六日条）。

このうち、清盛の別荘については、治承四年二月二〇日太政官符に引用された入道前太政大臣家解状の中に、「近年摂州平野の勝地を占め、遁世退老の幽居となす」とある（『山槐記』三月五日条所収二月二〇日太政官符）。平野は六甲山地西部南麓の近世八部郡奥平野村にあたる。また平頼盛亭は神戸市兵庫区荒田町のあたりに所在したことが知られている（『平家物語』巻四還御、『高倉院厳島御幸記』）。

近年福原地域にもようやく発掘のメスが入り始めた。その成果を紹介してみたい。

A　楠・荒田町遺跡（図1）

大倉山公園から西に続く丘陵上に位置する神戸大学医学部附属病院構内（中央区楠町）は、同遺跡の中心部を占めると考えられており、一九八一年以来、神戸大学、県埋蔵文化財調査事務所（現兵庫県考古博物館）、さらに現在は神戸市教育委員会文化財課によって、断続的に発掘調査が行われてきた。一帯は市街地であり、また構内には一九三〇年頃から鉄筋コンクリート建ての病院施設が既存していたので、遺構の残存状況は非常に悪く、発掘調査に及んだの

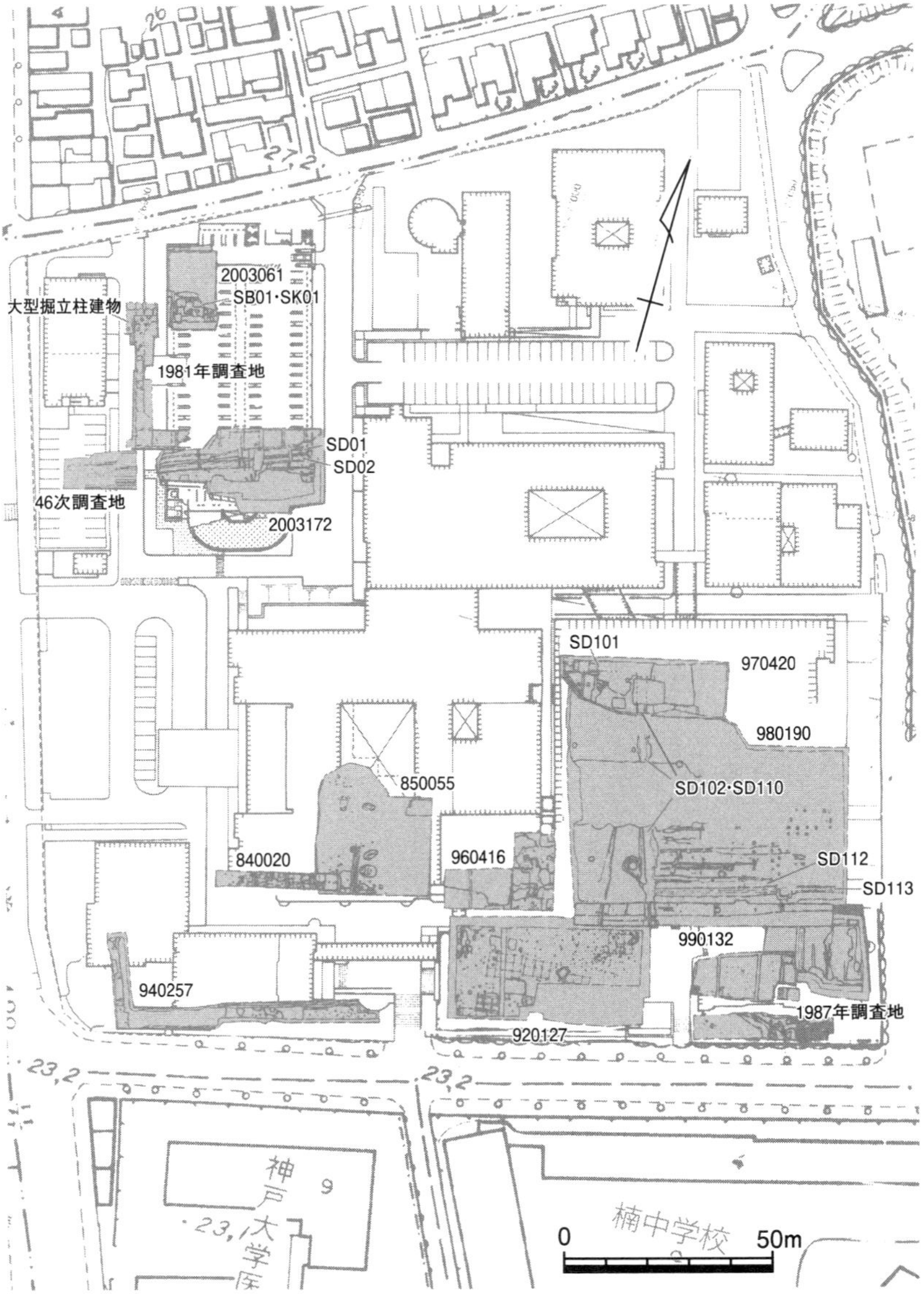

図１　楠・荒田町遺跡

神戸大学医学部附属病院内の発掘状況
（病院内遺構は兵庫県教育委員会『楠・荒田町遺跡 Ⅱ』2008年，図版１・２に拠った．作成協力須藤宏氏）

は十数地点に過ぎない。

一九八一年の神戸大学の調査では、病院構内北西の一角から大型建物の柱跡が検出された。瓦がほとんど出土していないことから、檜皮葺あるいは板葺の建物で、寝殿造の一部と考えられる。またその南側に、トレンチを入れただけの調査であったが、東西に並行する二本の溝が現れた[11]。つづいて一九九七年には、病院構内東南の調査区で東西方向の溝（SD101）とそれに直交する南北方向の溝（SD102）が検出（遺跡調査番号970420）、翌一九九八年には九七年の南北溝に長く続く溝（SD102・SD110）と、その南端でほぼ直交する東西に並行して走る二本の溝（SD112・SD113）を検出している（遺跡調査番号980190）。SD110は、一九九九年の発掘ではさらに南に五メートル延び、計六〇メートルになることがわかった（遺跡調査番号990132）。

その後二〇〇三年、民間資本を導入して病院構内の西北隅に立体駐車場を造ることになり、県埋蔵文化財調査事務所によって、Ⅰ区・Ⅱ区、二度の事前調査が行われた。Ⅰ区では八一年調査の大型建物の東北端に接近して土師器皿を廃棄した土坑（SK01）と礎盤石をともなう掘立柱建物跡（SB01）が切合関係で検出された（遺跡調査番号200361）。後者は使用されている礎盤石から近世以後の建物と考えられている。Ⅱ区では八一年調査の溝跡が、東西方向三九メートルにわたって姿を現した（遺跡調査番号2003172）（図2）。二本の溝（二重壕）のうち、北側は平均して上幅約二・七メートル、最深約一・七メートル、断面がV字形（薬研壕）をしており（SD01）、南側は断面がU字形（箱壕）で、平均上幅約一・八メートル、最深約一・八メートルあった（SD02）（ただし、ともに上部は削平）。

Ⅰ区の廃棄土坑からは、大量の土師器皿の他、東播系須恵器や景徳鎮窯産の精緻な青白磁皿が出土、Ⅱ区の溝底からも同形式の土師器皿が出ている。製作技法や口縁部の特徴より、京都系の土師器皿とみなされるもので、年代的にはほぼ一二世紀後半、降っても一三世紀初頭までの幅に収まり、まさに平家時代のものである。瓦がほとんど出土していないことから、邸宅内にあった建物は檜皮葺あるいは板葺だったようだ。

二本の溝（二重壕）は、広い所でも間隔は一メートル程度、二本併せて全幅五メートル程度であるから、防御機能を想定するには規模が小さい。中世考古学の鋤柄俊夫氏は当初から、北側の溝は邸宅の周囲の溝、南側の溝は都市域を区画する区画溝で、二つの溝はたまたまこの地点で並行して走っているのであろう、と指摘していた(12)。別府洋二氏ら発掘担当者のその後の検討では、南側の溝が先に掘削され、わずかに後れて北側の溝が並行して掘られたと判断されるという。ただし前者が埋まった後に後者が掘られたと判断される状況ではない。水路としての機能は排水が主たるものであったようだ。

図２　楠・荒田町遺跡の二重壕遺構
（兵庫県立考古博物館提供）

附属病院構内で検出された溝や建物の方位は、南北は座標北から一三—一七度の西、東西は同じく七〇—七五度東に振る方向に、主軸を有している。そして二〇〇三年（SD01・SD02）、一九九七年（SD101）、一九九八年（SD113）に発掘された東西溝は、南北五六メートルずつの間隔があり、直交する南北溝（SD102・SD110）の存在とあいまって、この地域では枡目状の地割りが行われた可能性がある(13)。この方位は一九八一年調査で出た大型の掘立柱建物および近辺の条里状地割（八部郡条里の復元的研究では福原地域の大部分はその七条一里にあたる(14)）とは顕著に違っているので（平均で真北から東に五二度前後振る）、一一八〇年の和田京遷都挫折後の福原宮を中心とする都市造り事業との関連が検討課題になるだろう。

なお二〇〇三年に検出された遺構は、保存をもとめる研究者、関西の諸学会の要望をふまえた神戸大学当局の英断で、立体駐車場の設計変更

図３　祇園遺跡で確認された園池遺構
（神戸市教育委員会提供）

が行われ、破壊の危機をまぬがれて埋め戻された。さらに二〇一一年神戸市教育委員会による第四六次調査で、二重壕の西側に延長部分が発掘され、総延長は現状で六五メートルに及ぶことが確認された。(15)

Ｂ　祇園遺跡

祇園遺跡はＡの北北西約六〇〇メートルの所、兵庫区平野上祇園町周辺に広がる遺跡で、天王谷川左岸の扇状地の扇頂付近に位置する。かつての福原の中心である。一九九三年有馬街道（国道四二八号線）の拡幅計画にともなう調査がきっかけになり、神戸市教育委員会によって、二〇一一年までに一五次にわたる調査が実施された。そのうち有馬街道東側に沿った南北に細長い範囲の調査では（Ｂ１）、庭園の池とそれにともなう導水路・排水路、石垣・土坑などが確認された。

池は最初に作られてから、二度の大きな作り替えが行われている。底面に小ぶりの石を敷き、西に浮島をもつⅠ期の池から、浮島を埋めこんで石垣を作り、池底や堤の斜面に比較的大ぶりの石を敷きつめるⅡ期、池の拡張が行われ南の堤に盛土され、玉石を敷きつめ州浜を作るⅢ期と変遷し、池の風情も、水深が浅く水面のさざなみの下に池底の敷石が見えていたⅠ・Ⅱ期から、水深が深くなり底に泥がたまっていたⅢ期へと変化したらしい。池中からは京都系土師器が大量に出土し、これらは宴会で使ったかわらけを投棄したものと考えられる。土器の編年から池存続の時間幅が、一二世紀後半内に収まることが明らかにされている（図３）。

池の南六〇メートルの地点からは、多量の瓦・かわらけの他、中国産の白磁・青磁など陶磁器類が集中して出土した。瓦は京都製の軒瓦がかなりの割合で混じっている。当時京都には諸国で焼かれた瓦が大量に搬入されていたけれど、逆に京都製瓦が山城外に持ちだされた例は、大阪四天王寺の例しか報告されていない。そのため建物住居跡はまだ出ていないが、この瓦を葺いていた建物は、京都から移築したものだろう、といわれている。また瓦では軒瓦の比率が高いことから、総瓦葺きの寺院や官衙でなく、棟部分にだけ瓦を葺く檜皮葺の貴族邸宅と推定される。出土陶磁器の中で注目すべきは、中国の江西省吉州窯で焼かれた玳玻天目小碗である。玳はタイマイ、玻は甲羅、すなわち鼈甲に似た釉薬の焼き物で、同種のものの日本での出土例は、博多など五指に満たない大変に珍しいものである[16]。

当地区ではその後も調査が続けられていたが、二〇一一年、兵庫区下祇園町内の調査区で（B２）、平安時代後期の掘建柱建物およびこれにともなうと考えられる柵列、井戸、溝などが見つかった（第一四次調査）。建物は三棟で、建物1は南北五間（一〇・七メートル）×東西三間（六・〇メートル）以上、その西側に並ぶ建物2は南北四間（八・六メートル）×東西五間（一一・八メートル）東側に半間の庇もしくは縁が付いていた。その北側の建物3は南北三間（五・八メートル）×東西四間（八・四メートル）以上である。

柵列は、南北方向の一一・一メートルで建物1と建物2の間を区切っている。建物と柵列はおそらく同時に存在していたものと考えられる。井戸は二基で一つには廃棄するときの祭祀に使用した大量の土器類が出土した。なかには白磁の碗や合子・烏帽子の破片などが含まれていた。建物2と3は、ともに井戸を埋め立てた上に建てられている。調査区の南端で見つかった区画溝1からは、珍しい白磁の水注や土師器の皿、須恵器の甕、瓦器が出土し、この溝は邸宅内の区画溝と考えられる（図4）[17]。

図４　祇園遺跡第 14 次発掘調査区の全景（北から）
（神戸市教育委員会提供）

C　雪御所遺跡

天王谷川は旧有馬道沿いに流下し、平野部に抜け、西から流下した石井川と合して湊川となる。両川がつくるY字状空間の中央部には、明治期まで「雪之御所」という小字が所在した。この小字は延宝年間（一六七三―八一）の検地帳写に見えるので[18]、少なくとも近世前半まではその存在が遡る。現雪御所町は、一九一四年（大正三）、小字河原・出合の二つと小字雪之御所の南半分が合してできた。

『山槐記』治承四年一一月二三日条には、福原遷都の夢破れ平安京へ還都するため、「今日新院（高倉上皇）御出門あり、本《もと》（福原で新たに建造された内裏から見て元の）の皇居に御幸」したとある。その「本の皇居」には「禅門（清盛）の家、雪御所の北なり」という割注が付されている。つまり「禅門の家」の南に「雪御所」が存在したわけで、後者は『平家物語』巻七福原落に見える「雪見の御所」と同じものとみなされている。

一九〇八年（明治四一）、天王谷川右岸の湊山小学校校舎改築の時、多数の土器・瓦片・礎石が発見された[19]。このため小学校の校庭南隅には、記念の「雪見御所旧跡」の石碑が据えられ、同石碑は二〇〇五年より湊山小学校の北側の塀際、道路に面した場所に移設されている。出土した一二世紀第四四半期の播磨系軒平瓦は、現在は神戸市立博物館が保管している。

その後一九八六年、湊山小学校の建て替えにともなう調査が行われ（雪御所遺跡第一次調査）、二つの石垣が確認された。そのうち石垣2は前述の小字雪之御所と小字河原の境界と重なり河原側が低い。石垣2の裏込めからは平安末期の土器が出土した。石垣をつくるため地面を掘ったとき、そこが遺跡であれば遺物が出土し、それが裏込めに紛れ込む可能性がある。遺物の量が少ない場合、注意が必要だが、出土した遺物は平安末期の土器のみだった。この石垣は平安時代末に積まれた可能性が一番高く、雪御所の南限を画する可能性を秘めているとされる。石垣の方位はこのあたりに残る条里状地割の方位と合致しているという[20]。

四　都市福原の素描

以上の内で、二重堀をともなう遺跡Aが平中納言頼盛亭近隣の重要施設、もしくは頼盛亭の一部であることには、ひとまず問題がないだろう。頼盛亭は馬場をともなった広壮な邸宅で（『高倉院厳島御幸記』）、現在の神戸市兵庫区荒田三丁目の荒田八幡宮の東にあったと考えられている（図5、以下参照）。

遺跡Cは清盛五男の重衡亭にあたる。福原到着後安徳天皇と居所を入れ替わった高倉上皇はその後も荒田の頼盛亭にいたが、体調が思わしくなく、七月二八日になっても、いっこう「温気」が下がらない。陰陽師が、頼盛亭が「悪所」だからだと占ったので、蔵人頭重衡の宿所に移った（『山槐記』『親経卿記』）。『親経卿記』では、その重衡亭を「内裏の南、楼門の脇」と記す。この記事によって重衡亭は、清盛別荘を借用した内裏の南の楼門の傍らにあったことがわかる。

先に見たように『山槐記』一一月二二日条には、還都のため、「今日新院御出門あり、本の皇居に御幸」したとあ

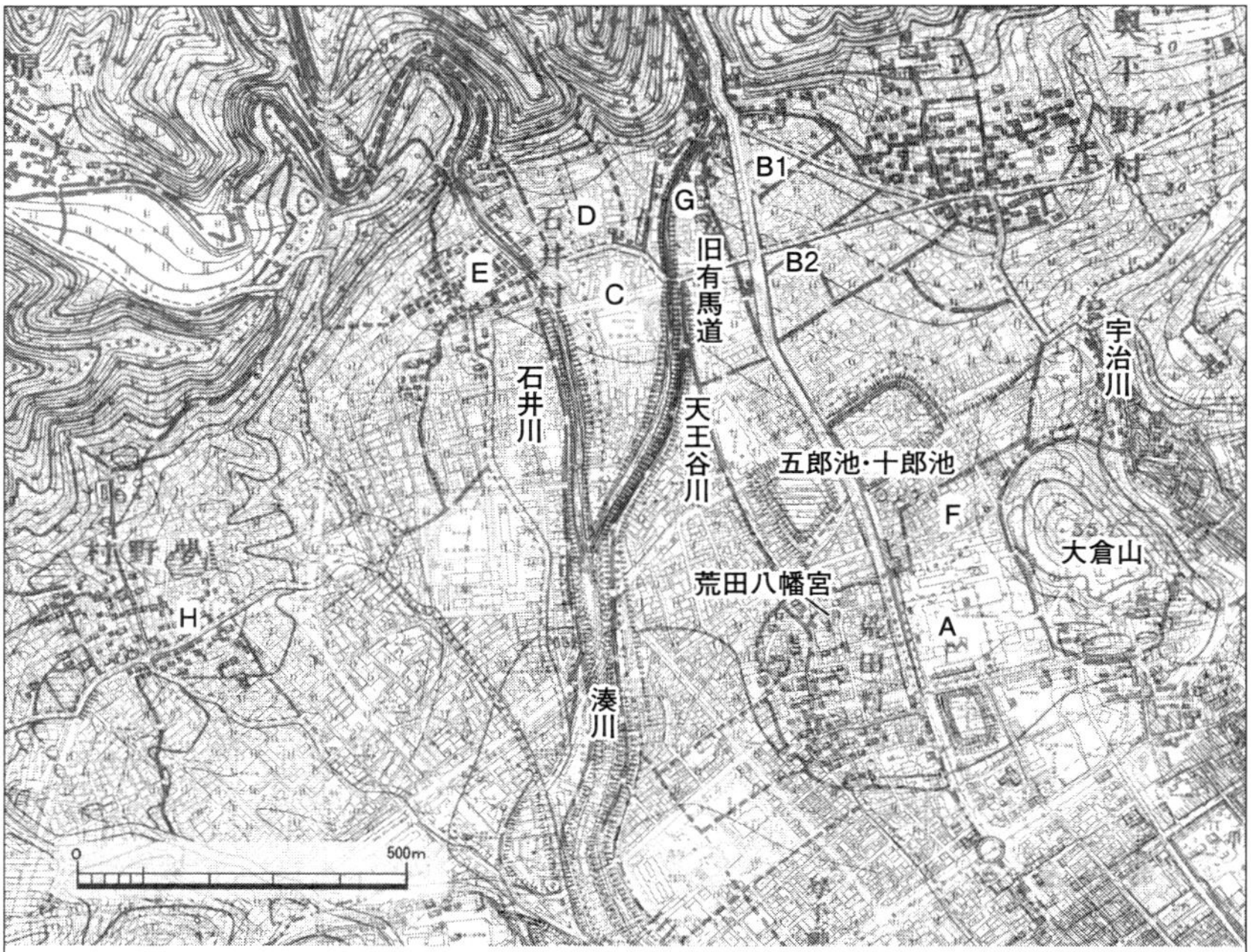

A. 楠・荒田町遺跡　B1. 祇園遺跡　B2. 祇園遺跡第14次調査　C. 雪御所遺跡（重衡亭）　D. 清盛亭推定地
E. 宗盛亭推定地　F. 新造内裏推定地　G. 湯屋推定地　H. 教盛亭伝承地

図５　福原周辺の地形（明治19年仮製図＋現況図）
（作成協力須藤宏氏）

った。「禅門の家、雪御所の北なり」という割注は、高倉上皇の御幸先（元皇居にして元清盛別荘）を、出発地（雪御所）を基準に補足的に説明したものである。『親経卿記』の記事と併せれば、すなわち、新院御所（元重衡亭）こそ「雪御所」であろう。

従来雪御所がなぜ御所という、上皇・三后・摂関など尊貴な人物の住居を意味する名称を帯しているかと、問われることがなかった。この御所名表記は、高倉上皇の住居であってはじめて納得ゆくものになる。高倉上皇が重衡亭に移ったのは、重衡が高倉・安徳両朝の頭中将、高倉院庁の別当の一人だった事情もあろうが（『山槐記』治承四年二月二一日条）、なにより同亭が安徳天皇の内裏に近接している便宜が大きかったと思われる。[21]

つぎに、「本の皇居」であった清盛の別荘であるが、同亭は『山槐記』治承三年六月二二日条によって、荒田の頼盛の「宿所」から北「四五町」の地で、かつ「湯屋」から「一町許り」の場所にあったことがわかる。天王谷川左岸の上三条町に「湯の口」という小字があり、現在も対岸の湊山町には天然温泉（冷泉）が営業している。そのあたりから百メートル内外のところに清盛の居宅があったというから、当然西方にあたる雪御所の北、湊山町の一角がそれに該当し、医学部附属病院からいえば、およそ七〇〇メートル北にあたる。

「禅門の家」の具体的な様子については、『山槐記』一〇月一八日条にラフな指図が載っており、五間四面の寝殿、西には対屋がなく、すぐ廊がついて南に延びていたことがわかる。

清盛の後継者たる宗盛亭の様子については、平家の家人手（豊）嶋蔵人が「近年禅門幷に幕下（宗盛）の辺りに夙夜」していた（『玉葉』『山槐記』一一月二三日条）。両者に昼夜奉仕なら、宗盛亭と清盛別荘が近接していた可能性がある。宗盛亭は『山槐記』一〇月一三日条に「件の所三間四面の寝殿、東庇の巡りは中門廊に当る、仍ち東方に所無きの故なり」と見えている。主殿の寝殿は正面の柱間三間で、四面に庇がついていた。寝殿東庇のあたりからいきなり中門廊が出ているが、それは東に空間をとれなかったからだという。これについて筆者は「東に山もしくは川、あるいは崖などがあって対を設けられなかった」からではないかと考えた[22]。須藤宏氏は、その指摘に示唆をえて、宗盛亭が清盛別荘の西、石井川右岸に近接した地にあったと想定した[23]。可能性ありと思われる。

清盛亭の南に重衡の亭があり、もし西に宗盛亭があれば、東の上祇園町にも、清盛の別の子息の亭があったとするのが自然であろう。この仮定が正しければ、清盛亭は南面していたはずだから、その東の亭は右方より格の高い左方にあたる。最も可能性が高いのは宗盛の異母兄である重盛の亭で[24]、遷都の時点では、重盛は病没していたから、彼の息子維盛または資盛の亭になっていたのだろう。

ところで、清盛亭に安徳が入って内裏になれば、平安京里内裏の慣例では、清盛はそこを立ち退かねばならない。しかし、安徳は清盛の掌中の玉であるから、遷るとしてもなるべくその近隣を選ぶに違いない。ならば、上祇園町あたりの小松家亭の可能性が大きいだろう。内裏化による玉突きで、清盛は東の上祇園町の地へ、維盛（資盛）は別の場所へと移転したのではないか。推測に推測を重ねるが、この仮説は、遺跡Bの園池遺構の頻繁な造り替えを合理的に説明できるように思われる。

以上のほか、後白河法皇が入ったという平宰相教盛の家がある。場所は兵庫区氷室町二丁目の氷室社の近くといわれている（『西摂大観』下巻）。事実か否かは保留したい。

以上、福原にあった平家関係の邸宅群について述べてきたが、清盛亭が中心だったのは当然であるが、注目すべきはやや離れた荒田の頼盛亭である。天皇と上皇が福原に行幸の時入るべき建物として両邸が挙げられており、しかもその後双方が入れ替わっているので、両者ほぼ同格の建物と考えるべきだろう。それは、数ある邸宅の中で清盛の別荘と荒田の頼盛亭の二つが傑出していたことを物語っている。当時頼盛は従二位権中納言で、甥の宗盛より官位も劣り、必ずしも一門の最上位クラスではなかったにもかかわらず、である。

筆者は、平家という政治勢力の全体構造は、たとえていえば楕円状だった、と考えている。つまり、幾何学でいう楕円が二つの焦点を持っているように、一二世紀中葉のころ、平家一門には大きくいって二つの中心勢力があった。二人の亭が卓越していたのは、六波羅館の場合でもそうで、六波羅には清盛の泉殿、その南に頼盛の池殿があり、この二つが中心となる建物だった。頼盛の池殿は一門の頭首である清盛の泉殿に匹敵していたが、両者は建物の規模や造りの立派さだけではなく、歴史的由来、政治的な意味も含め拮抗・競合する関係にあった(25)。

当時の貴族社会のありようを考えると、早く母を喪い母方実家をあてにできない清盛は、母が忠盛正妻で有力な院近習を背景に持つ頼盛には対抗しにくい。しかし、現実には頼盛は清盛の下風に立たざるを得なかった。それは頼盛と彼に従う人びとにとっては不満の残る所で、両者の関係は隠然・公然の対抗状態にあった。一門内のそうした綱引き状態が福原にも持ちこまれ、平野の清盛別荘と荒田の頼盛亭という二つの中心になって現れた、と考えておきたい。

もっとも、治承三年六月に前太政大臣藤原忠雅が厳島詣の途上福原に立ち寄った時、清盛は、頼盛亭を使って、賓客の接待をしている（『山槐記』同年六月二二日条）。このころは清盛勢力に圧倒され、頼盛宅のもう一つの中心性や自立性は失われており、清盛別荘のスペア、補助的役割を担わされていたのかもしれない。

ところで、清盛・頼盛両邸二つの中心だけでなく、遷都以前の福原の都市のありかたに何か計画的なものがあったのだろうか、という問題について触れておきたい。

内乱直前の治承四年四月、退位した高倉院が厳島に参詣後、福原に立ち寄った。人びとは一刻も早く都に帰りたいと思ったが、高倉院は「「福原の中御覧ぜん」とて、御輿にてこゝ、かしこ御幸」した。その時随行の源通親は、「所のさま、作りたる所〳〵、高麗人《こまうど》の配しけるも理とぞ見ゆる」と感想を述べている（『高倉院厳島御幸記』）。なぜここで突然「高麗人」が出てくるのかという疑問への正解は難しいが、同時代の高麗王朝で、風水説に基づいた都城の建設が行われていたという事実が関係するかも知れない。風水思想とは、「狭義には住宅の立地選択の術、広義には環境と地景に対する一種の宇宙論的解釈」である[26]。風水説で吉相とされる地形について概念図を示しておいた（図６）。地勢のすぐれた場所、すなわち明堂が山丘の下方にあって南面し、東に青龍、西に白虎と呼ばれる丘陵が南方に延びている。そして、西方の丘陵は明堂の前方に迂回し、主水は西方の谷から出て明堂の前方を東方に流れる。風水地理説によると、こういう地形が一番理想的である。その典型こそ高麗の首都開京《ケギョン》であろう[27]。

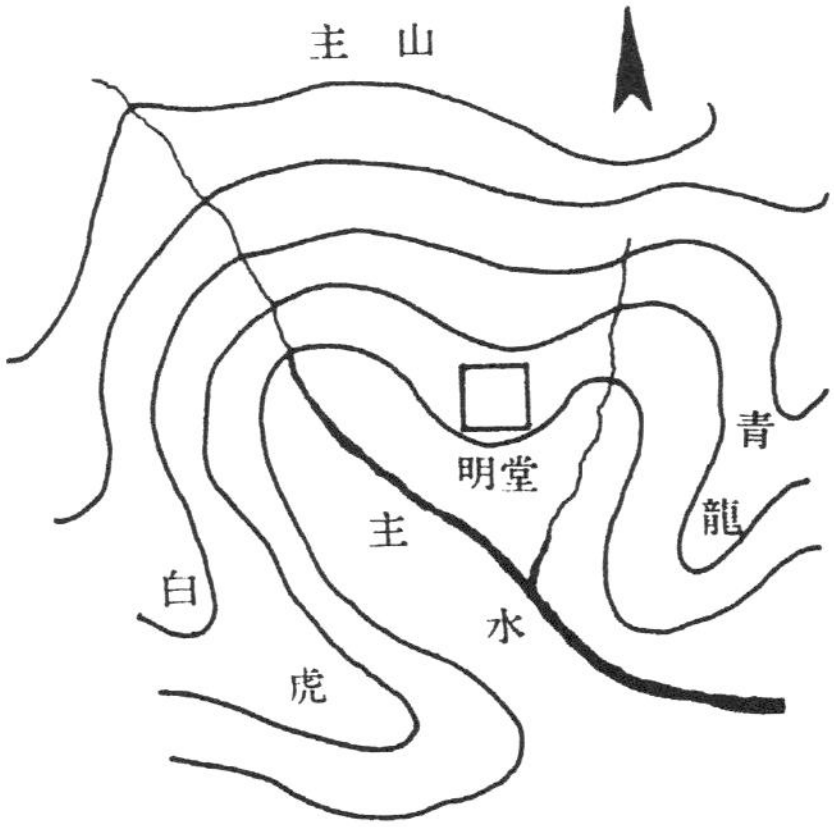

図６　風水地理説による理想的地勢

　その目で見ると、東の諏訪山から西南の宇治野山・大倉山・荒田八幡宮へと断続的に連なる丘陵が青龍にあたる。神戸電鉄有馬線に沿って東に押し出し、会下山公園や神戸学院大学附属高校へと続く山裾が白虎にあたる。そして、天王谷川が石井川と菊水橋の所で合して湊川になる。この石井川・湊川が主水に見立てられる。清盛別荘はまさに明堂の位置にある（図6）。福原の地形は風水地理説の理想に近い。まともな研究者のいうことではないという非難は覚悟で、こういう占地や邸宅の配置は、清盛の依頼を受けて、高麗人がプランニングした結果ではないか、と夢想してみたい。鎌倉の地形と建物も、こじつければ風水の観点で「見立て」ることができることを申し添えておく。[28]

当時の日麗交流の様子については、『百錬抄』平治元年（一一五九）八月二日条に、高麗商人の来着ではないかと思われる記事がある。嘉応元年（一一六九）正月二〇日には、高麗の毅宗が奉香里《ボンヒャンリ》の離宮に行幸し、群臣と宴し、宋商および日本国の進める所の玩物を賜った。翌年正月朔の朝賀でも、日本人が宝を献じて高麗国王を帝と称した、とあることが参考になる（『高麗史』巻十九毅宗世家三）。

五　結語にかえて

福原が、六波羅幕府に不可欠な構成要素にしてヒンターランドだった、という本章の趣旨からいえば、福原遷都は幕府的限界の超克、文字通り国家と国政の中心地になるという意図を含んでいた。[29] しかし、平氏系新王朝の草創を内外に強く印象づけるこの野心的試みは失敗し、平家は一七〇日間の福原滞在後還都し、やがて内乱の波間に族滅していった。

頼朝は大姫入内などの振れもあったが、結果としては、すでに述べたように清盛の飛躍—挫折から教訓を引き出し、平家によってひな型が提示されていた手法を、より厳格、より本格的に追求する方向に進んだ。その際、鎌倉幕府が、有力な研究者が「東国国家」と呼ぶような一面を持っていたことは、鎌倉にさまざまな「首都」的な中心性を求めることになった。頼朝は鎌倉入りの直後、それまで由比の海岸にあった鶴岡八幡宮を小林郷北山の現在地に移し、その東側に自らの屋敷（幕府）を建てた。そして八幡宮から南の海岸まで一直線の幹線道路（若宮大路）を造り、これを中心に何本もの道路を走らせて街造りを進めた。それにあたり、参考になったのが平泉で、勝長寿院や永福寺（二階堂）などの巨大寺院の建築は、中尊寺の二階大堂（大長寿院）などからの圧倒的な印象無しにはあり得なかったであろう。

その意味で鎌倉は、福原的なものと平泉的なものの総合といってよいかもしれない。

注

(1) 神戸新聞明石総局編集発行『明石を科学する』二〇〇〇年。
(2) 石田善人「中世の加古川」『加古川市史』第四章、加古川市役所、一九八九年。
(3) 拙著『平清盛　福原の夢』講談社選書メチエ、二〇〇七年、八五—九一頁。
(4) 拙稿「後白河院と平清盛——王権をめぐる葛藤」本書第一章に所収。
(5) 樋口健太郎「平安末期における摂関家の「家」と平氏——白河殿盛子による「家」の伝領をめぐって」同『中世摂関家の家と権力』校倉書房、二〇一一年。
(6) 永島福太郎「外国貿易と兵庫港」『兵庫県史　第二巻』第五章第四節、兵庫県、一九七五年。
(7) 拙稿注(4)論文。拙稿「嘉応・安元の延暦寺強訴について——後白河院権力・平家および延暦寺大衆」本書第八章に所収。
(8) 川合康『鎌倉幕府成立史の研究』校倉書房、二〇〇四年。
(9) 秋山哲雄「都市鎌倉の東国御家人」『ヒストリア』一九五号、二〇〇五年。
(10) 熊谷隆之「六波羅探題考」『史学雑誌』一一三編七号、二〇〇四年。
(11) 多淵敏樹「福原京の遺構の調査——神戸大学病院内遺跡」『日本建築学会大会学術講演梗概集（北陸）』、一九七三年など。
(12) 鋤柄俊夫「京の〝鎌倉〟——薬研堀・石鍋そして持明院」五味文彦編『交流・物流・越境——中世都市史研究11』新人物往来社、二〇〇五年など。

(13) 岡田章一「楠・荒田町遺跡の調査」歴史資料ネットワーク編『平家と福原京の時代』岩田書院、二〇〇五年。『楠・荒田町遺跡Ⅱ』兵庫県文化財調査報告第三三九冊、二〇〇八年。
(14) 吉本昌弘「摂津国八部・菟原両郡の古代山陽道と条里制」『人文地理』三三巻四号、一九八一年他。
(15) 「楠・荒田町遺跡第四六次発掘調査現地説明会資料」神戸市教育委員会文化財課、二〇一〇年。『楠・荒田町遺跡　第四二・四三・四六次発掘調査報告書』神戸市教育委員会、二〇一一年。
(16) 須藤宏「本皇居・新内裏の位置と祇園遺跡」歴史資料ネットワーク編『平家と福原京の時代』岩田書院、二〇〇五年。
(17) 「祇園遺跡第一四次調査現地説明会資料」神戸市教育委員会文化財課、二〇一一年。
(18) 「神戸市奥平野村雪の御所本内裏蹟考証」『兵庫史談』第三二号、一九二八年。
(19) 石田善人「平氏政権の崩壊」『兵庫県史　第二巻』第一章第二節、兵庫県、一九七五年。
(20) 須藤宏「『和田之京』域の再検討」『兵庫津の総合的研究――兵庫津研究の最新成果』大手前大学史学研究所オープン・リサーチ・センター研究報告第七号、二〇〇八年。
(21) 拙稿「福原の平家邸宅について」注(16)書所収。
(22) 同右。
(23) 須藤宏注(16)論文。
(24) 同右。
(25) 拙稿「平家の館について――六波羅・西八条・九条の末」本書第五章に所収。
(26) 三浦國雄『風水――中国人のトポス』平凡社、一九八八年。
(27) 林博通「高麗の都城」杉山信三・小笠原好彦編『高句麗の都城遺跡と古墳――日本都城制の源流を探る』同朋舎、一九九二年。
(28) 河野眞知郎「鎌倉は陰陽道都市か？」『中世都市研究』第二号、一九九二年。
(29) 拙稿「福原遷都をめぐる政治――治承二年（一一七八）から同四年八月末まで」本書第二章に所収。

第四章　六波羅幕府再論

はじめに

幕府の初めは鎌倉幕府。つい最近まで疑問視されたことのない常識である。それとの対比で、平家の政権は、武家政権としての真価を疑われてきた。その中途半端や未熟さを形容するのに、「貴族化」という言葉が多用されてきた。それは現在の歴史教育でもなお踏襲されている。たとえば、採択率トップの高校日本史B『詳説日本史』では、「平氏政権は著しく摂関家に似たもので、武士でありながら貴族的な性格が強かった」などと断ずる(1)。

平家の武家としての否定的評価の最大の発生元は、古典文学の『平家物語』であろう。そこでは平家の公達たちは、勇猛な鎌倉武士に打ち負かされる、優雅・悲運の貴公子として造形されている。『平家物語』が、すぐれた文学的達成だからこそ、影響力も大きかった。近代にいたるまで人びとは、「悪逆無道の六波羅入道（清盛）」と併せ、それを史実と信じて疑わず、平家を貴族化した軟弱、未熟な武士政権と理解してきた。

現在まで持ち越されてきた根深い歴史評価には、二つの吟味されるべき思想問題が隠されている。一つは、貴族は武士と比べて、道徳的・倫理的に退廃した存在、という論難である。つまり文を軽佻浮薄と切り捨て、武を質実剛健、健全健康と讃えるのであり、それは文を軽んじ、武を重しとする考え方にも通じる。誤解というより文字通りの武断的な決めつけであって、それはやがて戦前の軍国主義と結びついた学校教育・社会教育で、極端な形をとって鼓吹され、国民に滲透してゆく。

二つ目は、貴族は社会発展もしくは進歩の阻害物だという理解である。道徳的に否定的な存在という一つ目の評価が、それを真実めかしく粉飾した。さらに戦後一時期の日本中世史学が、在地領主＝武士を、古代から中世への社会発展の担い手として積極的・肯定的に評価したことと結びついて、強固な信念に近くなった。その後学界内部では、新たな支配身分、百姓への階級的な抑圧者である武士を、進歩の担い手、解放者として美化する問題性が真摯に反省され、いまもなお批判的克服の努力が続いているのだが……。

一　頼朝の政権が最初の幕府であるのは自明のことか

顧みれば、近世以来頼朝の武家政権は特別な価値づけをされてきた。家康とその政権が頼朝に私淑し、右大将家の例を徳川政治の模範としたこと、『読史余論』が、日本歴史を外戚専権に始まり南北朝分立までの王朝没落の九変と、頼朝の開府から当代（徳川政権）にいたる「武家の代」五変の歴史とし、地方政治の混乱を招いた貴族の無節操・堕落と、武家政治出現が理にかなっていることを説き、多くの賛同を得た事実については、かつて論じたことがある(2)。

さらに儒者や国学者の世界に、日本の歴史を中国的な意味での郡県→封建の二分法、もしくは封建→郡県→封建の三分法でとらえる理解があり、郡県制（律令制）より封建制（鎌倉または徳川の武家政権）により高い価値を認めていたことも重要である(3)。そしてこれらを意識・無意識に継承した近代史学では、日本における中世の成立、武家政権や武家社会、あるいはfeudal systemとしての封建制度の発達や性格を論ずる時、起点となり対象とされたのは、鎌倉の政権であり平家の政権ではなかった。

それでなくとも『吾妻鏡』のような便利な書物もなく、史料的に大きな制約がある平家への関心・言及は、おのずから低調たらざるを得ない。平家を貴族化した未熟な武家政権とする、学問の検証を経たことのない言説は、専門家の世界ではようやく克服されつつあるが、今でもその水準は、鎌倉幕府研究の高度な達成に比肩すべくもなく、質の差は歴然たるものがあろう。

筆者は武士や平家を研究対象にしてきたが、近年になって、平家へのマイナス評価に意識して異を唱えるにいたった。平家は最初の武家政権であるのはもちろん、幕府と位置づけるべきであるとし、二〇〇七年はじめてそれを「六波羅幕府」と命名、鎌倉幕府との類似性を主張している。(4) 以下、平家を幕府と考えるにいたった理由を述べたい。

その際まずはっきりさせておくべきは、「幕府」という語の意味であり使用法である。鎌倉期には、「将軍の御居所を幕府と称す」(『吾妻鏡』文応元年四月二六日条)といわれ、他にも「幕府に参り申す」「幕府同じく災す」などとあって、将軍が住まいする邸宅を幕府と呼称していた。これは中国で、出征中の将軍が戦陣に幕を張って軍営とした史実に由来する。またわが国古代・中世では、幕府とは近衛府の中国風の呼び名であり、転じて近衛大将の居館、さらに左右の大将その人を指していた。だから史料語としての幕府の語義、用例をいくらこね回してみても、今日我々が幕府という言葉で呼んでいる武家による公の権力体の解明に資することはない。

政治思想史を研究する渡辺浩氏は、寛政以前の江戸時代の文書に幕府の語が現れるのは珍しく、現在のように幕府という語が一般化したきっかけは、後期水戸学にあるという。尊皇攘夷を主張する後期水戸学者たちは、徳川政権の正統性を、京都から任命された「将軍」の政府であることに求め、その体制を再強化するためこの用語を使った。(5) それまでは「無識の徒、或は幕府を指して「朝廷」と曰ひ、甚しきはすなはち「王」を以てこれを称す」(『弘道館記述義』巻の下)などと非難されるような事実があった。ちなみに「無識の徒」とは、無知な民衆ではなく室鳩巣・荻生徂徠・太宰春台のような最高の知識人(儒者)であり、それらの用法は『赤穂義人録』や徂徠の文集、『経済録』凡

例などに見えるところである。(6)

ところが、後期水戸学の基礎を固めた藤田幽谷の「正名論」には、「幕府、皇室を尊べば、すなはち諸侯、幕府を崇び、諸侯、幕府を崇べば、すなはち卿・大夫、諸侯を敬す」などの文章が見える。この文章は、中国の天子は空漠たる天や祖先の位牌を主君のように尊崇し、君臣の道の模範を示すが、日本では将軍が実在の天皇に対し君臣の礼をとることにより、上下の秩序意識が社会に滲透してゆく、というコンテキストであり、幕府も将軍の意味である。(7)しかし、続けて「今夫れ幕府は天下国家を治むるものなり。上、天子を戴き、下、諸侯を撫するは、覇主の業なり。その天下国家を治むるものは、天子の政を摂するなり」などの文章が続けば、将軍個人から、彼の政権を意味する用語に自然に拡大解釈されてゆくであろう。「幕府の法」といった用語法もそうした効果をもった。

また三谷博氏は、「比較史上の明治維新」という論文の、日本の近世国家を論じ終え日米和親条約以降の政治史をたどりはじめる時点の注で、「以下では、徳川「公儀」に替えて、「幕府」という名を用いる。それは、この時期に「朝廷」が京都の天皇政府の独占的呼称となり、これに対応して徳川政権を「幕府」と呼び、「朝廷」の下位に立つ「覇府」という意味を託す習慣ができたからである」と述べている。(8)

かくして幕末以降、徳川氏の政権を幕府と称するのが政治上の流行語となるが、近代に入って頼朝の政権を幕府といい切った初めはいつであろうか。これについてはまだ追跡を終えていないが、たとえば明治一〇—一五年（一八七七—八二）にかけて発刊され、「明治時代に於ける史学界の暁鐘とも開拓使とも称すべきもの」（黒板勝美の大正六年復刻縮刷版序言）と形容された、田口卯吉の『日本開化小史』などでは、「鎌倉政府」と名づけられている。(9)それに先立つ福沢諭吉の『文明論之概略』（明治八年刊）には、鎌倉御家人に言及して「守護地頭の支配を受け、悉皆幕府の手の者と為りて、或は百日交代にて、鎌倉に宿衛するの例もありと云ふ」などの記述がある（第九章）。しかし同書の別の個所では「平家亡びて源氏起り、新に鎌倉に政府を開くも」、「譬へば北条足利の政府にて五穀豊熟人民柔順を喜ぶの情は、徳川の政府も之に同じ」などとあり（同右）、幕府がいまだ安定した歴史用語になっていない感がある。(10)鎌倉幕府という歴史用語が定着するにあたっては、明治二三年刊の『稿本国史眼』が果たした役割が大きいだろう。よく知られているように同書は重野安繹・久米邦武・星野恒によって編纂された明治前期の官撰日本通史である。その第三巻第八十五章に頼朝が征夷大将軍を拝任した事実に触れた個所があり、「頼朝此職ニ補シ関東十国ヲ管領シ、天下追捕ノ権ヲ掌ル。（中略）勅使就テ拝ス、是ヲ将軍宣下ト云フ。後世ニ至ルマデ至重ノ朝典（国家の儀式）タリ。頼朝乃チ幕府ヲ鎌倉ニ剏《はじ》メ、公文所ヲ改テ政所トナシ（以下略）」と述べている。(11)

同書凡例冒頭には太政官修史館・内閣（臨時）修史局・帝国大学（臨時）編年史編纂掛の手によってつぎつぎ稿が書き改められてきた経緯が述べられているが、「大学新ニ国史科ヲ置キ、応用ノ史編（注、史書）ナキヲ以テ、稿本ヲ活版ニ付シテ授業ノ資トナス」とあるように、帝国大学文科大学に国史科が設置された翌年、その「第三稿」を教科書として使うため刊行された。征夷大将軍就任をもって幕府を開いたとみなすその主張は、帝国大学の教科書の説くところなるが故に、斯界に大きな影響を与えたことが想像される。

ちなみに徳川氏の政権については「（慶長）八年家康右大臣ニ任ジ、征夷大将軍ニ補ス、幕府ヲ江戸城ニ開キ」とする（第五巻第百五十五章）。一方、室町幕府については第百六章に「尊氏征夷大将軍ニ任ス、源家ノ旧ノ如シ」とあるが、同じ章のそれ以前の頁に「尊氏幕府ヲ室町第ニ開キ」と幕府が開かれたことが述べられている。そして章冒頭の鼇頭には、記述内容を「尊氏室町幕府ヲ開テ政権ヲ総ベ」と要約する（第四巻）。室町幕府の場合は、幕府開創と征夷大将軍就任の記述順序が逆になっているが、この三権力だけを幕府と認定し、その幕府にとって征夷大将軍職は必備の要素、との主張が打ち出されていることは認められるであろう。

しかし平安後期・鎌倉期の研究者なら誰でも知っているように、初期には武家政権の首長が必ず征夷大将軍に在職している必要はなかった。頼朝は建久五年（一一九四）冬に征夷大将軍を辞したし、正治元年（一一九九）頼家が家督を継ぎ鎌倉殿の地位を得た時点では、まだ左近衛中将であった。また近年、『山槐記』逸文（建久三年七月九日条）の発見により、頼朝は「前大将（前右近衛大将）の号を改め大将軍を仰せらるべき」を望み、征夷大将軍はむしろ王朝側が与えたものという事実が明らかになった(12)。このため頼朝が征夷大将軍職に固執し、後白河の側は就任に反対していたという単純な理解は成り立たなくなっている。

頼朝が「大将軍」を望み、王朝側が「上将軍」号など「漢家」の官名は拒否したが、「本朝」の坂上田村麻呂の例を根拠に「征夷大将軍」号を授けた政治的・思想的意味については、別に仮説を述べたことがあるが(13)、そのことと征夷大将軍への補任をもって幕府存否の判断基準とすることは別問題である。再び渡辺浩氏によれば、征夷大将軍になれば、その政権は「幕府」を開いたと意識し、そう自称したかといえば、鎌倉・室町・江戸いずれの武家政権にも、そういう事実はまったくないという。

結局、歴史学でいうところの幕府とは、それに携わる者が、ある歴史的本質、ある歴史的な実体、いいかえればいくつかの国家的な権限・権能をそなえたものを、そういう用語で呼ぼうと考えた結果であり、それは史料に現れる「幕府」の意味や征夷大将軍就任の事実とは、直接には無関係である。今日鎌倉幕府創設の年に諸説あるのは、鎌倉幕府の本質をいかなるものと考えるかによって生ずる。

二　幕府とは何か

鎌倉幕府に関心のある研究者にとっては自明のことだが、幕府の有するさまざまな側面の中で何を本質と考えるかについて、議論は決着していない。たとえば中世国家をめぐって、黒田俊雄氏と佐藤進一氏の間にいわばジャブの応酬があったが、すれ違いのまま黒田氏の死によって物理的に中断した(14)。

黒田氏は、一九六三年以来公家と武家が対立しながらも、ゆるやかに一つの国家を組織しつづけていたという立場から、当時の国家支配機構は、王家（天皇家）・摂関家その他の公家、南都・北嶺をはじめとする大寺社、武家（幕府）など、複数の権門的勢力の連合の上に、成り立っていたと主張する。中世の国政は、諸権門の伝統と実力に基づく強力な発言権と、権力の職能的な分担によって、矛盾対立を含みながらも、相互補完的に維持されていた。その中で幕府を国家の軍事警察部門を分担する権門的勢力と考えるわけである(15)。

佐藤氏は、すでに一九四九年、幕府が京都朝廷の一地方機関ではなく独自の政治権力であるとみて、それが寿永二年一〇月宣旨によって東国支配の公的権限として制度化された面と、幕府を支える武士の体制化を論じている。そして文治元年の一一月勅許により全国警備権を得たが、その内実は前者の東国行政権の権限に比べてはるかに限定されたものだったと説いた(16)。それが一九八三年にいたり、幕府は王朝国家とは異質のもう一つの中世国家として把握され、両者の接触、交渉、相互のリアクションが考察されるようになった(17)。黒田氏の権門体制については、「京都の朝廷側の論理でありむしろ願望である」と評している(18)。

二人の議論から導かれることは、鎌倉幕府の本質把握には、（a）国家の軍事警察権を掌握担当するもの、（b）京都の朝廷から独立的な東国政権、という二つのアプローチがあるということである。そこには、（a）を主、（b）を従と考える学説と、（a）は否定しないが、（b）を主とし、京都朝廷と幕府をそれぞれ独自な国家ないし二つの王権とみて、当時の日本国に二つの国家が併存している事態を想定する学説があり、中間には（b）を半独立ととらえるなど、微妙にニュアンスの異なる主張が併存している。

筆者も黒田氏に学んで、成立期幕府の本質は、国家の軍事部門の担当者という点にあると考える。黒田氏の説が鎌倉期、とくにその前期の現実をうまく説明しているからである。そして、幕府であることの必要条件は（a）＋（b）に限らないが、仮に（a）を主、（b）を従とするものが、鎌倉幕府以前に近似的に存在すれば、それを最初の幕府とみなせばよいと考えた。筆者は平家の研究を続ける中で、（a）＋（b）の本質規定は、平家の権力に対しても十分通用すると考えるにいたった。

この点については次節以下で詳しく述べたいが、その前に幕府である必要条件は（a）＋（b）に限らないということを、少し違う角度から述べておきたい。というのは、日本史家は幕府をもっぱら日本史固有の問題と考えがちだが、この用語自身が漢語であるように、中国や朝鮮でも幕府の存在を確認できるからである。

拙著『平清盛　福原の夢』（以下『福原の夢』と略称する）では、中国では出征中の野戦軍司令官が帳幕で府を設営するのでこれを幕府といったが、時代が降り「天子を補佐する者や天子の委任を受けた者が、府を開き自らスタッフをリクルート（正確には辟召＝現地任用）した。（中略）そこから転じて一般官署の意味にも用いられる」と指摘している。[19]『福原の夢』では、それ以上詳しくは述べなかったため、読者の注意を惹かなかったらしい。ここで補足しておきたい。

中国の幕府という語を考えるにあたっては、清朝中期の歴史家趙翼の『陔餘叢考』という書物が参考になる。[20]経学・史学・文学などにかんする論説記事を載せ、考証を記した学問的随筆で、歴史にかんする考証に定評があり、その巻二十一に「幕府」の項がある。それによると幕府の語は戦国時代から見られ、前漢の李広や衛青らも匈奴討伐のために前線に幕府を設けた。官庁の意味に用いられるようになるのは、後漢第二代の明帝時代であるとし、以下のようにいう。

後漢書班固伝、永平初、東平王蒼以至戚為驃騎将軍輔政、開東閣、固奏記於王曰、今幕府新開、広延英俊、後世称衙署為幕府始此、蓋固本以東平有驃騎之号、故以幕府称之、而其実非将帥在外之営帳、故後人遂相沿為牙署称也。

（『後漢書』の班固伝に、「永平の初め（ＡＤ五八年――）、東平王蒼が皇帝（明帝荘）に至って近い親戚（光武帝劉秀の第三子）であるため驃騎将軍となり天子を輔佐した。（武帝の丞相公孫弘の故事にならい）東の小門を開き賢人を招いた。その時班固は書き物を王に進めて言った。今幕府を新開し、広く優れた人を招く」と。後世衙署を称して幕府となすのはここに始まった。たぶん班固はもともと東平王に驃騎将軍の号があるのをもって、それでこれを幕府と称したのだ。しかるにその実態は将帥の在外の営帳ではない。こういうわけで後の人がついに続けて牙（衙）署の称としたのだ。）

驃騎将軍は大将軍と同格の存在である。将軍は一度出征すれば天子の命すら聞かなくてもよい権限を認められたので、漢代には常置の官ではないとの建前をとり、必要に応じて任命、前・後・左・右将軍の他、最上位の大将軍、車騎将軍、皇帝を護る衛将軍などがあった。武帝の時代、霍去病が驃騎将軍として匈奴をゴビ砂漠以北に一掃する軍功をあげ、叔父の大将軍衛青と功が並んだ。このため帝は新たに大司馬という官位を設け、衛青と霍去病を同時にそれに任じ、驃騎将軍の秩禄を大将軍と同じくした。驃騎将軍も大将軍と同じく仲間の将軍たちを指揮するようになったのである（『漢書』巻五十五霍去病伝など）。

以下、事・辞典ないし概説書からひき写しの知識になるが、後三国の魏では将軍号を帯びる者が各地に都督府を開き、一州ないし数州の軍事権を掌握した。都督府はしだいに州の行政権も握るようになってゆく。都督府の属官（部下）には府主を輔佐するため長史（文官）・司馬（武官）が置かれ、配下には各種の参軍（軍事をつかさどる官名）がいて府務を分掌した。上級府官は中央政府が任命するが、実際には府主の申請による場合も多く、府主と府官との間には人格的なタテの関係、任侠的な主従関係で結ばれることが少なくなかった。隋・唐期の州県制はこの都督府制度に由来するという。

中唐以後になると節度使が置かれ、それぞれ数州を管轄する。観察使を兼ねた彼の政庁は使府と呼ばれた。五代の時も節度使の府が幕府である。属官には節度・観察の両使判官以下令制外の幕職官が置かれ、管轄域の軍事と行政を掌握した。幕職官も節度使が任用した。宋は節度使の権限を弱め、中央政府と州県の直結化をはかってゆくが、幕職諸官の名称や職掌は、地方行政機構の中に組みこまれた。

このように、中央集権が強いとされている中国でも、天子を補佐する者や天子の委任を受けた者が、府を開き、幕僚も自ら現地任用する傾向が強い。幕府は王朝の一部分であると同時にそれと同質の構造を持つので、前者が後者に転化する可能性がつねにはらまれていた(21)。

朝鮮の高麗王朝ではどうだっただろうか。高麗では庚寅の乱（一一七〇年）と呼ばれる軍事クーデタによって、武臣が文臣に代わって政権を握る時代が始まった。有力武臣は多数の従者を寄食させ、彼らからなる私兵組織を都房といった。

乱以後武臣たちは重房（二軍六衛の上将軍・大将軍〈正・副指揮官〉の合議機関）を国家の最高機関にし、集団執権体制をとっていたが、崔忠献はその弱体化を進めた。替わって行政の中枢機関となったのは、神宗五年（一二〇二）彼の私邸に設置された教定都監である。この機関の長である教定別監は、崔氏四代および武人政権の没落期まで政権担当者の地位とされた。

崔氏二代の崔瑀（怡）の代になり、政房（文武の官僚人事の執行にあたる機関）や書房（一種の武力組織だが、崔氏文客中の名儒で構成、政治的な諮問の他、崔氏執政に書と礼を教えた）が設立され、都房の改編と側近たる親侍（侍従）の組織（秘書や警護の任務を分担）の強化も行われ、これらを下部機構とする教定都監体制が形成される。

教定都監は、旧来の国家機構に吸着し、それを通して人事・行財政などを掌握する政治機関で、都堂（文官たる中書門下省と中枢院の高官が国家の重大事を決定する合議機関）・重房といった旧来の重臣会議に、崔氏執権や代理人が正規メンバーとして参加した。また形骸化した高麗王朝軍に替わる中央軍組織の三別抄は崔氏の影響下にあった。さらに親侍組織のトップは政房に参与、都房や書房を指揮し、内侍少卿として王室に出入りし、王室を監視・統制し傀儡化した。この教定都監は、韓国歴史学界の多数意見によれば「幕府的」なものである(22)。

論者の一人金庠基は早く、①教定別監の資格が将軍であった、②教定都監が全権を掌握していた。そして、教定別監が遂行した任務の領域が③人材を薦挙、④地方の庶政に指揮命令権を行使、⑤地方税政を掌握、⑥国家の非違を糾察するなど、多方面に及んでいたことを指摘している(23)。

以上中国・高麗における幕府をざっと見てきた。それらは皇帝や王から軍事の大権を委ねられ、官衙を開き一般行政にも参与、自ら幕僚をリクルートするなどを共通項とする歴史的な実体である。一方存在形態は多様で、教定都監のように既成の国家権力に吸着し王朝の一部分であるケース、節度使のような独立性の強い地方政権であるケース、さらに中央集権が強力な場合は、隋・唐期の州県や宋朝の地方行政機構として生き残るなどさまざまな形をとったことがわかる。

これまでの日本史学では、如上の一般官庁としての幕府の存在には、注意が払われてこなかった。これら東アジアの各時代に登場する多様な幕府の存在に注目すれば、日本の幕府概念ももっと柔軟であってよいし、それらの研究と対話ができる形で論じ直さねばならないだろう。特殊日本史の時代区分と深く関連して構築された鎌倉幕府の概念を前提にするのは、伝統的とはいえ一国史の視野にとらわれた考えであり、今後克服されねばならない点である。

三　京都大番から見た平家と鎌倉幕府

問題を鎌倉幕府にもどす。幕府が（a）の国家的な軍事警察権を掌握しているのは、京都大番や守護制度の検討で明らかになる。京都大番、別名内裏大番は、いうまでもなく天皇が住まいする閑院内裏諸門を諸国御家人を動員して警固することである。(24) 守護は始め総追捕使と呼ばれ、文治元年（一一八五）末の文治の勅許、いわゆる「守護・地頭の設置」を直接の起点とする。(25) 翌年国地頭が廃されても、守護制度は維持され、任国において国内御家人への大番役の催促、謀反人・殺害人の逮捕（大犯三箇条）を義務づけられた職として定着してゆく。

大番の役は、はじめ御家人たると否とを問わず諸国の武士に勤めさせたらしいが、建久三年（一一九二）ごろより、御家人のみに命じるようになり、大番役の御家人役化がみられた。(26) 高橋典幸氏によれば、鎌倉御家人に課せられた役には恒例と臨時の役があり、恒例の役が原則として鎌倉殿に対する奉仕の役であるのに比し、臨時の役は鎌倉殿を直接の奉仕対象としない役であり、幕府ないし鎌倉殿が果たすべき職務が配下の御家人集団に転化されたものである。そして鎌倉幕府にあっては、恒例の役よりも臨時の役の方が優先され、臨時の役中最も重んぜられたのが京都大番役であった。これに対し東国御家人が幕府の警備にあたる鎌倉番役は恒例の役である。(27) 御家人にとって主人である鎌倉殿を護る役より、京都の天皇を護る役の方が重いというある種奇妙な事実は、幕府が国家的な軍事・警察を職務とする権力であることを端的に物語っている。

この点は佐藤・黒田論争の大事な焦点であったが、結果的に十分発展させられなかった。佐藤氏は一九七五年、権門体制論について「鎌倉幕府の側に黒田氏の理解を許す一面があることも事実」だとして、その具体例として御家人を使って国家を守護すること、京都大番のことをあげている。そして「これもおかしい話で、御家人が主人の頼朝の身辺を護るのならばわかるが、京都へ行って皇居を護ることを義務付けられるのは、頼朝が皇居を護る義務も負わされており、それを自分がやらずに家来にやらせるという論理としか考えられないのである」とも書いている。(28) しかしそれらは物事の一面で、「総体として評価」しなければならないとして、京都朝廷から半独立的な東国政権であったという点に話を移した。

それが一九八三年の『日本の中世国家』になると、京都大番の制は「大番役を御家人の平時最大の軍役と定め、御家人を国別に編成して、守護の招集と指揮に従って勤務させることとした」としながら、「この場合大番役は恐らく、頼朝に課せられた諸国守護の内実である謀叛人予防職務の一部として、位置づけられたのであろう」という。つまり守護が「戦時」（大規模な叛乱発生時）に「管国の御家人を招集指揮」する、そのいわば予行演習であり、迅速な招集能力を誇示することによる謀叛予防効果、とでもいうべき方向で処理され[29]、「京都へ行って皇居を護ることを義務付けられ」た面への評価は、論から消えてしまった。「総体として評価」するとすれば、この「おかしい話」も含みこんだ議論でなければならないはずである。これは「東国国家」（氏の「王朝国家」も同じだが）が、主にそれを構成する政治勢力と公的権限として制度化された面（政権の統治権、あるいは領域支配権）においてとらえられ、具体的な論は行政と裁判に集中していることと関係があるように思われる。

独立性の強い地域政権である点のみを強調し、それを幕府（佐藤氏の場合はもう一つの中世国家）であるか無いかの実質的な判定基準にするなら、汎東アジア的な意味で、平家権力を幕府と位置づけうる途があるのに、そこから眼をそむける結果になる。大先達に生意気な口をきくようであるが、この点が筆者には不満である。

同時に鎌倉幕府が半独立の東国地域政権的な面があるのは事実だから（いまはその内容は問わない）、それを幕府の本来的側面あるいは自明の要素としてではなく、川合康氏のように挙兵から奥州藤原氏の討滅という一〇年にわたる内乱の過程が創りだした特殊な達成物として、歴史の論理に組みこみ直す必要がある[30]。それは日本がなぜ不徹底とはいえ東アジアで一般的だった文人優位の官僚国家を経過しながら、武人主導の封建的構成を特色とする社会へと分岐していったのかという難問を解決する上で、大事な論点となるであろう。国家の軍事警察担当権力というだけなら、地域政権やそうした分岐を必然とはしないからである。

さて、当時天皇は「国王」という称号で呼ばれ、京都は日本国の都（首都）であった。国家の軍事警察を担当するといっても、その政治的・社会的承認や存続のためには、日常的に目に見える形で現すものが必要になる。それが天皇の「玉体」の安穏を実現し、都の平安を維持するための御家人の上洛義務であった。そしてこの京都大番の存在こそ、佐藤氏は論点をずらしているが、幕府をもう一つの自立した国家と理解することを困難にする有力な反証と考える。

ここでやっと本題に入る。平家は平治の乱後、たんなる最強武士勢力であるだけでなく、国家の軍事警察権を掌握した。それを示すのが、仁安二年（一一六七）五月一〇日に、清盛の長男重盛に、東山・東海・山陽・南海道等の山賊・海賊を追討すべしという官宣旨が下った事実である（『兵範記』仁安二年五月一〇日条）。このころ追討すべき具体的な山賊・海賊の脅威はみあたらないから、これは重盛に東山道以下の地域にたいする国家の軍事指揮権を委ねた措置、と考えられている。清盛が太政大臣を辞任する直前だから、間もなく平家の氏長者となる重盛に、清盛が自分が実質的に握っていた権限を移譲するのを、国家が追認したもの、とみなしてよい。

平家の内裏大番制にかんする史料は僅少であるが、その存在自体は否定しがたい。平家時代の大番制については、『承久記』に「日本国ノ侍共、昔ハ三年ノ大番トテ、一期ノ大事ト出立、郎従・眷属ニ至迄、是ヲ晴トテ上リシカ共、力尽テ下シ時、手ヅカラ身ヅカラ蓑笠ヲ首ニ掛、カチハダシニテ下リシヲ」とあるのがよく知られているだろう。そのほか『吾妻鏡』に

A、三浦次郎義澄〈義明の二男〉、千葉六郎大夫胤頼〈常胤の六男〉等、北条に参向す。日来京都に祗候し、去月中旬の比下向せんと欲するの刻、宇懸の合戦等の事に依りて、官兵として抑留せらるるの間、今に遅延す。数月の恐鬱を散ぜんがために、参入の由これを申す。日来番役に依りて、在京する所なり（治承四年六月二七日条）

B、相模国の住人大庭三郎景親以下、去る五月の合戦の事に依りて、在京せしむるの東士等、多く以て下着すと

云々（同年八月二日条）

C、（小山）朝政の父政光は、皇居警衛のため、未だ在京す。郎従悉く以てこれに相従ふ。仍りて無勢たりと雖も、（朝政は）中心のいたる所武衛にあり。（志田）義広を討ち取るべきの由群議を凝らす（養和元年閏二月二三日条）

D、（久下）直光は、（熊谷）直実の姨母の夫なり。その好に就いて、直実先年直光の代官として、京都の大番を勤仕せしむるの時、武蔵国の傍輩等同役を勤めて在洛す。この間に、各人の代官を以て、直実に対し、無礼を現はす。直実その鬱憤を散ぜんがため、新中納言〈知盛卿〉に属し、多年を送り畢んぬ（建久三年一一月二五日条）。

などがある。Cから大番役が「皇居警衛」を目的とするもので、有力武士が多くの郎従を率いて勤仕していたこと、Dからそれは武蔵といった一国単位で勤めるものであったこと、ABから相模・下総の武士に課せられた役は治承四年五月には終わるべきはずであったが、以仁王の乱発生によってなお京に拘置されていた。しかし八月以前に解放されて関東に下ったこと、Cから小山政光の属する下野武士は、養和元年（志田義広の事件は実際は寿永二年だが）時点で在京していた、相模・下総武士と交替しての在京勤務ではないか、などがわかる。

これらはなお確実な史料とはいえないかもしれないが、安元三年（一一七七）四月、白山宮・延暦寺が加賀守藤原師高の配流を訴えた事件の経過中、二条北油小路西の経師法師の家に夜盗が入った。経師宅は前々日二八日の安元の大火により中宮庁が消失したので仮に用いていたのであるが、「庁守の男」を傷つけ、放火して「庁の公物」を盗み取るという事件が起こった。この時二条通を挟んで東南にあった閑院内裏西側の四足門（右衛門陣）や築垣に矢が立った。閑院を護っていた「大番の兵士」「大番の者」は、火事は聞きつけたが強盗のことは知らなかったと答え、吉田経房をして「これ希代の珍事」と嘆かせている（『吉記』『顕広王記』三〇日条）。『顕広王記』には「四大番の者等（強盗を）敢て搦め留めず」とあり、「四大番」の四の意味が不明だが、あるいは閑院を交替制で護る大番の武士たちの順番、その第四組の意味かもしれない。九条兼実は「かの夜の守護経盛卿と云々。而るに一切人無し、仍りて搦め留むること能はずと云々」と日記に記しており（『玉葉』五月二日条）、以上から、この夜の警固責任者が平経盛であり、平家時代の大番もまた閑院内裏を警固対象としていたのがわかる。

学界では大番役を国衙軍制下の公役としてとらえるか、それとも平氏家人に限られていたのかという見解の対立があり、前者だという石井進・義江彰夫・飯田悠紀子氏らの見解と、後者を主張する五味文彦・野口実氏らの説が並立していた(31)。前者の白河院政期から全国の武士にたいする動員が可能であったという石井説は、摂関家大番役などからの類推で史料的な裏づけがないし、平治の乱後に国守護人が自らの従者を率いて内裏大番の職務に従うという体制が成立したという義江説（石井説の発展型）は、守護人の比定に妥当性を欠くなど実証面で従いがたい(32)。

筆者もこれまで大番役は、平家を構成する一門が率いる家人、すなわち平家御家人の役であったと主張してきた(33)。武家の棟梁が自分の家人以外の諸国武士に大番役を課すことは、治承・寿永の内乱終末期の頼朝の軍勢の西国への武力進駐という特殊状況下ではじめて実現できたのであり、それ以前の平家に可能だったとはとうてい考えられないからである。

前掲Cでも、熊谷直実が久下直光の代官だったため、大番役勤仕に当たり武蔵国の大番仲間から無礼を働かれたので、直実はその鬱憤を晴らすため平知盛の家人になったとある。すなわち直実は平家と直接主従関係を結んでいなかったが故に、大番役勤仕の有資格者とみなされなかったと解しうる。この話が何時のことかははっきりしないが、知盛が武蔵国守（知行国主清盛）であった永暦元年（一一六〇）から仁安二年（一一六七）までか、武蔵知行国主であった可能性のある仁安二年以後のいずれかだが(34)、後者と考えるのが妥当であろう。

平家の内裏大番については、応保二年（一一六二）平家が二条天皇のため押小路東洞院御所を造り（田中本『山槐記』同年三月二八日条）、「清盛ガ一家ノ者サナガラソノ辺ニトノヰ所ドモツクリテ、朝夕ニ候ハセケリ」（『愚管抄』巻五）と、一門あげて警固を務めるようになったことが、その端緒であろうと思われる。

御家人といえば、頼朝と主従関係を結んだ諸国の武士というイメージが強いが、平家の家人も御家人と呼ばれていたことについては明証があり（『薩摩佐々木文書』二号、『鎌倉遺文』八八号、『平安遺文』三九八二号）、平家一門を構成するそれぞれの家と個別に主従関係を結んでいた。[35] 御家人は、もともと家人と呼ばれる主人に仕えた従者である。それがただの家人でなく、「御」を冠して御家人と呼ばれるようになったのは、彼らが国家レベルの軍事警察を担当する役割を得たことに由来すると考えられる。[36]

かくして平家の権力を幕府と呼んでさしつかえないと思うが、その成立・終滅の時期についての見通しを述べておきたい。国家の軍事部門の担当者という立場からは、以下の時期区分が考え得ると思う。

（Ⅰ）応保二年（一一六二）平家が二条天皇のため押小路東洞院御所を造り、一門あげて警固を務めるようになって以降。これが六波羅幕府の前史である。

（Ⅱ）高倉天皇が即位し閑院を里内裏とした仁安三年（一一六八）から始まり、清盛が福原に退隠した嘉応元年（一一六九）以降本格化する。そして一一七〇年代半ばまでに、「国奉行人（国衙守護人）」によって統率される、一国規模での平家御家人による輪番の大番役勤仕制度が創られていったと判断される。[37] ただし大番役勤仕体制の成立時期については、なお推測の域をでない。

（Ⅲ）治承三年（一一七九）のクーデタから安徳の即位を経て福原遷都、そして福原からの還都までの時期が平氏系新王朝の構築に向かって邁進する時期。この時期は幕府から新王朝への上昇脱皮の時期でもある。

（Ⅳ）還都から清盛の死までは幕府に逆戻りし、体制建て直しに奮闘する時期。

（Ⅴ）清盛の死後寿永二年（一一八三）七月の平家都落ちまでは六波羅に一極集中した幕府の最終段階。

六波羅幕府に関連して、筆者が『福原の夢』で重盛・宗盛が近衛大将に任じられたから平家は幕府だといっている、と批判する声が聞かれる。重盛が右近衛大将に任じられたのは承安四年（一一七四）、重盛・宗盛が左右大将に並ぶのが安元三年（一一七七）で、六波羅幕府の（Ⅱ）の時期にあたるが、近衛大将の唐名から学術用語としての幕府にもっていくのは、時代遅れの旧説だというわけである。

二〇〇八年、上横手雅敬氏から『福原の夢』へ厳しい書評が寄せられた(38)。多くの論点の一つに近衛大将と幕府を安直に結んでいるとの批判があった。氏の書評については、学問を進める立場からの反論を行ったが、氏自身かつて「右大将とは諸国守護権の掌握者（日本国惣追捕使・総地頭）を伝統的官職体系によって表現したものである」と述べられたことがあり(39)、以前から私はそれを卓見と考えてきた。

もちろん上横手氏の見解には多くの異論が出されているし、重盛の任近衛大将は、貴族政権側の立場からすれば、当時の貴族社会の昇進ルールに則って行われたものであろう。たとえば北村拓氏は、平家の近衛大将は、「平氏の持つ軍事特権と特段の関わりを持つものではなかった」とし、清盛は重盛に大臣への道を確保する意図をもって右大将任官を画策したと述べている(40)。

しかし、近衛大将への任官が直接幕府の開創を意味するものでなくとも、彼の背後に現に存在し役割を増大させつつある武家権力がある以上、それを権威づけ、シンボライズするものとして理解（とりわけ平家の関係者たちに）された、と考える可能性までは否定しえない。近衛府は衛府の中では最も重く、禁中の警固、行幸の警備にあたった。平家は国家の軍事警察権を独占し、平家御家人は大番役という形で、天皇のいる閑院内裏を警固する。彼らはいわば新時代の「近衛の舎人」だった。私は、平家と平家以前の幕府の内容上の区別はしっかりつけたつもりである。近衛大将という官職だけでなく実体もあるのだから、「幕府と称してどこがおかしい」といったまでである(41)。

四　平家と鎌倉幕府の共通性

コロンブスの卵のような話であるが、平家の政権と鎌倉幕府には意外に多くの共通点がある。すなわち平家は京都六波羅を拠点に、諸国御家人に国家の軍事警察の仕事を勤めさせた。最高実力者の清盛は応保元年以来摂津福原（現神戸市兵庫区平野）に居を構え、めったに上洛していない。筆者の調査では内乱が始まるまでの一一年間に僅か一九回である。[42] これは彼が後白河法皇の権力に空間的にも距離を置くことで自立性を確保しようと狙ったため、と考えられる。そして、後白河との応接は在京の子弟たちに任せ、自らの利益は政務・儀式に通暁した親平家の有力公卿に代弁させようとした。

頼朝もまた、国家の軍事警察部門を担当し、その幕府を福原以上に都から離れた鎌倉に開設し、清盛以上に上京を禁欲する（平家討滅後僅か二回）。清盛の親平家公卿を使う手法から一歩進み、うまく機能しなかったとはいえ、王朝側に議奏公卿制を押しつけ、六波羅を鎌倉権力の京都での出先機関に再編成した。これが京都守護（洛中警固、裁判その他の政務、朝幕間の連絡等にあたる機関）であり、のちに南北両六波羅（探題）に発展する。

先に鎌倉幕府の要件の一つとして、（b）京都の朝廷から半独立的な東国政権の要素をあげた。これは研究者によっては「東国国家」とまで規定される、東日本諸国への強力広範な行政権の保有である。上横手氏は、前出の書評の中で「幕府とは地域的軍事政権」で、「中央から独立した広範な地域を支配することが、成立の前提になると思う」とし、髙橋のいう摂津・播磨の一部の支配では坂東に比べあまりに狭小だという。そしてさらに「棟梁と坂東」という四〇年前の自らの論文を引きながら、[43] 頼朝の坂東支配の前提として、以前から坂東では「中央国家権力による支配が解体し、中央からの独立性を強め」ていたと述べている。

「摂津の西端から播磨東部の内陸部にいたる広大な領域の要所要所が平家領化して」いるという判断は、並行して進められていた市澤哲氏の研究にも助けられて提起したものだが[44]、それを氏は「清盛がこの地域にかかわったのは二十年程度」と軽くいなした。しかし、源家が歴代の経営によって多年東国を地盤としてきた、という歴史像が後に創られた神話然としたものであることは、元木泰雄氏によっても、強力に主張されているところだと思う[45]。そして、幕府が坂東という広大な領域を支配するにいたったのは、早く石母田正が注目したように、挙兵の当初から「当国中京下りの輩に於ては、悉く以て搦め進らすべ」しというスローガンのもと、次々と国衙を襲撃し奪取していった内乱過程の結果である[46]。

氏自身「棟梁と坂東」論文で、「十二世紀の東国においてなお、国司・目代の権限が強かったことはもちろんみとめなければならない」と述べていたから、弱体化はしても「中央国家権力の支配が解体し」ていたとまでいうのは、史実と齟齬する主張であろう。筆者は治承五年の五畿内を含む九ヵ国を対象とした惣官職設置など、平家も広領域を足下に置く軍事政権を構築する志向があったと考えているが——頼朝が「予は東海道の惣官なり」と自己規定した事実を想起されたい（『吾妻鏡』文治二年四月二四日条）——、すでに応保二年（一一六二）には福原を含む摂津八部郡全域の検注を実施しており（『鎌倉遺文』一一九〇号）、たんなる所領の寄せ集めでない公的領域の行政権を掌握していた点は重要である。

また明石海峡を挟んだ北の西摂・東播を基盤的勢力圏とするだけでなく、南の淡路を代々国守として押さえていた。明石海峡は瀬戸内海を東西に航行する船が必ず通らねばならない関門である。そこには瀬戸内海と山陽道、海と陸の物流、人と情報の流れを統制下に置くねらいがあったと推量しており、西国に対する影響力は直接支配領域の大小だけから単純に判断すべきではないと考える。たしかに西摂津・東播磨だけでは東国ほどの空間的広がりはないけれど、当時の西国は東国よりはるかに豊かな先進地域である。領域の質と意味を抜きにして、大きさだけから単純に比較すべきではない。そもそも坂東規模の広大な独立した地域の支配がなければ幕府ではないという立場に、私は立たない。それは鎌倉幕府には通用しても、中央政権である室町幕府や江戸幕府には不適合な規定だからである。

こうして平家のとった政治方式は、確実に鎌倉幕府に受け継がれた。頼朝は清盛の手法から多くを学び、それをより強力かつ整備されたものにした。頼朝の歴史的評価は、幕府に限っていえば、それを創設した点にあるのではなく、平家の創り出したひな型（六波羅幕府）を踏襲し、その手法をより厳格、より本格的に追求した点に求められるべきである。

筆者が、平家の権力を福原幕府ではなく六波羅幕府と命名しているのは、平家の本拠はやはり六波羅であり、清盛が晩年の一〇年以上を過ごした摂津福原には、鎌倉と違って政庁らしきものが存在せず、行政吏僚集団も常駐していなかったと考えているからである。そういう意味では、権力の所在地として福原と鎌倉は同等の意味を持ったものだとは考えていない。六波羅主、福原従という平家の組み合わせと、鎌倉主、六波羅従となった鎌倉幕府の違いが生じたのは、『福原の夢』で述べたように「平治の乱の敗者が流刑地で反乱軍を立ち上げ、やがてそのまま東国を実効支配し、支配領域として王朝に追認させたという、内乱期の特殊な政治過程に起因する点が大きい(47)」からである。

平家の権力が武家権力として十分成熟したものではなかったとしても、清盛が複雑な政局の中で手探りに創出した権力と、その得失を第三者として観察しながら、後追いで樹立できた権力の達成度を、単純に比較するのは生産的な論とはいえないだろう。平家の幕府はその後七〇〇年近い武家政治の出発点となったわけだから、やはり重要な意義を認めねばならない。筆者は、武家政治の到来を歴史の進歩として無邪気に肯定する立場をとっていないが、それが日本歴史を前後に区分する重大な画期、歴史の大きな分岐点であったことは、疑うべくもないのである。

節を結ぶにあたり、起こりうる誤解を避けるため一言しておく。頼朝が創出した権力には、当然平家も含めたそれまでの武家のあり方と異質な面があった。たとえば、我々は久しく、武家の棟梁が軍功ある従者に恩賞を与えるのは当たり前、と考えてきた。しかし、平安期武士の場合、恩賞はあくまで国家からの恩賞で、主人は彼の功を朝廷に報告し恩賞を申請するにとどまっていた。恩賞も所領ではなく官職補任などを中心とするものであった。その他国家的犯罪にたいし追討が行われ、謀反人の所領が没官された場合でも、必ず主人たる追討使の申請を経て、それが勲功の者に給与されるとは限らなかった。

頼朝が御家人に恩賞として所領を与えるようになったのは、挙兵の当初、彼自身が謀反人だったから、国家からの恩賞がありえず、自らの名によって敵方（平家方）没収地を新恩として与える以外、方法がなかったからである。(48) 恩賞授与のあり方が変われば主従制の内容も質的な変化を招かざるを得ない。

これも頼朝が反乱軍として出発したことの結果である。だがそれにより、平家の開いた武家政治を継承するだけでなく、日本社会に feudal society という意味での封建制ないし封建制類似の社会関係、人と人の絆の体系をもちこむ極めて重大な結果を生ぜしめた。さらに、内乱が全国化した原因とそれがもたらした惨禍を踏まえて再編成された鎌倉期的な荘園公領制秩序も、鎌倉権力を後ろ盾とした地頭御家人らによって漸次的に蚕食されていったし、地頭らによる百姓の農奴化とそれへの抵抗も新たな歴史段階を迎えつつあった。つまり、頼朝権力の画期性は、幕府の開創か否かという制度問題の解明で終わるべきではなく、これらすべての新しい動向を、列島規模で展開せしめる発起点となったことを中心に論じられるべきだ、というのが筆者のもう一つの主張であり本意なのである。

五　結びにかえて

平家の新しさは、幕府をはじめて創った点だけではない。南宋との外交や貿易への取り組み、平氏系新王朝を立ち上げ新都（福原京）に遷ろうとしたなど、論ずべき点はまだまだある。これらの詳細については、ぜひ本書関係論文や『福原の夢』をご覧いただきたい。

ここでは結びとして、『福原の夢』では触れなかった点について述べておきたい。何度も引き合いに出す上横手氏の拙著への書評では、治承四年一一月下旬、福原遷都が挫折し平安京に還都した後、平家は諸国への兵粮米の徴収、公卿や諸国・荘園からの武士の献上、九条河原の強引な接収などをあげ「従来容易に国家権力の干渉できなかった権門支配の内部に平氏が介入し、兵士などを課するという容易ならぬ政策を実施した」ことをあげ、還都の積極面を強調している。

氏は佐藤進一氏の『日本の中世国家』にたいする書評で、(49) 蒙古襲来を契機に、幕府が本所一円地住人を動員し、国衙機構への支配を拡大強化した事実などをもって、鎌倉中期以降の得宗専制は幕府内部にだけ向けられていたのではなく、対象に貴族・寺社なども含められていたとし、幕府と王朝国家は相互依存から相互不干渉、自立に切り替わったとする佐藤氏の主張を批判した。ここではそれに先立つ、その平家版を考えておられるように見受けられる。

筆者の場合、還都の評価は遷都は平氏系新王朝の樹立という問題と連動しているから、どうしても消極評価が先に立つ。しかし幕府に回帰したとしても、福原遷都の挫折からの立ち直り、政治的失地の回復をめざして、清盛は幕府の強化という最後の大きな賭けに乗り出した。それが上横手氏の指摘される一連の措置であると考える。還都後の清盛の執った施策についての意見は上横手氏と多くの点で一致していると思う。

最後に蛇足。書生論議のようで気恥ずかしいが、筆者が鎌倉武士の健全健康さなどという古い主張に、大きな違和感を感じてしまうのは、鎌倉幕府一五〇年間が、血なまぐさい歴史に彩られていることによる。頼朝による二人の兄弟の誅殺、梶原景時の没落、比企氏の乱、頼家の謀殺、畠山重忠父子の滅亡、和田合戦、実朝の暗殺、宝治合戦……、まだまだある。幕府滅亡までひっきりなしに続く武力をともなう内部抗争の陰惨さは、まことに目を覆うばかり。古都鎌倉の市街地あるいは由比ヶ浜には、これら政争の犠牲となったおびただしい死骸が埋っている。

その多くが北条氏の覇権確立の努力と結びついているのであるが、武器を携えた御家人たちが対立する時、殺しあいのゴングはいとも容易に鳴った。執権政治を確立した北条泰時は、弟朝時の邸が盗賊に襲われたという変事を聞いて、評定中にもかかわらず直ちに馬で駆けつけた。重職の身で軽々のふるまいはいかがという諫めに対し、目の前で兄弟が殺害されたら人の誹りを招く、その時は重職であっても無意味、弟の危難は他人には小事でも、兄にとっては承久の乱に変わらないと答え、周りも答えに感嘆感涙したという（『吾妻鏡』寛喜三年九月二七日条）。

熱心に道理を説き、評定衆を設け宿老による合議体制をしいた泰時にして、これである。鎌倉社会は、法による秩序より自力救済が優先する野蛮な社会であった。平家の場合も内部に少なからぬ対立・矛盾をかかえていたが(50)、すくなくとも自ら進んで殺しあいをした経験は一度もない。政敵とのつばぜりあいであった鹿ヶ谷事件、治承三年のクーデタの時ですら、清盛によって殺害された者は最少の数字である。数の多寡が問題ではないといわれるかもしれないが、量は質に転化するのである。

この違いは何に由来するのだろうか。清盛の性格や一門に対する統率力の大きさによるのか、それとも「貴族化」した武家政権、いいかえれば「文武両道」の武家権力であった結果なのか。それらを含め、平家の政権を本格的に明らかにする研究は、まだ途についたばかりといわねばならない。

注

（1）山川出版社、二〇〇六年検定済版。

（2）拙稿「常識的貴族像・武士像の創出過程」同著『武士の成立　武士像の創出』東京大学出版会、一九九九年。

（3）前田勉「近世日本の封建・郡県論のふたつの論点——日本歴史と世界地理の認識」張翔・園田英弘共編『「封建」・「郡県」再考——東アジア社会体制論の深層』思文閣出版、二〇〇六年。なお上横手雅敬「封建制概念の形成」同『日本中世国家史論考』塙書房、一九九四年も中国的な封建論の近代史学に与えた影響を論じている。

（4）拙稿「六波羅幕府と福原」本書第三章に所収。拙著『平清盛　福原の夢』講談社選書メチエ、二〇〇七年。
（5）渡辺浩「序　いくつかの日本史用語について」同『東アジアの王権と思想』東京大学出版会、一九九七年。
（6）『日本思想大系53　水戸学』岩波書店、一九七三年、四六六頁（『弘道館記述義』の補注）。渡辺浩注（5）論文、六頁。
（7）尾藤正英「水戸学の特質」注（6）書、五七二頁。
（8）三谷博『明治維新とナショナリズム――幕末の外交と政治変動』山川出版社、一九九七年、三四九頁。
（9）田口卯吉『日本開化小史』岩波文庫、一九三四年版、八五頁以下。同書の巻之二、主に第四章が鎌倉政府をあつかった個所である。その前史たる第三章は明治一一年下半期、第四章は明治一二年一〇月の刊行である。なお徳川幕府も徳川政府と表記されている。南北朝以後は「政事上の一致全く破れて、所謂政府なるものもなく人民なるものもな」いが故に政府の語は使われていない。
（10）福沢諭吉『文明論之概略』岩波文庫、一九八二年、一八八・一八九―一九〇頁。なお同文庫一九九五年版を解説した松沢弘陽氏によれば、福沢の日本史にかんする理解で最も重要なのは『読史余論』と『日本外史』だという（三七七―三七八頁）。そして『読史余論』は「武家は、源頼朝、幕府を開て、父子三代天下兵馬の権を司どれり。……尊氏、光明院を北朝の主となして、みづから幕府を開く」などと書いており、渡辺浩注（5）論文によれば、これは「極めて珍しい例」だという。
（11）重野安繹は、明治一二年（一八七九）一二月、「国史編纂の方法を論ず」という修史事業の将来の方向性を述べた重要講演で、これまで日本には厳密な意味では正史がなかったが、「其私撰ニ成テ、剪裁論断、史眼ヲ具有スル者ハ、鄙見ヲ以テスレバ北畠親房卿ノ神皇正統記、新井白石ノ読史余論、頼山陽ノ外史、政記トス」とし、白石の『読史余論』について「王室九変、将家五変ナドヲ論ズルハ、本邦ニ在テ実ニ破天荒ノ論トス。深ク治乱盛衰ノ故ニ達スル者ニ非ズシテ此語ヲ吐クヲ得ンヤ」との高い評価を贈っている（田中彰・宮地正人編『日本近代思想体系13　歴史認識』岩波書店、一九九一年）。すなわち福沢諭吉のみならず、明治の官学アカデミズムの中枢にあっても、白石の影響力は相当大きかったことがわかる。『稿本国史眼』における武家政権＝幕府の術語の採用に、白石の与えた影響を想定することも可能であるように思われる。
（12）櫻井陽子「頼朝の征夷大将軍任官をめぐって――『三槐荒涼抜書要』の翻刻と紹介」『明月記研究』九号、二〇〇四年。
（13）拙稿「比較武人政権論」『日本の対外関係3　通交・通商圏の拡大』吉川弘文館、二〇一〇年。
（14）互いの相手への評価は黒田俊雄「国制史としての中世国家論――佐藤進一著『日本の中世国家』評」『黒田俊雄著作集第一巻　権門体制論』法蔵館、一九九四年。佐藤進一「武家政権について」同『日本中世史論集』岩波書店、一九九〇年参照。

(15) 関係論文は黒田注(14)書に収められている。
(16) 佐藤進一「幕府論」同『日本中世史論集』岩波書店、一九九〇年。
(17) 『日本の中世国家』岩波書店、一九八三年。二〇〇七年岩波現代文庫として復刊。
(18) 佐藤進一注(14)論文、五六頁。
(19) 拙著注(4)書、一五五頁。
(20) 商務印書館（北京）、一九五七年。
(21) 谷川道雄「都督」「幕府」『平凡社大百科事典』平凡社、一九八四年。周藤吉之・中嶋敏『中国の歴史5　五代・宋』講談社、一九七四年。「幕府」中国歴史大辞典編纂委員会編『中國歴史大辞典』上海辞書出版社、二〇〇〇年など。
(22) 曺圭泰「崔氏武人政権と教定都監」洪承基編『高麗武人政権研究』西江大学校出版部（ソウル）、一九九五年。
(23) 金庠基「高麗武人政治機構考」同『東方文化交流史論攷』乙酉文化社（ソウル）、一九四八年。なお高橋には中国や朝鮮の武人政権を論じた論文二篇がある。「東アジアの武人政権」『日本史講座第三巻　中世の形成』東京大学出版会、二〇〇四年と注(13)論文である。
(24) 平家と鎌倉幕府の内裏大番の対象が閑院内裏諸門とその近辺であることについては、木村栄一「王権・内裏と大番」拙編『院政期の内裏・大内裏と院御所』文理閣、二〇〇六年参照。
(25) この問題についての一九七〇年代末までの議論のあり方については、拙稿「文治国地頭研究の現状にかんする覚え書――義江彰夫氏著『鎌倉幕府地頭職成立史の研究』の批判的検討を通して」『日本史研究』二〇八号、一九七九年を参照。
(26) 田中稔「鎌倉初期の政治過程」同『鎌倉幕府御家人制度の研究』吉川弘文館、一九九一年。
(27) 高橋典幸「武家政権論と鎌倉幕府」同『鎌倉幕府軍制と御家人制』吉川弘文館、二〇〇八年。
(28) 佐藤進一注(14)論文、五六頁。
(29) 佐藤進一『日本の中世国家』岩波現代文庫版、九四―九五頁。
(30) 川合康『鎌倉幕府成立史の研究』校倉書房、二〇〇四年。
(31) 学説史については飯田悠紀子「平安末期内裏大番役小考」御家人制研究会編『御家人制の研究』吉川弘文館、一九八一年参照。
(32) 義江氏の論証、たとえば武蔵の守護人については、野口実「平氏政権下における諸国守護人」同『中世東国武士団の研究』

高科書店、一九九四年、が適切な批判を行っている。
(33) 拙稿「中世成立期における国家・社会と武力」同『武士の成立　武士像の創出』東京大学出版会、一九九九年。拙著注(4)書第一章第四節、第四章第二節など
(34) 野口実「平氏政権下における坂東武士団」同『坂東武士団の成立と発展』弘生書林、一九八二年。
(35) 飯田久雄「平氏と九州」竹内理三博士還暦記念会編『荘園制と武家社会』吉川弘文館、一九六九年。野口実注(32)論文。拙稿「平家家人制と源平合戦」本書第六章に所収。
(36) 五味文彦「院支配権の一考察」『日本史研究』一五八号、一九七五年(増補・訂正の上「院支配の基盤と中世国家」と改題し『院政期社会の研究』山川出版社、一九八四年に再収)。
(37) 野口実注(32)論文。
(38) 上横手雅敬「書評・『平清盛　福原の夢』」『日本史研究』五五六号、二〇〇八年。
(39) 上横手雅敬「建久元年の歴史的意義」同『日本中世政治史研究』塙書房、一九六九年。
(40) 北村拓「源頼朝の権大納言・右近衛大将補任について」『国学院雑誌』一〇一巻二号、二〇〇〇年。
(41) 拙著注(4)書、一五五頁。
(42) 拙稿注(4)論文参照。
(43) 上横手雅敬『日本中世政治史研究』塙書房、一九六九年。
(44) 拙著注(4)書、八九頁。市澤哲「南北朝内乱からみた西摂津・東播磨の平氏勢力圏」歴史資料ネットワーク編『地域社会からみた「源平合戦」――福原京と生田森・一ノ谷合戦』岩田書院、二〇〇七年。
(45) 元木泰雄『武士の成立』吉川弘文館、一九九四年他。
(46) 石母田正「鎌倉政権の成立過程について――東国における一一八〇―八三年の政治過程を中心として」『石母田正著作集第九巻　中世国家成立史の研究』岩波書店、一九八九年。
(47) 拙著注(4)書、一五六頁。
(48) 川合康注(30)書第一部。
(49) 上横手雅敬「佐藤進一氏『日本の中世国家』を読んで」同『日本中世国家史論考』塙書房、一九九四年。
(50) 拙著『平家の群像　物語から史実へ』岩波新書、二〇〇九年。

第二部　平家権力の諸相

第五章　平家の館について

――六波羅・西八条・九条の末

はじめに

京都で平家が拠点とした場所は三つある。第一は著名な六波羅。次に西八条がある。ＪＲ京都線の走る東西ラインの南縁が、ほぼ旧平安京の八条通。電車が京都駅を出て大阪方面に少し行くと、右手（北側）の車窓に広大な梅小路公園と、それに接して日本で唯一ＳＬを動態保存している梅小路の蒸気機関車館が見えてくる。その梅小路公園辺りがかつての西八条だった。

三つ目はなじみがないと思うが、上横手雅敬氏がはじめて光をあてた九条末である(1)。古代中世の京都で、旧平安京の街路を京外に向かって延ばした時、末《すえ》という。九条通を東に向かって京外に出た鴨川の河原とその先が九条末である。平家の居館を問題にする時、以上三ヵ所が対象になる場所だった。以下、六波羅から順にみてゆく。

一　六波羅館前史

平氏（以下清盛が公卿になる永暦元年（一一六〇）以前の平家を平氏、以後を平家とよんで区別する）が、六波羅にかかわりをもつのは、系図上清盛の「祖父」にあたる正盛の時代である。彼は天仁三年（一一一〇）同地に阿弥陀堂を造った。その完成時の堂供養願文が残っており、そこには「紫城の東面、清水の西頭」、平安京の東、清水寺の西に「一つの名区あり、もとこれ雲泉蕭条の地」、それを「今三宝に献じ、改めて仁祠となす」と書かれている（『江都督納言願文集』巻六）。この堂は、翌々年隣接する珍皇寺から寺地を借りて、増築したらしい。天永四年（一一一三）、時の最高権力者白河法皇が、二度にわたって方違の名目で訪れたが、それを迎え入れる準備のための増改築ではなかったかと推測される。

当時珍皇寺の寺域は「蕭条」と形容されるのも道理、多くの墳墓堂が建ち並んでいた。寺の敷地を借りて、堂を造り、人の死後一定期間供養し、床下の石櫃（石槨）に骨壺を納め、上に信仰仏を安置して加護を念ずる、こうした施設を墳墓堂という。正盛の堂も、墳墓堂を予定した堂舎ではなかったかと思われる(2)。

六波羅にこの種の堂が建つのは、南に鳥辺野、鳥部山を控えているからだろう。周知のように平安の当時、さまざまなケガレが人々を悩ましていた。最大のものが死穢で、したがって京域内には、死者の埋葬が禁じられ、郊外でもしかるべき場所へと葬送の地が限定されゆく。鳥辺野は、このようにして創出された葬地だった。

清盛の「父」忠盛の時代になると、延慶本第三末「平家都落ル事」に、「六波羅殿トテ訇《ののし》ル所ハ、故刑部卿忠盛出シ世ニ吉《よき》所也。南門ハ六条末、賀茂川一丁ヲ隔ツ。元方町《ほうちょう》ナリシヲ」とある。忠盛が世に出た場所で「吉所」だといい、印象が大きく転換している。正盛時代は六波羅に堂を造ったが、邸宅は洛中に数ヵ所あり、居宅と堂は空間的に分離していた。それが六波羅にも住むようになるのが忠盛時代で、延慶本では、はじめ方町、一丁四方とある。

忠盛時代、おそらくは久安年間（一一四五―五一）になって、六波羅に初期の建物とは別に池殿が造られた。池殿は大変評判になり、崇徳院兵衛佐が訪れている。崇徳天皇との間に重仁親王を産んだ女性である。池殿への訪問は、忠盛の妻宗子が重仁親王の乳母、忠盛は乳父《めのと》（乳母の夫）だった関係からだろう。崇徳は重仁の即位を待望し、一時有

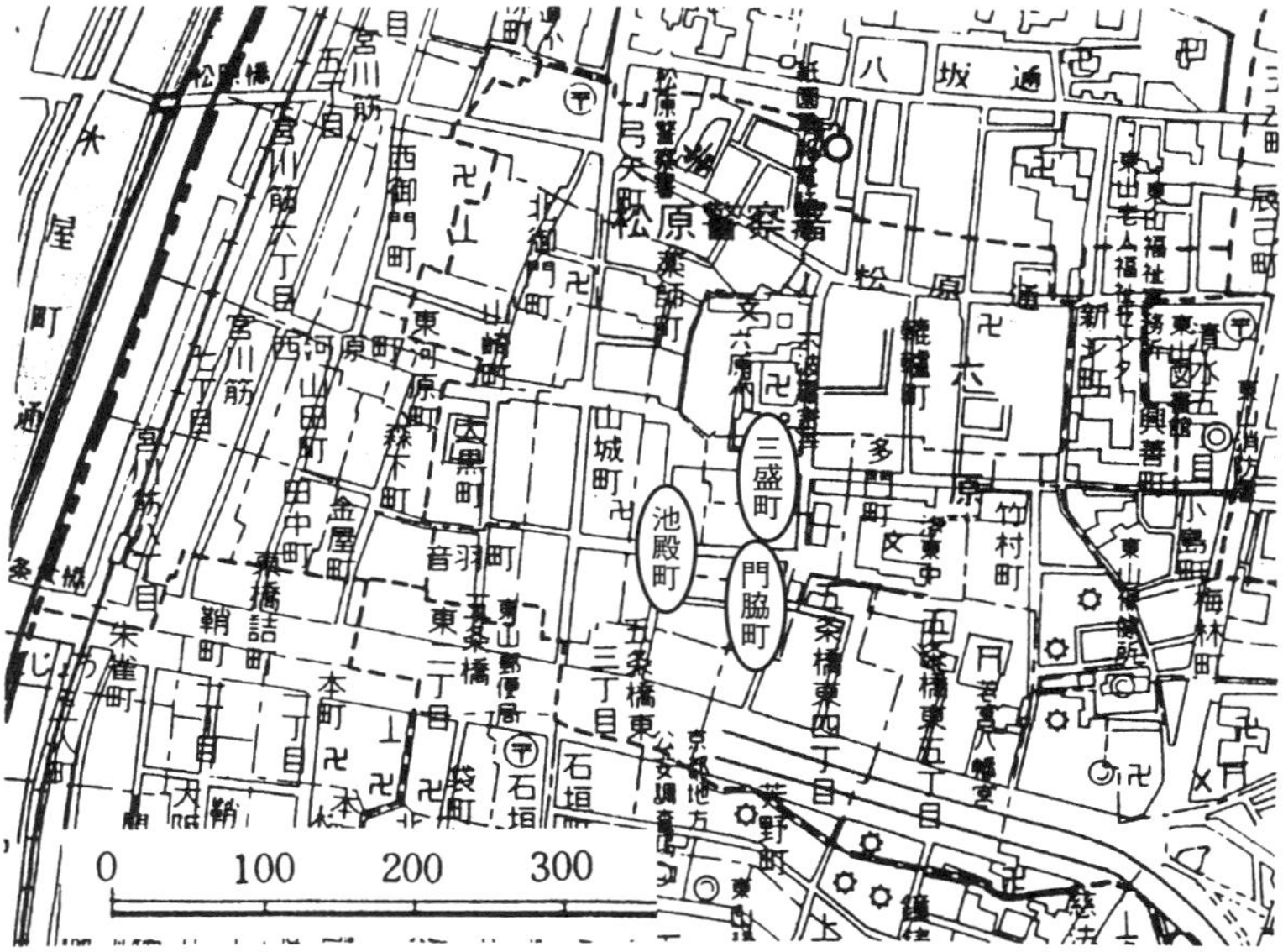

図1　六波羅付近地図
（原図は京都市建設局東部土木事務所管内図）

力候補になるが結局実現せず、それが保元の乱の火種の一つになる。

兵衛佐は、池殿で「音羽川せきれぬ宿の池水も　人の心は見えけるものを」と詠む（『今鏡』巻八腹々のみこ）。音羽川の水をせき入れなくても、宿の池の水の清らかさに、主（忠盛）の心がわかることです、というほどの意味である。音羽川は、近所を流れている名水で、清水寺の清水というのもここからきている。池殿は、邸内の池の清涼な風情がみごとだったので、その名がついたのであろう[3]。

次に一二世紀の後半、清盛・重盛の時代。平家の六波羅館があった地域で、発掘があり報告書も出ている所は、一カ所しかない。図1の下方に大きな東西道路が走っている。現五条通である。かつての五条は現松原通で、京中から松原橋（図左上）を渡って六波羅蜜寺に向かう通りが、五条および五条の末だった。一九七六年、五条通に面した東山郵便局の駐車場の考古学的調査が行われた。その時平安末期の地層の中から出土した瓦を図2に掲げた。これは平安宮大極殿跡の調

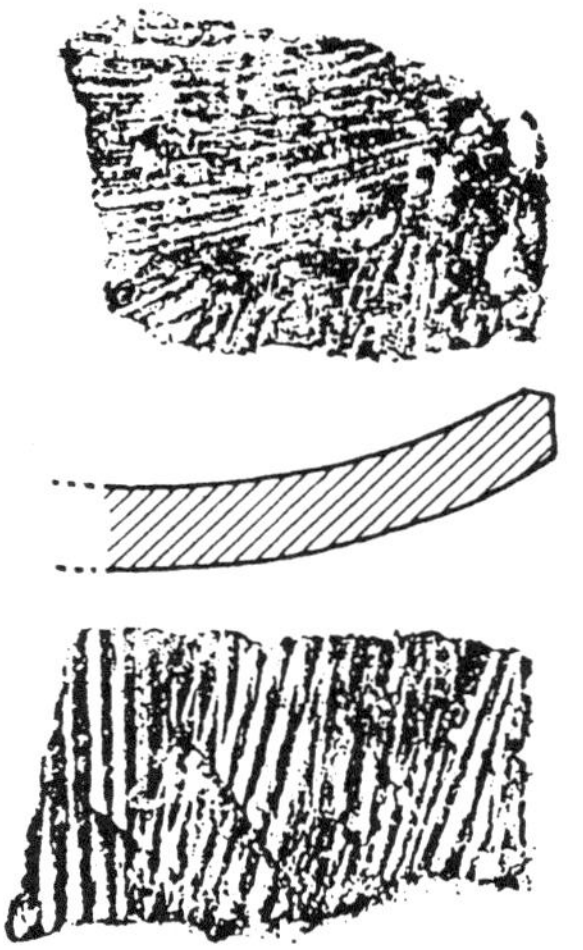

図2　六波羅政庁跡より出土の瓦

査の時出土し、平瓦第Ⅲ類と分類されたものと同一のもので、播磨の瓦窯で焼かれたものと考えられている(4)。

保元の乱後、政治の実権を握った信西は、内裏の造営に着手した。保元二年（一一五七）一〇月それが完成すると（『兵範記』）、翌年には大内裏の修造を行った。八省院（朝堂院）の正殿である大極殿跡から播磨産の瓦が出たのは、当時の造営方式から考えると、播磨国守が大極殿の修理を担当したことによるだろう。

清盛は、保元三年八月一〇日まで播磨国守の地位にあった。しかし、八省院の修理が本格化したのは保元三年九月ごろらしい(5)（『保元三年番記録』八月二三日・九月一四日条）。後任国守は、信西の息子で清盛の娘婿でもあった藤原成範で、同年一一月二七日には、彼が造大極殿賞により従四位上に叙せられている（『公卿補任』仁安元年成範条）。大極殿修理のために、播磨産の平瓦第Ⅲ類を搬入させたのは成範だろう。六波羅の一角からそれと同型の瓦が出土しているのは、それ以前に清盛が国守の立場を利用して播磨の瓦窯で瓦を焼かせたのか、女婿の成範に瓦を調達させたか、いずれかであろうか。

直後に起こったのが平治の乱で、その時六波羅は歴史の大舞台になる。すなわち、熊野詣の途中から引き返した清盛は、一二月二五日、藤原信頼らを油断させつつ、二条天皇を六波羅に迎え入れる。翌二六日源平両軍が大内裏で攻防のあと、義朝が六波羅に攻め寄せた。

『平治物語』の古態本である学習院大学図書館蔵本（九条家旧蔵）では、その場面を、「左馬頭義朝、六条河原へ押寄て見ければ、六波羅には、五条の橋をこほちよせて、垣楯《かいだて》掻てまうけたり」とする。続いて「廿余騎、六波羅へをしよせ、一二の垣楯うちやぶりておめひてかけ入、さん〴〵に戦けり。大弐清盛北の対の西の妻戸の間に、軍下知して居たりけるが、妻戸の扉に、敵のいる矢が雨のふるごとくにあたりければ」と、非常に緊迫した状況になった。このあと清盛らは反撃のため「西の門より懸出」ているので、寝殿の外に西門があって、さらにその外に五条の橋板を剝がして楯にし、垣のように立て並べたという情景になる。

より良質の史料である『愚管抄』にも、「義朝ハ又六波羅ノハタ板ノキハマデカケ寄テ」とあり（巻五）、六波羅亭の外に「ハタ板（壁や塀の羽目板に用いる板、またその壁は塀）」が構築されていたのは、事実のようだ。現状の『平治物語絵詞』には当該場面が失われているが、幸い東京国立博物館に模本（白描）があり、この場面がわかる。寝殿造の建物に清盛がいて、その外側に西門があり、さらに板塀が巡らされている。『平治物語』の「垣楯」も、『愚管抄』の「ハタ板」も、絵巻の板塀も、みな同じものを指しているのであろう。

二　最盛期の六波羅

以上が六波羅の前史だが、最盛期はどんな様子だったのだろうか。

はじめに全体的な状況を語る史料を掲げる。延慶本平家都落ちの段、さきの引用を含む文章である。「六波羅殿トテ訇ル所ハ故刑部卿忠盛出レシ世ニ吉所也。南門ハ六条末、賀茂川一丁ヲ隔ツ。元方町ナリシヲ、此相国ノ時、四丁ニ造作アリ。是モ屋数百二十余宇――長門本では家数百七十――ニ及ベリ、是ノミナラズ、北ノ倉町ヨリ初テ、専ラ――長門本では東の――大道ヲ隔テ、辰巳（東南）ノ角ノ小松殿ニ至マデ、廿余町ニ及マデ、造営シタリシ一族親類ノ殿原、及ビ至二マデ郎従眷属住所一ニ、細ニ是ヲ算レバ、屋数三千二百余宇――長門本では五千二百余宇――、一宇ノ煙ト登リシ事、オビタ、シナムド云ハカリナシ」。

六波羅には、最盛期多数の家々が建ち並んで、平家都落ちの時炎上した。後世成立の文学の一節であるから正確さには問題が残るが、イメージを創るには貴重である。具体的な数字はともかく、六波羅団地とでもよぶべき一大軍事集落であったことは、間違いないと思われる。

『平家物語』には、「此宰相（教盛）と申は、入道相国（清盛）の弟也。宿所は六波羅の惣門の内なれば、門脇の宰相とぞ申ける」とある（巻二少将乞請）。教盛の宿所が惣門の傍らにあったので、門脇、門わきの宰相とよんだという。惣門は外構えの大門、第一の正門の意味である。文字どおりとると、六波羅の全域を囲む外回りの塀があった。当然塀には複数の出入口があったのだろうが、その全体を代表する門が惣門である。塀は平治の乱の時のような臨時の板塀でなく恒常的な防壁であろう。

延慶本にも、「南門ハ六条末、賀茂川一丁ヲ隔ツ」とある。南門は六波羅を囲む外塀の南側、鴨川東約一一〇メートルの所で、六条末に向かって開いていた、その門に違いない。となれば六波羅団地の範囲は、南端が六条の延長線となる。北は六波羅蜜寺のある五条通の延長線で、当時の貴族も「六波羅は五条の末に相当る」（『玉葉』養和元年一一月二〇日条）と認識している。だから南北は約五〇〇メートルに及ぶ。「廿余町ニ及マデ、造営シタリシ」の「廿余町」を面積と考えれば、東西も五〇〇メートル以上あったことになろう。

もちろん、惣門といい南門といっても、門ばかりで塀のない可能性も考えられる。しかし、平治の乱の経験があるので、やはりここでは戦国期城下の総構えのようなものを造ったと想定していいだろう。六波羅をさして、団地という現代のそれを連想させる、人によっては耳障りな用語をあえて使用しているのは、住宅などが計画的に集団をなして建っている一帯だからで、一族でこういう居住様式、こういう防備をともなった大規模な居住の仕方をしている区画は、それまでの平安京内外には存在しなかった。

団地内の建物施設群で、中心は平治の乱の舞台となった泉殿である。この建物について好運にも指図（見取り図）が二枚残っている。治承二年（一一七八）、言仁《ときひと》親王、のちの安徳天皇がここで誕生し、その後立太子式の場になった

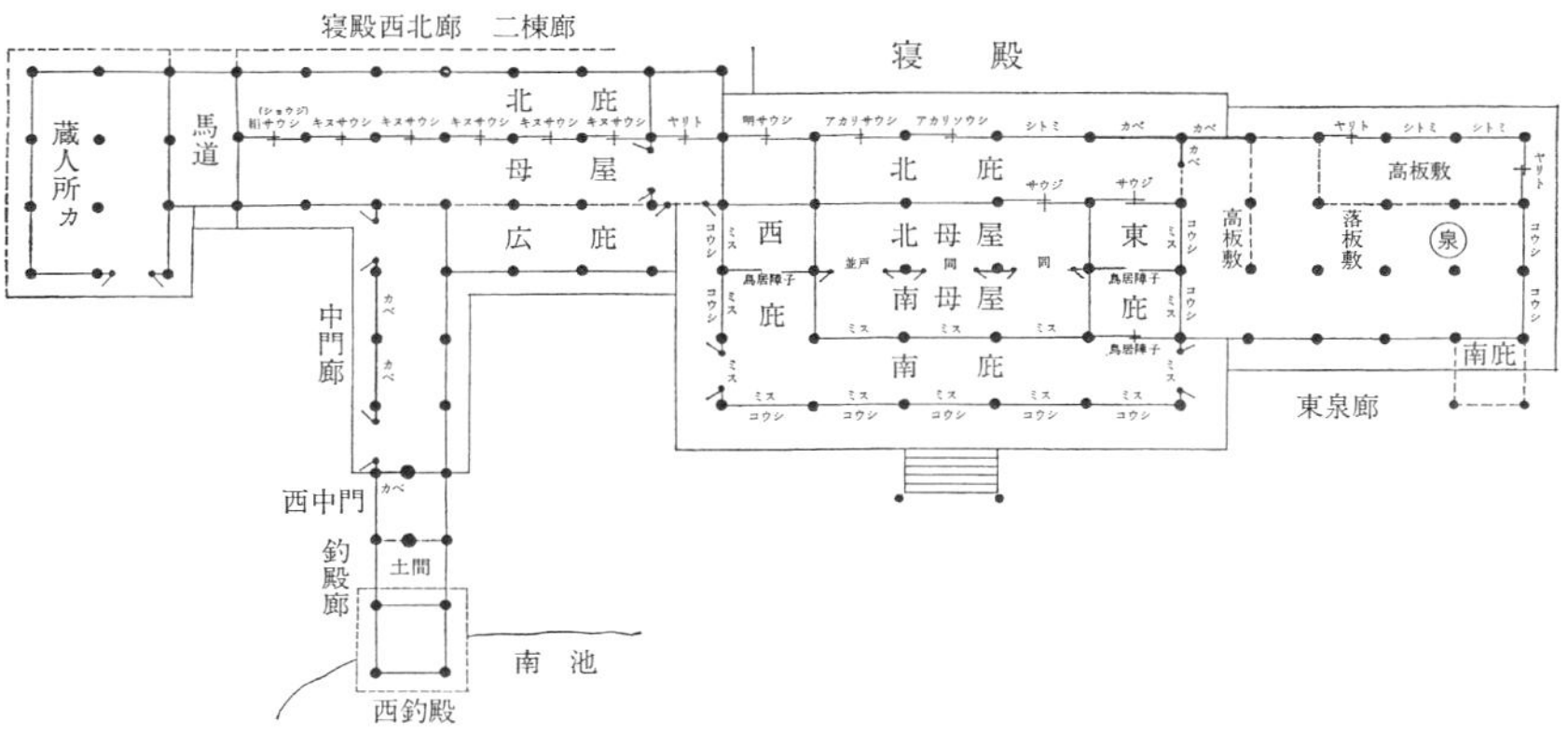

図3　平清盛の六波羅泉殿復元図
（原図太田静六氏）

からである。

六波羅の泉殿の構造については、建築史学の太田静六氏が、文献と指図をもとに、すぐれた研究を発表している(6)。氏の復元図を図3として掲げておいた。要点を紹介すると、母屋（殿舎の本体）三間の周囲に一間の庇がつく。寝殿としては最小の平面で、東西の対屋は存在しない。西二棟廊《ふたむねろう》とそこから延びる西中門廊、東方では東泉廊が張り出しているだけ。透渡殿《すきわたどの》もすでに失われるなど、以前の寝殿に比べて、すべてが簡略化、省略されるとともに、全体が極端に小規模になっている。

栄華を極めたといわれる平家にしては意外な感があるだろう。儀礼や饗宴本位の大寝殿から実生活中心の小寝殿に変わる、という当時の傾向が反映している。というのが太田氏の見解であるから、力不足というべきものではない。言仁親王立坊の際は、東方の泉廊を中宮御所とし、二棟廊母屋の中央間に御帳を立てて東宮の昼御座とした。康和五年（一一〇三）八月の鳥羽の立太子時の高陽院《かやのいん》の例に準拠したというが、兼実は「かれは広博の家なり、これは狭少の地なり、舎屋員少し、準拠は憚り多しの由、時人傾奇する所なり」と評している（『玉葉』治承二年一二月一五日条）。高陽院は摂関家屈指の名邸で、寛治六年（一〇九二）再建された第四期高陽院は堀河・鳥羽両天皇の里内裏となったほどの邸第。準拠自体に無理があったとすべきだが、禅門すなわち清盛の指示で強行された。時人が「傾奇（不審に思い怪しむ）」したというが、これは記主兼実自身の不満を表しているだろう。

母屋の中まで列柱が立っていたこと、寝殿北庇が私的空間として使われ、明障子と蔀が用いられているのは新機軸、小寝殿で釣殿と泉廊（泉殿）をともに備えているのも珍しいとされる。泉殿（泉廊）は、湧き出る泉を建物の内に取りこんだものである。涼しやかで雅趣があって豊潤で、それが目玉だったから、建物全体が泉殿とよばれたのだろう。

そのほか特徴をあげておくと、この建物は西に表門があり、門は二つあった（『山槐記』治承二年一〇月二七日条）。その一つは西中門廊に相対していたはずで、平治の乱の時清盛らが出撃した例の西門と同じものだと思う。東門もあるが、「日来閉じる所の小門なり」で、普段は使われていなかったようだ（『山槐記』治承二年一一月一二日条）。

泉殿の東南の角に常光院があった。正盛堂のその後の姿である（『吉記』『百錬抄』寿永二年七月二九日条）。つまり、泉殿はかつての正盛堂を取りこむかたちで存在した。正盛は、伊勢平氏中興の祖であったから、子孫たちはゆかりの堂をそっくり亭中に取りこんで、精神の拠り所としていたのだろう。

常光院の鎮守として総社があり、祭神を安芸の厳島神社から勧請している。清盛は厳島をあつく信仰し、記録に見えるだけでも一〇回以上参詣している。ちなみに、当時京都には五条坊門富小路（京内にあった重盛邸の一つ東の町）にも厳島の別宮があった（『山槐記』治承二年六月二八日条）。総社では、徳子のお産の祈りとして八女《やおとめ》の田楽が行われている。八女は神社に奉仕し、神楽等を奏する少女で、「各髪を乱し、面に粉黛を施し、南庭に渡る」とある（『山槐記』治承二年一一月一〇日条）。南庭は、寝殿の南だろう。泉殿は貴族邸の常道として築地塀で囲まれていたらしい。南門があり八足門とある（『山槐記』治承二年一〇月二五日条）。塀の外の東南には蓮光院という堂もあった（『山槐記』治承二年一〇月二八日条）。

泉殿のあるじは誰かというと、平治の乱が終わった直後はもちろん清盛である。ところが徳子出産時の家主は後継者の重盛で、彼が死んだあともしばらくは、「故内大臣六波羅第〈泉殿と号す〉」といわれた（『玉葉』治承四年一一月二六日条)。

清盛は仁安二年(一一六七)二月に太政大臣になるが、それ自体は当時摂関家以外の高位の貴族が最後につく名誉職的な官職になっていた。だから辞任後前太政大臣とか前相国と称して政界に隠然たる力をふるうことの方がむしろ重要だった[7]。清盛も三ヵ月後には辞任するが、いよいよ政界に重きをなそうとした翌年二月、重病にかかり覚悟の出家をする。その後奇跡的に一命をとりとめ、なお法体で政界ににらみをきかせていたが、翌年春ごろ「遁世退老」と称して「摂州平野の勝地」、つまり福原(現在の神戸市兵庫区平野)の山荘に住まいするようになり(『山槐記』治承四年三月五日条所収二月二〇日太政官符)、めったなことでは上洛しなくなる。

こうして、一門の代表権は嫡男の重盛に移り、彼が全体を差配するようになる。その段階で泉殿も重盛に譲られた。清盛と六波羅の関係を示す最後の史料が『兵範記』仁安四年(一一六九)正月元日条、重盛の六波羅亭の初見が『兵範記』嘉応元年(一一六九)一一月二五日条、清盛の福原居住を示す初見も『兵範記』仁安四年三月二〇日条裏書である。山荘築造の時期は不明だが、当然清盛の福原退隠以前である。

すでに触れたように泉殿は徳子の出産場所に選ばれているが、なぜだろうか。じつは彼女が承安元年(一一七一)高倉天皇に入内した時、後白河法皇と重盛双方の猶子となっている(『玉葉』一二月二日条)。実際は兄と妹(腹違い)の関係だが、平家は徳子に男子出産を期待し、天皇即位を夢みている。だから後見人が重要だった。清盛は福原から政界ににらみをきかせているが、後見は一門の顔である公人でなければならず、さすがに遁世を決めこんでいる人間というわけにはゆかない。

ところが、入内して女御・中宮となっても、徳子はなかなか妊娠しない。あしかけ七年かけて、ようやく懐妊のことがあり、着帯も済ませると、「内大臣(重盛)五条の第を以て御産所たるべし」(『兵範記』治承二年七月二七日条)となった。「五条の第」というと京中のように聞こえるが、『山槐記』の記事を見ても、これは六波羅泉殿に間違いない

（閏六月二七日・七月二八日条）。

さて、六波羅団地の中で、泉殿に匹敵する建物は池殿である。池殿は前出の池殿で、家主は宗子（池禅尼）を経て、彼女が忠盛との間に生んだ頼盛に移る。池禅尼の池は池殿の池をとったもの。頼盛も大納言になって池大納言とよばれる。これも池殿からきている。

この宅については、『山槐記』に「池殿と号す、御所より南に当たる、去ること一丁余」とある（『山槐記』治承二年一〇月二五日条）。徳子の出産が近づくと安産を祈る七仏薬師法と孔雀経法が修せられる。ところが泉殿が手狭で七仏薬師法の修法壇を置く場所がない。それで頼盛の家を借りることになった。その時の頼盛亭の説明が右の記事で、御所というのは泉殿、頼盛の池殿はその南一丁の所となっている。これによって両者が南北一〇〇メートルとちょっと隔てて建っていたことがわかる（章末補注参照）。

先に池殿は泉殿に匹敵するといった。これは建物の規模や造りとしてだけでなく、歴史的・政治的な意味としてもである。旧著『清盛以前』でも述べたが、平氏一門は双頭の鷲、あるいは楕円の二つの焦点とでも形容できるように、清盛と頼盛が二大内部勢力で、しかも両者は早くから折り合いがよくなかった。清盛の母は彼が三歳の時に亡くなったのに対し（『中右記』保安元年七月一二日条）、頼盛は「当腹の嫡子」である（『源平盛衰記』巻第一清盛行大威徳法）。嫡子といっているのは宗子腹の長子家盛は早く病没したからであるが、宗子や頼盛は院の近臣や後宮勢力など強大な政治勢力と結んでいた。こういう状態であれば、頼盛が伊勢平氏の棟梁になってもおかしくない。筆者は、清盛が白河院の落胤でなく、すばやい官位昇進を果たしていなかったなら、両者の立場は逆転していたかも知れない、と考えている。

かかる内部事情を背景に、著名な邸宅である池殿が頼盛に譲られた。なによりそれは、「当腹の嫡子」たることを示すできごとだったに違いない。一方、忠盛時代の一町四方の邸宅、これこそ泉殿の前身だろうが、平家躍進の拠点となった縁起よい建物である。泉殿を継承することこそ、平家棟梁の後継者であることの宣言だったはずである。内部に正盛堂がとりこまれてあったのも、嫡子の地位継承を誇示する象徴的意味があったのだろう。

だから、治承三年七月に重盛が没し、弟の宗盛が平家の後継者になると、泉殿の主は宗盛になった。諸般の状況から考え、その時期はおそらく清盛の死後だったであろう。『玉葉』治承五年七月一四日条に、後白河が「密々前幕下（宗盛）の六波羅第に幸す」とあるのは、泉殿を指していると思われる。それは平家都落ちの時、『歴代皇紀』が「辰の時、平家悉く住所等を焼き逃げ落ちる事」として「六波羅泉殿〈内大臣（宗盛）家相伝する所なり〉」以下をあげていることからも証される（巻三）。同じことを『吉記』は、「而る間南方に火あり、奇しみ尋ぬるの処、六波羅辺り前内相府已下の人々の家々と云々」と書いた（寿永二年七月二五日条）。

他の建物はどうだろう。六波羅の惣門の脇に教盛の「宿所」があったことはすでに何度も言及した。また、重盛の子維盛の亭が六波羅にあったことは、「今暁東国追討使右少将維盛朝臣出て、六波羅の家を発つ」の記事でわかる（『山槐記』治承四年九月二九日条）。そのほか延慶本には小松殿――泉殿とは別の重盛亭だろう――が「専ラ大道ヲ隔テ、辰巳ノ角」とある。これについては、第三節でまた触れよう。

以上が、団地内の花でありきら星とすれば、名もなき砂子は「郎従眷属の住所」である。源平内乱のただ中のことだが、上総介忠清が、「六波羅は先祖の旧宅なり」といっている（『山槐記』治承四年九月二九日条）。この口吻から忠清の父祖もかつて六波羅に住んでいたことがわかる。平家時代の到来とともに居住者の数が飛躍的に増大し、「細に是を算れば屋数三千二百余宇」といわれる数字にふくれあがったのだろう。ただしその多くは長屋風の建物で、平家が主催する内裏大番の催促に従って上京した諸国の御家人たちの宿舎に宛てられたと推測している。

最後に延慶本の記述から、団地の北辺には、倉町があったことがわかる。長門本などでは倉町は「鞍馬路」と表記されているが、むろん延慶本が正しい。平家一門の豊かな財物を蓄えた倉庫群の建ち並ぶ一角であるが、手工業者の工房、饗膳の調理を行う厨なども併設されていたかも知れない。平家経済・家政を支える兵站部といってよいだろう。六波羅団地の全体を鳥瞰したが、かの有名な六波羅もこの程度しかわからないのか、と驚かれる方がいるかも知れない。

三　西八条殿

第二の拠点、西八条の方はどのような様相だったのだろう。これについては延慶本に次の一節がある。さきの引用個所の直前である。「六波羅ノ旧館、西八条ノ蓬屋ヨリ始テ、池殿、小松殿已下、人々ノ宿所三十余所、一度ニ火ヲ懸テケレバ、余炎数十丁ニ及テ、日ノ光モ見ヘザリケリ。（中略）平相国禅門ヲバ八条太政大臣ト申キ。八条ヨリハ北、坊城ヨリハ西ニ、方一丁ニ亭有シ故也。彼家ハ入道失ラレニシ夜、焼ニキ。大小棟ノ数五十余ニ及ベリ」。「大小棟ノ数五十余」だから、家数としては六波羅より少ないけれど、後述するようにスケールは見劣りしない。

平家の八条居住にも前史がある。西行が「さよふけて月にかはづのこゑきけば　みぎはもすゞし波のうきくさ」という歌を詠んでいる。西行晩年の歌を没後に知友がまとめた『聞書残集』に見える歌だから、彼が出家した保延六年（一一四〇）以降の作である。詞書に「忠盛の八条の泉にて、高野の人々仏をかきたてまつることの侍りけるにまかりて」とあるので、そのころ、京都の八条にこれも泉（殿）とよばれた忠盛の別邸があったことがわかり、そこに高野山の関係者が集って仏画制作を行っていた状況を想像できるだろう。この仏画は多くの人びとによって描かれている様子だから、小幅の仏画とは考えられない。

久安五年（一一四九）五月一二日に、雷が高野山の根本大塔に落ち炎上、隣接する金堂・灌頂院なども類焼する。その造営奉行に起用されたのが播磨守平忠盛で、実際に推進したのが清盛だった(8)。西行のいわゆる高野前期は、五来重氏がこの高野大塔再建勧進への参加を機縁とするものと唱えて以来、その理解が広まっているが、(9)平家西八条殿の前身と思われる邸宅が、根本大塔や金堂再建にかかわる仏画、とくに両界曼荼羅（胎蔵曼荼羅の中台八葉院の本尊大日如来の宝冠は清盛が自らの血をもって描いたとされる。俗称血曼荼羅）の制作現場だったかもしれない、と想像させる貴重な情報である。(10)

その後しばらく時をおいて、仁安二年（一一六七）四月二六日、清盛の娘で摂関家に嫁いでいた盛子が、夫近衛基実の月忌の仏事を行うため、八条大宮亭に渡った、清盛の義弟の時忠も列席した、という記事が『兵範記』同日条に出てくる。

つづいて京都大学附属図書館所蔵の平松文庫に含まれていた新出の『兵範記』承安元年七月二一日条には、清盛の妻の時子が「八条大宮泉亭」で病んでいるという記事がある。「千万の祈禱、験無きが如し」といわれるように、病はかなり重く、福原の清盛が駆けつけたのをはじめ、継子の重盛、実子の宗盛・弟時忠・義弟頼盛・教盛・経盛らが見舞いに参集し、「この外親疎上下済々なり」というありさまだった。(11)

「八条大宮泉亭」が「忠盛の八条の泉」と同じものなら、嘉応二年（一一七〇）の「去ぬる夏の比、西八条の泉に於て上皇御遊会あり」とある「西八条の泉」も、同じ邸宅を指す可能性が高い（『玉葉』七月二二日条）。さらに承安三年（一一七三）六月一二日になると、時子が、「八条持仏堂」の堂供養を行い、一族や「由来ある人々」が参集している（『吉記』『玉葉』同日条）。彼女は、二年後の承安五年三月九日にも同じ場所で堂供養を行い、この時は後白河法皇・建春門院滋子が臨幸、娘の中宮徳子・白河殿盛子らも臨席、参加の公卿も二九人とまことに盛大で、堂名を光明心院としている（『玉葉』、『鎌倉遺文』一六五九号）。大々的に建増ししたもようである。

その後重要事件として、例えば安元三年（一一七七）六月一日、鹿ケ谷事件にあたって、清盛が八条亭で首謀者西光・藤原成親を尋問している（『玉葉』）。また、『山槐記』の治承三年（一一七九）六月一〇日条に、知盛が八条亭で高倉天皇二宮（守貞親王）を養育していると出てくる。

同年一一月中旬になると、清盛は、数千の軍兵を率いて福原より上洛、八条亭に入って軍事クーデタの指揮をとり後白河院政を停止した（『山槐記』一四日条）。よく知られているように、平家政権の本格的成立はこれ以降である。その年の一二月一六日には、東宮言仁、後の安徳天皇が「八条亭」に行啓した（『山槐記』）。翌年三月一九日、皇位を言仁に譲った高倉上皇が厳島に出かける。その前々日には「八条殿」の時子のもとに立ち寄り、帰洛後も「八条殿」に入っている（『高倉院厳島御幸記』『山槐記』）。

光彩陸離の感がある西八条も、治承五年（一一八一）清盛が死んだ翌々日、火事で焼けてしまう（『百錬抄』閏二月六日条）。『平家物語』は放火説である（巻六慈心坊）。都落ちの時も焼いたとあるから、その後再建されたのであろうか。

ざっとならべてみたが、いろんな史料がここを「二品亭」としている。二品とは入道相国室時子のことである。時子のことを「八条殿」「八条二品」と呼称した例もある（『平安遺文』四〇八七号、『吉記』治承四年四月一日条）。すなわち西八条の主は清盛ではなく、時子だった。清盛が六波羅泉殿を重盛に引き渡すまでは、時子も同居していた（『兵範記』仁安二年七月一一日条）、夫婦はともに六波羅を出て、かたや福原かたや西八条に居を移す。そして清盛が福原から上洛した時は決まって西八条に入った。一方、六波羅には徳子のお産見舞いの時以外、足を踏み入れた形跡がない。清盛夫婦は現在の氏の長者重盛と、こういうかたちで完全に棲み分けしていた。時子は都に残って我が子と「八条殿の御方々」と呼ばれた平家の女性たち、および女房たちを束ね（『平安遺文』四〇八七号）、徳子入内を推進し、入内後は高倉天皇後宮の監督役を果たしていたのかもしれない。

なお、嘉応元年（一一六九）の段階では、大番頭格の主馬判官平盛国が「八条河原」の自邸（後述）を足場に、西八条と六波羅の間を往来しながら平家家政の事務局の機能を果たしており、清盛入道のそばには、側近の源季房（貞）が伺候して諸事を差配していたらしい[12]（『平安遺文』四八六三—四八七〇号）。

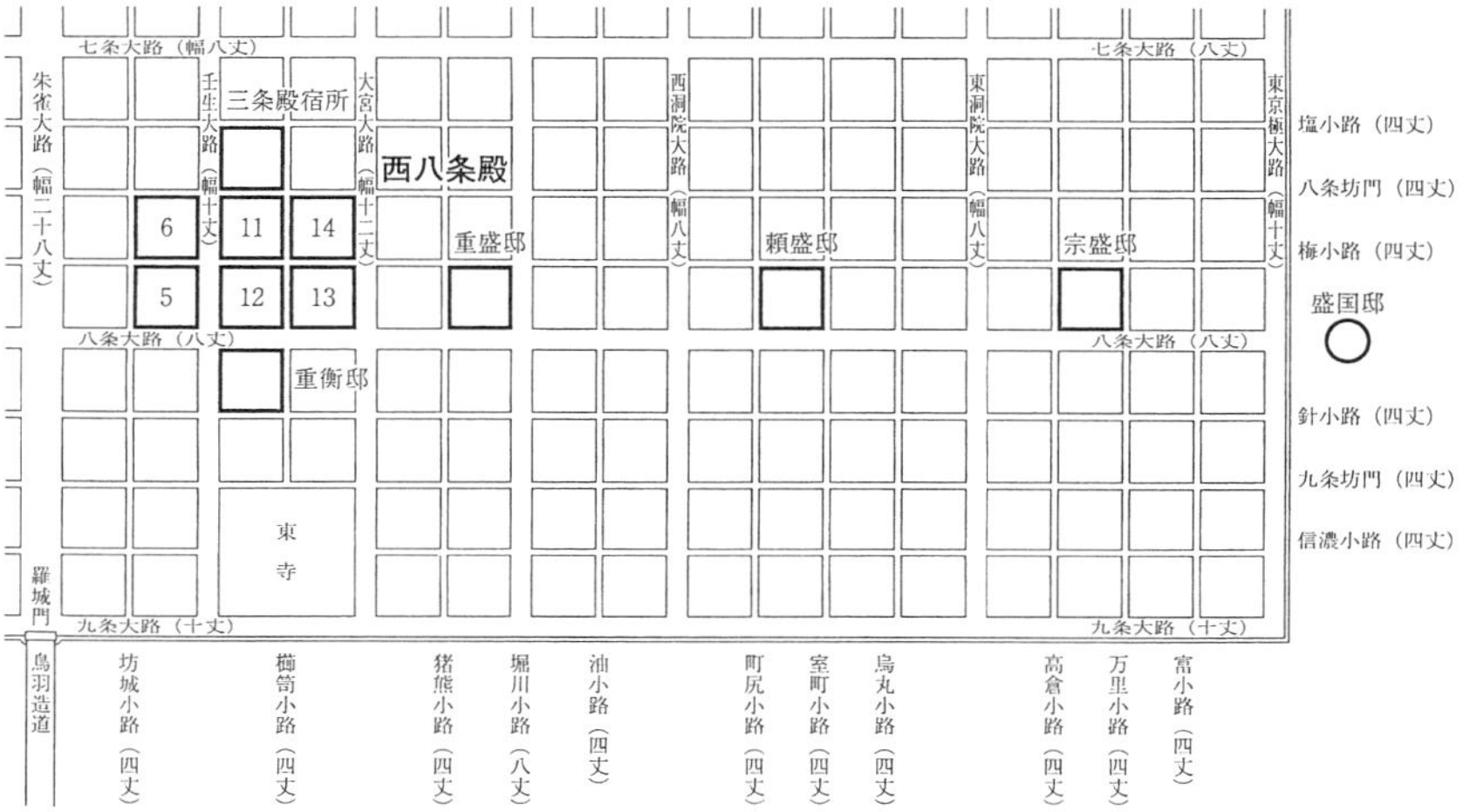

図4　西八条と八条の平家邸宅

つぎに西八条殿の位置・規模および具体的な様相であるが、九条家本『延喜式』平安京左京図（『延喜式』巻四十二の京程の部分を抜粋し、これに京以下の差図その他を加えて作った勘文の類）には、西八条が記載されている。それを平安京の条坊制的な地点表示法で示せば、左京八条一坊五・六・一一・一二・一三・一四の各町《まち》、全部で六町を占めている。より正確にはその東部（三・四町）にさらに四分の一ほど食いこんでいる（図4）。

同図では当該地を墨線で囲み「入道平相国清盛の家、西八条、仁安元年西二丈（町カ）を加ふ、或る本」とあり、さらに一二・一三町を朱線で囲み「西八条」と書いてある。仁安元年云々は、はじめ四町でこの年二町を追加したという意味だろう。仁安元年（一一六六）とは、後白河と女御平滋子の間に産まれた憲仁親王（高倉天皇）が東宮に立ち、清盛が内大臣に就任した年で、翌年には太政大臣に昇った。いよいよ権門としての道を歩み始めた平家が、この年西八条を拡張した、と読めるわけである。同本の京程条には「四位大外記中原師重の本に云ふ」と記入した勘記がある。師重が従四位下に叙せられたのは建保六年（一二一八）だから、それ以降成立したもので[13]、平安京指図の内、来歴のわかるものでは最も古い。

しかし、九条家本『延喜式』左京図にしても、少し時代が降るのでなお信憑性に不安が残る。同時代の日記類には、平家関係の邸宅として、「八条亭〈八条坊門南、櫛笥西〉」（『山槐記』治承三年一二月一六日条）、「堂〈八条北、壬生東〉」（『玉葉』承安五年三月九日条）、「八条大宮亭」（『兵範記』仁安二年四月二六日条、『高倉院厳島御幸記』）、「東第（八条坊門大宮）」（『明月記』治承四年五月二二日条）などと出てくる。右のそれぞれを条坊制的にいえば、八条一坊一三、一二、一一、一四の各町にあたる。

以上、確実な史料でも、一一、一二、一三、一四の各町からなる方二町の区画が、全部平家関係の屋敷施設で占められていたことが確かめられる。全体で六町というのもあながち誇大ではないだろう(14)。その推測は西八条の鎌倉期以降を追跡してみると、一層確実性を増す。この地は平家滅亡後、没官領となり頼朝・実朝と伝領された。『仁和寺日次記』によれば、建保二年（一二一四）一二月一六日、前内大臣坊門信清が実朝の「八条家」に移徙している。信清の娘は実朝の正妻であるから、信清は舅として婿の家に移ったのである。そして寛喜三年（一二三一）正月二二日、彼女（出家して本覚尼）が故実朝の十三年忌追善のため、西八条を訪れた。これ以前に実朝の寝殿をそのまま堂となし、この日堂供養が行われている（『民経記』寛喜三年正月条）。すなわち遍照心院（のちの大通寺）である。この遍照心院の御堂および境内地は八町以上あった(15)。

西八条は単一の大きな区画でなく、中を縦横に街路が走っており、独立した建物が街路を隔てて建っていた。いちばん重要な建物は八条坊門櫛笥西（一一町）のそれで、安徳が即位すると高倉上皇の新院御所になった。そしてここは、四月二二日即位の儀ののち、新院御所を訪れた兼実が、「八条坊門壬生、二品の家なり」と記したように（『玉葉』治承四年四月二二日条）、本来は時子が住まいとしていた邸第だった。「八条坊門壬生」が「八条坊門南、壬生東」の意味であるのは、治承四年五月、以仁王の謀反が発覚し園城寺に籠もったとの報で、五月二二日には、安徳天皇が急きょ八条坊門櫛笥亭に行幸、玉突された高倉上皇が櫛笥小路を隔てた向かいの東第に移ったことからも明らかである

（『明月記』『山槐記』同日条）。『親経卿記』同日条ではこれを「八条西殿」とよび、高倉上皇が移徙した向かいの「東第」を「八条東殿」とよんでいる。

治承三年（一一七九）一二月、東宮言仁（安徳）が行啓したのもこの亭で、幼児の言仁が指にツバつけて障子に穴を開け、それを見て清盛が感涙にむせんだ、という有名な話はこの時のことだった。『山槐記』によると、「東門」「寝殿南階」「車寄」「中門」「前庭」「北面」などがあり（一二月一六日条）、やはり普通の貴族邸宅である。その翌年、天皇になった安徳がやって来た時、寝殿正面の柱間が狭くて階《きざはし》から輿が入らないので困った、とあるので（『山槐記』五月二二日条）、六波羅の泉殿同様、小規模寝殿だったらしい。

普通の貴族亭だから防御施設らしきものはなく、言仁の最初の来訪の時など、辻ごとに武装した武士を配して交通を遮断、七条方面には竹をもって籬を結い白い幔を引く、大路小路の端に控えるのは総勢六百余騎の武士、というものものしさだった（『山槐記』）。六波羅が兵営の要素を兼ねているのにたいし、西八条はまさに時子亭を中心とする邸宅が櫛比する空間である。『建礼門院右京大夫集』に、「かくまでの情つくさでおほかたに　花と月とをたゞ見ましだに」という、西八条での管弦の遊びで詠まれた歌が収められ（九四番歌）、詞書に一門の公達が当番を決めて二、三人はたえず西八条殿に出向いていた、という意味のことが書かれているのも、この区画の性格を物語るものである。

なお、ここにも「伊都岐島別宮〈八条亭に坐すと云々〉」とあるように、厳島神が祭られていた（『山槐記』治承二年一〇月一七日条）。よくよく厳島が好きな一族だ、と感心させられる。

そして、西八条には、平家関係者および郎従らの宅地が連接していた。確実なのは弘安六年（一二八三）三月八日の日付をもつ遍照心院差図禅惠置文案に見える九条一坊九町（欵冬田七反、坊中敷地）で、これは同文書中「同（本浄長者）置文」の「八条以南平家没官領〈門脇平中納言（教盛）跡を欵冬と号す〉柒段」と同じものである（『鎌倉遺文』一四八〇三号）。ところが、一四世紀に成立した東寺の総合寺誌『東宝記』には、款冬（欵冬・山吹とも）町が平重衡の

「住宅の地」だったとある（巻三）。この地の帰属については、東寺と遍照心院の間に長きにわたる相論が展開されており、[16]宅主である重衡と教盛のくい違いは、両寺それぞれの主張と関係するのであろうが、どちらであろうとも同地を平家一門が占拠していたことに変わりはない。

また寛延三年（一七五〇）に開版された京都初の歴史地図「中古京師内外地図」には、一〇町に「清盛公ノ室三条殿宿所」が描かれている。この三条殿というのは、清盛の妻ではなく清盛の娘、すなわち義経の母で源義朝の妾であった常葉（盤）が、平治の乱後清盛の寵を受けた結果生まれた女性で、廊の御方とよばれた人物らしい。[17]ただし、彼女の邸宅がここにあったという確かな裏づけはとれていない。

さらに『皇代暦』裏書記事中の「西八条」の割注には、「その辺りの在家人幷家人の宿所」とあり、これらが平家の都落ちにともなって焼けたと記している。周辺の平家家人の宿所の中には、不法占拠の上で形成されたものもあったであろう。実際福原遷都のころ、知盛家の侍が八条坊門北・坊城西、つまり八条一坊二町にあった薗田一反大を実力で占拠して住んでいた、と文書に出てくる（『平安遺文』四一八五号）。

西八条と少しだけ距離をおけば、さらに以下のものが注意を惹く。まず、九条家本『延喜式』左京図には、八条より北、東市門より東、条坊制的にいえば八条二坊五町に、「小松殿」つまり重盛亭があったと描かれている。小松殿にかんする情報として、『山槐記』治承三年正月六日条に、閑院内裏で行われた東宮安徳の五十日の祝いの記事があり、その最後の方に、「粉物」を「内の台盤所」「中宮の台盤所」をはじめとする所々に献ぜらるとして、その先の一つに「内大臣（重盛）家の小松亭」が見える。面白いのは、「粉物」を誤って「二品の壺禰（局）」に送ったので、取り返し改めて小松亭に送ったという。「二品の壺禰」とは、『玉葉』に「二品の壺禰〈中宮母儀〉」とあるから時子のことである（『玉葉』治承四年二月六日条）。また『山槐記』治承三年六月二一日条にも、重盛が重病になった時、後白河法皇が「彼の亭〈小松〉」に見舞いにやってきたと見える。

これらを、延慶本に見える六波羅の「辰巳ノ角ノ小松殿」と見る見解もあり得ると思うが、『皇代暦』裏書の都落ちの記事に、焼け落ちた平家の住所として「六波羅泉殿」「同池殿」「八条高倉」「小松殿」「西八条」が書かれている。「八条高倉」の宗盛亭（第四節後述）と「西八条」に挟まれて記されているので、小松亭が八条の並びだったことは否定しがたい。五十日の祝いの「粉物」の誤配も、同じ八条の並びということで西八条の時子亭に届けられたのであろう。

六波羅の「辰巳ノ角ノ小松殿」が文学作品上の架空の存在に過ぎず、実在したのは西八条近くのそれであったのか、それとも六波羅と八条の二つの小松殿が併存していたのか、あるいは小松殿の名称が西八条近くの重盛亭に転用され、六波羅の方は別の名になったのか、三つの可能性が考えられるが、今後さらなる検討が必要である(18)。

同じ八条大路に面して頼盛亭もあり、興味をそそる。頼盛亭は八条室町である（『明月記』治承四年四月一一日条、『百錬抄』養和元年二月一七日条）。これは、三間四面の寝殿に六間二面の対屋一宇を中心とする建物だった（『鎌倉遺文』一二七一二号）。当時辺り一帯は八条院領となっており、近くに八条院御所もあった。

八条院とは鳥羽法皇と寵姫美福門院藤原得子の間に生まれた愛娘暲子のことで、八条女院領とよばれる膨大な荘園所領群の所有者、また以仁王挙兵の後ろ盾としても有名である。平氏は忠盛時代、美福門院と関係が深かった。また頼盛自身が八条院女房をめとって光盛らを生んでおり、平家全盛期には八条院後見の役割を果たすなど、密接な間柄にあった。そして、都落ちの際は頼盛一家のみ、八条院の近くに隠れとどまった。八条院の身辺については、石井進氏が詳細に論じられているので、参照されたい(19)。

以上、西八条と八条の平家亭について紹介した。しかし、なぜ八条なのか、西八条なのか、そこは京都のどのような性格の場所なのか、という問題が残っている。じつは、当時京の南の境は、すでに九条ではなかった。平安京では九条まで街区が設定されたが、もともと造都は途上で中断された上に、権力が人工的に造った都市だから、廃れる区域も出てくる。右京が廃れ、左京でも南部が廃れてゆく。そうした中で、七条以南は貴族の観念のレベルでも都市の実態の面でも、平安京の内とは見なされなくなっていった[20]。だから、西八条や八条通に面して建っているというのは、京外のできごとになるわけである。

四　九条の末

いよいよ源平内乱期に突入する。福原遷都が極めて不評で、一七〇日後に京都に還ってくる。治承四年（一一八〇）一一月二六日、還都した高倉上皇が六波羅団地の池殿に入り、後白河法皇も泉殿に入った（『山槐記』『玉葉』）。両者が六波羅団地の二つの焦点であったことは、こんなかたちでも証明される。しかしまもなく後白河院は池殿に移り、両者同居となる（『山槐記』治承四年一二月八日条）。これも長続きせず、翌年正月一四日高倉上皇が没すると、二月二日には後白河院も建春門院ゆかりの最勝光院南御所（蓮華王院の南）に移ってしまう。泉殿は高倉中宮徳子の御所になり、建礼門院の院号定、殿上始もここで行われている（『定長卿記』養和元年一一月二五日、一二月一日条）。

じつは還都の時、平家は安徳天皇を上皇のいる池殿に迎え入れようと努力する。これに蔵人頭の吉田経房が猛反対。「内侍所河東に渡御すること先例無し」、内裏温明殿に安置されているべき神鏡が、鴨川の東にいった先例はない、福原に行幸した時は別だが、それ以外は神鏡は平安京を離れたことがない、と主張した（『吉記』治承四年一一月三〇日条）。六波羅も都の内ではないのである。

じつはこれより前、安元三年（一一七七）に白山宮・延暦寺の大衆が強訴した時、高倉天皇が二条南西洞院西にあった閑院内裏から、東山の後白河院御所の法住寺殿に避難し、それとの関係で神鏡も法住寺殿に移すという意見が出たが、最終的には閑院内裏から動かなかった[21]（『玉葉』四月一八・一九日条など）。王朝貴族にとっては大問題だったわけである。そして経房のもう一つの反対理由は、「又（池殿は）池を隔てて精舎あり、神事の間如何」だった（『吉記』治承四年一一月三〇日条）。池殿は池の対岸に寺院がある、神事を行うのに寺が近いのはどんなものか、というわけである。それやこれやで、結局安徳天皇を六波羅に入れることに失敗する。

そこで清盛は、一旦最も信頼する権大納言藤原邦綱の五条東洞院亭に天皇を入れ、さらに二月一七日頼盛の八条室町亭に移す（『百錬抄』同日条）。「八条亭に於ては、旁《かたがた》猶予あるべきの由、人以てこれを存ず」とあるから、これまた反対が出た。貴族にとっては、河東は論外、五条東洞院ならよい、八条もしばらく待て、というわけである。ところが清盛は「偏に警衛のため、七条以南の儀あり」、防衛上の必要だ、とつっぱねて強引に移してしまう（『吉記』治承五年四月一〇日条）。清盛最後の横車で、その後彼が死ぬと、貴族や官人のサボタージュで政務が停滞、結局四月一〇日、軍事情勢好転などを理由に、閑院に御所を移す。

清盛が、七条以南ならなぜ防衛上有利と考えたか、真意は伝わっていない。以仁王挙兵の時も、安徳天皇が西八条に緊急避難するから、京内が守りにくかったのは確かだろう。これは地形・施設の問題というより、前に述べたように、そもそも平安京の中はケガレを忌む聖域で、流血をともなう戦闘などもっての外だった。頼盛亭のある七条以南は事実上京外であるから、うるさい制約なしに戦闘行動が可能である。

しかし、他に具体的な理由はなかったのだろうか。注目すべきは、閑院に内裏を移すいま一つの理由として、「平家の一族は八条を去り、元の如く六波羅に帰られ了んぬ」、つまり、平家の勢力がすでに八条から引き上げてしまったから、といっていることである（『吉記』治承五年四月一〇日条）。八条室町の内裏は、八条の平家一族なしには意義が薄いという。この八条とは、具体的には「八条河原」を指している（『玉葉』治承五年閏二月一二日条）。

筆者は、清盛の主張は六波羅が駄目なら頼盛亭へという場当たり的なものでなく、この年の正月下旬ごろから、平家が九条の末に構えつつあった軍事拠点と連動していた、と考えている。この拠点のことについては『玉葉』治承五年の正月二七日条に、「武士の宿館」にあてるため、「前大将（宗盛）新造の堂〈件の堂、鴨河の東にあり、九条の末に当たる〉」付近一帯を、強制的に接収したとあるのが初見である。そして、持ち主の一人、九条兼実が抗議すると、郎従に分割して与えるためだといって、「御領の中、河原辺り」の割譲を迫り、むりやり取り上げた。

右の宗盛堂は『山槐記』に「法性寺一橋西辺」にあったと見える（治承三年六月三日条）。一橋《いちのはし》の名はJR京都駅の東、鴨川を渡ってすぐの地にいまも残っている。鎌倉時代の文書に、平家没官領として「法性寺大路二橋没官領」「壱所」というのが出てくるのだが、これは平家の侍大将として知られる伊藤景清（悪七兵衛）の所領で、一橋の南にあった（『鎌倉遺文』一二三六号）。強制収用、郎従への割り当ての結果を物語るものに違いない。『平家物語』に、平家滅亡後平知盛の遺児知忠が「法性寺の一の橋なる所」に忍んでおり、そこは「祖父入道相国、自然の事のあらん時城郭にもせんとて堀をふたへにほッて、四方に竹を植ゑられたり」とあることも紹介しておく（巻十二六代被斬）。

この九条の末と平家の「八条河原」との関係であるが、宗盛は治承二年（一一七八）の夏以前に、「八条北、高倉」に邸第を造ったらしく、『山槐記』に「新亭」と見える（治承二年閏六月一五日条）。前節の『皇代暦』裏書がいう「八条高倉〈同前内府家〉」と同じもので、八条北高倉は鴨川を挟んで前出の宗盛堂と向き合う場所であった。八条高倉といえば平安京内の市街地のように聞こえるが、鴨川はこの辺りでは西流して京域内を流れているから、実態は河原である。要するに、九条の末と八条高倉は、もともと鴨川の両岸にひろがる広大な河原の範囲であり、「八条河原」と別のものではなかった。

平家が、この地に軍事拠点を建設しようとした背景は、次のようなことではなかろうか。富士川戦の惨敗、美濃・尾張・近江の源氏蜂起など、軍事情勢悪化が続く中、治承四年（一一八〇）一二月、追い打ちをかけるように興福寺衆徒上洛の情報がもたらされる。そこで平家は兵力の増強を図るため、高倉上皇の院宣によって、公卿および受領から兵士を徴して内裏に献ずる策をとった（『山槐記』一二月一〇日、一四日条、『玉葉』一二月一三日条、『明月記』一二月一五日条)。続いて権門の諸荘園から武士を徴することもはじまった(『玉葉』一二月一五日条)。こうした精力的な軍事動員の結果、京都には各地から多数の軍兵が集結してくる。となれば、従来からの六波羅とは別の彼らの兵営(宿営地)が必要となってくる。それが「八条河原(九条の末)」であったのではないか。

清盛が八条室町御所に執着したのは、この鴨川を挟んではすかいに向かい合う宗盛の亭と堂を中心とする平家の軍事集落を、念頭においていたからに違いない。しかしながら、この九条の末＝八条河原軍事拠点構想は、先に見たように、清盛の死とともに雲散霧消する。宗盛以下は清盛の葬儀もそこそこに六波羅に引き上げてしまった。宗盛らは清盛ほどこの地に執念を燃やしていなかった、天皇を七条以南に置き八条河原に軍事力を集結させるという策に全力投球できなかった、と考えられるのである。

もう少し清盛構想にこだわってみる。八条室町亭との関係以外に何かあるだろうか。一橋は山城国愛宕郡と紀伊郡の境界で、九条口のすぐそばである。九条口は九条通の京極(平安京の東の端)の南から鴨川を渡る地点で、宇治や南都に向かう交通上の要衝である。法性寺の大門前は民衆の交通路としてもにぎわった(『更級日記』)。

この場所に軍事拠点を造れば、宇治や奈良方面からの敵にも備えられる。事実九条兼実の土地をむりやり接収した一ヵ月前に南都焼打ちがあった。地形的にいうと、宇治方面から京都に攻め上る軍勢は、現在東福寺が位置する低位段丘を南北に貫通する法性寺大路(のちの伏見街道、現本町通)を北上せねばならない。西は鴨川の氾濫平野である。段丘の南の緩斜面に堀・掻楯・逆茂木などの施設を施し、東の丘陵も押さえれば、迎撃は容易かつ効果的になる。南方に軍事的緊張がある場合、どうしても押さえておきたい地点の一つだろう。

もう一つは、高倉上皇の病没である。幼帝安徳の親政はありえないから、清盛はやむなく後白河法皇に院政の復活を申し入れざるを得なくなった。後白河が政治勢力として息を吹き返すと、法住寺殿に不審な動きのあることが予想される。しかし九条末に軍事拠点があれば、北方の六波羅と連携してその動きを封じることもできる。

八条室町御所を軍事力の傘の下に置き、法住寺殿ににらみをきかせながら、宇治や南都方面の脅威に備える。このように見てくれば、清盛が『吾妻鏡』に九条河原口の平盛国の家で死んだことの意味も深長なものがあろう（『吾妻鏡』治承五年閏二月四日条）。盛国は前に出てきた主馬判官盛国で、彼の邸宅は正しくは九条河原ではなく八条河原にあり、高倉天皇が生まれた「八条河原右衛門尉盛国宅」と同じものだと考える（『師元朝臣記』応保元年九月三日条）。

しかし、そもそも、なぜ河原が軍事拠点になるのだろうか。源頼政の亭も鴨川の左岸、近衛南河原東にあった（『山槐記』治承四年五月二二日条）。いまのところ、その要素の一つとして、鴨川の乱流によって自然にできた中洲や中島が、天然の堀を備えた郭として利用できたのでは、と考えている。

以上、平家の京都の館について、これまで明らかにできた事実をならべてみた。わからないことばかりであるが、あるいは福原と併せ考えると、思わぬ事実が見えてくるかも知れない。筆者は京都・福原双方をにらんだ平家の邸第研究がなされるべきだと考えている。いろいろご教示いただければ幸いである。

注

（1）上横手雅敬「平氏政権の諸段階」『中世日本の諸相』上巻、吉川弘文館、一九八九年。

（2）以上詳しくは拙稿「平正盛と六波羅堂」『〔増補改訂〕清盛以前――伊勢平氏の興隆』平凡社ライブラリー、二〇一一年参照。

（3）同右。

（4）江谷寛『六波羅政庁跡　東山郵便局新築敷地埋蔵文化財発掘調査報告』近畿郵政局、一九七七年。平安博物館考古学第一研究室片岡肇編『平安宮大極殿跡の発掘調査　平安京跡発掘調査報告書　第一輯』財団法人古代学協会、一九七六年。なお信西による内裏・大内裏の新造修造を出土瓦より検討した労作に上原真人「院政期平安宮――瓦からみた」筆者編『院政期の内裏・大内裏と院御所』文理閣、二〇〇六年がある。参照されたい。

（5）福山敏男「大極殿の研究　朝堂院概説」『福山敏男著作集五　住宅建築の研究』中央公論美術出版、一九七四年。

(6) 太田静六「平清盛の邸宅」同『寝殿造の研究』吉川弘文館、一九八八年。
(7) 橋本義彦『平安貴族』平凡社、一九八六年。
(8) 拙著注(2)書、二九七―二九八頁。
(9) 五来重『高野聖』角川新書、一九六五年、一五九―一六二頁。目崎徳衛「高野山における西行」同『西行の思想史的研究』吉川弘文館、一九七八年。
(10) 井筒信隆「高野山における西行の足跡」『別冊太陽　西行』平凡社、二〇一〇年、八〇―八一頁。拙稿「高野山根本大塔領大田荘の始動と鑁阿の働き」『学習院史学』五一号、二〇一三年。
(11) 『日記が開く歴史の扉』京都大学総合博物館、二〇〇三年。
(12) 拙稿「清盛家家政の一断面――備後国大田荘関係文書を手がかりとして」本書第七章に所収。
(13) 福山敏男「平安京とその宮城の指図」『平安京提要』角川書店、一九九四年、八七〇―八七一頁。
(14) 西八条区域の考古学的発掘の成果については、山田邦和「西八条第の考古学的検討――平安京左京八条一坊」『考古学は何を語れるか』同志社大学考古学シリーズX、二〇一〇年参照。
(15) 遍照心院については、細川涼一「源実朝室本覚尼と遍照心院」『中世寺院の風景――中世民衆の生活と心性』新曜社、一九九七年参照。
(16) 仲村研「東寺境内款冬町の支配」秋山國三・仲村研『京都「町」の研究』法政大学出版局、一九七五年参照。
(17) 角田文衞『平家後抄』朝日新聞社、一九七八年、一七七―一七八頁。
(18) 関連論稿に拙稿「平重盛の小松殿と小松谷」『日本歴史』六七二号、二〇〇四年がある。
(19) 石井進「源平争乱期の八条院周辺――『八条院文書』を手がかりに」『中世の人と政治』吉川弘文館　一九八八年。
(20) 大村拓生「中世前期における路と京」『ヒストリア』一二九号、一九九〇年。
(21) 拙稿「嘉応・安元の延暦寺強訴について――後白河院権力・平家および延暦寺大衆」本書第八章に所収。

［補注］
宝暦末―明和初年（一七六〇年ごろ）の京都の市街を示すものといわれている『京町鏡』（宝暦一二年刊）の再版本には、「建

仁寺境内六波羅新地」として「▲泉殿町　北は松原通へ出る筋あり」とあり、その右脇に細字で「○門脇町の一筋北東竪横の町」と記されている。竪横の町とは縦横十文字の通りに面した町という意味である。となれば、泉殿町は六波羅蜜寺正面の南北道路と六波羅裏門通が交差する辺り、現三盛町辺りになるだろう。泉殿町が門脇町の一筋北東だから、門脇町は一筋南西にあったことになり、実際現行でも三盛町の南に存する。一方、同じ『京町鏡』には「▲池殿町　往古平相国清盛公の舎弟池大納言頼盛卿の第邸の跡なり。西は建仁寺町通へ出る筋あり」とある。建仁寺町通とは、大和大路通の四条・五条通間の呼称である。現行では六波羅蜜寺・三盛町・門脇町の西に縦長の町として存在する（参考図参照）。

ところが、寛延三年（一七五〇）に開版された京都初の歴史地図「中古京師内外地図」では、六波羅は平面が和船の舵の形（左が舳先側）をしており、「門脇中納言教盛の御第」はその左上（六波羅団地の北端）の五条橋の東のたもと、松原通に接する位置に描かれている。現在の北御門・西御門町の辺りである。そして南に接して「平宗盛公の第」がある。ほぼ同時期に成立した両資料の語る位置の違いは大きい。

もともとこれらの町名は、いずれも大田南畝の『半日閑話』に引用された寛永一四年（一六三七）の「洛中洛外惣町数人家数改日記」にはあらわれない。その場所は正徳四年（一七一四）―享保六年（一七二一）ころの状況を示す京都市歴史資料館蔵「京都明細大絵図」では畠地として描かれている。さらに降った『京町鑑』でも「六波羅蜜寺南の門を出て東西に通る二筋いまだ悉く町屋つゞかずといへども町の地とり有」とある。まさに洛外の「新地」である。これら近世の地誌や歴史地図、現行の町名から、平家一門の邸第の位置を探ろうとしても、参考情報程度の意味しかないことが了解されるだろう。

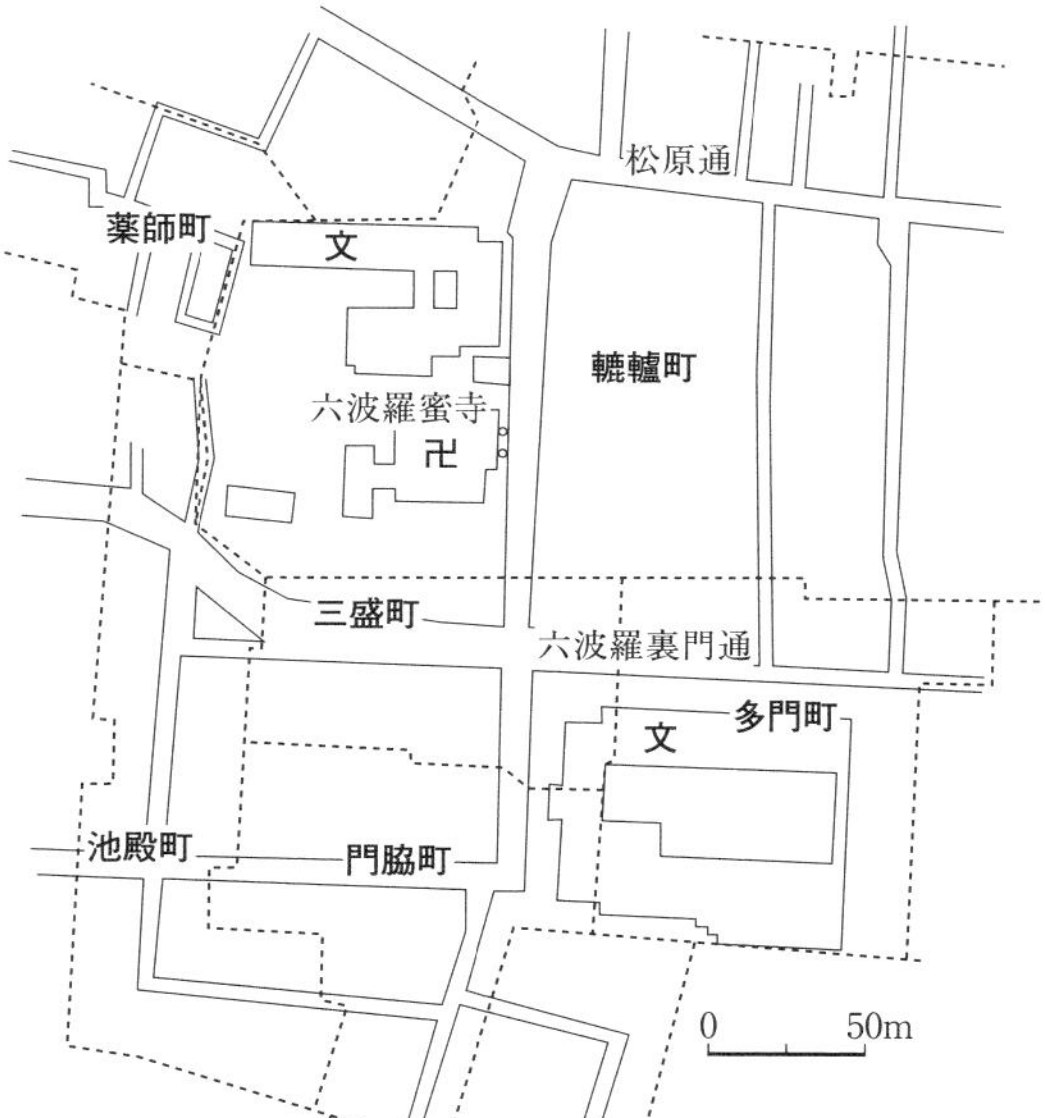

参考図　現在の三盛町・門脇町・池殿町の位置関係

第六章　平家家人制と源平合戦

はじめに

平家の家人について、日本史学の分野では、平家時代の大番制との関係[1]、家人名の網羅的な検出[2]、有力家人の足跡[3]など、基礎的な仕事が積み重なりつつある。日本文学領域においても、『平家物語』諸本の性格論とかかわって、平貞能を中心に若干の研究がある[4]。本章では、それらでは十分に意識されていない、頼朝に一元的に統轄された鎌倉幕府御家人制との違い、平家一門を構成する各家と有力御家人の結びつきの具体相、彼らが合戦にあたってどのような指揮・編成のもとに戦ったか、などを考察したい。

一　平家の有力家人たち

中世社会には、「家人」と「家礼」の二類型の従者が存在した。前者は人身的な支配＝隷属関係に縛られた従者、後者はそうした関係を持たず、有期的で定量的な奉仕を行い、去就向背を権利として有する従者、と理解する佐藤進一氏説が、広く支持を得ている[5]。家人制という場合、広義には「家礼」型も包含する。これは家人の外延を補塡する

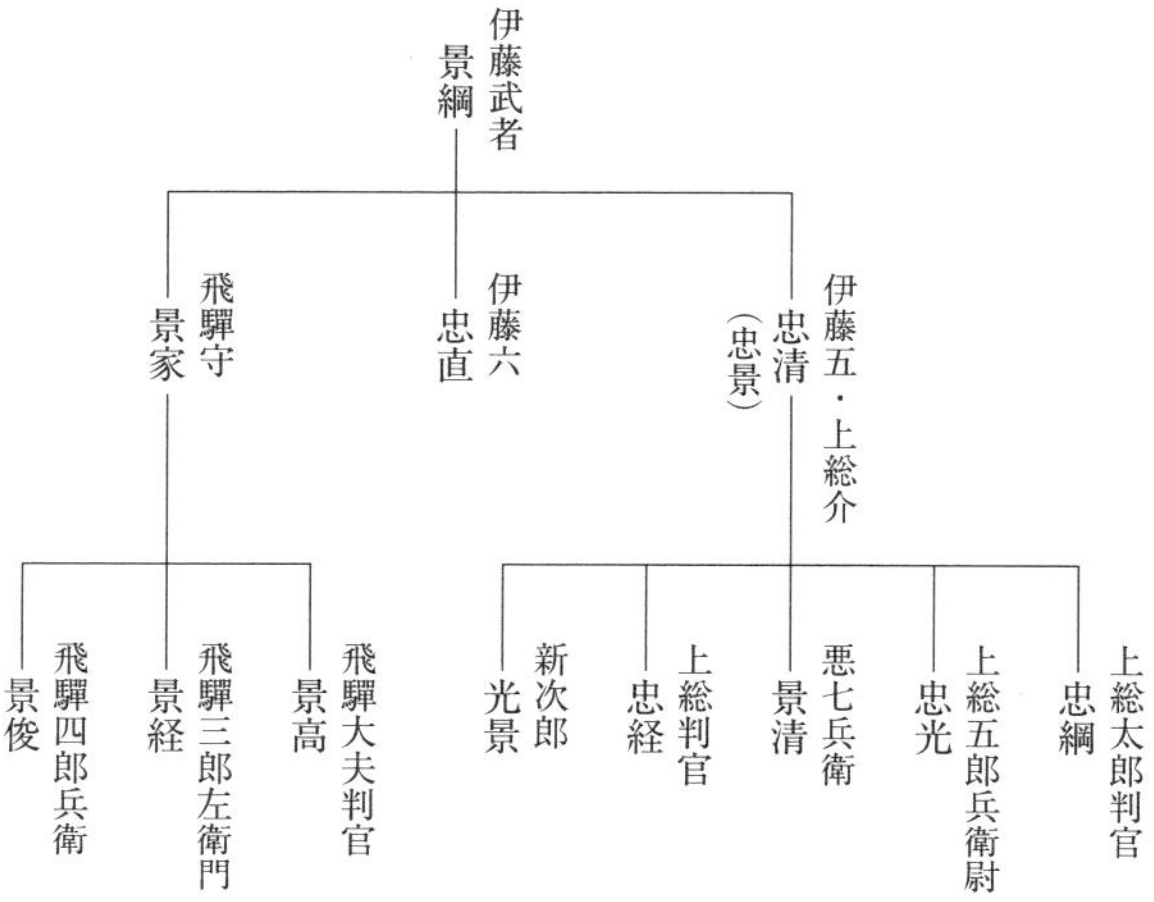

系図1　伊藤景綱の子孫

多数派で、その動向が政治史の行方を決定した。これに対し数は限られているが、より安定的な人間関係と信じられていたのは「家人」型、中でも「譜代相伝の主人」と「譜代相伝の家人」からなる主従である。両者への評価は、都落ちの時平宗盛が、肥後守貞能・飛騨守景家以下を前に、「何況汝等ハ、一旦従付《したがひつき》ノ門《もん》客《かく》ニモアラズ、累祖相伝ノ家人也」（延慶本第三末平家福原ニ一夜宿事付経盛ノ事）と述べたことに、よく示されているだろう。本章で扱うのは、この譜代相伝の家人である。

「相伝」といわれるように、従者は主人たる父からその子に相伝されてゆく（主人権の移譲）。最も多いのは父の引退・死没など代替りの時であろう。それ以前にも、子の誕生から成人までの通過儀礼の際や、官途につくなど政治への進出を契機に、主人の指示・許可によって、子の従者に移ってゆく。もちろん、子は子で新たに従者を獲得してゆく。

平家家人中最有力の者たちは、出自によって以下の二タイプに分かれるだろう。

（A）はじめから従者であった家人。その代表はなんといっても伊藤氏である。これは一一世紀前期に活動する伊勢平氏の祖平維衡の「郎等」と呼ばれていた「伊藤掾」、実名では藤原重高なる人物の末裔に相違ない（『小右記』長元元年七月一九日・九月二三日などの条）。旧著『清盛以前』では、その本貫を『三国地志』に依拠して、鈴鹿郡に想定した。鈴鹿郡は国衙所在郡であり、彼が掾という雑任国司（→在庁官人）の肩書きを名乗っている点から見ても、

この説には妥当性があると思う。(6)

保元の乱で活躍した伊藤武者景綱の子には、戦死した忠直（伊藤六）の他、藤原忠清（伊藤五）・景家の兄弟があった。忠清の子には上総太郎判官忠綱・上総五郎兵衛尉忠光・悪七兵衛景清・上総判官忠経など、景家の子には飛騨大夫判官景高・飛騨三郎左衛門景経などがおり（系図1参照）、いずれも平家の侍大将クラスの存在である。

侍大将の一人として越中礪波山で戦死する高橋判官長綱も、『小右記』に「伊藤掾」とならんで名前が見える「高押領使」の末裔かも知れない。同じく礪波山で討死した舘氏も貞盛以来の従者である。(7)

これにたいし、正盛・忠盛らが西国国守に補任されたことを通して主従関係を結んだとみられる、備中の瀬尾兼康、備前の難波経遠も先祖相伝の家人であるが、彼らは「片田舎ノ者」で、「忠清・景家体ノ者」とは重みが違っていたようである（延慶本第一末重盛大納言ノ死罪ヲ申宥給事）。「忠清、忠綱」は「平家ノ羽翼」ともいわれる（延慶本第四平家一類百八十余人解官セラル、事）。景家・景高らも同様であろう。

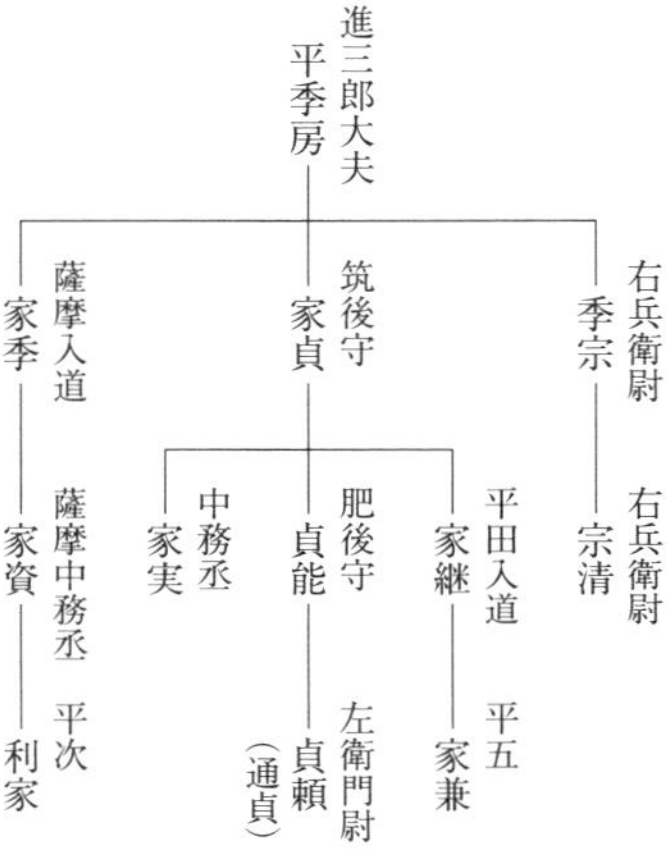

系図２　平家貞らの家系

（B）かつて一門の構成員であったものの子孫で、早く家人化した存在。その代表が、筑後守平家貞とその子平田入道家継・肥後守貞能・中務丞家実の兄弟、あるいは家貞の弟薩摩入道家季とその子薩摩中務丞家資らである（系図2参照）。また主馬判官盛国とその子越中前司盛俊・摂津守盛信・主馬八郎左衛門盛久の三兄弟、盛俊の子越中太郎判官盛綱・越中次郎兵衛盛次（嗣・継）、盛信の子摂津判官盛澄なども著名な家人だろう（系図3参照）。

家貞らが郎等化したのは正盛の時代、家貞の父進三郎大夫平

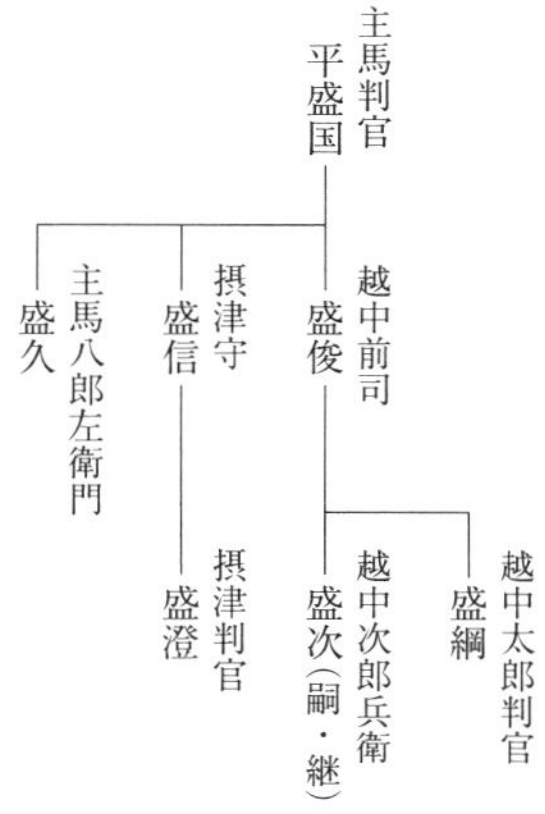

系図３　平盛国の子孫

季房の時からという（延慶本第一本忠盛昇殿之事付闇打事付忠盛死去事）。もちろん、平家が権門化する以前からの家人である。家貞・家実父子は伊賀国阿閇郡鞆田荘で押領を続け（『平安遺文』二一二二・二三七七・二四〇七・二四〇八・四一一四号）、家継が同国山田郡平田を名字の地としていることから、彼らは北伊賀を本拠にしていたと考えたい。一方、盛国たちは伊勢国一志郡須可郷を本拠にしていたらしい(8)。このタイプには、忠盛の夭逝した次男家盛の乳母夫だった右衛門尉平惟綱なども入る（『本朝世紀』久安五年三月一五日条）。彼は忠盛の祖父正衡の兄の子孫だった。

家人化の過程にあるが、そこにいたりきらず、合戦には大将軍の末席に名を連ねるような存在として、讃岐守平維時（正盛の子盛時の子）・備前守時基（同右）らがいる(9)。逆に、広義には一門の内であるが、主流を離れ別行動をとることの多かった存在に、出羽守平信兼がいる。信兼の本拠も一志郡曾根荘であった(10)。平家はその全盛期にあっても、家人というそれを支える下半身部分では、いぜん伊勢・伊賀が中心であった。

次に問題にすべきは、「頭殿（重衡）の御家人」などといわれるように、平家の家人は、頂点たる清盛（のち重盛↓宗盛）に一元的に統率されているのではなく、平家一門のメンバーそれぞれと個別に主従関係を結んでいた点である(11)。こうした形になったのは、政界進出によって清盛の子弟がおのおの上流貴族としての家政機関を開き、侍所を通して侍(12)（家人）を統制するようになったからだと思われる。この結果、平家軍は、つねに一門を構成する各家（その家人集団）の連合艦隊という形をとらざるを得ず、大将軍といえども、他家所属家人への直接指揮は、原則としてあり得なかった。

さて、平治の乱後清盛は、仁安二年（一一六七）太政大臣に就任するなど躍進を続けたが、これからという時に大病を患い、翌年二月覚悟の出家をした。奇跡的に一命を取りとめたものの、政治の表面からは退き、平家の代表権を嫡子重盛に譲る。彼が摂津福原に退隠した後、もとの家人たちはどうなったのだろうか。

引退後の清盛の政治力の大きさからいって、家人にたいする支配権を完全に手放していたとは考えられない。実際彼は、隠居後も「入道前太政大臣家」（『平安遺文』三八九一・三九〇三号、『玉葉』治承四年二月二〇日条など）と称し文書を発給していた。当然、側近に奉仕する執事的な家人がいたし、家政機関（侍所）には少なからぬ侍が詰めていたはずである。また当時の相続慣行では、仮に子に権利が譲与されても、父による悔返が起こり得た。親権絶対の時代、清盛もその気になれば、現在の主人の同意を得て（極端な場合頭越しに）旧家人を使役できたと考える。つまり家人にたいする主人と清盛の二重支配の関係（主人権移転の過渡的段階）が、広汎に存在したのであろう。

二　小松家・一門主流と有力家人

清盛の存在が背後にあるのを念頭におきながら、彼の子孫が、誰を家人として相続したのか、具体的に見てみよう。まず重盛とその子供たち。重盛は、仁安二年（一一六七）五月一〇日宣旨で「東山・東海・山陽・南海道等賊徒」追討使に任ぜられた（『兵範記』同日条）。これは、後白河院が、清盛の太政大臣辞任によって新たに平家氏長者となった重盛に、父が実質的に握っていた国家の軍事指揮権を改めて承認した行為とみなされている[13]。重盛はこの任務遂行のため、当然、清盛の家人の相当部分を引き継いだはずである。

たとえば、安元三年（一一七七）四月の叡山の強訴の際、閑院内裏を守った武士たちが神輿を射た。この結果、a平利家〈字平次〉、b平家兼〈字平五〉、c田使俊行〈字難波五郎〉、d藤原通久〈字加藤太〉、e藤原成直〈字早尾十郎〉、f藤原光景〈字新次郎〉の六人が、獄所に送られることになった（『玉葉』安元三年四月二〇条所載口宣）。『愚昧記』四月二〇日条によれば六人は「内府（重盛）の郎従」で、延慶本は、aを家資（家貞の甥）の子、bは家継（家貞の長子）の子、eは馬允成高の子、fは忠清の子としている（第一本時忠卿山門へ立上卿ニ事付師高等被罪科事）。

ところが『愚昧記』の四月一五日条では「神輿を射奉るの者、忠景が郎等十人禁獄、徒七年（人カ）の由と云々」とあり、彼らを忠景（忠清の本名）の郎等と記している。『愚昧記』の記主三条実房が、重盛の郎等を一旦は忠清のそれと誤解したのは、『顕広王記』に「伊藤左（衛）門（尉）忠景を将軍となすと云々、この事日来の沙汰なり」とあるように（安元三年四月一三日条）、忠清がこの事件の時だけでなく、以前から重盛の軍事指揮の実際を任されていたからであろう。忠清の子fが、重盛の家人であったのも理である。

小松内府家と忠清の関係の深さは、忠清が重盛の子維盛の「乳母夫」だったことにも示されている（『歴代皇紀』巻四安徳天皇条）。忠清は小松家の柱石であり、長男維盛をもり立てる有力な後見人だった。彼の妻・子供たちも一家あげて維盛に奉仕したはずである[14]。

a・bが家貞の又甥と孫であったように、家貞一族と小松家の関係も密接だった。家貞の子前筑前守貞能は、清盛の家令であったが（『玉葉』治承四年二月二〇日条）、重盛亡き後は、維盛の弟資盛の傍らにあり、資盛を大将軍とする部隊の侍大将の役を務めることが多かった。貞能は資盛の乳父ではないか、とする見解もあるほどである[15]。如上から、重盛家の家人の代表格として、藤原忠清の一族や筑後守家貞の子孫たちがいたことがわかる。その他、重盛の家人として武田有義（『吾妻鏡』文治四年三月一五日条）・足利俊綱（『吾妻鏡』養和元年九月七日条）・工藤祐経（『吾妻鏡』元暦元年四月二〇日条）・蓮池家綱・平田俊通（『吾妻鏡』寿永元年九月二五日条）、緒方惟義（『平家物語』巻八太宰府落）らの名が見える。

これにたいし、清盛と正室時子との間に生まれた子供たちは、どうだったのだろう（以後、時子が生んだ男子を一門主流と称する）。まず、重盛生前から清盛後継者の地位を脅かしていた長男宗盛について。「かの家（宗盛）の後見、有勢武勇の者なり」といわれたのが飛驒守景家である（『玉葉』治承四年一一月二一日条）。後見とはこの場合乳父であることを意味しており、宗盛を扶持し養育したのが景家であったことを語っている。その子飛驒判官景高は宗盛の「一所ニテイカニモナラムト契給タリツル乳人子」（延慶本第三末実盛打死スル事）、飛驒三郎左衛門景経も同じく「乳人子」（延慶本第六本檀浦合戦事付平家滅事）という。以上から、忠清の弟藤原景家が宗盛の側近にしてその後ろ盾、保護者であり、当然の事ながら軍事的支柱であっただろう。

平家の大番頭たる盛国は、清盛側近中の側近であるが、その子盛俊も「入道前太政大臣家」の政所別当を務めるとともに（『平安遺文』三八九一号）、治承五年（一一八一）正月、宗盛が戦時体制構築のため畿内近国九カ国の惣官に就任した時、その支柱として丹波国諸荘園総下司に任じられた（『玉葉』治承五年二月八日条）。盛俊は、清盛―宗盛父子に忠実な有力郎等であろう。また、都落ちの際、平頼盛・摂政基通らの脱落に憤った越中次郎兵衛盛次が、それを牽制しようとして宗盛に制止されている（延慶本三末近衛殿道ヨリ還御ナル事）。よって盛国の子孫たち、とくに盛俊・盛次の父子などは、宗盛の御家人だったと推測する。

父安芸守源季遠以来、平氏と主従関係を結んでいた清和源氏満政流の検非違使右衛門尉源季貞も、「禅門近習の者」であった（『山槐記』治承二年一一月一二日条）。宗盛時代になるとその側近として活躍している(16)。上野新田荘を本拠とする新田義重は宗盛に仕えており、内乱の初発時、坂東の源氏方人追討の命をうけて下向していたという（『山槐記』治承四年九月七日条）。また、阿波民部成良は、壇ノ浦戦直前知盛に二心を見抜かれたが、宗盛が斬ることを許さなかったというから（延慶本第六本檀浦合戦事付平家滅事）、少なくとも物語構成上は宗盛家人という設定である。ほかに美濃前司則清とその子左衛門尉則種もいる（『吾妻鏡』建保二年一二月一七日条）。

なお、重盛と宗盛は九歳違いであり、平治の乱で重盛が華々しい活躍を見せたのにたいし、宗盛は当時まだ一〇歳だった。このことから、相伝の家人は、当初嫡流の道を歩んでいた重盛に手厚くつけられ、宗盛には相対的に少なかったのではないかと考える。嘉応元年（一一六九）一二月の延暦寺の強訴にあたり、院の陣に召集されていた平家の軍勢は「前大納言重盛卿以下三人」率いるところの「五百騎」で、内訳は「件の卿（重盛）二百騎、宰相中将宗盛百三十騎、前大貳頼盛卿百五十騎」であった（『兵範記』同年同月二三日条）。この結果、一門主流は、平家の台頭が顕著になって以後主従関係を結んだ家人（家礼型を含む）を、より多く組織していたのではないだろうか。

続いて、宗盛同母の次弟知盛の御家人である。第一にあげねばならないのは、紀伊守源為長とその子供たちである。為長は、清盛が永暦元年（一一六〇）後白河院の命令によって権大納言藤原経宗・参議藤原惟方を捕らえた時、忠景（忠清）とともに働いた郎等である（『愚管抄』巻五）。その後、長寛二年（一一六四）六月の権中納言平清盛家政所下文に、壱岐守藤原能盛・内膳奉膳高橋朝臣とともに連署しており（『平安遺文』三二八五号）、清盛家の家政中枢にあった人物だった。また、仁安二年（一一六七）正月二七日には建春門院の侍として、「従五位下紀伊守源朝臣為長」の名が見えている（『兵範記』同日条）。

彼の長子為範（紀二郎兵衛）は知盛の「乳母人」といわれ（延慶本第一末西光頸被切事）、知盛の子伊賀大夫知忠も彼の「養君」である（延慶本第六末伊賀大夫知忠被誅事）。『たまきはる』に登場する建春門院滋子の女房「紀」は、知盛の「めのとご」だから、為範の娘であろうか。為長の「親者（親族）」である刑部丞為頼も、「新中納言知盛卿の侍」といわれた（『吾妻鏡』文治二年四月二〇日条）。

その他、おそらく家貞の子で、「新中納言一一ノ者」と呼ばれた伊賀平内左衛門家長がいる（延慶本第五本大夫業盛被討給事）。侍大将クラスとして篠原合戦で討ち死した武蔵三郎左衛門有国も「新中納言殿の侍」であった（『源平盛衰記』巻三十平家侍共亡事）。そのほか加々見長清兄弟（『吾妻鏡』治承四年一〇月一九日条）、橘公長父子（『吾妻鏡』治承四年一二月一九日条）もいる。一の谷戦で知盛の身替りとなって戦死した監物（武藤）頼方とその弟資頼（『平家物語』巻九知章最期、『吾妻鏡』文治五年正月一九日条）や熊谷次郎直実はよく知られているだろう（『吾妻鏡』建久三年一一月二五日条）。

三弟重衡。彼は一の谷戦で「一所ニテ死ト契深カリケル、後藤兵衛尉盛長ト云侍」に逃げられて生捕りになったが（延慶本第五本本三位中将被生取給事）、その盛長が「乳父子」である（『平家物語』巻九重衡生捕）。

先に盛国の子・孫である盛俊・盛次は、宗盛の家人と推測したけれど、同じ盛国の子盛綱及び盛俊の弟盛久らは、重衡の手に属して従軍した（『吉記』治承五年三月一三日条）。重衡が領家の地位にあった備後国太田荘の一部、戸張保を領有していたのも平盛久だった（『平安遺文』三四二八・三四八〇号）。一の谷戦後重衡の使として屋島に赴いた平重国も忘れてはならない（『玉葉』寿永三年二月二〇日条）。彼は重衡が「少くより不便の者と思はれて、自《みづから》烏帽子を著せ給、片名をたびて重国と呼れ」た者である（『源平盛衰記』巻三十八重衡卿京入並定長問答事）。

他に、正盛の孫平時基は、治承五年三月二六日の除目で従五位下に昇叙し備前守に任ぜられている（『吉記』同日条）。この時の知行国主は重衡で、その国守だから、彼も一門ながら重衡側近の人物だったはずである。

以上の小松家と一門主流が平家内の二大軍事集団であった。そして義兄成親が関与した鹿ヶ谷事件の影響による重盛の後退およびその死によって、宗盛が名実ともに一門の後継者になった時、後者の家人数も一段と増加し、実弟知盛・重衡のそれと併せ、一門最大の武装勢力となっていったと考えられる。

清盛の主な子供たちにたいし、弟頼盛の場合はどうか。かれもかなりな数の家人を組織していたことは、先述の嘉応の強訴時点で彼が率いていた家人の数からも明らかである。その代表としては、平治の乱後囚われの頼朝を預かった有名な弥平兵衛宗清があげられよう。宗清も一門中家人化した人物の子孫で、筑後守家貞の兄季宗の子である。その他、仁安三年一二月頼盛の解官にともなって、官を解かれた頼盛の家人に、右衛門尉藤原季経・左兵衛尉平有季・同平助友・右兵衛尉平盛成・同平有盛・右馬允源信満がいた（『兵範記』一三日条）。

留意すべきは、彼の家人の中核を占めた相伝の家人は、異母兄清盛からではなく、父忠盛から譲られたものである。この点は教盛・経盛なども同様である。ために清盛存命中、まして没後は、家人支配にたいする一門他家からの干渉など起こり得なかった。そこが清盛の力が及ぶ小松家などとの違いであろうし、都落ち時に頼盛の一門からの離脱が比較的容易であった原因の一つであったろう。

三　有力家人と大将軍

続いて、家人制との関係に留意しながら、平家の軍事力編成のあり方を見てみよう。

田中文英氏は、平家が総力戦に入った時、重要な位置を占めるのが追討使を先頭とする追討軍であるとし、その基幹たる戦闘部隊は、①平家一門をはじめ家人・郎等からなる直属軍、②各地から動員した直属軍以外の武士層の軍事力からなるとした。①はかねてから平家が形成してきた家人郎等組織を総結集して発動させたもの、②は追討使としての軍事指揮・動員権にもとづいて集めた、国衙に組織された武士（国衙の軍事力）などであったという[17]。妥当な指摘であるが、本章では、②への言及は省かざるを得ない。

①に関連して、氏が「追討使本隊の前兵として家人・郎等らの先遣隊を発向させるのは、（中略）平氏の常套手段であって」と述べ、追討使に先だって派遣された前衛部隊の存在を指摘していることは注目に値する[18]。このいわば先制打撃力の代表的事例は、以仁王の乱時の忠清・景家らである。すなわち、以仁王・源頼政が園城寺を脱出、興福寺の大衆を頼んで南都に向かった時、宗盛はただちに飛騨守藤原景家・上総介藤原忠清に追撃させ、次いで平重衡・平維盛を大将軍にして宇治に向かわせた。宇治平等院で追いついた景家・忠清等は、激戦の末頼政らを討ち取り、からくも逃れた王も綺田河原で討ち取られたという。ちなみに、このとき淀方面には平頼盛・平通盛らの兵が派遣されている（以上『玉葉』『山槐記』『親経卿記』五月二六・二七日条）。

快速の先遣隊が、以仁王の南都逃げこみを阻んだ。両伊藤氏の部隊は、小松家と一門主流という平家二大軍事集団それぞれの代表選手として、平家全軍中でも精鋭中の精鋭だったのだろう。『平家物語』巻四橋合戦や『吾妻鏡』養和元年閏二月二三日条には、平等院の戦いで、下野国住人足利又太郎忠綱が先導し馬筏を組んで宇治川を渡河したとあるが、これは忠清息の上総太郎判官忠綱との意図的な混同と思われる。他に左兵衛尉源重清も先遣部隊に加わり、戦功をあげている（『山槐記』五月二六日条）。後者は翌養和元年二月美濃国で知盛らによって討ち取られた美濃源氏の一員「小河兵衛尉重清」と同一人物とみられ（『吾妻鏡』二月一二日条）、そうなら「一旦従付ノ門客」で、大番役で上京中の従軍であろう。

平家大番役は諸国武士にたいする公役という説と、平家家人だけを動員したものという説があるけれど、筆者は後者が正解と考える(19)。精鋭の先遣隊といっても、忠清・景家らの一族・従者だけで構成されるものではなく、源重清のような「一旦従付ノ門客」も加わったものというのが実態だったようである。

彼らと後続の大将軍との関係はいかなるものだったか。重衡・維盛は、王、南都に向かうの報に接すると宗盛邸で会合、先遣隊が出発した後、「猶大将軍一両を分ち遣はすべきの由議定す、事の由を奏せんと欲するの間、この両人左右無く馳せ向」かったとある（『玉葉』五月二六日条）。つまり、二人は一門の軍議で大将軍の派遣が決まり、高倉院に奏上準備をしている間に、とかくの指図も待たずに出撃したのである。重衡にいたっては、単騎出動の慌ただしさだったという（『親経卿記』五月二六日条）。この事実は、平家内にあって、忠清と景家が出動し、しかも大将軍を一人または二人追加派遣する必要があると判断すれば、大将軍は誰々と自動的に決まっていたことを示している。

先に見たように、維盛と忠清は主人と従者の関係、養君と乳父の関係であるから、これはまったく自然な組み合わせである。そして、清盛が「合戦ノ次第ハ忠清ガ計申ニ随ハセ給ベ」しと指示したように（延慶本第二末平家ノ人々駿河国ヨリ逃上事）、忠清は未熟な大将の参謀長にして事実上の軍司令官の関係にあった。この時忠清は、敵に防備を施す暇を与えず南都に直進すると逸る重衡・維盛にたいし、「晩に臨みて南都に着くの条、思慮あるべし、若き人々は軍陣の子細を知らず」と制止し（『山槐記』治承四年五月二六日条）、富士川でも多勢に無勢を悟って敵前の撤兵を指導、「引退」を渋る維盛に「次第の理を立て、再三教訓」し承知させたという（『玉葉』治承四年一一月五日条）。

それに比べ、景家は宗盛の乳父で、重衡との間には特別の関係はない。しかも、軍議は宗盛邸で行われたのだから、宗盛は重衡が自分の一番頼りとする家人を指揮するのを、もし不快に思えば阻止もできたはずである。

これは次のように解しうる。宗盛は、重盛に替わる清盛の後継者であり、一門の表の顔であった。それは、平家という巨大権門の公的な代表たる宗盛が、直接兵を率いて戦場に出るなど、実際にはあり得なかったことを意味する。正嫡たる宗盛に代わって彼の家人の指揮を任されるとすれば、ミウチ意識が幅をきかせる時代、それは同母弟の知盛・重衡以外になく、ことに「武勇の器量に堪ふ」と謳われた後者が（『玉葉』治承五年閏二月一五日条）、適役だったに違いない。

従来の論では、石母田正の岩波新書『平家物語』の強い印象もあって、知盛の勇将としての側面が強調されがちだった。だが、それは『平家物語』（とくに語り本系、覚一本において）作者の物語構想にそった人物造形が行われた結果、というべきである。というのも、彼は巻六墨俣、巻八水島・室山と平家が勝利した合戦に、いずれも参加したとされているが、史実的には墨俣には不参加、水島・室山には参加していたかどうか知ることは不可能なのである[20]。以仁王追討にあっても、『平家物語』諸本の多くは知盛の指揮をいうが、確実な史料で、参戦した形跡は見あたらない。一方重衡は、そのすべてに参加または参加したと推定されるのである。知盛のイメージには、重衡の勇将ぶりが重ね合わされているだろう。

知盛は、他にも治承四年（一一八〇）暮れの近江征討、一の谷合戦、壇ノ浦などで全軍の総指揮官的な役割を果たしたとされている。しかし、近江追討は当初重衡が派遣されるはずだったのが、急に「禁中に祗候すべ」しと決まって、知盛が起用されたのである（『山丞記』一二月一日条）。一の谷戦は『平家物語』語り本系では、知盛は大手生田森方面の総大将であるが、『玉葉』『吾妻鏡』などでは彼の名は出てこない。一方『平家物語』読み本系では重衡が大将軍である（延慶本第五本本三位中将被生取給事）。語り本系が知盛を大将軍にしたため、副将軍に格下げされているが、本来重衡が大将軍であったと考えられる。壇ノ浦では一の谷で捕虜になった重衡は、むろん指揮のとりようがない。じつは知盛はてんかんを持病とする健康上の不安があった(21)。近江征討で二番手の起用となったのは当初その懸念が大きかったからであろうが、一門を構成する武将とその御家人のほとんどが参加し、統一指揮に強力な指導力が求められる時、重衡に替わるべき人材として、同じ宗盛の実弟で「入道相国最愛の息子」（『玉葉』安元二年一二月五日条）の威信が欠かせなかったのであろう。

四　近江・美濃の戦野で

前節末の指摘を裏づけるため、治承四年（一一八〇）一二月の近江征討から翌年三月の墨俣合戦までの、戦闘の経過を追ってみよう。この戦役は、富士川の敗北とその後の諸国源氏蜂起という危機的状況の中で、北陸道からの年貢官物上納ルートであり、東国への関門である近江の敵軍を撃滅するため、大がかりな追討軍が派遣されたケースである。

一二月一日、まず伊賀から家貞の子平田入道家継が甲賀を攻めた（『玉葉』同日条）。平家得意の先遣隊の派遣である。続いて翌日知盛が東国追討使として「一族の輩数輩」を率いて近江道を進み、さらに一門に連なる平信兼と盛国の孫盛澄の軍も続いた。伊賀道からは資盛が平貞能を率いて向かい、伊勢道からは家人伊勢守藤原清綱が進んだ（『玉葉』同日条）。湖東・湖南に布陣する敵を、三方向から挟撃する大作戦であろう(22)。

知盛が率いた「一族」については、『明月記』が通盛（教盛長子）・経正（経盛長子）・忠度（清盛末弟）・知度（清盛七男）・清房（清盛八男）らの名をあげている[23]（一二月二日条）。前の想定に従えば、知盛は自らの御家人の他、宗盛の御家人（たぶんその一部）を直率していたことになろう。

近江の反平家勢力は、美濃・尾張の武士たちに支援されて強力だった。加えて後方を延暦寺・園城寺の大衆に攪乱されるなど、知盛本隊は苦戦を続けた。それでも、伊賀道経由の資盛の部隊を合流させ、一三日には馬淵城を落とし二百余人を梟首、四十余人を捕虜にした（『玉葉』一五日条、『山槐記』一三日条）。さらに敵の主将の一人山本義経の本拠山本城に迫るが（『玉葉』一六日条）、攻略に手こずり、二三日には維盛が副将軍として近江に派遣された（『玉葉』同日条）。そのかいあってか、平家は治承四年中にほぼ近江を制圧したようで、翌正月中旬になると、美濃に攻め入り（『玉葉』一八日条）、二〇日には通盛・維盛らが、美濃源氏光長の蒲倉城を攻め落としている（『玉葉』二五日条、『百錬抄』二〇日条）。

二月になって、知盛は病により帰京、東国追討使を重衡と交代する事態になった（『玉葉』九日条）。当時の軍隊は、体質的に長期の遠征に堪えられないので、この間相当数の平家軍が京都に引き上げたと思われ、二月中旬ごろ在美濃の官兵は「僅か七八千騎」といわれている（『玉葉』一七日条）。むろん、補充もあったようで、二月末には「阿波民部重（成）良の徒党」が、美濃で尾張の源氏方と交戦している（『玉葉』二九日条）。成良は、前年末南都を焼討した重衡率いる部隊の先陣を務めており（『山槐記』一二月二七日条）、重衡出陣に先だって美濃方面に転出せしめられたのであろう。

重衡は、その後鎮西の情勢悪化により九州に派遣される話もあったが、東国情勢重大に鑑み中止され、閏二月六、七日頃東国下向という次第になった。ところが、閏二月四日一門の総帥清盛が死んだこともあり、出陣は遅れに遅れ、閏二月一五日ようやく「万三千余騎」の兵を率いて、美濃に向かった（『玉葉』）。

重衡より一足先に都を発った検非違使藤原景高は、重衡に東国賊徒追討を命ずる後白河院の院宣を携帯していると噂されたが（実際は重衡本人が持参したのであるが）（『玉葉』閏二月一〇日条、同一五日条）、前に見たように彼は宗盛の有力御家人である。このたびの出陣は、当初「前将軍宗盛已下、一族の武士大略下向すべし」といわれており（『玉葉』二月二六日条）、前線にあった部隊を除く、平家余力の大半を結集したものだった。そして、宗盛が出陣せず、知盛に故障が生じたとなれば、宗盛の軍事面での代官の本命たる重衡が再登場し、宗盛の御家人を率いて戦場に赴くのは当然である。かくて、重衡は美濃に居残っていた知盛・宗盛の御家人に加え、自分の御家人と宗盛の残りの御家人を率い、併せて美濃方面の平家軍総指揮官の立場にたった。

重衡の出動によって陣容を強化した平家は、翌三月一〇日墨俣で源行家や義円等の源氏軍を迎え撃ち大勝を博する。『吉記』治承五年三月一三日条には、

美濃合戦の事注文風聞す、実説を知らずと雖もこれを注す。
三月十日、墨俣河の合戦に於て、討ち取りし謀反の輩の首目六
頭亮（重衡）方二百十三人〈内、生取八人〉、越前守（通盛）方六十七人、権亮（維盛）方七十四人、薩摩（忠度）方廿一人、参河守（知度）方八人〈内、自らの分あり〉、讃岐守（維時）方七人〈同〉
已上三百九十人内、大将軍四人、
和泉太郎重満〈頭亮方盛久自らの分〉　同弟高田太郎〈同方盛久が郎等の分〉
十郎蔵人息宇二郎〈薩摩守の分〉　同蔵人弟悪禅師〈頭亮方盛綱が手〉
この外負手、河に逃げ入る者等三百余人

とある。風聞とはいえ信頼度の高いもので、平家の大将軍として、少なくとも重衡・通盛・維盛・忠度・知度・維時

らがいたのがわかる。資盛・貞能の軍もいぜん作戦行動中であったが（『玉葉』閏二月一七日条）、このとき重衡らとは別行動をとっていたらしい。三ヵ月前伊勢で熊野の悪僧を撃退した平信兼も（『吾妻鏡』養和元年正月二一日条）、以後の動静は不明である。

墨俣合戦に参加した顔ぶれは、一見富士川戦のそれとあまり変わらないように見える。武門平家にあってすら、征戦への従軍は名誉というより、生死を賭ける苦役の性質をもっており、一門の傍流や権力中枢から距離のある人びとが、まずあたるようになっていたからであろう。(24)彼らの中には、知度のように大将軍とは名ばかりで、自ら敵を倒した者もいた。

大将軍の顔ぶれは一門内の力関係を、その固定は人材の払底を表現しているが、墨俣が決定的に異なっていたのは重衡の参加である。それは、一門主流の部隊が加わっていることを意味する。合戦において取った首の多寡は、彼らが率いる軍勢の数にほぼ比例すると考えられるから、そこからも、重衡率いる隊が群を抜いた兵数をそろえていたと判断できよう。またあげた首の数からいえば、維盛は重衡に継ぐ数である。二大軍事集団の一方の雄にふさわしい、まずまずの戦果をあげたことになろう。ところが『平家物語』でも語り本系になると、維盛像は武将としての無能さ、女々しさというマイナスイメージが付着してくる。この戦闘でも維盛軍の参戦の事実を意図的に削っている（重衡もだが）。そのようにしてつくられた人物像は、維盛にとって不本意であろう。(25)

そして墨俣後の小競り合いの戦闘について、延慶本（第三本十郎蔵人与平家合戦事）は

一番飛驒守景家（三千余騎）、二番上総守忠清（三千余騎）、三番越中前司盛俊（三千余騎）、四番高橋判官高綱（三千余騎）、五番頭中将重衡・権亮少将維盛（八千余騎）

という陣立てを伝える。信がおけるものかどうか不安だが、敵に向き合う前線に景家・忠清が配されている点、重衡・維盛の部隊が本隊に相当する点は、以仁王の乱の場合と同じである。墨俣は忠清にとっては富士川戦の汚名を返

上する機会となったであろう。平盛俊は、前年一二月一〇日に園城寺の悪僧を攻めているので、最初からこの遠征軍に参加していた（『山槐記』一〇・一二日条）。彼の子盛綱や叔父である盛久は、墨俣合戦注文後段の敵の大将首をとった者の注記から、重衡の手に属する者であったことが知れる。宗盛を主人といただく盛俊も、軍隊区分としては、重衡指揮の部隊に属する者ではなかっただろうか。[26]

五　重衡と維盛

墨俣で重衡と維盛は、主将と副将の関係にあった。二人は、年格好も二歳程度の違い、官歴も承安二年（一一七二）徳子立后と同時に重衡が中宮亮、維盛は権亮、治承二年（一一七八）言仁親王が東宮に立つと揃って東宮亮と同権亮に転じ、治承四年の安徳即位に際しては一足先に重衡、翌年には維盛が蔵人頭に就任、とよく似た叔父・甥であるが、[27]二人とその有力郎等は、このころ一門主流と小松家という平家内二大勢力を軍事的に代表するとともに、連合艦隊としての遠征軍全体をたばねる最高司令部を形成していた。

これにたいし、富士川で惨敗した東国追討使が、維盛・忠清のコンビを中核にしているのは、二大勢力中の一方しか遣わされなかった事態を意味している。最初から全力を投入しなかった敵情判断の甘さは責められるべきかも知れないが、関東の異変を鎮めるのに、「（坂東）八个国ノ侍ノ別当」たる忠清（延慶本第二末三浦ノ人々兵衛佐ニ尋合奉事）とその主人が向かうのは、一応肯ける人選であった。

その点、寿永二年（一一八三）の木曾追討北陸道遠征軍は、上総介忠清・五郎兵衛忠光・七郎兵衛景清・上総判官忠経など維盛の郎等の他、飛驒守景家・飛驒大夫判官景高・越中前司盛俊・越中次郎兵衛盛次など宗盛の有力御家人、武蔵三郎左衛門有国のような知盛の御家人も含まれており（延慶本第三末為木曾追討軍兵向北国事）、実質的には平家の総力を結集した戦いであった。

これに対し、彼らを率いるべき大将軍は、権亮三位中将維盛・越前三位通盛・薩摩守忠度・左馬頭行盛（基盛長子）・参河守知度・但馬守経正・淡路守清房（清盛子）・讃岐守維時・備前守時基・刑部大輔広盛（経盛子）といったところで、知盛・重衡の名前は見あたらない（同右）。

北陸道遠征軍は「四万余騎」といわれるが（『玉葉』寿永二年六月五日条）、大軍の割には最高指導部は弱体であり、片肺のままだった。それが、軍の統制に大きなマイナスになったのは想像に難くない。事実『玉葉』は篠原合戦について、「敵軍纔に五千騎に及ばずと云々。かの三人の郎等大将軍等、権盛を相争ふの間、この敗れありと云々」と記している。三人の郎等大将軍とは、「かの家（平家）第一の勇士」といわれた越中前司盛俊・飛驒守景家・上総判官忠経（異本忠清）のことをさす（寿永二年六月五日条）。つまり、敗戦の第一因が、決戦を前にしたこれら侍大将軍間の、主導権争いにあったというのである。

盛俊と景家は宗盛、忠経（忠清）は維盛の御家人の代表格であったから、単なる個人レベルの権勢争いを越えた、一門内二大軍事勢力の面子や利害にかかわる対立であったのだろう。重衡という一門主流を軍事的に代表する存在を欠いた遠征で、維盛の役割はきわめて大きなものがあった。大局的見地から両勢力の要求や利害を考量し、全軍うって一丸となる体制をつくる任務が、その双肩にかかっていたからである。憶測を述べれば、維盛は一門主流の経験豊かな侍大将らの主張を、総合的に作戦指導に反映するだけの力量と決断に欠けていたのではないか。というより、上総判官忠経（忠清）等ミウチの侍大将の意見に、引きずられてしまったというべきであろうか。

大切な局面で重衡・知盛、とくに重衡がなぜ遠征に参加しなかったのかは、大きな謎である。とにかく彼らが欠けることによって、平家軍制の弱点は、一気に拡大された。なにしろ、木曾追討軍は、「或は以前、或は以後」とばらばらに進発し、出立完了に一週間を要した（『百錬抄』四月一七日条、『玉葉』四月二三日条）。当時の感覚でも統制十分とはいえない寄り合い所帯だったのである。

最後に重衡や維盛が、各地の平家御家人たちにとってどのような存在であったかについて、ある事例を紹介しておきたい。といっても、よく知られた事件で、西行の甥である紀伊国田仲荘預所佐藤能清による高野山荒川荘への濫行事件である。事件の経緯、詳しい背景は先行研究を参照されたい(28)。

治承五年（一一八一）四月一八日、能清とその郎従長明が荒川荘に打ち入り、放火・殺害・作麦の刈り取りなどを行った。非法は直ちに言上されたが、四月二四日付の荒川荘の百姓等申状によると、能清らはそれに続き、「頭殿の仰せ幷に権亮殿の仰せ候ふと号して、大和国には刀帯（帯刀）先生奉行し、和泉国・河内国は家人等に仰付け、荒川庄を焼失ひ、百姓住人等併せて殺害すべきの由、所々の縁人に申し遣は」したという（『平安遺文』補三九七号）。翌日付の平宗盛宛の僧某申状でも、同じ事態が「剰へ頭亮殿　持明院少将殿の御下知と号して、近国の御家人を駈り具し、荒川庄より始めて御山に至るまで焼払はしむべきの由、申し送り候ふに依りて」、高野山の寺僧らがパニックに陥った、といわれている（同三九八二号）。

それぞれ頭殿（頭亮）は重衡、権亮殿は維盛、持明院少将殿(29)は平資盛を指す。時は墨俣合戦が終わって一月あまり、重衡らが凱旋して、さして日数がたっていないころのことだった。そうした時期に能清らは、自らの濫行に続き、重衡・維盛（資盛）の命をうけた平家軍の襲撃があると触れて、荒川荘内外の住人・高野山寺僧らを恫喝したというのである。そして実際に能清の田仲荘内池田に城を構え、「千万の軍兵を集め候て、日々夜々自国他国を論ぜず、頭殿の御家人等郡（群）集仕」り、二五日朝に襲撃との情報が流れてくる有様だった（同補三九七号）。

この事態について、某僧は、「（能清がいうところの重衡・資盛の御下知は）定めてかの二所の殿中に披露せしめ候はざる事か」と疑っている。根拠は、高野山では閏二月に亡くなった清盛の菩提を弔う五十箇日の作善の終了を宗盛らに注進したばかりであり、納骨された重盛の遺骨にたいする日々の念仏読経も怠りない、平家が高野山を滅ぼすなどあろうはずがない、というところにある。つまり、能清は平家御家人らの集結を重衡・維盛らの命によるものだと号しているが、「これ只能清の私の謀略に候ふか」、能清個人の策略としてそう称しているにすぎず、襲撃は正規の命令によるものではないと主張しているのである。

以上の事態にたいし、百姓等は高野山に、平家の惣領宗盛に働きかけて狼藉を止めさせて欲しいと訴え、それを承けた某僧は高野山の二千人の寺僧集団を代表して、宗盛に狼藉停止を願った。

両文書に見えている平家の御家人制について、興味惹かれる点を三つあげておきたい。

第一は、荒川荘への襲撃命令は、「頭殿の仰せ幷に権亮殿の仰せ」だとされている点である。重衡や維盛の名前が平家御家人の統率者として自然だからこそ、能清は彼らの名を持ち出したのであろう。重衡・維盛が平家の軍隊指揮の上で占める位置については、すでに見たとおりであり、その認識が地域社会にまで滲透していたからこそ、能清の脅迫が迫力をともなったと思われる。ただし、某僧申状の方では、重衡の相方は「持明院少将殿（資盛）」になっている。一日違いの文書なのになぜか疑問であるが、富士川戦に惨敗し清盛の怒りを買って、維盛の小松家内の地位が揺らぎ、資盛が維盛にとって代わる勢いにあった状況を反映しているのかも知れない(30)。

第二は、荒川荘襲撃を命じた「頭亮殿　持明院少将殿の御下知」なるものについて、「定めてかの二所の殿中に披露せしめず候事か」といっていることである。川本重雄氏は『平家物語』の、「次日、兵衛佐（頼朝）の館へむかふ。内外に侍あり。ともに十六間なり。外侍には、家子・郎等肩をならべ、膝を組てなみゐたり。内侍には一門源氏上座して、末座に大名・小名なみゐたり」（巻八征夷将軍院宣）と、「小松殿には、盛国承ッて着到つけけり。馳参たる勢ども、一万余騎とぞしるいたる。着到披見の後、大臣（重盛）中門に出て、侍共にの給ひけるは」（巻二烽火之沙汰）という両記述の対比から、御家人が出仕し、そこに頼朝も出御する建物としての「侍《さぶらひ》」の存在が鎌倉幕府の特徴であるのに対し、平家一門と御家人の関係は中門廊と庭という殿上・地下に規制されるものであることを指摘している(31)。これにかんし野口実氏は、「ここには、平家の貴族的性格と鎌倉幕府の武家政権としての革新性が鮮明に示されているが、しかし、これこそまさに源平をことさら対比的に描く『平家物語』の文学的虚構の一環として評価すべきものではないだろうか」と冷静な疑問を差し挟んでいる(32)。

実際「かの二所（頭亮殿・持明院少将殿）の殿中に披露せしめず候事か」という一文から、軍令は重衡・維盛（資盛）それぞれの殿中で披露されるのが正常な形であったことが知られる。殿中とは、山木兼隆襲撃当夜の頼朝館の緊迫した情景について、「而るに今夜、勇士等殿中に群集するの儀、先々の形勢に相似ず」（『吾妻鏡』治承四年八月一七日条）とあるように、庭上ではなく邸宅内、具体的には侍所のことを指しているのであろう。まさにこの記述から源平両氏の主従交歓の場や軍令伝達の場に大きな相違が無かったことを推測せしめる。

第三には、能清の私的な御家人駆り集めは、「大和国には刀帯（帯刀）先生奉行し、和泉国・河内国は家人等に仰せつけ」た、とある点である。帯刀先生とは春宮坊帯刀舎人の長であり、この事件発生時にそう呼ばれる資格があるのは、言仁親王（安徳天皇）の帯刀長であった平兼衡・源光経の二人である(33)。兼衡は平信兼の長子で、光経は美濃源氏光長の次子であるが、光長がこの少し前本拠の美濃蒲倉城で平家の追討軍と戦っているので（『玉葉』治承五年正月一八日・二五日条）、前者が妥当である。御家人の催促は、大和国では平兼衡の手を介して行われたことになろう。

また「和泉国・河内国は家人等に仰せつけ」とあるが、肝腎の紀伊の御家人についてはなぜか言及がない。紀伊国にあっては、すでに能清による御家人催促が日常的に行われていたので、あえてふれなかったのかも知れない。しかし、紀伊国は、当時一門から異端として疎外されていた頼盛の知行国だった。当地ではかなりの部分が頼盛の御家人で、召集についても重衡・維盛の命が及ばない事情があったとも考えられる。

注

（1）石井進「院政時代」『講座日本史2　封建社会の成立』東京大学出版会、一九七〇年。五味文彦「院支配権の一考察」『日本史研究』一五八号、一九七五年（増補・訂正の上「院支配の基盤と中世国家」と改題し同『院政期社会の研究』山川出版社、一九八四年に再収）。飯田悠紀子「平安末期内裏大番役小考」御家人制研究会編『御家人制の研究』吉川弘文館、一九八一年。拙稿「中世成立期における国家・社会と武力」同『武士の成立　武士像の創出』東京大学出版会、一九九九年。

（2）西村隆「平氏「家人」表」『日本史論叢』一〇号、一九八三年。

（3）角田文衞『平家後抄』朝日新聞社、一九七八年。とくにその第二章「さまざまな運命」、第三章「平家の残党」参照。

（4）梶原正昭「郎等の世界」『国文学』一七巻二号、一九七二年。以倉紘平「平貞能像——その東国落ちについて」『谷山茂教授退職記念国語国文学論集』塙書房、一九七二年。岡田三津子「延慶本『平家物語』の人物造型——平家貞・貞能の場合を中心として」『中世文学』三二号、一九八七年。佐々木紀一「桓武平氏正盛流系図補輯の落穂」『米沢国文』二五号、一九九六年。角田美穂「『平家物語』の九州武士——壇ノ浦合戦をめぐって」『中京大学文学部紀要』三二巻、一九九八年など。

（5）拙著『〔増補改訂〕清盛以前——伊勢平氏の興隆』平凡社ライブラリー、二〇一一年、四九—五一頁の補説参照。

（6）景綱が「古市ノ住人伊藤武者」と称しているので（半井本『保元物語』上）、度会郡古市を本拠とする考えもある（太田亮『姓氏家系大辞典』伊藤の項）。のち古市も拠点の一つにしたという可能性は、排除しない。

（7）拙著注(5)書、二二一—二二二頁。

（8）小林太市郎「平家納経考証」『小林太市郎著作集5　大和絵史論』淡交社、一九七四年、二二四—二二五頁。

（9）彼らについては、佐々木紀一「桓武平氏正盛流系図補輯（上）」『国語国文』六四巻二号、一九九五年、一一—一五頁を参照。

（10）平信兼も一志郡須可荘・同羽出御厨に所職をもっていたので（三〇三七・四二六〇号、四二五九号）、盛国の須可支配との棲み分けがどうなっていたかという問題が残る。信兼の本拠については稲本紀昭「曾禰荘と平信兼」『日本史研究』二三四号、一九八二年。

（11）飯田久雄「平氏と九州」竹内理三博士還暦記念会編『荘園制と武家社会』吉川弘文館、一九六九年。野口実「平氏政権下における諸国守護人」同『中世東国武士団の研究』高科書店、一九九四年。

（12）侍とは「さぶらふ」の名詞形「さぶらひ」の転訛したもの。摂政・関白のイエその他権門貴族に近侍し、位でいって六位、官職的には判官クラスという社会的中間層の汎称である。彼らの上層は長期の勤務の功によって五位になり、受領・検非違使の官・職を得るものもいたが、家格的にはいぜん侍たることを脱し得なかった。侍は武士の同義語ではなく、彼らのうち武芸を家業とし、武をもって権門貴族に奉仕する特殊技能者の謂である。拙稿「中世の身分制」同『中世史の理論と方法』校倉書房、一九九七年参照。

(13) 上横手雅敬「平氏政権の諸段階」安田元久先生退任記念会編『中世日本の諸相』上巻、吉川弘文館、一九八九年。

(14) 乳父や乳母の夫については、秋山喜代子「乳父について」『史学雑誌』九九編七号、一九九〇年。同「養君にみる子どもの養育と後見」『史学雑誌』一〇二編一号、一九九三年参照。

(15) 佐々木紀一「小松の公達の最期」『国語国文』七七巻一号、一九九八年。

(16) 源季貞（房）については、本書第七章一七四・一八二・一八三頁、角田注(3)書、一〇〇―一〇三頁、および五味文彦「平氏軍制の諸段階」『史学雑誌』八八編八号、一九七九年参照。

(17) 田中文英「治承・寿永の内乱」同『平氏政権の研究』思文閣出版、一九九四年、三九六―四〇〇頁。

(18) 同右三九九頁。

(19) 拙稿注(1)論文。

(20) 石井由紀夫「不在の大将軍――知盛像の物語的形成（四）」『鈴木淳一教授退官記念論文集』、一九八六年。

(21) 石井注(20)論文。拙著『平家の群像　物語から史実へ』岩波書店、八八―九一頁、二〇〇九年。

(22) 近江道は東海・東山道であり、伊賀道は後の内保越（伊賀内保―柑子―龍法師―深川―水口のルート）、伊勢道は後の御代参街道（甲賀土山―柴尾―鎌掛―上野田―石原―岡本―大塚―今堀―八日市のルート）にあたると考えられる。年未詳高倉上皇院宣は（『平安遺文』三九四〇号）、石山寺に対し、江州の逆賊の侵攻に対処するため、所領内の路々を堅固に切塞ぎ、上下の諸人の往反を阻止させ、その際「但し、入道大相国・前右大将幷にかの一族の許に罷り向ふ輩に於ては、交名を尋ね問ひ、別使を差し副ふれば、遣はすを免ずべき」ことを命じている。『平安遺文』編者が推定したように、この時期に発給された院宣であることは間違いない。

(23) なお清経（重盛三男）の名もあがっているけれど、これは資盛と行動を共にしたか。この他『皇代暦』には行盛（清盛孫）の名があり、知盛と行動を共にしたと考えられる。

(24) 安田元久『平家の群像』塙新書、一九六七年、一二六―一二八頁。

(25)　維盛の武人としての素顔については、拙著注(21)書、五〇—五四頁参照。

(26)　第二次大戦前の日本軍には建制と軍隊区分という用語があった。前者は軍隊の本来的で恒久的な編制、後者は作戦目的に応じて必要な兵力を建制とは直接関係なく、一時的に区分・編制・組織することである。家ごとの主従制はいわば建制にあたり、臨時に知盛や重衡の指揮下に入るのは軍隊区分に相当する。

(27)　秋山寿子「二人の三位の中将」『軍記文学の系譜と展開』梶原正昭先生古希記念論文集刊行会、一九九八年。

(28)　井上満郎「鎌倉幕府成立期の武士乱行」同『平安時代軍事制度の研究』吉川弘文館、一九七五年。目崎徳衛「摂関家領田仲荘と預所佐藤氏」同『西行の思想史的研究』吉川弘文館、一九七八年。田中文英「平氏政権の在地支配構造」同『平氏政権の研究』思文閣出版、一九九四年年など。

(29)　頭殿（頭亮）が重衡、権亮殿が維盛を指すことについては諸氏異論がない。持明院少将が資盛を指すことについては、安田元久「御家人制成立に関する一試論」同『日本初期封建制の基礎研究』山川出版社、一九七六年、三三三—三三四頁参照。なお小松家内の嫡流の位置の推移については、拙著注(21)書第一章を参照されたい。

(30)　佐々木注(15)論文。

(31)　川本重雄「寝殿造と六波羅泉殿——総柱大型建物の意味」『研究紀要（京都女子大学宗教・文化研究所）』二三号、二〇一〇年。

(32)　野口実「平清盛と東国武士——富士・鹿島社参詣計画を中心に」『立命館文学』六二四号、二〇一二年、二五七頁。

(33)　笹山晴生「春宮坊帯刀舎人の研究」同『日本古代衛府制度の研究』東京大学出版会、一九八五年、三五二頁。

第七章　清盛家家政の一断面

――備後国大田荘関係文書を手がかりとして

はじめに

備後国大田荘は、永万二年（一一六六）平重衡によって後白河院に寄進され、重衡が預所（領家）に補任された。実質上の寄進者は当時一〇歳の重衡ではなく、父清盛である。つまり、本荘は平安時代には本家後白河院、領家（預所）平家という荘園だった。内乱の過程で備後に進駐した土肥実平・遠平父子の軍勢が、平家滅亡後も大田荘を制圧下に置いていた。文治二年（一一八六）五月、後白河法皇は、保元以来の戦没者、なかんずく平家関係者の菩提を弔う目的で、根本大塔において両界（金剛・胎蔵）曼荼羅行法を不断に勤修せしめ、その費用に宛てるため、同荘を高野山に寄進。七月には源頼朝にたいし、「件の庄は本より没官注文に入れ」なかったとして、実平の押領には根拠がない停止せよ、と申し送った（『鎌倉遺文』一二五号）。こうして平家旧領大田荘領家職は、事実上本家職と一体になって、金剛峰寺根本大塔に帰属するところになった(1)。

一　平安期大田荘関係文書の伝来過程

平安時代の年紀をもつ大田荘関係文書で、今日に伝存するもの二二通、すべて高野山と縁のある文書である。正確には永万二年（一一六六）正月一〇日後白河院庁下文案（『平安遺文』三三七五号、以下Aと略称する）が丹生神社文書、永万二年二月日備後国大田荘立券文案（『平安遺文』補一〇六号）および仁安四年（一一六九）四月日備後国留守所下文（『平安遺文』未収載）の二通が高野山御影堂文書で、残り一九通は宝簡集、又続宝簡集に分散収納されている。うち又続宝簡集五十の一通は、正平二二年（一三六七）一一月に作成された、永万二年二月日備後国大田荘立券文案の写であり、したがって平安時代作成のものは合計二一通になる。これら文書群の伝来過程について、明確な見通しを述べたのは、河音能平氏である。その主張は、以下のようにまとめられるであろう(2)。

院政期王家は、院庁下文を発給して家政にかかわる諸問題を処理した。その際、正文と案文（正式の控）二通が作成され、別当以下院司たちは二通双方に署判する。そして正文は文書受給者に交付され、案文は庁底（院庁の文書庫）に保管された。文書袖に「案」と記されているAは、本荘が立荘されたときの正式の控（案文）であることを示しており、文書端書に「正文は兵部卿（清盛）に進らし罷り了んぬ、取継左衛門尉季貞」とあるのは、正文が確かに清盛に進呈されたこと、その際の平家側窓口が左衛門尉源季貞だった事実を記し、備忘にそなえようとしたことを示している。後白河院庁は、本荘を高野山に寄進するとき、後白河院庁下文を作成し、その正文（宝簡集一、『鎌倉遺文』一〇一号）に庁底に保管されていたAを副え、高野山僧鑁阿に手渡した。その後、Aは金剛峰寺の鎮守社丹生神社に伝来することになった。

河音氏は、残り二〇通はAとは性格が異なり、「そのほとんどが平重衡（現実には平清盛）に交付された備後国司庁宣・備後国留守所下文などの正文であり、平氏政権期には太政大臣平清盛家政所に保管されていた文書（正文）群である」と考え、もしこれらの文書が、六波羅や西八条の平家舎屋に保管されていたら、寿永二年（一一八三）八月の都落ちの際、平家の自焼によって、すべて灰燼に帰したはずだとし、それらに平家家人平盛国宛書状四通が含まれている点から、これら文書は平清盛・宗盛家政所たる盛国私邸に置かれており、同邸は都落ちに際しても無事だった、そして、「後白河院が平氏一族の官位を奪った時、後白河院は無人の平盛国私宅に検非違使をつかわし、旧平宗盛家所領文書群を没収して後白河院庁に運ばせた」と推測する。その後文治二年（一一八六）五月の大田荘寄進にあたり、これら備後国大田荘関係文書正文群が、前記二通の文書と併せ鑁阿に手渡された。平安期の文書が高野山に伝来するのは、荘寄進の証として、院がそれらを高野山に交付した結果にほかならない。

以上の河音氏の説は、王家にとどまらず中世前期の官司・権門全体を視野に入れた、文書群の保管と廃棄の原則を究明する作業の一環で、氏の労作によって、その課題には大きな展望が開かれた。もっとも養和元年八月一七日には、盛国にかんし「盛国入道」の呼称が見える（『吉記』）。すでに出家入道しており、清盛の死とともに現役を退いていたと思われる。延慶本には、元暦元年（一一八四）三月五日、盛国は一の谷から凱旋した義経に子供とともに捕縛されたとあるので（第五末重衡卿ヲ実平ガ許ヨリ義経ノ許へ渡ス事）、都落ちには加わらず在京していた。そのような次第で、後白河院が平家の文書群をいかなる状況で取得したかについては、さらなる検討が求められよう。

また河音氏は、平家時代の文書群が鑁阿に引き渡されたのは、文治二年五月の寄進時としているが、後白河が大田荘文書を目録を副えて鑁阿に遣わしたのは文治三年九月一〇日で（『鎌倉遺文』二六三号）、それは寄進目的である長日不断両界曼荼羅供養の実施が軌道に乗りつつある、と判断されたからと考えられる[3]。

さらにAを河音氏は「本荘が立荘されたときの正式の控（案文）」としているが、本郷恵子氏は「正文として通用する院庁下文を二通作ったが、両方とも正文とするわけにはいかないので、一方に「案」と記した」のであり、内容的にも大田荘の立券は清盛に利益を与えたものだが、「後白河院にとってもあらたな本家職の創出であり、その出発点を示す文書は後の公験として保管すべきものだった」、だから「この院庁下文〝案〟は、発給者としてではなく、受益者としての立場から作成され庁底にとどめられたのだと考えた方が良い」と批判した(4)。首肯すべき見解であろう。

ともあれ、河音氏の関心は前記課題の解明にあったため、平家家政機関の具体的様相、大田荘支配と盛国の果たしていた役割、院庁の主典代と盛国の年貢をめぐるやりとりなどについては、分析の対象になっていない。以下、その点について集中的に論じてみたい。

二　院の御厩舎人ら年貢の受け取りを拒否

ここで扱うのは、河音氏が注目した平盛国宛四通の書状と、それに関連する嘉応元年一〇月から一二月にかけての五通の文書である（BからJの略号を付した九通）。この文書群の一部については、筆者が旧著で平家と院御厩との関係から(5)、また小泉（本郷）恵子氏が院主典代の果たした役割解明の立場から概観しているけれど(6)、なお内容を汲み尽くすに至っていない。再論するゆえんである。

大田荘の年貢は、立荘時のAに記載されているように、後白河院の御厩で用いる「御馬・御牛の衣幷に御厩舎人・牛飼等の衣服料六丈の白布百端」を毎年院庁（別当・判官代・主典代隷下の下級機関としての院庁）に進上することになっていた。御厩は別納所・主殿所・御厨子所などと並ぶ院庁の分課の一つであり、牛車や牛馬を管理し御幸に供奉するのを任とし、別当・預・案主・居飼・車副などの職員が置かれていた。

平家は清盛の父忠盛が鳥羽殿御厩預、次いで院の御厩別当として御厩を管理した。院の御幸に供奉し、車・馬の管理を任とする御厩は、軍事的機能をそなえており、院政と密着して勢力伸長してきた平家にとって、その掌握は自然のなりゆきだった[7]。

院領荘園といっても、領家（預所）職は平家が握り、年貢の納入先も自らが掌握している御厩という関係である。そしてBからJは、その御厩への納入年貢にかかわって発生したトラブルとその処理、およびその事後に関連する文書群なのである。

B　備後国大田荘年貢布送文案　〇又続宝簡集一四二（『平安遺文』四八六三号）

　　十月十日院庁進上了

　　案文　　吉澄沙汰

備後国大田御庄

　進上　御年貢布事

　　合白六丈布佰伍段

　　六丈布九十七段

　　四丈布十二段　准六丈布八段

右、御年貢布当年分、進上如件、

　　か（嘉）応元年十月　日

まずBは、院庁に年貢を進納する際の送文（品物を送る時副える、品名を書いた文書）の案文である。年貢の内訳は六丈布九七段と六丈布八段（ただし四丈布一二段で代替）、計白六丈布一〇五段である。一〇〇段の五パーセント増しであるのは、織幅は同じでも丈の短い四丈布で一部代替したので、その分を考慮してプラスアルファを付けたのであろうか。年貢を進納すれば当然その受け取りが発給される。それがHに見える「ゐんの庁のへんそ」、つまり院庁の返抄ではないだろうか。

C　筑前守平貞能書状　〇宝簡集四七（『平安遺文』四八六九号）

（別筆）「筑前守貞能返事」

御馬御車牛衣布事、子細承候了、召問沙汰者義次候之処、申云、去々年去年任庁送文取納て、令下行御廐舎人等候之間、非本尺之由訴申て、義次を依令偏頗之由嫌申候、今度布、召御廐舎人武廉、御使共に令見て、令下宛候之処、申鉄尺之由て、付御使武廉、令持参候歟、然者此条可令計御沙汰給候者也、恐々謹言、

十月十二日　筑前守（平）貞能

D　大蔵権少輔基兼書状　〇宝簡集九（『平安遺文』四八六四号）

（別筆）「大蔵少輔基兼書状五枚」

一日令進済給候大田御庄年貢六丈白布御馬御車牛衣料、令送遣御廐候之処、筑前守（平貞能）返事如此、何様可候事哉、可令計御沙汰給候、於布者依不被請取候、返預庁候也、随御返事、可申遣候也、恐々謹言、

十月十二日　大蔵権少輔（中原）基兼

謹上　首馬判官殿

後掲Eによれば、院庁に納入された年貢の白布は、送文を副えて筑前守平貞能のところに送られ、さらに院の御廐舎人に下行された。ところが、院御廐舎人が「鉄尺」は「本尺」でない、規格に足りないから受け取れないと騒ぎは

じめたので、院庁主典代の大蔵権少輔中原基兼が、事情を貞能に問い合わせた。主典代は院中の文書・記録のことをつかさどり、公文の作成にあたるとともに雑務にも従事する。それについての貞能の返事がCである。

内容は、「沙汰の者」義次を呼び尋ねたところ、「一昨年・昨年と、庁の送文にもとづいて取納し、御廐舎人らに下行しましたところ、舎人たちが「本尺」ではないと訴え、義次を「偏頗せしむるの由」によって「嫌ひ申」しました、それで今回の布は御廐舎人武廉を召し、院庁の御使とともに検分した上で、御廐に下行しましたところ、やはり「鉄尺」だからと反発し、御使と武廉に託して返却してきたようです」との返事です、だから、この件あなたの方でしかるべく処理して下さい、といったところか。

中世の鉄尺は、現行曲尺と一致するといわれており[8]、かねじゃくと訓じたのであろう。本尺がいかなるものさしか不明だが、鯨尺のように曲尺より大尺だったのだろう。事実なら年貢は実質減少する。舎人らが騒ぐのも無理はない。

Cの差出人平貞能は、清盛の「専一腹心の者」、そして「平家第一の家人」と称された人物である。承久の乱以後、院の御廐別当を相伝した西園寺家に伝わった「御廐司次第」という史料には[9]、この頃、御廐別当は清盛、別当の下にあって御廐の実際を取り仕切る案主の役は貞能が勤めていたとある。貞能の父平家貞も忠盛の御廐別当時代に案主を勤めていた。一件の経過からも、筑前守平貞能がやはり御廐の実質統轄責任者で、舎人武廉らを管掌していたことがうかがえる。

ただし清盛は出家し政界を「引退」、仁安四年（一一六九）の春から福原に常住、めったなことでは上洛しなかったから、すでに御廐別当の任務から解放されていたはずで、その役は、彼の後継者重盛が果たしていたに違いない。実際「御廐司次第」では、この事件の二年後重盛が別当に就任となっている。貞能も、平家相伝の家人として、清盛の譲りにより、当時重盛の家人になっていたのである[10]。

貞能が事情を聴取した沙汰者義次は、年貢徴収―納入のことにあたった関係者であろう。「去々年去年の庁の送文に任せ取納」といっている「取納」が、「収納」と同義語だからである（『日本国語大辞典第二版』）。近年「職の体系」的な荘園制論が批判される中で、預所—下司および公文という支配系列とは別に、年貢請負・立替システムを担った沙汰人の存在が注目されているが、この沙汰者義次は、まさにそうした沙汰人と同類の存在ではないか[11]。高橋一樹氏によれば、彼らは中央の中下級官人であり、国衙領行政にも関わりつつ、金融業者的な性格があったとされる。

そういえば沙汰者義次は、同年一二月日尾道の大田荘倉敷にたいする国衙の妨げの停止を訴え国裁を乞うた「御庄沙汰人実次」と「次」の字を共有している（『平安遺文』三五二八号）。父子・兄弟のような血縁者ではないかと推察される。そしてその前年仁安三年（一一六八）一〇月、御調郡内尾道村の田畠五町〈田二町、畠三町〉を免給して欲しいと解状を提出したのは下司と沙汰人であった（『平安遺文』三四七三号）。年貢米運上の時、内陸部の大田荘から櫛田川を利用する「御米津下の往反」に「煩ひ」がある、それで陸路搬送をするが倉敷地がないのが不便で、尾道にそれを求めていたのである[12]。倉敷を必要としていたのは、下司ではなく沙汰人の方であったに違いない。彼らは問丸のような交通運送業者を統括し、自らも借上のような金融業者を兼ねていたのであろう。

Dは、基兼が首（主）馬判官殿、つまり平盛国に宛てた書状で、末尾は、納入の布は御廐側が受け取らないので院庁にあずかっておりますが、いかがしましょうか、お返事しだいではそちらに届けますが、と言っている。

三　主典代基兼、問題解決に奔走

E　大蔵権少輔基兼書状　○宝簡集九（『平安遺文』四八六五号）

（端裏）「大田御庄御年貢布事十月十九日」

此旨被申て候し書状ハ、一日令進覧候了、謹言、

備後国大田御庄御年貢六丈白布御馬御牛衣料、送文ヲ成副候天、筑前守（平貞能）之御許へ令送遣候之処、御厩舎人等、称非本尺之旨、不令請取之由ヲ被申候天、庁ニ所被返遣候也、此御庄建立之後、此二三ケ年令進済給定の以鉄尺、布令送遣候畢、何様可候事にか候覧、早可仰左右給候、恐々謹言、

十月十九日　　大蔵権少輔基兼状

謹上　主馬判官殿

Eは、それから一週間後の日付で、基兼は盛国に宛て、ことの経過をもう一度くり返し述べ、御厩にはこの二三箇年進済に使った規定通りの鉄尺で布を送ったのに、この事態はどうしたことでしょうか、早くしかるべき対処方法をご指示くださいと述べている。そして文書袖には、「この旨申されて候ひし書状は、一日進覧せしめ候ひ了んぬ」とある。「この旨」は、本文中の「御厩舎人等、本尺にあらざるの旨を称し」たとあることを指しており、したがってそれを記した「書状」とは、Cの貞能書状だと判断できる。「一日」はひとひと訓み、過去にあったある日、先日の意味である。つまり、基兼は追而書の形で、その件にかんする貞能書状はすでに先日「進覧」しておりますが、と駄目を押したわけである。

F　大蔵権少輔基兼書状　○宝簡集九（『平安遺文』四八六六号）

此返事御覧之後可返給、恐々謹言、

今朝　入道殿（平清盛）へ参仕候之処、以源左衛門尉（季房）仰云、大田御庄御年貢布事、御庄建立以後、此二三ケ年、以鉄尺令進済了、而今年始天申非本尺之由、御厩舎人等件布ヲ不請取、不当事也と、筑前守之御許へ仰遣と、御定候つれハ、以其仰令申遣候之処、筑前守返事如此候、恐々謹言、

十月廿一日　　大蔵権少輔基兼状

謹上　主馬判官殿

Ｆはその翌々日、基兼が清盛のもとに出かけ、その結果を盛国に報告したものである。基兼は、源季房を介して清盛の意志を承ったが、それは「年貢の布は、立荘以来鉄尺で進済してきた、今年になって御厩舎人が布を請取らないのは不当のことである、この旨貞能に伝えよ」というもので、自分がその通り貞能に伝達したところ、彼の返事はこのようでありました、と述べている。清盛が基兼の望む通りの命令を発したのは、すでに清盛のもとに立荘以来鉄尺で納入の情報が伝えられていたからかもしれない。貞能はこの事件で、舎人らの不満を抑止せず、結果として院庁や主典代に圧力をかける側に回っていた。中原基兼から事情を聞いた清盛が、貞能の行動に不満を覚え一喝したわけで、むろん貞能の返事は、清盛の命に随うという内容以外には考えられない。

取次の役を勤めている源左衛門尉季房とは何者か。寛元四年（一二四六）五月日の日付をもつ金剛峰寺調度文書目録下（続宝簡集十六、『鎌倉遺文』六七〇七号）の大田荘分中に、Ｈに該当する文書として「左衛門尉季貞書状一通」が見える。季房と季貞は同一人物であろう。季貞は白河院北面源重時の孫であり、父季遠以来平家家人化している人物で、まさにＡの端書に「取継左衛門尉季貞」とある人物その人である。清盛側近中の側近で、清盛死後は宗盛側近として活躍している。(13) 以下、本章では季貞で統一する。

Ｇ　大蔵権少輔基兼書状　　○宝簡集九（『平安遺文』四八六七号）

昨日被仰下候し大田庄御年貢布進納之間、鉄尺本尺間、子細、以御教書、一行可仰給候也、令致沙汰候故也、且以御教書之旨、筑前守ニモ可令覧申候也、恐々謹言、

十月廿二日　基兼上

謹上　源左衛門尉（季房）殿

H　左衛門尉源季房書状　◯宝簡集九（『平安遺文』四八七〇号）

ゐんの丁のへんそ（院庁の返抄ヵ）、おほくらのせふ（大蔵少輔）のふみ、かへしまいらせ候、以上、おほたのみしやう（大田御荘）のみねんく（御年貢）のこと、きのふ申あけ候ひにき、すなはちおほくらのせふのまいられて候ひしに、おほせられ候ひにしに候、けさ（今朝）かく申されて候ひつれハ、みけうそ（御教書）かきてつかはし候ひぬ、ちくせんのかみ（筑前守）にもいへと候ひき、おほせつかはし候へし、たゝしおほくらのせうかく申つかはさんと申されて候へハ、さてや候へく候らん、おほせにしたかひ候へく候、恐々謹言、

十月廿二日　左衛門尉（源）季房

主馬判官殿

Gは、基兼が季貞に、昨日の清盛命令は口頭だったが、「一行」（証拠の文言）としてやはり御教書が欲しいと希望を述べたもので、それは貞能にも見せるのだと述べている。Hは、その要望に応え、季貞が奉者になって御教書を発給し基兼に手交したことを、盛国に通知した書状である。貞能にも伝えよとの清盛の命だが、基兼が自分の方から申し遣わすと言っているので、そこまですべきだろうか、ご指示くださいとも言っている。

さらに、事件の後日にかかわるものとして次の二通がある。

I　後白河院庁下文　◯宝簡集一（『平安遺文』三五二一号）

院庁下　備後国在庁官人等　「御使者弾正《押紙》――」
　可令早任国司庁宣、以尾道村田畠伍町、為大田庄倉敷地、兼又開発斗張郷幷尾
　　道村無主荒野同御領事、
右、重衡朝臣今月　日解状称、謹検案内、当御領者、管世良郡東条内也、而去永万二年正月十日賜庁下文、御使
国使相共堺四至牓示畢《打脱カ》、（中略）可加増御年貢伍拾端之由、為被成下庁御下文、注子細言上如件者、任申請之旨、
以件尾道村田畠伍町為倉敷、兼又令開発斗張郷幷尾道村無主荒野、相加当御領、本色御年貢六丈布佰端之外、可
増進伍拾端之状、所仰如件、在庁官人等、宜承知不可違失、故下、
　　　嘉応元年十一月廿三日　　　　主典代大蔵権少輔中原朝臣（花押）
別当権大納言藤原朝臣（隆季）（花押）
（以下別当・判官代の署判省略）

J　大蔵権少輔基兼書状　　○又続宝簡集一四二（『平安遺文』四八六八号）
大田御庄加納開発、庁御下文進上之、如此御下文ハ庁官雖令持参候、事ニ触てわつらはしきやうに候へは、内々
私に所令進上候也、件間の牒（榜カ）示なとの事をも、先日光臨おほせあはせ候しかハ、昨日八条殿、又夜前六波
羅殿に参上仕候天、奉尋候しかとも、御他行之由ヲ承候天空罷帰候了、使間事、随仰可致沙汰候也、委細見参ニ
可申承候、恐々謹言、
　　　　十二月一日　　　　大蔵権少輔基兼
　謹上　主馬判官殿

Ｉは、立荘の翌年の仁安二年（一一六七）戸張保（『平安遺文』三四二八号）、翌年には「倉敷」として御調郡尾道村が荘域に加えられたので（『平安遺文』三四七三号）、預所重衡（清盛）が、その増加分の年貢として布五〇端（段）の増進を願い出、承認されたことを示す院庁下文である。戸張保は、地主某の手より平盛久に譲与されたもので、円宗寺御封米として弁済される「見作田拾五町余段」分を除く「無主の荒野・山川藪沢」が荘内に編入された。なお、戸張保の一五町分の所当米は円宗寺御封米に、その他の無主荒野の地子は大田荘へという「裁定分け」を、「実検目六一通」を副えて国守に申請したのは大田荘の沙汰人らであった（『平安遺文』三四八二号）。彼らが当地の年貢の収納―運上の実際の担い手であったことは、このような形でも示されていると思う。

Ｊの前半は、「かくの如き御下文は庁官持参せしめ候ふと雖も、事に触てわつらはしきやうに候へば、内々私に進上せしめ候ふ所なり」とＩの院庁下文の交付方法を伝える。庁官は、院庁の年預である主典代とその下僚の公文・院掌などを指すが、この度はいささかこみいった事情があったようで、基兼は彼らを使うのではなく、「内々私に」進上したのである。Ｊの後半では、基兼は、大田荘の榜示確定のことで盛国と相談しようとしている。戸張保地主の権利を有していた平盛久は、盛国の末子（八男）であった。院庁下文が通常の交付法でなかったのは、そのことと何か関係があったのかも知れない。

四　関係文書は盛国のもとへ

文書自体の紹介は以上である。次に、当初の目的である清盛家政所の具体的様相解明のため、この事件で発給された各文書が最終的にどこに行き、保存（廃棄）されたかを整理してみよう。

Ｂの送文正文は年貢納入者側が作成し、その控たる案文は納入者側で保管するのが常態である。当然、院御厩への年貢進納の責任を負う平家側に保存されたはずである。Dは、宛所通り首（主）馬判官殿、つまり平盛国の所に届けられたと考えられる。そして文中「筑前守の返事かくの如し」とあるから、Cもこれに副えられた。

Dの文書端には「大蔵少輔基兼書状五枚」の書き入れがあり、E・F・G・J文書と併せて五枚が、早くから一括保存されてきたことがわかる。前記金剛峰寺調度文書目録下の大田荘分に見える、「大蔵少輔基兼書状五通一巻」に該当する。これらの保管場所はCも含めて盛国邸として誤りないだろう。Gは盛国ではなく、源季貞が宛所になっている。しかしHの追而書では、院庁返抄（カ）とGを盛国の所に返すと言っている。清盛の御教書まで出たので一件落着は間近、だから関係文書は盛国のもとに返却しようと言うわけだろう。

IもJの文面から盛国の所に届けられたことが明らかである。Iの宛所は「備後国在庁官人等」になっているが、周知のように、中世の文書は様式上の宛所が誰であれ、実際にはその文書が保証する権利の保持者に交付されるという原則がある。(14) 本文書は拡大大田荘の納入すべき年貢はいかほどか、という領家側義務の上限（裏返せば権利）の確定として発給され、以後の年貢納入基準になるから、交付先と保存場所は納入責任者のもとでなければならない。押紙に見える「御使者弾正――」は、立荘時備後の国使とともに、荘域の確定を行った院派遣の使者の名前であろうが、Iに貼付してその事実を記憶にとどめようとしたのは、盛国自身だったかも知れない。

Bの保管者は、領家としての平家関係者という以上の特定はできないが、Jが盛国の所に遣わされたのなら、これも盛国の手許にあったと考えるのが最も自然である。

要するにH追而書の院庁の返抄（カ）だけがみあたらないが、残りは皆、盛国のところに保管されるのが当然の文書ばかりである。逆に盛国が発給したであろう書状や清盛の御教書は現存していない。これらはある時期まで基兼の手許に保存されていたはずである。Fに見える「筑前守の返事」も、基兼が追而書で「この返事御覧の後返し給はるべし」といっているから、基兼のもとに返却され、やがてすべてが廃棄され失われたのだろう。

その他、本章では検討過程を省略したが、平安時代大田荘関係の文書は、盛国のところに保管されたと考えて無理のないものばかりである。盛国私宅は、やはり清盛（没後は宗盛）家政所として機能していた、と判断して間違いない。これらが高野山関係文書として今日に伝来した経緯も、前述のように多少の留保はあるが、大筋で河音氏が推定した通りではないか。

文書からうかがえる盛国は、院庁に年貢を納入し、主典代の問い合わせへの応答に終始している。その姿勢は清盛家の家政を牛耳ると言うよりは、実務的に対応し、結局は主典代を清盛のもとにやり、その判断を引き出させるという、いわば黒衣の役に徹しているという印象がする。辣腕の家司というより、一見篤実風の家付き執事である。

おわりに

清盛の家司としては、安芸守藤原能盛がよく知られているけれど、彼の活動は仁安二年（一一六七）から嘉応初年（一一六九）の頃を境として見られなくなり、後白河院への接近を始めるとされている。(15) まさにその頃、盛国は能盛と交替するかのように、清盛の家司集団の中心人物になった。やがて彼の長子盛俊も「入道前太政大臣家」の政所別当を務めるようになる（『平安遺文』三八九一号）。盛国と彼の次男盛信は、『平家納経』「分別功徳品」「薬王品」それぞれの奥書署名者として見え、清盛の抜群の信頼ぶりと、その制作への具体的関与が推測される。

彼の私宅の場所であるが、『吾妻鏡』治承五年（一一八一）閏二月四日条に、清盛が九条河原口の盛国の家で死んだとあることから、河音氏を含め九条河原口と考えられている。(16) ところが、『師元朝臣記』応保元年（一一六一）九月三日条には、憲仁親王（高倉天皇）が「八条河原右（左）衛門尉盛国宅に於て降誕」とある（『御産部類記』下所収）。『吾妻鏡』の九条は八条の誤記であろう。少なくともこの時点では、八条河原にあったわけで、平滋子の産所になるほどだから、一介の家司風情のそれではなかった。この場所は、対岸の後白河院の法住寺殿とは指呼の間にあり、真西に西八条殿、北北東に六波羅があり、しかも双方ほぼ等距離である。両所はいうまでもなく平家の京都における拠点である。(17)

盛国宅は空間的にも機能的にも、平家勢力の神経中枢になりうる、便利かつ重要な位置にあった。第五章で論じたように、このあたりから対岸の九条の末まで、鴨川の両岸にひろがる広大な河原は、福原還都以後の治承四年の末から五年のはじめにかけて、平家の一大軍事集落ができるいわくつきの土地である。盛国の八条河原亭はまさにそれらの起点となるべきものであった。

そして、J後半では、先日榜示の件で盛国のご来訪があり御相談したので、今度は基兼が盛国を尋ねて、「昨日八条殿、又夜前六波羅殿」に参上したが、他の場所にでかけており、結局むなしく帰ってきたと述べている。盛国が自邸と西八条殿と六波羅殿、さらにはそれ以外の間を忙しく往来しながら、平家の家政を統轄していた状況を示唆する貴重な情報であろう。

ちなみに、この事件にあたり基兼が参仕した清盛居所は、F・G・Hの内容と御教書発給の時間間隔から考え、とても福原の別荘とは考えられない。実は清盛は、この年の一〇月七日参内し、時忠・宗盛らを従えて閑院内裏の朝餉の間で高倉天皇と数刻対面、深更に退出しているから(『兵範記』)、まだ京都にとどまっていたのだろう。清盛が上洛した時、治承二年(一一七八)の徳子お産の時以外は、六波羅に足を踏み入れた形跡がなく、彼が止宿するのは、もっぱら西八条殿に限られる。(18)このパターンから言うと、基兼が参仕したのは、六波羅ではなく西八条殿だったはずである。

注

（1）大田荘にかんする研究は数多いが、包括的なものとして阿部猛「地頭領主制」『日本荘園史』大原新生社、一九七二年をあげておく。
（2）河音能平「日本中世前期の官司・権門における文書群の保管と廃棄の原則について」『河音能平著作集5　中世文書論と史料論』文理閣、二〇一一年、初出一九九〇年、九四―九九頁。
（3）拙稿「高野山根本大塔領大田荘の始動と鑁阿の働き」『学習院史学』五一号、二〇一三年。
（4）本郷恵子「中世文書の伝来と廃棄――紙背文書と案」『史学雑誌』一〇七編六号、一九九八年、五三―五四頁。
（5）拙著『［増補改訂］清盛以前――伊勢平氏の興隆』平凡社ライブラリー、二〇一一年、二三四―二三六頁。
（6）小泉（本郷）恵子「中世前期に於ける下級官人の動向について」石井進編『中世の人と政治』吉川弘文館、一九八八年。
（7）拙著注（5）書。
（8）宝月圭吾『中世量制史の研究』吉川弘文館、一九六一年、一〇七―一〇八頁。
（9）木村真美子「中世の院御廐司について――西園寺家所蔵「御廐司次第」を手がかりに」『学習院大学史料館紀要』一〇号、一九九九年。
（10）拙稿「平家家人制と源平合戦」本書第六章に所収。
（11）高橋一樹「中世荘園の荘務請負と在京沙汰人」同『中世荘園と鎌倉幕府』塙書房、二〇〇四年。
（12）大田荘の年貢運送については、戸田芳実「備後国大田荘の古道――甲山町から尾道へ」同『歴史と古道　歩いて学ぶ中世史』人文書院、一九九二年。小山靖憲「備後国大田荘から高野山へ――年貢輸送のイデオロギー」同『中世寺社と荘園制』塙書房、一九九八年。
（13）季貞については、高山かほる「源季貞に関する一考察」『湘南史学』六号、一九八三年が詳しい。
（14）佐藤進一「中世史料論」同『日本中世史論集』岩波書店、一九九〇年、初出一九七六年。
（15）正木喜三郎「藤原能盛考――古代末期における一武官系下級貴族の生涯」『九州中世研究』一号、一九七八年。
（16）上横手雅敬氏は、「平氏政権の諸段階」安田元久先生退任記念論集刊行委員会編『中世日本の諸相』上巻、吉川弘文館、一九八九年において、この宅の主を平盛国ではなく、藤原邦綱の父右馬権助盛国と主張したが、通説を覆すにはなお論拠が十分でない。

(17) 拙稿「平家の館について——六波羅・西八条・九条末」本書第五章に所収。
(18) 同右。

第八章　嘉応・安元の延暦寺強訴について

――後白河院権力・平家および延暦寺大衆

はじめに

後白河院政期、大衆の強訴に中心となって備えたのは、平家の軍事力であった。

当該期の主な強訴には、①嘉応元年（一一六九）一二月、延暦寺が尾張知行国主藤原成親の配流を訴えた事件、②承安三年（一一七三）六月、興福寺僧徒の多武峰焼打により、興福寺・延暦寺僧徒が互いに蜂起した事件、③安元三年（一一七七）四月、白山宮・延暦寺が加賀守藤原師高の配流を訴えた事件、④治承二年（一一七八）二月、後白河が園城寺で秘密灌頂を受けようとして延暦寺の蜂起を招いた事件、などがある。

本章では後白河院権力・平家および延暦寺三者の関係を考察するため、①③を取り上げたい。先行研究に屋上屋を架する感もあるが、(1)『愚味記』『顕広王記』など未翻刻史料を活用しながらの、(2)より詳細な事実経過の復元も、意味ありと考えたからである。

一　嘉応の強訴

嘉応元年（一一六九）一二月一七日、延暦寺・日吉社の所司らは蔵人頭平信範の宅を訪れ、尾張国守藤原家教の目代右衛門尉政友が、延暦寺領美濃国安八郡平野荘の住人らを陵轢した、と訴えた。『兵範記』では、住人は根本中堂の「御油寄人」と記されているけれど、『平家物語』には、尾張に赴任途上の政友が、美濃の杭瀬川に葛粉を売りに来ていた平野荘住人（神人）と、値段のことで口論になり、刃傷に発展したとある（延慶本第一末成親卿流罪事付鳥羽殿ニテ御遊事成親備前国へ着事）。大衆が目代の解官・禁獄にとどまらず、後白河法皇の近臣として知られる権中納言藤原成親の流罪（遠流）を要求したのは、成親が国守家教の同母兄であり、尾張の知行国主だったからである。

蔵人頭として、当時朝廷への提訴を受け取る立場にあった信範は、病で出仕しないので奏聞できないと辞退したが、所司らは納得せず奏状を宅内に投げ入れた。その後、裁許がないのに怒った延暦寺衆徒・日吉神人は、同月二二日夜神輿を奉じて下山。翌朝には京極寺（京極三条）・祇陀林寺（中御門南、京極西）に参集、ついで示威行動が開始された。美濃国は、これまで山僧・日吉神人が国守との間にいく度も紛争を起こし、嘉保二年（一〇九五）には、延暦寺大衆の強訴も行われ、関白師通病死の原因になったといわれる、いわくつきの地域である。(3)

山の大衆が京極寺に参集したという報に、洛中は騒然となり、召しによって検非違使・武士らも院の陣に集結、「その数雲霞の如し」といわれた（『玉葉』『兵範記』『愚昧記』二三日条）。たいするに、山僧の数は案外に少なく『歴代皇紀』に三〇〇人と見える（巻四高倉天皇条、異本では二〇〇人）。

強訴は予期に反し大内（大内裏内の本内裏）へと向かう。後白河法皇は院の陣で要求を聞こうとするが大衆は無視、待賢門と陽明門に押し寄せる。大内裏の東の諸門は閉ざされていたため、待賢門の一団は南面の美福門より侵入、神輿を建礼門の壇上南面にかき据えた。神輿は日吉十禅師・八王子・客宮（客人）各一基、祇園三基の合計六基である。一方、陽明門の大衆は左衛門陣屋に押し入り、建春門に北野の二基の神輿を安置した。

防備の側では、建礼門すぐ西の修明門の外に、清盛の甥平経正、重宗流源氏の源重定（貞）らが郎従を率いて立ち（『玉葉』一三日条）、大内裏の待賢門では、経正の父内蔵頭経盛が随兵を率いて大衆に対陣した（『兵範記』一三日条）。また後年「先年成親卿の事に依りて大衆参陣の時、左衛門の陣（建春門）の方、頼政これを禦ぐ、大衆軍陣を敗る能はず」と回想されているから、建春門付近には源頼政の兵が布陣していたらしい（『玉葉』安元三年四月一九日条）。

この間、法皇は強訴の現場にいく度も使者を派遣、「衆徒早く参院し申し訴へるべし、専ら内裏に参るべからず」との意志を伝え、座主明雲にも「衆徒内裏に参るの条尤も不当、早く院に参るべし、若し尚大衆参らざれば、皆悉く彼等を追ひ帰し、座主、僧綱已講を引率し院に参るべし、その時尋沙汰あるべし」との命を伝えさせた。それにたいして、大衆は「載（裁）報の条全く可ならず、仍りて内裏に参る、かくの如き時、幼主と雖も参内するは、これ恒例なり、更に以て院に参るべからず、只載（裁）許の仰せを奉らざれば、本山に帰るべからず、神輿又迎へ奉るべからず、只手足に任せ逐電すべし、天台宗の仏法滅亡はこの時にあり」と、統治権は最終的には天皇に帰属する、という院といえども否定しがたい理由を盾に、うけつけない（『玉葉』一三日条）。

後白河は、伝奏の平時忠をもって、公卿たちに「裁許あるべくんば、左右無く仰せ下さるべし、若し然らざれば、武士を内裏に差献（遣）せらるべきか」、両者いずれが適当なりや、と問わせた。ここで言及されている武士は、院の陣に召集されていた「前大納言重盛卿以下三人〈件の卿二百騎、宰相中将宗盛百三十騎、前大貳頼盛卿百五十騎〉」率いるところの「五百騎」である（『兵範記』一三日条）。三人を代表する重盛は、当時病によって権大納言を辞していた。その異母弟宗盛は、前々年参議従三位に昇り、清盛正室時子の長男として一門中に重きをなしつつあり、また頼盛は清盛の異母弟、重盛からいえば叔父で、平家勢力全体を楕円にたとえれば、清盛のそれと並ぶもう一つの焦点であっ

た。(4)

院の問いにたいし、院の陣に参集した太政大臣藤原忠雅・左大臣藤原経宗・左大将藤原師長・修理大夫藤原成頼ら諸卿は、武士派遣に「決定大事に及ぶべし、尤も用意あるべし」と慎重論を唱え、内大臣源雅通は、武士の実力行使で神輿が破壊される恐れがあり、加えて夜陰にも及んでいる、と出動に反対した。武士を率いる重盛も、すでに夜であり、また外から攻めると衆徒が内裏中に乱入し大事出来の恐れあることを口実に、法皇の三度にわたる出動命令にたいしても、「明暁向ふべし」と応じなかった。このため、当夜の武士派遣は停止され（『兵範記』二三日条、『玉葉』二四日条）、結果として大衆の要求裁許という形に落ち着く。

翌二四日の公卿議定で、成親は除名の上備中国に配流、目代政友は西獄に禁獄と定まった。衆徒は喜び、宮城に放置した八基の神輿を撤去する（『兵範記』『愚昧記』『百錬抄』、『玉葉』二四・二五日条）。

ところがこの後、法皇の姿勢が急変する。二七日には、天台座主明雲が高倉天皇護持僧の役を停止された。大衆を制止せずむしろ与力した責任を問われたものである（『兵範記』、『百錬抄』二五日条）。二八日になると、西七条（七条朱雀）に留め置かれたままになっていた成親は召し返され、代わりに権中納言検非違使別当平時忠が出雲に、蔵人頭権右中弁平信範が備後に配流されることになった。成親配流にかかわって、両人に「奏事不実あるの由、御咎めあ」ったがゆえという（『百錬抄』二八日条）。さらに三〇日には前権中納言成親が本官に復し（『百錬抄』）、翌年正月五日の叙位・除目では、右兵衛督に任じ検非違使別当を兼ねた（『玉葉』六日条）。

これで延暦寺がおさまるはずもなく、正月七日・一三日にはそれぞれ衆徒入洛の聞こえがあった。院は、前者は多数の武士を賀茂の河原に遣わして防がせ（『玉葉』）、後者は検非違使に命じて西坂本を警固させ、「制止に拘はらざれば、法に任せ射禦ぐべ」しと命じている（『百錬抄』）。検非違使別当が成親であるから、紛争の一方当事者に対立相手の行動を抑止させるという、まことに偏頗拙劣な措置である。

清盛は後白河の独走に危惧の念を抱いたようで、一三日夜には頼盛を福原に呼び寄せ、翌日には重盛も福原に向かうとの報が流れた（『玉葉』一三日条）。さらに一七日には清盛本人が福原より上洛入京する。成親は事態の急展開に恐れをなしたのか、頻りに検非違使別当の辞任を申し出る（『玉葉』）。二一日頃には、武士が六波羅辺りに群集し、「幾多なるを知らず」といわれるありさま（『玉葉』）。

二二日になって、法皇は公卿を召集、衆徒が要求した成親の配流、時忠・信範召還の二箇条を議定させた（『玉葉』二三日条、『百錬抄』）。しかし、結論は出なかったようで、二七日延暦寺の僧綱以下が、成親解官、時忠・信範召還の実現を訴えた。法皇が「この事に於ては裁許すべし、自今以後台山の訴訟、一切沙汰あるべからず」と凄んでみせたので、僧綱らは言葉を失って退出したという（『玉葉』正月二六・三〇日条、『百錬抄』）。

月を越した二月の一日、山徒の要求に応える後白河の内意が山上に告げ知らされたが、宣下は一寸延ばしになり、六日に至って、ようやく僧徒の訴えどおりの成親解官、時忠・信範召還が決定された（『玉葉』八日条、『百錬抄』）。

事態が二転三転したのは、いかなる理由によるのであろうか。はっきりしているのは、延暦寺を統制下に置こうとする後白河法皇の意志と、その制約から自由であろうとする延暦寺衆徒の意欲が、陰に陽に火花を散らしていたことである。加えて、事件六ヵ月前の嘉応元年六月一七日、後白河は法住寺御所の懺法堂で出家している。この時の儀式では、戒師以下役人に至る八人の僧が皆、延暦寺の不倶戴天の敵である園城寺の門徒であった（『兵範記』『玉葉』など）。法皇の前々からの同寺重視の姿勢への反発気分が、大衆の行動をいやが上にも過激にしていたに違いない。

後白河と延暦寺大衆の綱引きは、具体的には成親を処分するか否かを焦点にしていた。後白河の過剰な延暦寺統制の意欲は、大部分の廷臣にとって困惑のほかないものであり、それゆえ院の陣での議論は慎重論に傾き、大内への武士派遣の躊躇ないし反対論として現れた。一二月二四日に事態が山徒の訴えどおり決着したのは、後白河の思いが公卿たちの支持を調達できなかったことを意味している。その後、法皇は一時的なまきかえしに成功したが、彼らは山徒の圧力を背景に、再びその決定をくつがえしたのである。「若し叡心果し遂げんと欲する事あらば、敢て人の制法に拘はらず、必ずこれを遂ぐ」と評された後白河にとって（『玉葉』寿永三年三月一六日条）、一件の結末は大きな屈辱というべきであろう。

事件に関して平家がどう動いたかといえば、一二月二三日当日、院の陣に待機していた重盛が三度にわたる法皇の出動命令を無視した点に示されているように、他の公卿たちと同一歩調をとった。重盛は成親の妹を妻に迎え長子維盛も成親の婿である。平家と成親の父家成、曾祖父顕季は、白河院政期以来深い関係を結んでおり、平家は成親の父祖の力を借りながら、立身の階段を昇っていったといってもいいすぎではない(5)。清盛が、平治の乱時藤原信頼に与同した成親を助命したのは、そのような両家の歴史を背景にしている。彼らの提携の深さを代表していたのが、まさに重盛—維盛の小松家であった。したがって出動拒否は重盛の個人的判断というよりは、平家全体、なかんずく清盛の姿勢と意志を踏まえての選択と考えるべきである。重盛は表向きには一門の代表であったが、重要案件については福原の清盛の判断が優先しており、彼の軍事行動における裁量権も、大幅に制約されたものであっただろう。

ために衆徒を前に、大内・大内裏を守護した武力は、平経盛・経正父子と、源重定（貞）、および源頼政といった限られた兵力にとどまった。源重定は平治の乱の時信頼方に立ち没落・自害した重成の弟で、近江北部に本拠を持ちつつ、長寛二年（一一六四）から嘉応二年まで検非違使の任にあった。経盛は内蔵頭で太皇太后宮大夫を兼ねている。清盛を中心に平家権力を構成する三人の弟、経盛・教盛・頼盛の中では、位階官職の昇叙もっとも劣り、清盛の評価も低かったとみなされている人物である(6)。後述のように、安元強訴の時も院から内侍所守護を命ぜられているから、平家一門中宮城守護の役割を担当する存在だったらしい。源頼政は大内守護、つまり「内裏宿直人」なるがゆえの出動であろう（『山槐記』永暦二年四月二〇日条）(7)。『平家物語』巻一御輿振での安元三年強訴の際の頼政の活躍にかかわる話は、実際にはこの嘉応元年時のことと考えられている(8)。

そして、強訴の聞こえがあった嘉応二年正月一三日に頼盛、翌日には重盛が福原に召還されたのは、清盛の状況把握のためであろうが、国家の側からいえば重大事態を前の職務放棄である。事実、右大臣藤原兼実は「山僧発向の由風聞の比、専ら然るべからざるか」と非をならした（『玉葉』）。一七日に清盛自身が上洛したのは一門の引き締め、後白河にたいする示威、延暦寺にたいする支持の政治的シグナルを意味していたのであろう。

四月一九日、法皇が奈良に御幸、清盛は重盛・教盛を従えて宇治でこれに合流。翌二〇日東大寺において法皇と清盛の受戒があった。康治元年（一一四二）の東大寺における鳥羽法皇と摂関家の大殿藤原忠実の同時受戒の例に倣ったものという（『玉葉』『兵範記』四月一九・二〇日条）。法皇のふるまいは延暦寺にたいする当てつけともいえそうである。当該期の平家は、まだ院との協調も追求せざるをえないから、御幸に従うのをためらわなかったのだろう。

二　安元の強訴（その一）

それから七年と少し後の安元三年（一一七七）四月一三日、延暦寺衆徒が内裏に押しかけ、加賀守藤原師高の配流を訴えた。

ことは、前年白山末寺の宇河（鵜川）という山寺の出湯で馬の湯洗いをして咎められた加賀目代が、報復に堂舎を焼き払った小競り合いに端を発する（延慶本第一本師高与宇河法師事引出事）。事件について『顕広王記』に、国守師高が「白山神領の在家を焼払ひ、兼ねて（日吉）大津神人の貯物二千余石を押し取」ったので、神人らが「本山（延暦寺）」に訴えた、と見えるのが注目される（安元三年四月一三日条）。白山宮は延暦寺・日吉社の系列下にあり、その関係で日吉大津神人の活動がみられたのである。

当時の例に照らすと、日吉大津神人の実態は加賀の「国内名士」と呼ばれるような在地有力者、都鄙間を往来する私領主などである。彼らは神人身分を獲得、日吉神領に拠点を構え、日吉社が収納した神物の日吉上分米（年貢米）の運用を請け負って、武士や荘園の住人、田堵層ら在地庶人に高利で貸し付けていたのであろう。(9) たんに馬の湯洗いを咎められたからというのではなく、大津神人の経済活動にともなう混乱に手を焼いていた国衙側の反撃、という要素があったはずである。

白山のさらに末寺の事件なので、始め叡山の反応も鈍かったが、翌年二月白山宮の衆徒が神輿を奉じて日吉社に着いた頃から、山門大衆の動きも活発になった（延慶本第一本留守所ヨリ白山へ遣牒状事同返牒事以下）。加賀守師高の父師光は、鳥羽院政期に権勢をふるった藤原家成の養子だから、後白河院の執事別当を勤めていた成親には弟にあたる。故信西の乳父子でもあり、出家して西光と名乗った。成親と並ぶ後白河院の寵臣の一人である。したがって、強訴の真のねらいは、院近習西光・成親、ひいては後白河法皇にダメージを与えるところにあった、とみなければならない。

師高を訴えるのは、すでに三月の二一日に一度行われており、二九日には加賀の目代で院の武者所だった藤原師経が備後国に配流され、押し取った雑物も返却されることになった（『百錬抄』三月二一・二八日条、『玉葉』四月一・一八日条）。だが、身代わりでなく師高本人の流罪にこだわる衆徒は、四月一三日再び強訴を敢行する。彼らは祇陀林寺に集結し、その数は始め四、五百、やがて二千余人の大部隊になった。一同は日吉三社・祇園三社・京極寺の神輿計七基を押し立てて二条大路を西行、当時の内裏である閑院（西洞院西、二条南）に向かう（『愚昧記』『百錬抄』、『歴代皇紀』巻四安徳天皇条）。

これに立ちはだかるのが「官兵」で、主力は「内府（重盛）の郎従」からなる軍勢であった。延慶本には、重盛は三千余騎で内裏正門の左衛門陣（大内の建春門にあたる。西洞院大路に面する）を固め、二条大路に面する北陣（同じく朔平門にあたる）は源頼政の三百余人の勢が守ったとある。重盛の左衛門陣はうなずけるが、頼政がこの時点で警固に参加していたという明証はない。事実ではなく、先に触れたように嘉応の強訴時との意図的な混同があるようである。

なお、安元時の重盛の軍勢に比較して、嘉応時の頼政のそれは「万分の一」だったという（『愚昧記』四月二〇日条、『玉葉』四月一九日条、延慶本第一本山門衆徒内裏へ神輿振奉事）。

強訴では大衆の暴発は抑制されていたという指摘もあるが、[10]この時は、礫を打ち、逆茂木を引き抜きその材をもって差し突くという行為があり、武士らは二条大路上の町辻から陣中の西洞院大路まで後退する。かくするうちに、後白河の命によって、武士らが矢を放った。死者二人、疵を被る者二、三人が出た上、矢が日吉十禅師の神輿の葱花の下に当たった。威嚇のつもりだったにしても、神輿の破損は重大失態で、これを奇貨とした衆徒らは、神輿を陣口の一つ陽明門代（二条町）辺りに捨てて分散帰山する（『愚昧記』『顕広王記』、『続左丞抄』第三所収「日吉神輿入洛事」）。[11]

放置された神輿の処置は、いつも難渋する。祇園社に移すべしとの勅定が下ったが、祇園別当澄憲僧都は、祇園の神輿は自社の管轄だから仰せの通りにする、日吉の神輿は移すことはできないと抵抗した。それでも、法皇の厳命が出、しぶしぶ祇園社に運んだ（『愚昧記』一四日条、『玉葉』一四・一八日条）。

翌一四日、大衆が兵具を帯し再度参洛するというので、高倉天皇は夕刻閑院を脱出、法住寺殿に逃れ南殿を皇居にした。この挙にあたり防禦責任者の重盛は、親しい政界の重鎮左大臣藤原経宗に「事の体已に京洛を棄てらるるか、行幸あるべからず、只例に任せ切堤の辺（高野川の東岸）で禦ぐべきの由、申さしめんと欲するは如何」と意見を求め、兼実も「官兵等すべからく手を分ち、衆徒参洛の道を防がるべきなり、而るに敢てその沙汰無し、只御在所（法住寺殿）の近辺に雲集星烈すと云々、大都《おほよそ》京洛を以て戦場となすべきか」と非難した（『愚昧記』『玉葉』）。

一方、院は閑院の関白基房に、内侍所（神鏡）も法住寺殿に移すべきか否かを問う。やりとりの結果「渡し奉るべし」ということで両者が合意するけれど、その後諸卿に諮問したところ、「（神鏡が）洛外に出でしめ給ふ事、未だ例あらず」という一致した反対で、結局立ち消えになった（『玉葉』一四日条）。そこで後白河は、内侍所守護のため平経盛と左少弁藤原兼光らに閑院に祗候せよ、と命じている。しかし、経盛は後白河の再三の出動命令にも「左右は入道の許しにあり」と取り合わない。右大将宗盛も、院に「経盛は（天皇と）一所に候ずべきの由、入道申す所なり」と述べて援護、業を煮やした院は、しからば頼政を遣わせと命じ、頼政は直ちに参向したという（『玉葉』一五・一八・一九日条）。

この日、後白河法皇は「然而ども不慮の外、神輿の事出来、恐れ思し食すに依りて、罪科行はるべし」と、暗に神輿を射させた責任を認め、関係者を罪科に処す旨の院宣を、天台座主宛に発した（『玉葉』四月一六日条所載一四日付後白河法皇院宣）。そして明雲には別に、翌々日の賀茂祭が終わって以後、師高を配流、神輿を射た武士を禁獄する、との意向を「内々」伝え、衆徒の怒りを解かせている。それで大衆はひとまず納得し、下向を中止した（『玉葉』一五日条）。

一五日夜明け前、僧綱らが次なる院宣を携えて登山したが、大衆の「大怒」をかってほうほうの体で引き上げた。大衆の意に添わない内容だったに違いない。それでも緊張が多少やわらいだと判断されたのであろう、夕刻には高倉天皇が法住寺殿より閑院に還幸する（『玉葉』『愚昧記』）。

一六日、一四日に約束した裁許の決定が遅れ、大衆の不穏な動きもある中で、後白河は三度目の院宣を発給。それには「国司を流罪に処し、下手の官兵又罪あるべし」と処分が明記されていた。ただし、法皇は神輿を射た件については、「先々の如くんば、（大衆は）官兵の前に留り、僧綱所司を以て愁緒を言上すべきの処、左右無く官兵を打ち退け、内裏に闌《おそ》ひ入らんと欲す、又官兵を刃傷せしめ了んぬ、濫行已に古跡に過ぎ、更に訴訟にあらず、已に謀叛の儀に同じ」と反論を試みており、無念去りやらぬ心中をのぞかせている（『玉葉』一七日条所引一六日後白河院宣）。翌一七日、なお衆徒発向が噂され、京中貴賤は家財などを携え東西に奔走、多くは仁和寺・嵯峨辺りに向かうなど、洛中は騒然としていた（『愚昧記』）。

三　安元の強訴（その二）

二〇日、加賀守藤原師高が尾張に配流される。また、神輿を射たとして、平利家・平家兼・田使俊行・藤原通久・藤原成直・藤原光景の六人が、獄所に送られるはこびになった（『玉葉』二〇日条所載口宣）。入獄は大衆の要求ではなく、「神慮を恐るるに依りて、解謝のため」であり、重盛の発意にもとづく措置である（『愚昧記』二〇日条）。

六人は、『愚昧記』四月二〇日条に「内府（重盛）の郎従」とあり、同記四月一五日条では「忠景が郎等」と見える。記主藤原実房が、始め重盛の郎等を左衛門尉藤原（伊藤）忠景（上総介忠清の本名）のそれと誤記したのは、『顕広王記』に「伊藤左（衛）門（尉）忠景を将軍となすと云々、この事日来の沙汰なり」とあるように（四月一三日条）、忠清が以前から重盛の軍事指揮の実際を担当していたからであろう。

別に論じたように、小松内府家と忠清の関係は極めて深い[12]。忠清は清盛、のち小松家の柱石であり、重盛長男維盛の乳父として、その後見人だった。延慶本は、獄所に送られた藤原光景を忠清の子とする（第一本時忠卿山門へ立上卿ニ事付師高等被罪科事）。その他同本は、平利家を家資の子、平家兼を家継の子としている。家資は筑後守平家貞の甥であり、家継は家貞の長子だった。平家の有力家人中、伊藤忠清・景家兄弟が譜代相伝の家人の代表であるのにたいし、平家貞は伊勢平氏一門傍流が家人化した存在の代表格である[13]。藤原通久は字を加藤太というから、白河院政期に忠盛の郎等であった加藤成家の子孫であろうか（『古事談』巻一―八一）。田使俊行は字を難波五郎と称す。備前を本拠にする平家家人難波経遠の縁者だろう。

二八日にはかの安元の大火が発生。三〇日には仮の中宮庁に使われていた二条北油小路西の経師法師の家に夜盗が入り放火して、資財を掠め、宿衛士を傷つけるという事件が起こった。この時閑院内裏を守っていた者に、「大番の兵士」「大番の者」がいた（『吉記』『顕広王記』）。平家の内裏警備に、大番役で上洛した諸国の平家御家人が含まれていたことを推測させる史料である。[14]

大火と夜盗による小休止の期間が明けると、院の反撃が始まった。五月四日になると、院は明雲を近習の検非違使惟宗信房らに引き渡し、激しく責め立てさせた（『顕広王記』、『歴代皇紀』巻四高倉天皇条）、その結果、「先年成親と時忠の時の事、幷に今度の衆徒の事、共にこれ明雲下知の由、証文出来」ということになり、五日には法皇の命により、明雲の天台座主・法務僧正の見任が解かれ、所持する所職を没官するため、官宣旨（弁官下文）発給の手続きも開始された。上卿としてことにあたった権大納言藤原実房も、「事の体信受せられずと雖も、証文あるに於ては何為《なにせ》むや」と、とまどいを隠せない（『愚昧記』）。

七日には明雲の後任に鳥羽天皇第七皇子覚快法親王の名があがった。だが、覚快自身は祝意を述べに来た実房に、叡山の明雲門徒の勢の大きさと大衆の反発を恐れる心境を語っている（『愚昧記』）。やがて没官の件も具体化し、九日に至り「前僧正明雲門跡相承の寺々及び寺領没官の事」という宣旨が下った（『愚昧記』八・九日条）。

没官の対象になったのは、文殊楼三箇所、観心院七箇所、五仏院三箇所、実相院四箇所、持明院二箇所、法性寺東北院一箇所、大縁房領二箇所、円融房、円徳院領三箇所、同院丈六堂領五箇所、仏眼院領西南院、恵心院七箇所、法親王家領五箇所の各所領である（『玉葉』五月一一日条）。

文殊楼・五仏院・実相院・持明院・大縁房・円融房は、平安末期の延暦寺東塔に存在した堂舎であり、円融房は梶井門流の本坊。円徳院と仏眼院領西南院は東坂本にある梶井の里坊である。[15] また観心院・恵心院は横川の堂舎（『山門堂舎記』『叡岳要記』下）、法性寺東北院は東山山麓の小野宮流一門ゆかりの寺だったが、この時点では「梨本一乗房門跡」領になっていた（『鎌倉遺文』九一一号）。正中二年（一三二五）の承鎮法親王附属状と対照することによって、これら堂舎と付属の所領・末寺は、すべて鎌倉末期の梶井門跡（三千院門跡）相承領に含まれていることがわかる（『三千院文書』)。明雲は、梨本門跡と梶井門跡を合併した天台座主最雲法親王の弟子で、(16)円融房を相承したので、これら所領を所持していたのである。法親王家領も最雲から伝領したものであろう。

一一日になると、前天台座主僧正明雲の罪名勘申があった。罪状は三ヵ条、一つは仁安二年(一一六七)二月、彼が悪僧を指嗾して座主の快修を山門から追い払わせたとみなされた件、二つ目は嘉応元年(一一六九)の強訴で悪徒を宮城に乱入させた件、三つ目が安元の大衆蜂起の件である。同じ日、世評どおり覚快法親王が天台座主に就任した(『玉葉』『愚昧記』『百錬抄』)。

一三日、延暦寺僧徒が前座主明雲流罪のことで蜂起し、院の御所に参上する。また大衆が山科の西光の堂を焼き払った、明雲を奪還したなどの情報が乱れ飛んだ。左大臣藤原経宗が閑院内裏辺の様子を見にやらせたところ、帰参した使は、西からは小松家の維盛が郎従十余人とともに二条堀川の直廬で、東からは伊藤忠清が仁安元年(一一六六)の火事で焼亡した東三条殿跡地で郎等五〇人ばかりを率い、それぞれ閑院を守っている、また維盛と交代するため院御所から弟資盛が下がってきていることなどを報告している(『愚昧記』)。翌日になっても大衆の蜂起はいよいよ盛んで(『玉葉』)、備える軍兵の警戒も厳重、「凡そ陣を張り、楯を突くの体、囹囚の地に同じ、当時合戦の庭の如し」との印象があった(『顕広王記』一四日条)。

明雲への尋問はいぜん続いていたが、一三日大衆の明雲奪取にそなえて、新たに検非違使平兼隆が起用された(『百錬抄』)。彼は伊勢平氏の一族和泉守信兼の子であり、のち頼朝の伊豆挙兵の際、まず血祭りに上げられた周知の人物である。明雲は、ひどく拷問せられたらしく、「両三日飲食通はず」「去夜絶へ入る」などの報が漏れ伝わってくる(『玉葉』一五・一六日条)。

一六日、山門の僧綱十余人が京極寺に集合、法住寺御所に参上した。彼らは、衆徒の使として後白河院に、明雲配流および没官を停止するよう訴えた。院は、一四日に大衆の行動を制止するよう命じた時には、使に立つことを固辞したくせに、いま大衆の使として参上するのはどう考えても奇怪だと嫌味をいい、「王法を傾け奉り、門徒の仏法を滅せんと欲するの者、罪科に行はるるになんぞ憤み申すべきや」と訴えを一蹴する。また、大衆による明雲奪還の噂にたいし、法皇が拘束中の兼隆に、「責め若し去け《しりぞ》難くんば、只明雲の首を切るべし」と命じた、との説が流れた（『愚昧記』一六日条、『百錬抄』一五日条）。

二〇日、前天台座主明雲の罪名を議す陣定があった。所労を理由に出席を辞退した太政大臣師長・右大臣兼実も、法皇の強い命令により参加。この席で右大弁藤原長方が、衆徒の騒動は明雲の扇動によるものと露顕した、死刑は逃れがたいところだが、彼は高倉天皇に一乗妙法（法華経）を、後白河法皇に菩薩戒を教え授けた功がある、法家は罪一等を減じて還俗の上流刑と勘申しているが、猶予の勅定があるべきと意見を述べ、諸卿おおむねそれに同意した（『玉葉』二〇・二一日条、『愚昧記』『顕広王記』『清獬眼抄』所収「後清録記」）。

ところが翌日になって、明雲はいきなり伊豆配流と決まる。公卿たちの意見は「時議に叶はし」ずと無視された（『百錬抄』『愚昧記』二一日条）。むろん後白河の判断である。天台座主配流の先例はない。僧正配流は大臣に準ずる扱いで、興福寺別当尋範を襲い、喜多院などを焼き、学衆・堂衆・寺僧を殺害、伊豆に流された一〇年前の前別当前法務僧正恵信の例（『兵範記』仁安二年五月一五日条）が参照された。報を聞いた兼実は、「この議たるべくんば、素より仗議に及ばるべからざるか」とむくれた（『玉葉』二二日条）。

二三日、領送使と配流先の伊豆の「国兵士」五、六騎が明雲を護送して下向中、延暦寺僧徒二千人が、勢多橋の西辺で行く手を遮り、前座主を奪い登山した。源兼綱（頼政の子）と多田蔵人行綱が、後を追ったが及ばない。本件の警固役にあたっていたのは、伊豆の知行国主であった頼政であるが、彼に責任を問うても、あらかじめ奪取の恐れありと承っていたなら、警固役は引き受けなかった、「一切用意すべきの仰せ無」しと開き直っている（『玉葉』『顕広王記』『清獬眼抄』所収「後清録記」）。

すでにその日から東西坂本を固め叡山を攻める、との報が流れていた（『玉葉』二三日条）。事実、院は重盛・宗盛両大将を召し、坂本を固めるよう命じている。これにたいし、両名は「先ず入道に仰せ、その左右に随ふべし」と遁辞を述べた。そこで二四日の早朝、伊賀平内左衛門家長が御使として馬で福原に向かった（『顕広王記』）。家長は、知盛の「一二の者」といわれた人物で、おそらく筑後守家貞の子であろう。(17) 二五日深夜には、清盛が入洛し西八条亭に入る（『顕広王記』）。院との頂上会談以外に局面打開の途なしと考えたのであろう。

二八日になって、清盛が参院し後白河と対面した。後白河の強硬姿勢はあいかわらずで、結局東西の坂本を固め叡山を攻めるという院の希望どおりの結論になった。しかし、叡山を敵に回すのを嫌う清盛は、この案に不満で、翌日には「内心悦ばず」の観測が兼実にも届いている（『玉葉』）。並行して後白河の命を伝えるため僧綱らが登山し、衆徒に明雲を差し出すよう求め、またことの真意を問わせた。大衆は「更に謀反にあらず、顕密の棟梁、惜しみて余りあり、今一度謁見のためなり」といい放った（『百錬抄』二三日条）。

二九日、後白河は、兵器を帯して京中を往還する輩を搦め取ることと、諸国司への「台嶽末寺の庄園」の注進を命じた。後者は「これ停廃のためか」といわれている。大衆の明雲奪還にたいする報復のためであろうか。加えて「近江・美乃・越前三ヶ国、各国内武士を注し申すべきの由、国司に仰せらる」と独自の武士動員を準備し始めた（『玉葉』）。

四　鹿ヶ谷事件

叡山攻撃が避けられなくなった六月一日、政治状況は一変する。明け方にまだ間のある時刻、突如西光が逮捕され、権大納言成親・右近衛少将成経父子も西八条亭に禁固された。成親は「面縛」のうえ牢に籠められ、西光は「足を交へる」拷問を受けた。路頭には軍兵が満ち、「凡そ院の近習十二人刑罰に及ぶべしと云々、凡そ咎に処すべき者七人と云々」などの噂が飛びかう（『顕広王記』）。

西光の容疑は、始め「年来の間積む所の凶悪の事」と「今度明雲を配流し、及び万人を法皇に讒邪」した件にあったが（『玉葉』六月一日条）、拷問の結果「入道相国を危ぶむべきの由、法皇及び近臣等謀議せしむるの由」を自白する。「その議定に預る人々の交名」が作成され、逮捕予定者は「太だ多し」との恐怖の噂も流れている（『玉葉』二日条）。

一日夜半西光は五条坊門朱雀で斬首（『愚昧記』二日条）、成親は二日備前に配流された。後者は重盛の「平かに申請」（『玉葉』二日条）、すなわち「御命バカリノ事ハ」という働きかけが、ひとまず実を結んだのであろう（『愚管抄』巻五）。

三日、事件後微妙な動きをしていた内大臣重盛から、兼官の左近衛大将を辞する意志が表明される（『愚昧記』）。同日深夜、法勝寺執行僧都俊寛・山城守中原基兼・検非違使左衛門尉惟宗信房・同平康頼・同平資（扶・祐）行・基仲法師の六人が西八条に召し取られ、面縛の上前庭を引き回された。いずれも「法皇近習の輩」である。その他にも、逮捕されたが後白河の再三の懇願で放免された木工頭平業房、逮捕放免を繰り返し身体を損なってしまった式部大夫平章綱がいた（『愚昧記』、『顕広王記』三・四日条、『玉葉』四・六日条）。

四日の暁更になってまず基兼・信房・康頼・資行の四人、ついで五日には俊寛の見任が解却される（『愚昧記』『玉葉』四日条、『顕広王記』五日条）。やがて基兼・基仲・資行らは許されたが、康頼・俊寛はついに許されなかった（『顕広王記』六日条）。

五日、重盛嫡男維盛が父の辞状を提出する使者として立った。藤原敦綱が草案を書き、権右中弁平親宗が清書したという（『愚昧記』）。同じく五日には、大原籠居中の流人明雲を召し返す宣旨が出（『百錬抄』）、六日には、流人加賀守師高とその関係者が誅された。師高は配流先の尾張国にあったが、清盛が同国の家人らに命じて追討させたのである。合戦によって互いに多くの戦死者が出た（『百錬抄』六月九日条）。

事件からやや日をおいた六月一八日、権大納言成親とその子右少将丹波守成経、および左少将尾張守藤原盛頼、越後守藤原親実が解官された。後二者も「成親卿の党類」で鹿ヶ谷事件の関係者である（『玉葉』『百錬抄』）。成親の場合、実は配流の前提としての停任が、正式にはなされていなかった。それについて、太政官事務方は「これ禅門私の意趣に依りてその志を遂ぐ、仍りて公家より停任せられず、自余の輩に於ては上より御沙汰あり」と説明している（『玉葉』六月一一日条）。だが、清盛の圧力に押されて、私刑を追認したのか、結局彼も正式に解官された。同じ日法勝寺執行の後任に法印静賢が補任される（『玉葉』一八日条）。

備前の成親には重盛が密かに衣類を送っていたようだが（『玉葉』六月一一日条）、やがて「艱難の責め」で殺されてしまう（『顕広王記』七月九日条）。成親忘恩への清盛の怒りは、底深いものがあった。

以上が、史上著名な鹿ヶ谷事件発生後の経過と顚末である。『平家物語』では、成親らの平家打倒の陰謀を、多田行綱が清盛に密告したことになっているけれど、どこまで真実を伝えているか、議論の余地がある。事件によって、叡山攻めはまさに吹き飛んだ。後白河の強硬な要求で、いよいよ大衆討伐を実施せざるをえないところまで追いつめられていた清盛にとって、内容・タイミングともにあまりに好都合な事件だった。だから、平家打倒の謀議ありという行綱の密告と、その謀議を理由に西光・成親が捕縛されたという「鹿ヶ谷事件」の実在を疑い、西光の逮捕は山門との衝突という窮地を回避するための行動だったのではないか、とする見解も出されている(18)。たしかに西光の最初の逮捕理由は、「年来の間積む所の凶悪の事」と「今度明雲を配流し、及び万人を法皇に讒邪」したことにあったから、謀議の存在自体疑えば疑える。

しかし、拷問の結果だが、西光は清盛を討たんとする謀議の存在を認めている。また『百錬抄』に「成親卿已下密謀あるの由、源行綱入道相国に告言すと云々」（六月一日条）と見え、『愚管抄』にも成親・西光らの謀議と、行綱の密告があったと記され（巻第五）、謀議があったことまでがまったくのでっちあげとは考えにくい。『玉葉』は「或る人云はく、西光が白状の事、実事と云々」とも記す（六月一〇日条）。

注目されるのは『顕広王記』に、「法勝寺執行俊寛解官。事の発りを尋ぬれば、事を大衆に寄せ、謀りて禅定相国を誅さんと欲すと云々」とある（六月五日条）。文意明瞭ならざるところがあるが、叡山攻めにこと寄せて軍兵を集め、福原から上洛中の清盛を不意をついて討たんとした、というほどの意味であろう。関連して『保暦間記』に、

コレニ依テ、山門ヲ責ラルヘキ由、武家ヘ仰ラレケレ共、太政入道進ミ申サ、リケレハ、院近習ノ人々ヲ催テ山門ヲ責ラルヘシトテ軍兵ヲ調ヘラル、成親卿ヨキ次ト思テ日来ノ本望ヲ達セントスル処ニ、語ラウ所ノ中ニ多田蔵人行綱ト中者アリ、忽ニ心カハリシテ、此事太政入道ニ告ント思テ……

とある。おそらくこの辺りが真実に近かろう。『顕広王記』の伝える情報は確度の高いものとみてよい。よしそれが、酒席にありがちな大言壮語の域をあまり出ず、準備粗漏なものであったにしても。そして、『平家物語』に見える五月二九日という行綱密告の日付については、清盛ははやくから不穏な動静をキャッチしており、それを窮地に追いこまれた時点でもっとも有効に用いた、とする今成元昭氏の解釈(19)が魅力的である。

ともあれこの事件で、院の近習勢力を一掃し、後白河の権力に大きな打撃を与えたことは、山門大衆を大いに喜ばせた。大衆は、六月一日の夕刻には下り松の辺りまで出張り、清盛に使者を送って、「敵を伐たしめ給ふの条、喜悦少なからず、若し罷り入るべきの事あらば、仰せを承りて一方を支ふべし」と述べたという（『玉葉』六月三日条）。たいして清盛も「庭ニタ、ミシキテ、大衆大ダケ（岳）ヘカヘリノボセラセ給フ火ノミエ候シマデハ、ヲガミ申候キ」と、ありがたがったようである（『愚管抄』巻五後鳥羽）。

五　結　語

白河・鳥羽院政期において、武士は頻発する寺院大衆の強訴への対処手段であった。院はその必要から、下北面の強化という形で武士を育成する。顕密寺院の競合と寺院大衆の強訴は、治天の君を頂点とする王法仏法相依の国家権力秩序を揺るがし、政界流動化・不安定化の要因となっていた。院権力は寺社勢力の統合者としての役割を果たしていたため、本来一権門の私的武力にすぎない北面の武士が、暴走を制止する力として機能したのである。[20]

保元・平治の乱を経て、右の構図は若干の変化をみせた。まず、保元元年新制が寺社勢力、なかんずくその人的要素である衆徒・神人・寄人らの規制に力点を置いているように、後白河院は寺の所司の統制を無視した大衆らの強訴にたいし、強硬な姿勢で臨んでいる。承安三年（一一七三）六月、興福寺僧徒の多武峰焼打により、興福寺・延暦寺僧徒が互いに蜂起した事件では、南都の行動を「謀反」と認定、一五大寺の荘園を没官する異例の措置に走った（『玉葉』承安三年一一月一二日条、『平安遺文』三六四三号など）。

一方、両乱の結果、強訴をコントロールすべき都の武力の方は、前代の「検非違使幷に源氏・平氏」「諸衛官人・武士」のような各種武装勢力の寄せ集めではなくなり、清盛（重盛）に統率された平家の軍事力が、圧倒的な比重を占めるようになる。安元三年正月二四日重盛は右大将から左大将に転じ、宗盛も右大将に就任した。これによって、平家は王朝常置の武官の最高位を独占した。彼らの軍事的位置は公的にも揺るぎないものになったのである。

だが、王権に固有な武力統帥の権能は、高倉天皇をいただく平家（清盛）の意向に大きく制約されながら、なお後白河の手元に確保されていた。たとえば承安三年（一一七三）冬の南都大衆の発向に際しては、院宣を奉じた重盛が、筑前守平貞能を宇治に派遣し、阻止させている（『興福寺別当次第』覚珍の項）。彼らには、その国家的性格から「官兵」

「官軍」という呼称が与えられた（『平安遺文』三六四〇号、三六四六号など）。まさに大衆への「謀反」の語の使用に対応しているのである。安元三年の強訴時も、阻止の武士、実質的に平家の郎等たちからなる部隊は、「官兵」と呼称されている（『玉葉』四月一七日条所引一六日後白河法皇院宣）。そして、強訴阻止のため延暦寺の大衆に矢を射かけさせたのは、ほかならぬ後白河院であった。

ところで、嘉応・安元の強訴において、山徒の行動阻止に平家が消極的であったことを、重盛・経盛・宗盛らの言動をとおしてみてきた。この構図は続く治承二年（一一七八）正月、後白河が園城寺で秘密灌頂を受けようとして、寺門に戒壇が建立される事態を恐れた延暦寺の蜂起・兵士動員を招いた事件でも、同様である。法皇は山徒を強く譴責するとともに、宗盛を福原に遣わして平家の出兵を促したが、清盛は「敢て以て動揺せず」と動きをみせなかった（『玉葉』『山槐記』治承二年正月二〇日条）。

法皇の強硬姿勢は、延暦寺にたいしては平家の不服従によって奏功せず、ためにいく度も大衆の要求に屈する苦杯をなめた。これは見せかけの譲歩であったから、大衆の圧力が低下すると、後白河は本来の強硬姿勢を復活させたのである。よく彼の政策が場当たり的であったといわれるが、寺院大衆への対処についてはあたらない。

延暦寺処分にたいする双方の温度差は、清盛・後白河間の溝を深めた。とくに安元の強訴では、明雲奪還後の延暦寺攻撃をめぐって、清盛と後白河院の対立は頂点に達し、法皇（院近習）は、独自の軍事動員さえ試みるようになった。後白河院が「近江・美乃・越前三箇国、各国内武士を注し申すべき由、国司に仰せらる」と、平家の頭越しの地方武士動員を計画した事実がそれである（『玉葉』安元三年五月二九日条）。王権の手足という武士の本質からいえば、不思議のない発想であるが、軍事権門たる平家にとっては、自己の存在意義・存立基盤を否定される非常事態である。この動員はさしあたり、延暦寺末寺荘園の停廃を強行するための武力と思われるが、場合によっては山門攻撃に転用されるべきものだったのだろう。

平家が消極的であったのは、延暦寺とことを構えたくないという判断があったからである。安元強訴翌日の四月一四日、大衆が清盛に「訟訴を致さんがため、猶公門に参るべし、早く用心を致さるべきなり」との書状を送った、との情報が流れており（『玉葉』）、延暦寺大衆が清盛に事前に行動予定を通報、しかるべき対応をとるよう促したことがわかる。高倉の法住寺殿行幸はこの報に「恐懼」した結果だというが、仮に誤報だったとしても、当時世間で両者の関係はそのようなものだと認識されていたわけである。

清盛の延暦寺への融和的対応の原因を探れば、まず清盛と天台座主明雲との個人的交渉の深さがあげられよう。仁安二年（一一六七）二月、清盛は太政大臣になった。これを僅か三ヵ月で辞任し、「前大相国」として政界に威をふるうつもりが、大病を患い、翌年二月覚悟の出家をする。同時に妻時子も出家するのだが、二人の戒師を務めたのは前年天台座主に就任した明雲だった（『兵範記』一一日条）。その後、明雲は仁安四年三月清盛が福原で開いた、最初の千僧による千部法華経供養（千僧供養）の導師を務めるなど（『兵範記』二一日条）、二人の関係は濃密で、「ヒトヘノ平家ノ護持僧」といわれるほどの間柄であった（『愚管抄』巻五）。だから、治承三年（一一七九）清盛が軍事クーデタを起こし、院近習らを追放するとともに、明雲は座主に還補された。六条・高倉・安徳三代の天皇の護持僧も勤めている。

むろん、指導者間の個人的関係だけで、権力の構造や同盟関係の全体が語り尽くせるものではない。この間の政治史の構図として、後白河院が顕密寺院、ことに延暦寺の寺院大衆にたいして強硬で統制的な姿勢をとり続けたのに比べ、平家（清盛）は慎重な態度を保持し続けた。清盛が保守派だったからというより、自らが主導権を握れる王権（高倉上皇―安徳天皇）を待望する立場から、後白河派の権力強化につながる叡山統制にブレーキをかけようとした、と考えるべきであろう。

安元の強訴は、前年七月の建春門院の没後、露わになり始めた後白河院・院近習勢力と平家の対立を公然たるものにし、鹿ヶ谷事件を誘発する最大の契機になった。両者の対立はこれを機に一気に深刻化し、二年半後のクーデタで、院政停止を強行するに至る。鹿ヶ谷事件以後、春秋二季恒例のように行われていた後白河の福原御幸は、行われなくなる。表向き維持されていた両者の政治同盟は終止符を打った。

これに並行して平家内において、重盛の立場が微妙になった。重盛は強訴直前の三月五日内大臣になったが、成親配流の数日後兼官の左近衛大将を辞任し、また翌年二月には内大臣を辞退せんとした（『玉葉』八日条）。その兆候は、安元三年四月一四日の高倉天皇の法住寺院御所への退避の際、すでに現れている。彼は行幸反対の意志を左大臣経宗に伝達していたのであり（『愚昧記』）、それは父清盛の政治判断とは異なる、後白河路線への同調であった。

左近衛大将の辞任は、重盛は舅の逮捕・流罪を断行した清盛への抗議と、平家の氏長者にして王朝最高武官の地位にありながら、それらしい軍事的役割を果たせなかったことへの無念を表現したものであろう。父の命に従順だった重盛にとっては、精一杯の行動といえる。『平家物語』が、重盛を聖徳太子十七条憲法をひきながら君臣の和、法皇への奉公に励む事を提唱し、敢然と父に対立した人物として描いたのも理由がないわけではない。

『平家物語』には、治承年間重盛が、後世を訪うため宋の育王山の僧に二百両、宋の皇帝に二千両の黄金を贈ったという話がある（延慶本第二本小松殿大国ニテ善ヲ修シ給事）。同じ頃のこととして東山の麓に四十八間の精舎を建て、一間ごとに灯籠一つをかけ、また毎月一四・一五日には、一間に六人ずつ、合計二八八人の若く美しい女房たちを集めて念仏を唱えさせた、との話もある（覚一本巻三灯炉之沙汰）。

これらは後世の伝承が濃厚に付着しているものだけれど、鎌倉初期成立の十二巻本『表白集』に、大納言時代の重盛が聖徳太子信仰の中心である四天王寺で万灯会の施主になっていたことを示す表白が収められており、忠臣だったとの評判や、聖徳太子信仰とのかかわりについては、ほぼ正確な事実であろう、とする牧野和夫氏の指摘がある(21)。

重盛の信仰を、健康を損ね心弱くなっていたがゆえとみるのは間違いではないだろう。同時にそれは強烈な個性の父との間に行き違いが生じ、一門内で孤立を深めつつあった彼の寒々とした内面世界に起因するものではないか。

以上、嘉応・安元の延暦寺強訴の事実関係を追いながら、そこに現れた後白河院政と平家および延暦寺三者の関係について、若干の整理を試みた。これらを権力構造論、政治史叙述の域まで高めるのは、なお今後の宿題である。

注

(1) 辻善之助『日本仏教史　上世編』岩波書店、一九四四年、八九五―八九七・九〇四―九一〇頁。田中文英「後白河院政期の政治権力と権門寺院」同『平氏政権の研究』思文閣出版、一九九四年。佐々木紀一「語られなかった歴史――『平家物語』「山門強訴」から「西光被斬」」『文学』(岩波書店)隔月刊第三巻第四号、二〇〇二年など。

(2) 『愚昧記』は内閣文庫蔵教部省本の紙焼写真、および陽明叢書『平記・大府記・永昌記・愚昧記』所収の鎌倉時代写本の影印本、『顕広王記』は国立歴史民俗博物館蔵自筆本(田中穣氏旧蔵)の紙焼写真を使用した。なお、『愚昧記』安元三年(治承元)一年分については、髙橋の神戸大学大学院文化学研究科(博士課程)における演習の成果として、その翻刻と注釈を森田竜雄氏との共編で『文化学年報(神戸大学大学院文化学研究科)』一九(二〇〇〇年)・二二(二〇〇三年)・二三(二〇〇四年)号に分載している。これには陽明叢書本と東京大学史料編纂所蔵重文『愚昧記』紙焼写真を使用した。安元の強訴・鹿ヶ谷事件にかかわる安元三年夏記分は、二三号を参照されたい。また『顕広王記』もその後、右記演習でとりあげ、その翻刻のみを『国立歴史民俗博物館研究報告』一三九集(二〇〇八年)・一五三集(二〇〇九年)に髙橋と樋口健太郎氏の連名で[資料紹介]として掲載することができた。『愚昧記』『顕広王記』の翻刻にあたっては、陽明文庫・国立歴史民俗博物館の格別のご高配により、原本校正を実施することができた。

(3) 網野善彦「美濃国」同『日本中世土地制度史の研究』塙書房、一九九一年。

(4) 拙著『[増補改訂]清盛以前――伊勢平氏の興隆』平凡社ライブラリー、二〇一一年、三三〇―三三三頁。

(5) 同右、二一六―二一八頁。

(6) 多賀宗隼「平家一門――清盛の位置と役割」『日本歴史』三五四号、一九七七年。

(7) 拙著『酒呑童子の誕生』中公文庫、二〇〇五年、四五―四六頁。なお『山槐記』永暦二年四月二〇日条参照。

(8) 冨倉徳次郎『平家物語全注釈』上巻、角川書店、一九六六年、二〇〇―二一〇頁。

(9) 戸田芳実「王朝都市と荘園体制」同『初期中世社会史の研究』東京大学出版会、一九九一年。

(10)　衣川仁「強訴考」『史林』八五巻五号、二〇〇二年。
(11)　閑院内裏を中心とする、町小路・堀川小路・三条坊門小路・冷泉小路で囲まれた三町四方が本来の大内裏を擬した陣中という空間で、四方の境とそこを貫通する西洞院大路・油小路・二条大路が形成する六つの交点が、大内裏門に見立てられて陣口といわれた。野口孝子氏のご教示による。
(12)　拙稿「平家家人制と源平合戦」本書第六章に所収。
(13)　同右。
(14)　平家時代の大番制については、拙稿「中世成立期における国家・社会と武力」同『武士の成立　武士像の創出』東京大学出版会、一九九九年。本書第四章参照。
(15)　武覚超『比叡山諸堂史の研究』法蔵館、二〇〇八年。
(16)　尾上寛仲「天台三門跡の成立」『印度学仏教学研究』二一巻一号、一九七二年。井上光貞『新訂日本浄土教成立史の研究』山川出版社、一九七五年も参照。
(17)　本書第六章参照。
(18)　早川厚一「平家物語の歴史叙述の方法と構想」同『平家物語を読む――成立の謎をさぐる』和泉書院、二〇〇〇年、五一―六一頁など。
(19)　今成元昭「南都北嶺」久保田淳編集『解釈と鑑賞別冊　講座日本文学　平家物語』下、至文堂、一九七八年。
(20)　平雅行「中世移行期の国家と仏教」同『日本中世の社会と仏教』塙書房、一九九二年。
(21)　牧野和夫・小川国夫『新潮古典文学アルバム13　平家物語』新潮社、一九九〇年、四二―四三頁。なお該表白の具体的な内容分析については、拙稿「平重盛の四天王寺万灯会について」本書第一二章を参照。

［補記］近年川合康氏は日本文学研究者早川厚一氏の「鹿ヶ谷事件」否定論に触発されて、①平家打倒（清盛殺害）の謀議は逮捕された西光の白状で明るみにでたことで、どれほどの具体性があったかはともかく、その存在自体は否定できない、②清盛による西光・成親の捕縛は、その謀議に基づくものではなく、延暦寺への武力攻撃を阻止のための軍事介入と理解すべき、③多田行綱の密告も事実ではないと強く主張している（「『鹿ヶ谷事件』考」『立命館文学』六二四号、二〇一二年）。あわせて筆者が早川氏の論を誤読していると指摘された。確かに拙論の早川説についての説明は不十分なものだと認めたい。それで本章のように

訂正を施した。

しかしながら筆者も「鹿ヶ谷事件」という事件の枠組みそのものを歴史的に認める立場だ、と「鹿ヶ谷事件」肯定論として一括して批判されるのは乱暴な整理である。氏が「鹿ヶ谷事件」というカッコ付きで語る従来の歴史理解は、「延暦寺大衆と後白河院・院近臣との政治的対立を隠蔽して、清盛の西光・藤原成親に対する異例の処罰だけを、清盛のおごりに満ちた権力を象徴する」（二四四頁）ものとして語る立場であろう。

本章を通読された方々には改めて説明を要しないと思われるが、筆者は一貫して後白河による延暦寺への強硬姿勢を軸に歴史的な推移を跡づけ、その中で西光・成親の逮捕を論じたのである。この経緯については川合氏を含め他のどの論者よりも詳細に史実を復元したつもりであるし、窮地に追い込まれた清盛の一発逆転の手段として、西光・成親の逮捕を理解する立場に強く共鳴している。そして西光の自白によって発覚したものとはいえ、平家打倒の謀議が存在したことは当然前提である。それなしにでっちあげだけで、仮にも権大納言の地位にある院の寵臣を、解官も待たず配流し、あげくは惨殺するという暴走が可能などとは信じられない。

したがって氏と違うのは、行綱の密告がなかったと明確に断言していないという点だけである。しかし、たとえば『百錬抄』六月一日条には「成親卿已下密謀あるの由、源行綱入道相国に告げ言ふと云々」とある。早川氏は、その自著で「『百錬抄』の記事には、他の史料類には見られない記事で、平家物語にのみ一致する記事が多いことも確かである。今後の具体的検討を待たねばならないが、『百錬抄』の記事の中には、案外、史料源を平家物語に特定できるものがいくつかあるのではないか」と述べておられるが（同氏注(18)書、二一一頁）、その仮説は証明されているのであろうか。これが川合氏になると『百錬抄』は「『平家物語』のテキストと密接な関係を持つと理解されている文献」と、すでに既定の事実化しているように思われる（前掲論文二三九頁）。『百錬抄』は年代記であるが、原拠史料には貴族の日記類が想定され、当該期にかんしては『吉記』（平田俊春氏）、『山丞記』（五味文彦氏）、外記の官人達複数による編さん（森万数子氏）など諸説が提起されており、『平家物語』の直接の影響については、なお万人の同意がえられる状況にはない（近藤成一「百錬抄」『国史大系書目解題　下巻』吉川弘文館、二〇〇一年）。

筆者は行綱の密告がフィクションであるという早川（川合）説は傾聴に値し、可能性は高いとは思うが、なお『百錬抄』の史料価値を無下に否定しがたいので、行綱の密告を「どこまで真実を伝えているか、議論の余地がある」と保留し、密告の日付が関係者逮捕の直前である不審については、今成元昭氏の解釈を「魅力的」としたのである。「魅力的」とはむろん完全な同意を意味するものではない。

また本文で記したように、配流途中の明雲が大衆に奪取された時、怒った上皇は多田行綱と源兼綱に後を追わせている。佐々木紀一氏が、行綱が院が急派できる武力でありながら、しかも院の命令に忠実な存在ではなかったと考えていることなど（同氏注(1)論文）、行綱についてはなお考えるべきことがある。

なお川合氏の「鹿ヶ谷事件」否定論は、肯定論者の背後には安元三年段階における平家の権力の過大評価があるとする判断と一体のものであるが、これは当該期の権力や政治勢力配置の全体的評価にかかわる。私の立場は本書及び既刊の書物などに示したところであり、すでに後白河院権力と平家の間に抜き差しならぬ対立が存在していたという点で氏と観点を異にする。

第三部　日宋の交流と海

第九章　大輪田泊について

一　福原山荘と大輪田泊

現存史料では、平清盛が現在の神戸市域と特別な関係をもったのは、応保二年（一一六二）のこと。平治の乱勝利の三年目、日の出の勢いの頃である。彼は摂津国八部郡にたいする公的支配権を得たらしく、家司の藤原能盛に一郡の検注を命じた。この時、検注に名を借りて多くの荘園が押領され（『鎌倉遺文』一二九〇号）、古代以来の大輪田泊も、平家の影響下に組みこまれてゆく。

清盛はその後も躍進を続け、仁安二年（一一六七）二月には従一位太政大臣に昇任する。位人臣を極めたといいたいところだが、かつて律令制最高だったこの官も、当時は一種の名誉職であり、極論すればその就任は、辞任後「前大相国」という肩書きで、政界に威をふるうための準備期間に過ぎなかった。彼も僅か三ヵ月で辞任したが、いよいよこれからという時に大病を患い、翌年二月覚悟の出家をした。奇跡的に一命は取りとめたものの、なお政治を牛耳っていたものの、やがて政治の表面から退き、平家の代表権を嫡子重盛に譲る。

清盛は本拠の六波羅泉殿も重盛に引き渡し、いまの神戸市兵庫区平野にあった福原山荘に移った。[1] 仁安四年（一一六九）正月～二月の頃と推定される。翌三月には、後白河上皇が山荘を訪れ、以後、後白河の同地への来訪は八回

（含む福原遷都時）を数えた。この頃国家権力は、後白河の勢力と平家が連合して握っていたが、それを象徴する出来事である。

清盛は福原を愛し、滅多なことでは京都に出ず、居住すること一〇年以上に及んだ。彼は、好んで中国人クルーが操船する「唐船（宋船）」を乗り回し、山荘では、厳島の内侍たちに宋の女性の装いをさせ、大陸の舞を舞わせた（『高倉院厳島御幸記』）(2)。むろん遊び暮らすハイカラ趣味の隠居になってしまったのではない。政界の最高実力者、平家一門の真の総帥という立場はいささかも変わらず、京都の政界を遠くから左右し続けたのである。

清盛が福原山荘に腰を落ち着けたのはなぜか。さまざまな背景が考えられるが、一つの要素は、多くの論者が指摘するように大輪田泊（鎌倉期以降の兵庫津）の存在があろう。山荘の南二・五キロメートルにあった同港は、一日四回激流が反転する明石海峡を通過する船のための、潮待ち、風待ちの港として重要だった。加えて難波の海は、これにそそぐ各河川、大川（淀川本流）・安治川・木津川の排出する大量の土砂で水深が浅く、河口に立てられた航路標識である澪標《みをつくし》の助けを借りなければならない(3)。このため延暦四年（七八五）正月に、淀川と三国川（現神崎川）とを結ぶ工事が行われて以後は、瀬戸内海を航行する船は、主に三国川を遡り連絡点の江口を経由して淀川に入った(4)。

近世に淀川を上下して旅客・貨物を運んだのは、伝道《てんとう》とよばれる吃水の浅い平底箱船形式の川船である。そのうち旅客を輸送する乗合船は三十石船といわれた。これにたいし一三世紀の最大級の海船は三〇〇石積といわれる(5)。時期が大きく隔たっているので単純にはいえないにしても、兵庫津に寄港した中世の大型船が、そのまま三国川を遡って京都の外港淀津にいたることは難しいだろう。つまり、大輪田泊は三国川河口の河尻（現尼崎市）と並んで瀬戸内海を東に進んだ大型船が荷の積み替えをする寄港地になる必然性があった。ここを押さえることは、西国の物流の多くを、我が手にたぐりよせることを意味した。

たんなる内海水運の掌握にとどまらない。嘉応二年（一一七〇）九月になると、宋人が直接福原にやってきた（『百錬抄』九月二〇日条）。これが海路によるものか陸路を使ったのかは一切わからない。また海路が宋船によるものか博多で和船に乗り換えてのそれかもわからない。従来外国船は九州の博多で応対させ、門司関をぬけて瀬戸内海に入ることはなかった。仮に和船か陸路であったとしても、宋人が都近くやってきて政界の実力者と直接会う、ということ自体が絶えてなかったことである。

この宋人の福原訪問が、たまたまなどであろうはずがない。中国側の史料には、三年前の乾道三年（一一六七）、日本が宋に「使」を派遣し、「四明の郡庭」に書を致して、仏法の大意を名僧に問うことを求めたが、文章に「疏謬」が多く「慚懼」して退いたとある（『仏祖統紀』巻四十七）[6]。四明とは対日交流・貿易で知られた明州（後の寧波）の別名で、中国浙江省の東部、寧波の西方にある四明山にちなんだものである。郡庭は郡の政庁のこと。当地は歴史を遡れば会稽郡に属するが、隋代以降越州の属県であった。唐玄宗の開元二六年（七三八）甬江流域と舟山群島が越州鄮県から分離し、その名称と行政領域が成立したのが明州である[7]。したがって実質的には明州の政庁をさしているのであろう。

この使は仏法の大意を尋ねたとあるが、後白河と清盛が派遣したもので、嘉応二年の宋人の福原への来着は、その返礼使という形でなされたと推定される。だからこそ、後白河法皇も宋人来るの報を聞いて、福原に駆けつけたのだろう。この時、京都では城南寺の競馬が行われており、それが済むと法皇は福原山荘に御幸し、直接宋人を「叡覧」した（『玉葉』『百錬抄』九月二〇日条）。法皇自身も後述のように、中国ことに明州の地と接点をもつことになみなみならぬ意欲をもっていたからである。

九世紀末の宇多天皇などは、譲位にあたり「外蕃の人必ずしも召し見るべき者は、簾中にありて見よ。直に対ふべからざくのみ」と皇太子（醍醐天皇）に訓戒していたから（『寛平御遺戒』）、後白河の大胆な振るまいに、保守派の貴族は「延喜以来未曾有の事」「天魔の所為か」と仰天している（『玉葉』九月二〇日条）。

二　承安の外交

承安元年（一一七一）七月、清盛は羊五頭・麝鹿一頭を後白河に進上している（『百錬抄』二六日条）。ともに日本には生息しない動物で、中国大陸から大輪田泊もしくは博多に揚陸されたものに違いない。続いて、承安二年（一一七二）九月、「大宋国明州沿海制置使司」から「日本国太政大臣」宛に牒状が届き、後白河法皇に方物（土産）を献じ、また「太政大臣」にもそれを送った（『師守記』貞治六年五月九日条）。方物には送文が付き、一通は「日本国王に賜ふ物色」とあり、いま一通は「日本国太政大臣に送る物色」とあった（『玉葉』九月一七・二二日条）。貴族たちは、これは南宋第二代皇帝孝宗（在位一一六二―八九）からの直接の土産でなく、「明州の刺使（州の長官、宋代は知州事と改称）」からのもので、しかも「国王に賜ふ」というのは、対等であるべき外交慣例を破り無礼だから、返牒を出してはならない、と反発した。彼らの感覚では「賜ふ」が無礼なだけではなく、「日本国王」号も問題である。それは中国皇帝が朝貢してくる周辺諸国の王に授ける臣下の称号だからである。

沿海制置使とは、南宋の時代、水軍を統轄して南海貿易に害をなす海賊を取り締まり、海路の平静を実現するため、浙江・福建などの沿岸地方に設けられた制度で、浙江では明州に役所が置かれ、知明州（明州の知州事）が兼任していた。(8)

宋は高度な中央集権国家である。宋初で約二五〇の州は皇帝直属、知州事も中央政府の官職名を帯びており、あくまで皇帝の名代として臨時に派遣されてくるという建前をとっていた。中央で宰相の任にあった者が、左遷という意味合いではなく、地方要地の知事として赴任することもあり、朝廷の統制を地方末端に滲透させるうえで大きく作用した。(9)だから、一般論としては、沿海制置使や知州からの使といっても、一地方官の独断専行ではあることはない。

この時の明州の知州事兼沿海制置使の名を趙伯圭という（『宝慶四明志』巻一郡主）。皇帝孝宗の同母兄という超大物長官である。[10]彼は市舶司の抽解（徴税）権益を吸収した。市舶司とは中国の主な海港に置かれた出入国や貿易を管理する機関で、外国船の積荷の臨検、約一〇分の一の課税、専売品（香料・象牙など）の買収や販売、出港許可証の交付、船籍管理、貿易振興、密輸禁止にあたっていた。[11]当時貿易船の抽解権は秀州華亭県（江蘇省）にあった提挙市舶司（市舶司の統括機関）が握っており、その役人たちが来航シーズンに明州に出向いて徴税していた。乾道二年（一一六六）趙伯圭は彼らの滞在が騒擾の元凶だとして、提挙市舶司を廃止し、抽解業務は州官に委ねるように孝宗に上奏し、裁可されている。[12]水軍の拡充や海賊鎮圧にも手腕を発揮し、異国商人優遇の海外宣伝や市舶務門外の臨検施設の整備など貿易振興策も推進した実力派だった。[13]

趙伯圭が後白河と清盛双方に供物を送ってきたのは、それぞれ異なった二つの意味があったものと考えられる。一つは「阿育王山妙智禅師塔銘」に、後白河法皇が阿育王山の寺主（妙智）に、年々贈り物を寄せ、良材を送って立派な舎利殿を造らせた、とあることに関係する。先に乾道三年、日本が宋に「使」を派遣し、仏法の大意を問うた事実に触れたが、その延長として院は阿育王山に舎利殿を建立するという志をもつにいたったのであろう。この事実については日野開三郎氏が早く指摘、近年藤田明良・横内裕人両氏が言及し、さらに渡邊誠氏が詳論を展開、重源や栄西の渡宋問題にも及んでいるので、ここではそれに譲りたい。[14]

いま一つは清盛宛のそれで、これこそが日宋貿易にかかわるものだったのだろう。渡邊氏は「この時期の日宋交渉の目的は複合的にとらえねばならない」といいながら、承安の日宋交流の目的を事実上舎利殿建立事業に絞りこみ、その結果、後述の大輪田泊の改修（経の島築造）や宋船の大輪田泊への寄港、宋銭の大量流入など貿易に深く関係する諸事実を等閑視する結果になっており、それには賛成できない。そもそも舎利殿を建てるための日本産材木の助成にしても、他の事例から考えると無償の喜捨ではなく、対価をともなう輸出事業でもあった。[15]舎利殿建立事業に清盛が一枚噛んでいたのも、その目的が大きかったからに違いない。

そして、明州を治める超大物長官が日本に使を送ってきたのは、彼の貿易振興路線にかなっていたからであり、背後には、諸国から朝貢したいものがあれば、いちいち自分に取り次がず、所在地の長官が礼を以て諭遣にあたれ、という孝宗のゆるやかな外交姿勢があった(16)。

翌年三月三日後白河法皇は、公卿議定を経ることなく、清盛に返書を出すよう命ずる(『百錬抄』、『師守記』貞治六年五月九日条)。清盛の名で返書を出させたのは、外交の実質推進者というだけでなく、貴族たちの反発に配慮し、相手方の沿海制置使とつり合わせるために違いない。清盛の作成した返牒は「日本国沙門静海(清盛の法名、浄海とも)牒す　大宋国明州沿海制置使王」と書き出され、内容も土産の美麗珍重を大いに誉めたもので、外交慣例と違うことを詰問せよの声は無視された。対等であるべきといっても、それは日本側の一方的な願望で、清盛には、世界の超大国と張り合う世間知らずの自尊心など、一顧の余地もなかったのである。

後白河法皇は宋の使者に、蒔絵の厨子に入れた色革(染めたなめし革)三〇枚と蒔絵の手箱に納めた砂金百両の贈物を賜い、清盛も「剣一腰」「物具(武具一式)」などの贈物を添えた(『玉葉』三月一三日条、『師守記』貞治六年五月九日条、『百錬抄』三月三日条、前田育徳会尊経閣文庫所蔵『異国牒状記』)。この返牒と贈答品は皇帝のもとにもたらされた。同年五月二五日、孝宗は詔して、日本へ往復した綱首荘大椿・張守中及び水軍の使臣(使節)施閏らの労をねぎらわせ、綱首に銭五百貫、使臣には銭三百貫が支給されている(『宋会要輯稿』巻百九十九蕃夷七歴代朝貢)。

ところで、今回の日本への使は、同一人の兼務とはいえ、文官職たる知州事ではなく海賊制圧を任とする沿海制置使名でのものだった。そして帰国した遣使らを沿海制置司にねぎらわせたのは枢密院である。枢密院は中央の軍政・軍令機関である。宋の時代各軍の司令官は、部下の将兵を管理し訓練する握兵権はもったが発兵権はなく、枢密院を通した皇帝の命令がなければ、一兵たりとも動かせなかった(17)。右の『宋会要輯稿』の記事は、今回の日本への使節派遣が、皇帝の了解もしくは追認のもとに行われたものであり、しかも枢密院が関与している以上、軍事・治安問題を内容とするものだったことを物語っている。

中国側の判断は、日本との貿易を本格化するにあたって、貿易船の安全が条件ということなのであろう。海賊は、レーダーやGPSのような広海域での測位を可能にするシステムのない時代、大海原のただ中には出ない。港の出入り口の島嶼に姿を隠して獲物を狙うのであり、明州なら甬江を降り東方海上に出た舟山群島、日本では九州近海・瀬戸内海の島嶼海域がその巣窟である。日本との貿易に乗り出すためには、日本側の海賊除去努力が前提、そのためには、軍事面での最高実力者・清盛入道の力が欠かせない。しかも、平家は祖父正盛以来瀬戸内海の海賊平定に大きな実績をもつ(18)。瀬戸内航路の整備とは、施設の問題というより、人災、すなわち海賊への対策を万全にすることである。

こう考えてくると、清盛が剣と鎧兜を返礼の贈物にしたのは、それへの同意のシグナル、と解することができる。これにも一言居士の九条兼実の「武勇の具を境外に出す」という批判があった（『玉葉』三月一三日条）。武器搬出禁止という東アジア国家の原則からいえば正論であるが、宋側の要求内容まで理解しての発言とは思われない。

その後同年秋の比、宋から牒状数通が到来しており、これへの回答であろうか、翌年二月清盛は返牒を送っている（『師守記』貞治六年五月九日条）。これでこの件にかんするやりとりは完了したらしい。

承安二―四年の日宋の接触は、阿育王寺に舎利殿を建立したいという後白河の要求と宋側の受容、および宋との貿易の本格化や伝統的な外交姿勢からの実質的な脱皮という清盛の狙いと、貿易開始承諾の前提として海賊の除去を求める宋側の要求とが、ともども含まれていた。舎利殿建立についていえば、渡邊氏の指摘のように清盛がその実現に尽力したのは確かであろうが、それは宋と交渉するにあたって、後白河の存在を表に立てる必要があったからである。陪臣（清盛）には対外交渉の資格がない。だから「日本国王」の看板を背負わねばならないのである。貿易や国交について、その最終の合意事項が具体的にいかなるものか伝わっていないのが残念であるが、なんらかのレベルの合意をみたことは間違いないだろう。

　そのことは宋の貿易船が瀬戸内海域に進入し、堂々と都の近くの大輪田泊までやってきた事実によって証される。貴族の中山忠親が、いわゆる福原遷都中、「輪田泊」に停泊中の宋船に侍男を遣わし、漢方薬の材料を購入させた例がある（『山槐記』治承四年一〇月一〇日条）。福原に直接宋船が来航した確実な実例としては、現在この一例しか知られていないが、記事からは忠親にとって福原への宋船の来航はもはや驚きの対象ではなく、当然の既成事実となっていた雰囲気が感じられる。過去すでに一定数の来航があったものと考えるべきであろう。といってもこの歴史段階では、せいぜい年間数隻程度と考えるが、それ以前、たとえば長承三年（一一三四）から久安三年（一一四七）までの間には、「宋朝の商客」の博多津への来航は、一件も記録に残っていないから(19)、格段の拡大といえる。

　それは外国貿易の管理をしていた大宰府の府官の権限と役得の否定であり、平家への吸収に他ならない。このためにこそ清盛と彼の一門は、早くから大宰府と府官の掌握に心をくだいていたのであるが、治承四年八月の頼朝の伊豆挙兵からわずか一月後の九月一九日には、「筑紫又反逆の者あり」との報が伝わり、清盛は「私に追討使を遣は」している（『玉葉』）。さらに同年年末からは肥後の菊池、豊後の緒方氏などの謀反が相次ぐのは、地盤であったはずの鎮西で、平家にたいする不満がたかまっていたことを現している。その原因の一つが日宋貿易から上がる利益を平家に奪われたことにたいする憤懣、とみることには現実性があるだろう。

　大輪田泊が輸入の窓口になって以降、唐物の流入は一段と加速された。治承三年（一一七九）一二月、清盛が東宮言仁《ときひと》に本朝未見の『太平御覧』を献じたのはその代表例である（『山槐記』同年同月一三日条）。『平家物語』が、平家の繁栄を語るのに「楊州の金、荊州の珠、呉郡の綾、蜀江の錦、七珍万宝一つとして欠けたる事なし」と中国のぜいたく品をあげているのは（巻一吾身栄華）、美辞麗句でなく、清盛の中国貿易への関心の深さと、そのおそるべき富力を示す狙いであろう。

流入品は、こうした高価・珍奇なものばかりではない。平家の時代、一番の輸入品は宋銭（主に北宋銭）だった。よく知られているように、日本の古代国家は皇朝十二銭と呼ばれる各種銅銭を発行したが、一一世紀には使用が途絶えている。一二世紀中期、再びその使用が始まるが、流通したのは日本政府が鋳造した銅貨ではなく、中国で使用されていた銭であった。日本は、交換手段を自前で用意するのでなく、輸入に頼ったのである。

長期にわたって使用の絶えていた銭が急に出まわれば、国家・社会の混乱は避けられない。事実、宋銭の大量流通は、物価の高騰や社会問題の発生をともなっていたらしく、治承三年（一一七九）麻疹らしき病が流行った時、人は「銭の病」と呼んで忌避した[20]。

一方、日本からの輸出品では、通説がいう砂金・水銀・真珠・螺鈿・蒔絵なども含まれていただろうが、主力は硫黄や杉・檜・松などの板もしくは角材である。硫黄は黒色火薬の原料に使われた。北宋はそれを金・西夏など北・西の敵対国との実戦に配備した、との推定もされている[21]。

日本産の木材は良質をうたわれ、孝宗も淳熙年中（一一七四―八九）禁中に「日本国の松木」をもって一堂を建て、「翠寒堂」と名づけその風雅を愛したという（『建炎以来朝野雑記』甲集巻一孝宗恭倹の条）。宮崎市定氏によれば、中国では北宋の徽宗皇帝の頃になると、家を建てるにしてもなるべく木地を現すような、洗練された奢侈が流行るようになるというが、その傾向にも助けられたのであろうか[22]。中国側史料で見ると、日本産木材の輸入が始まったのは一二世紀三〇年代以降で[23]、日本における銭の流通再開期と時を同じくしている。何万銭という宋銭は、船に積みこまれた時バラストの役割を果たした。帰りの船荷が砂金や真珠だけだと、軽すぎて吃水が上がり危険である。硫黄や木材は重心を下げる効果もある。当時中国では、産業の躍進によって自然の収奪が進み、森林がどんどん消滅、薪炭から石炭へのエネルギー転換が進行していた。木材は貴重になりつつあったから、まさに一石二鳥といえよう[24]。

また中国では一般民衆まで遺骸を納める棺材に金を費やすことをいとわなかった。乾道四年（一一六八）の序を持つ陸游の『放翁家訓』には、「四明（明州）・臨安にて倭舟至りし時、三十千（三〇貫）を用ゐれば、一佳棺を得べし」とあり、実際には日本材による良質な棺への需要が大きかったようである。明州城内には棺材を加工製作する「棺材巷」もあった（『開慶四明続志』巻七）[25]。

三　経の島

承安二―四年にかけての日宋交渉は、当地の歴史に新しい展開をもたらす契機になった。海運の本格化にそなえ、清盛が大輪田泊の改修を始めたからである。治承四年（一一八〇）二月二〇日、清盛が朝廷に大輪田泊の改修を要望した時、「輪田の崎は上下諸人の経過絶ゆること無し。公私諸船の往還数あり。而るに東南の大風常に扇ぎ、朝暮の逆浪凌ぎ難し。これ則ち無泊の致す所なり」と述べ、必要な泊地が無いことを訴えている（『山槐記』同年三月五日条所収二月二〇日太政官符）。実際、和田岬は近代以前には海の難所といわれ、東風・南風が吹くと兵庫津に避難場所がないため、遭難船があとをたたなかった。しかしここで、碇泊地がないというのは、自らの訴えを承認させるための誇張が含まれている。

というのは続けて「これ以て一は諸国の歎を救はんがため、一は諸人の怖れを除かんがため、殊に私力を励まし新嶋を築くと雖も、波勢常に嶮しく石椋全からず、自ずから国々の功力を凝らすにあらざれば、いかでか連々の営築を致すを得んや」とあるように（同右）、それ以前にすでに「新嶋（経の島）」という海中の人工施設、平安版ポートアイランドとでもいうべき施設の築造を、一旦は終えているからである。したがって治承四年のそれはその補修および第二期工事とでもいうべきもの、と考えるべきだろう。

「新嶋」を築く工事が着工されたのは承安三年（一一七三）のことで（『帝王編年記』）、完成時期は明確ではないが、長門本に翌々年とみなしうる記述がある（巻十二兵庫嶋築始事）。治承三年には「経の島」という名称が確実な史料に登場し（『山槐記』六月二二日条）、機能しているように見えているから、遅くともそれ以前に形をなしていたはずである。

人工島を造るのはたいへんな工事で、石を海中に沈めて築いた石椋（石垣）が翌年風でたちまち崩れ去ったという。延慶本には、「石ノ面ニ一切経ヲ書テ、船ニ入テイクラト云事モナク沈メ」る工法がとられたとある（第三本大政入道経島突給事）。人工島を経の島とも呼んだのは、このためである。この工法の実施を直接裏づける信頼できる史料はないが、二十数年後の建久七年（一一九六）、魚住（明石市）・大輪田両泊の石椋修築、河尻の一洲（尼崎市）に「小嶋」の築造を行おうとした史料が傍証になる（『鎌倉遺文』八四七号）。

二〇年を経て大輪田泊はすでに石椋が崩れその修築が必要、河尻の一洲は風浪を防ぐのが困難な状態で、新しい島の築造が問題になっていた。河尻の一洲とは三国川（神崎川）河口に形成された洲の一つで、鎌倉時代後期には渡辺（現大阪市東区天満）・兵庫とともに摂津の三カ津として文献に散見し、諸権門の関所が設置されるようになる。

その三者を修築するため、造東大寺大勧進職として東大寺再興を推進した重源が衆望をになって登場、同年六月三日、諸国に修築のための賦課を課すよう太政官に奏上している。具体的には次の四点を求めた。①三道（山陽道・南海道・西海道）諸国ならびに神社仏寺権門勢家荘領から年貢の「斛別一升」を供出させる、②三道国衙は、「一郡別一艘、庄園は一所別一艘」の「舟瓦」をださせる。これは「修築の固め」に用いるためで、船瓦は船の瓦、船底材のことである。当時の和船の船底部は丸木船だった。丸木だから幅に限界があり、前後に継いで積載量を増す。舳先の船底材を舳瓦、中央部が胴瓦、船尾部分を艫瓦といった。③は一〇ヵ国の津津浦浦や淀の河尻および淀津より「破損の船」を供出させる、これは事書に「津津破損の船瓦を点じ進ら」すとあるので、破損船の船底材のことであろう。④山城以下の五ヵ国からは荘公を問わず杭や枝のような竹木を供出させ、摂津・播磨・淡路三ヵ国幷河尻からは人夫を雇用させる。以上を朝廷に申請し許可されている。

①②が魚住・大輪田泊修築に要する費用であり、③④は河尻の一洲島造築に必要な費用である。②③から石椋修固、新島築造のため船底材や廃損船を広く供出させようとしたことは明らかであり、これに石を積みこんで沈め海中の基礎部分を造ったのであろう。それは遡って清盛の経の島築造の時も同様だったと思われる。

ところで経島の場所、というよりそもそも大輪田泊はどこにあったのであろうか。これについては治承四年六月六日、天皇以下の京都出行に遅れて福原にやってきた蔵人藤原親経が、「河陽（河尻辺）」の客舎を出、「海船」を用いて「輪田崎」に到着、「沙浜に於て冠を着け、内（安徳天皇）・院（高倉上皇）に参」った。そして夜に入ってまた「沙浜」に帰った。翌日は「沙浜より所々に参り、適《たまたま》宿所を尋ね得、居住す」と述べているのが注目される（『親経卿記』）。親経は二二日の帰京の際も「沙浜に於て乗船するも、風烈しく浪高きの間、更に又陸行」し、河陽で乗船した（同右）。帰路一旦は砂浜で乗船したというのだから、六日の到着時も砂浜に直接着岸したはずである。海船で和田岬を通過して着岸したのが沙浜で、冠をつけたのは参内の準備だから、その砂浜がまさに大輪田泊であった。『吉記』の治承四年一一月一二日条に、夜半火事があり、「浜辺の在家二町許り」が焼けたという記事があるが、この浜辺は大輪田泊辺りのそれだろう。

和田岬の延長にある砂浜という条件に適合しそうなのは、大村拓生氏も指摘するように須佐の入江であろう[26]。この入江は兵庫津を描いた最古の地図である元禄九年（一六九六）の「摂州八部郡福原庄兵庫津絵図」（棰井家蔵・神戸市立博物館寄託、以下「兵庫津絵図」と略称）では、和田明神のあたりで神戸港の海面と分かれ、南北に長い浜地で隔てられながら細長く北北西に向かっている（図1）。そして入江の一番奥まったあたりが現在の清盛塚十三重の石塔および一遍ゆかりの真光寺辺で、南東にはややひろい水面が広がる。

清盛塚は台座に「弘安九　二月　日」という造立の年月が刻まれており、当然清盛とは直接の関係にはない。叡尊

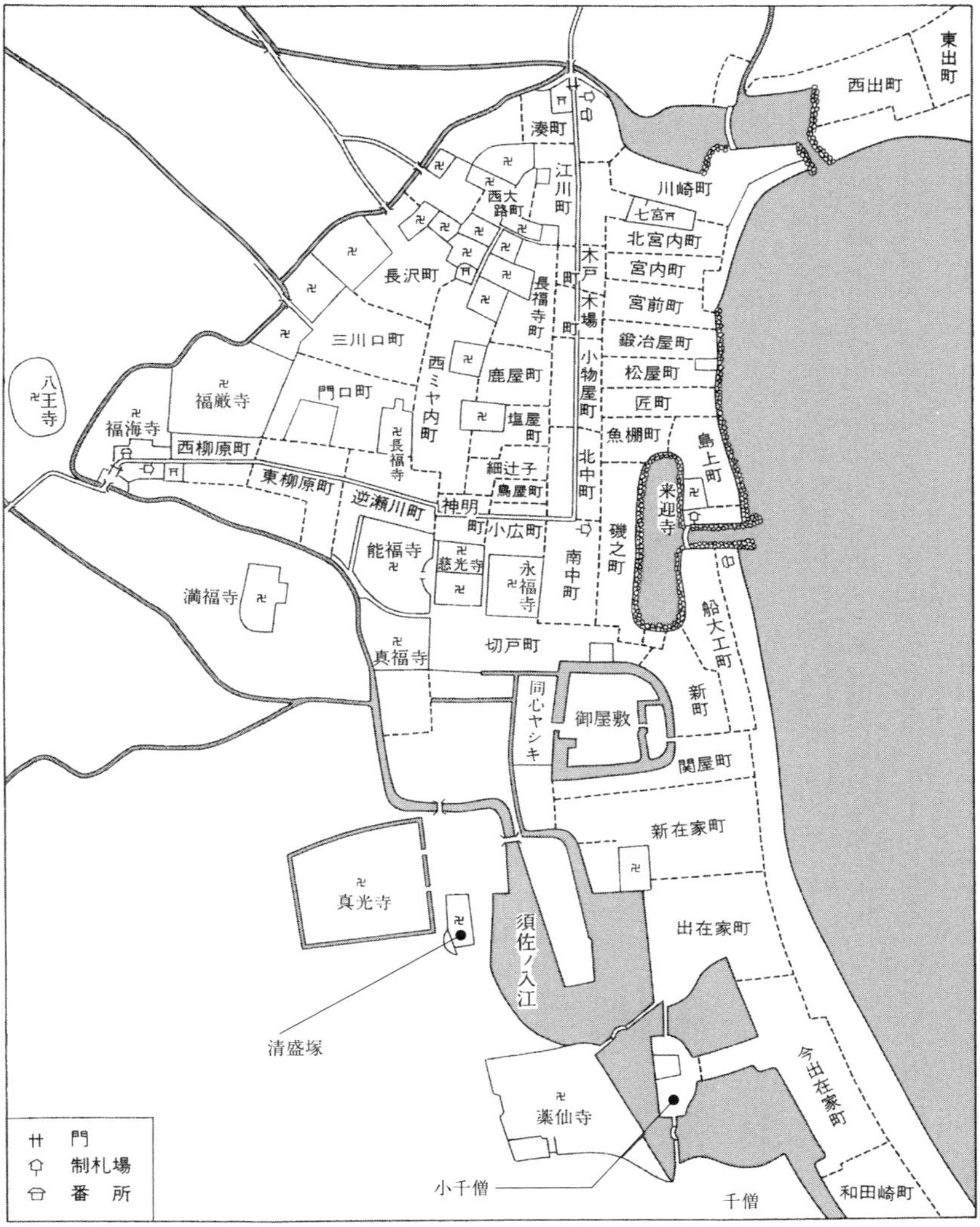

図１　摂州八部郡福原庄兵庫津絵図・略トレース図
（原図武藤直氏）

が弘安八年（一二八五）八月に兵庫で「石塔供養」に臨み、曼荼羅供を略式で行っているが（『感身学正記』）、その石塔と関係するのではないかといわれている。彼はその頃兵庫に立ち寄って、船運や港湾業務の雑役にかかわる人びと、遊女らに戒律を授け救済を説く布教活動を行っていた。その記念碑であろう(27)。

「沙浜」だからといって遠浅とは限らないが、須佐の入江は「兵庫津絵図」が描かれた半世紀後には、すでに逆瀬川の一部に縮小して陸地化しているので（宝暦元年に作られた森幸安の二つの「兵庫地図」、国立公文書館蔵本と大阪歴史博物館蔵本参照(28)）、近世中期の土木技術・労働力動員で埋め立て可能な水深の浅い水域だった。こうした浅く幅の狭い水域に船底が尖って吃水の深い宋船、船長二〇メートルを越える方向転換が難しい細長い大型和船が進入・碇泊することはありえない。「無泊」とは、入江以上のものではなかった元来の大輪田泊の、この状態を表現する言葉であろう。となれば経の島は、須佐の入江とは区別される場所にあったと考えねばならない。

叡尊が訪れた二ヵ月後、亀山上皇も兵庫を訪問し、それに随行した三条実躬は当時の港について、次のような情景を書き留めている。

　福原より兵庫嶋に出て、和多御崎・経嶋を歴覧す〈平相国禅門、この嶋を築き出す所と風聞す。風雨を防ぎ往来の舟の宿泊となすと云々〉。数百艘の舟をこの入海に繋ぐものなり。遊君等、笠を差し、扁船を棹さして、汀を廻り、各郢曲を施す（弘安八年一〇月二一日条）。

藤田明良氏は、港の中核部分が「経嶋」によって外海と区切られた「入海」だったこと、「築き出す」という表現から、この人工島は海中に独立した島ではなく、岸から延長した半島状のもので、船を風から守り良港となっていたこと、誇張はあるが入江に繋がれた船の数を「数百艘」と表現しているように大いに賑わっていたこと、などを指摘

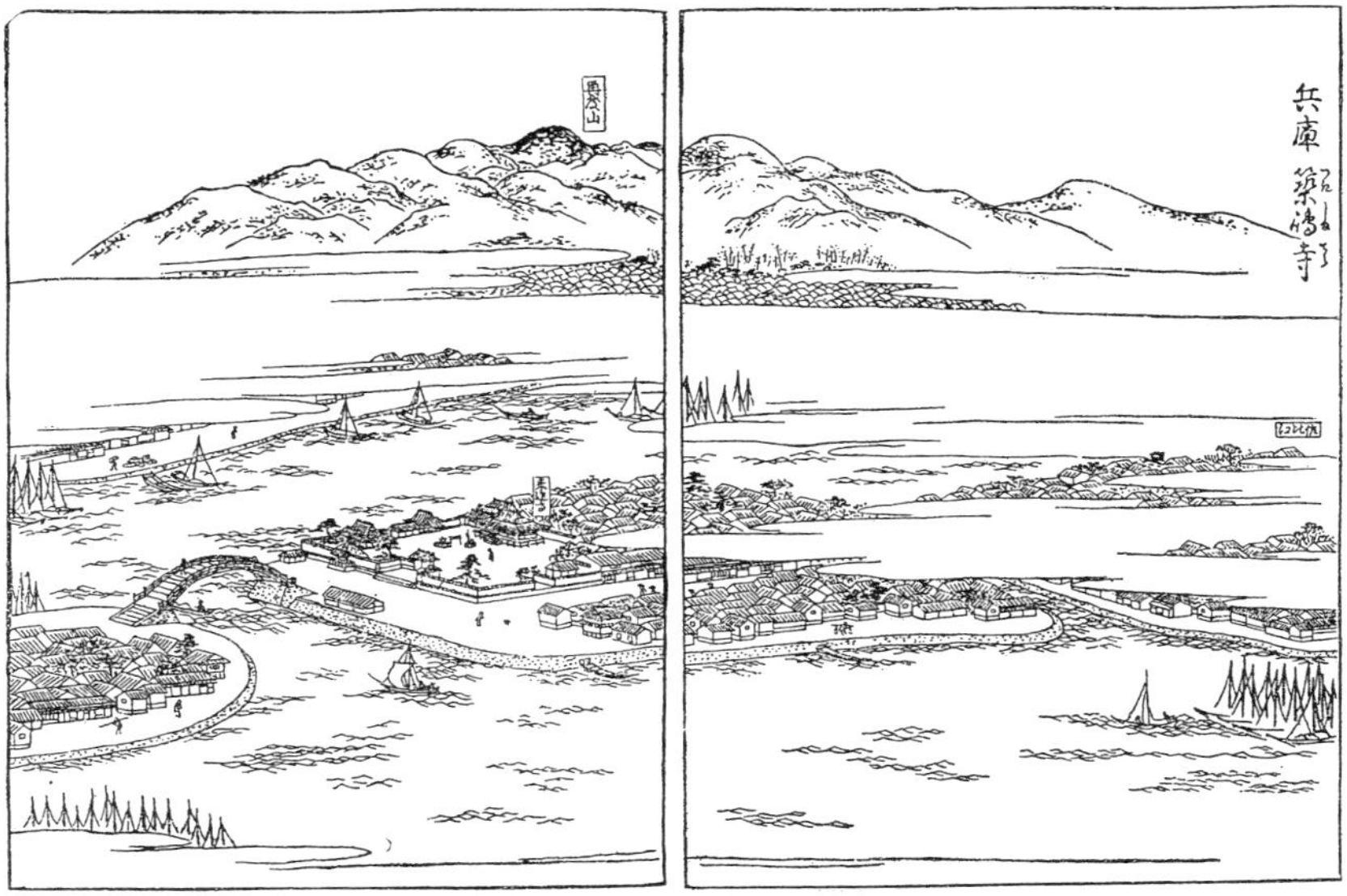

図２　『摂津名所図会』の兵庫築嶋寺の図

している[29]。

須佐の入江とは別場所で、その内側に船を係留できる突堤状の構築物ということなら、自ずから場所は限定されてくる。前掲元禄九年の「兵庫津絵図」では、海岸部中央に長一一九間（二一五メートル弱）、横二七間半（約五〇メートル）の「内海」（船溜）が描かれている（図1）。外海と内海をつなぐ細い水路には太鼓橋がかかるが、その橋の北側が嶋上町で、清盛塚の北北東六〇〇メートル余といったところか。橋のたもとには来迎寺があり、別名を築島寺、山号を経島山という。絵画表現を求めれば、寛政八年（一七九六）から一〇年にかけて刊行された『摂津名所図会』の兵庫築嶋寺の図がある（図2）。近世には太鼓橋を通って南に渡るとそこが船大工町であり、南北双方から突き出た半島状の陸地で内海を抱え込むようにして外海との間を隔てていた。

もちろん、近世の景観や地名がそのまま平安末期まで遡るわけではない。慶長七年（一六〇二）片桐且元と大久保長安が兵庫津で地子改を行った時に、「嶋上町」として二九筆・二反四畝一二歩の屋敷地が登録されている

図３　新川運河現況
（中央やや左上に樹木が見える．奥が現築島寺，水門の外は神戸港）

（『摂州矢田部郡兵庫屋地子帳』／『岡方文書』第一輯第一巻）。さらに遡って文安二年（一四四五）の『兵庫北関入船納帳』（以下『入船納帳』と略称）に現れる一二〇人前後の船主・船頭中には、「嶋上」「嶋」「嶋本」の肩書き（地名）が付された者がいる。この嶋は当然経の島と関係するだろう。一方、対面の船大工町は慶長の『兵庫屋地子帳』には現れないが、天和元年（一六八一）の『摂州八部郡兵庫津検地帳』には二七人の名請人の肩書きにその町名が登場する（『兵庫岡方文書』第二第二巻）。このことから同町は近世前期の埋め立てによって成立した町で、中世にはまだ存在せず、内海は南部でそのまま現神戸港の海面に向かって大きく開けていたのではないか(30)。

近世の嶋上町は現島上町一丁目・二丁目にあたり、築島寺は二丁目に存する。神戸の二万五千分の一土地条件図（一九六三―一九六五年調査）によれば、築島寺の西北、現在の本町一丁目・二丁目あたりが砂（礫）堆・砂（礫）洲、つまり波浪や沿岸流によってできた浜堤、砂州・砂嘴などの微高地である。

微高地の東の際がかつての海岸線で、海岸線を南に延ばしたあたりが、中世の『入船納帳』の船主の肩書きに見える「磯」や、近世以来の「磯之町」であろう。経の島は微高地を起点に東南方向に突き出す形で造成されたのではないか。そして慶長の『兵庫屋地子帳』以後に見える「魚棚町」（島上町のすぐ西隣）の名は『入船納帳』には現れない。戦国期以前に埋め立てて、そこに魚棚町が形成されたのであろう。

以上を総合すると、経の島と磯の南北の汀線にはさまれた水面は、元禄の「兵庫津絵図」よりも魚棚町分だけ北西方に大きく広がり、磯之町の汀線も若干西に退いて、内海の水面はかなり広くなると同時に、船大工町の陸地が存在しない分、南部で大きく現神戸港の海面に開放されていたといえるだろう。これが当地の一五世紀ごろの姿であったが、清盛時代もそれほど違わなかったのではないか。

当地は明治七年（一八七四）から八年にかけて行われた新川運河の開鑿によって、景観が一変した（図3）。兵庫港に小船舶の避難所を造り、併せて荷揚場を設けるという兵庫地区の近代化事業の一つである。これにより島上町より発しやや西南に湾曲し、さらに今出在家町を東方に貫いて再び外海に戻る、全長一キロメートル以上の新渠が開かれた。またこの新川の掘削土砂を使って、島上町海岸を幅四〇メートル、延長四五〇メートル以上にわたり埋め立て、その土地を売却して工事費にあてている。

その結果、「昔は築島寺の側に泊船場ありて、其入口を築島川と称し、右方に曲折して入江の形ちをなし、寺門の前面に築島橋を架設し、船大工町との往来を通ぜり、其東の方は、人家を隔て丶島上町海岸となり、築島寺近傍は宛然島嶼の観ありしが、此に至て従前の船泊所は、宅地若くは道路となりて其跡を留めず、築島川は其幅拡開せられて新川の入口と変じ、船大工町の後背は新川の通ずる地形と変はりたれば、新町、関屋町、浜新町、新在家町等凡て陸地と切離れたる島地となり、称して中の島と云ふ」ようになった(31)。

清盛の経の島は、半世紀以上後、築造された鎌倉の和賀江島と類似点が多いように思われる。鎌倉では、前浜（由比ヶ浜）が水深の浅いことから艀が必要であり、事故も少なくなかった。このため、貞永元年（一二三二）に勧進聖の往阿弥陀仏が、「舟船着岸の煩無からんがため、和賀江嶋を築くべきの由」を申請した。この人物は前年筑前国葦屋津新宮浜に「孤島」を築き、「往還の船を助け、風波の煩ひを休め」ようした実績がある（『鎌倉遺文』四一二一号）。執権北条泰時は喜んで合力し、諸人も助成している。工事は順調に進み、同年七月一五日に着工して八月九日には早くも竣工したという。泰時の有力被官が巡検しているので、事実上は北条氏の力でつくられたといえそうである（『吾妻鏡』両日条）。

建長六年には、問注所・政所の両執事宛に、唐船は五艘の外は置くべきでない、速やかに破却せしむべしと命じられているので（『吾妻鏡』四月二九日条）、対象港に和賀江嶋も含まれていた可能性がある。

明治期に神奈川県が作成した地籍図「鎌倉町乱橋材木座字飯島」をもとにした地形図では、島の東西の長さは約一二五メートル、先端付近の幅は約七〇メートルあり、島の北側（由比ヶ浜側）には昭和の一ケタ代まで船を係留するための石杭が一〇本残っていた。現在も大潮の干潮時には累々たる大石の石積みが姿を現し、飯島岬の突端から西に向け二〇〇メートルほどに及ぶ。石積みに用いられた玉石は、相模川・酒匂川・伊豆海岸などから海路で運搬されたものと推測されている[32]。両者の比較研究は、今後の宿題であろう。

経の島築造の工事責任者になったのは、阿波を本拠とする平家の有力御家人粟田成良（阿波民部大夫、平家都落中に屋島の御所も造営した）である（延慶本第三本大政入道経島突給事）。成良は平家水軍の一翼を担う有力者であり、吉野川下流南岸の沖積地たる桜庭を中心に勢力をふるった[33]。『入船納帳』により、一五世紀の畿内には、阿波・土佐の南海道産の榑・木材が大量に流入していたことがわかる。その産地の中心は、現在なお杉の原生林が保存されている高知県安芸郡の魚梁瀬の美林である。高温多雨で生育に適し、筏による搬出と海運の便に恵まれていたからで、この条件は平安末期でも変わらない。

成良や彼の関係者は、木材の漕運にかかわりながら、富と勢力を拡大していった可能性がある。阿波から淡路島以西の瀬戸内海に向かうには、鳴門の渦潮を避けて、明石海峡を通らねばならない。大輪田泊の改修は成良個人の利益にも合致し、港修築のノウ・ハウももっていたのだろう。彼の積み出した魚梁瀬の杉材の一部が、兵庫の津に来航した宋船の帰りの荷となって、はるか南宋の地に運ばれ、詩人や美姫に木目の美しさを愛でられた、との空想は楽しい。

表1　和田（福原）千僧供養一覧

	日　時	事　項	出　典
1	仁安4年(1169) 3月21日	入道大相国，福原亭において千部法華経を供養す，僧千口読誦．導師明雲，後白河その斎庭に臨む．24日上皇還御．	『兵範記』『百錬抄』
2	承安2年(1172) 3月15日	後白河，入道大相国福原亭において，持経者千僧にて『法華経』を供養す．3日間これを行う．	『玉葉』『百錬抄』『古今著聞集』
3	承安2年10月15日	13日法皇，輪田千僧経に向かうと云々．15日より清盛，輪田浜において，千壇阿弥陀供養法并に四十八壇同護摩を修す．中央に法花道場を建て，法華法を修す．大阿闍梨太上法皇一身阿闍梨．伴僧20人皆園城寺の僧，僧綱8人，有職10人，非職2人．護摩壇権僧正公顕，仁和寺守覚法親王・延暦寺覚快法親王，前大僧正覚忠，自余の僧綱済済，法皇臨御．千壇行法によってその浜を千僧と謂う．19日還京．	『玉葉』『百錬抄』『歴代皇紀』，『帝王編年記』(同記は承安4年10月とするが誤記)
4	承安3年3月14日	清盛福原で護摩を修す（～20日）．但し，法皇，建春門院が病のため不参加の模様．	『玉葉』
5	安元元年(1175) 10月13日	11日法皇，禅門相国の福原別業に密々御幸．来る13日より千僧持経者を供養すべきによりてなり．15日還京．	『玉葉』
6	安元3年3月15日	14日法皇暁福原に御幸．15日より3日間千壇供養法，18日より3日間千口持経者の供養．前者は入道の修すところ，後者は故建春門院のために法皇の行わせるところ，持経者は殿上の侍臣以下・北面・武者所・主典代・庁官皆ことごとく宛てられる．	『玉葉』『顕広王記』『百錬抄』『転法輪抄』

ただし、阿育王寺の舎利殿は周防の材で建てられたことがわかっている（『南无阿弥陀仏作善集』）。

四　千僧供養

彼は福原をたんなる別荘、あるいは第一部で説いたような院権力からの自立（自律）のための拠点にとどめるつもりはなかったであろう。そのことを示すのが和田の浜で行われた千僧供養である。すなわち仁安四年（一一六九）以降、福原では、三月と一〇月中旬過ぎの年二回、それぞれ三日の日程で千僧供養が催された。その実施状況は表1の通りであるが、とくに承安二年（一一七二）三月には、和田の浜辺に仮の屋を建て、持経者（常に『法華経』を読誦する僧）千人が『法華経』を転読。後白河自身も千僧の一人として参加した。公卿殿上人からの喜捨はいうまでもないが、諸国の民衆も結縁のため釘や餅を差し出したという（『古今著聞集』巻二―五九）。

千僧供養の主催者になることは、誰にでも可能だったわけではない。承安二年一〇月の時で、和田の浜に招かれた僧は、一身阿闍梨として後白河、伴僧が二〇人、彼らは皆園城寺関係者で僧綱八人、有職一〇人、非職二人、権僧正公顕、仁和寺の守覚法親王（後白河の第二皇子）・延暦寺の覚快法親王（鳥羽の第七皇子）、前大僧正覚忠も顔を見せ、自余の僧綱済済という豪華さだった（『帝王編年記』承安四〈二年の繫年の誤り〉年一〇月条）。当然莫大な費用がかかる。主催場所も、院政期には大極殿・法勝寺・延暦寺・興福寺・東大寺に限られている。(34) 京都・奈良で実施するならともかく、この顔ぶれをこの地にそろえること自体が一大事業である。分不相応の思い上がりだという非難を許さない門地・身分も必要だ。清盛の富と威勢、および白河の落胤という生まれがそれを可能にした。

だが、なぜ和田浜での千僧供養なのか。この問いについては、同地で『法華経』を転読した事実が答えになるだろう。和田浜の範囲は明確でないが、「千壇行法に依りてその浜を千僧と謂ふ」という史料もある（『帝王編年記』承安四年〈二年〉一〇月条）。近世兵庫津では、西国街道の宿駅に指定された背後の陸部を岡方、港湾機能を持つ南北に細長い一帯の北部を北浜、南部を南浜、総称して浜方といった。前出の元禄九年の「兵庫津絵図」には、南浜に近接した須佐入江の南に「千僧」、入江の中に「小千僧」という地名がみえる（図1）。それらから、およそ大輪田泊から南の和田岬まで海浜の一帯を指すものと思われる。

『法華経』の提婆達多品には、文殊が海中で『法華経』を説くことにより、サーガラ竜王の娘を即身成仏させる、という竜神教化の説話がみえる。竜は水神・海神であり、その怒りは風波をまき起こし海難の原因になった。すでに『源氏物語』に、明石入道一族を海竜王の一族と見立てるくだりがあること、清盛に濃厚な竜神信仰があったことを思えば(35)、和田浜での『法華経』の読誦に、海神をなだめ、海の平安を実現する願いがあった、とみておかしくない。

『法華経』には、観世音菩薩普門品（『観音経』）に「若し百千万億の衆生ありて、金・銀・瑠璃・硨磲・碼碯・珊瑚・琥珀・真珠等の宝を求めんがために大海に入らんに、仮使《たとい》、黒風その船舫《ふね》を吹きて、羅刹鬼の国に飄わし堕しめんに、その中に若し乃至、一人ありて、観世音菩薩の名《みな》を称えなば、この諸《もろもろ》の人等は皆、羅刹の難を解脱《まぬが》るることを得ん」、さらに「或は巨海に漂流《ひょうる》して、竜・魚・諸の鬼の難あらんに、かの観音の力を念ぜば、波浪も没すること能はざらん」といったくだりがある。

船乗りにとって海難よけの信仰は必須といえよう。『法華経』は古代アフガン・北西インドで栄えたクシャーナ王朝の頃成立したと考えられている。それは商業が栄えた時代で国際的にも交流が盛んであった。そして『法華経』を編さんせしめた社会的基盤は、新興の商人階級だといわれている(36)。その後も、商人の世界で熱心に信仰せられたのであって、中世京都の町衆が法華の徒であったことは周知の通りである。清盛は、巨万の富を求め、海外貿易に乗り出すには、『法華経』の力を借りねばならぬ、との思いをいだいていたのではないだろうか。

これらより、年二回、旧暦の三月と一〇月、一五日の満月からの三日間、潮差が最大となる大潮の日、浜辺がもっとも大きく表情を変える日から三日間を選んで行われる和田の浜の千僧供養は、それに参加・結縁・見物する法皇から百姓までの広範な人びとに、平家こそ海路の安全保障を実現する力、と悟らせる意図がこめられていたはずである。翌日翌々日と潮差は小さくなってゆくからで、『法華経』と千僧供養の威力で次第に海が穏やかになって行くことを印象づけるだろう。

航路の整備とは、施設の問題というより、まず人災、すなわち海賊への対策を講ずることである。その意味では、はるか中国までも届けとばかり催される海路の安全祈願も、観念・儀礼の面での航路整備の方途といえる。清盛の法名は当初「清海」であったらしい（『公卿補任』仁安三年尻付記事。『尊卑分脈』）。それが「静海」、静かな海、または「浄海」、浄い海という名に改められたのが正確には何時のことか不明だが、少なくとも承安三年三月三日清盛の作成した宋への返牒には「日本国沙門静海牒す」と書き出されているので、それ以前であるのは間違いない。もともと海への関心を語る法名であったが、それをわざわざ改めたのには、明確な意図があったはずであり、それは海を鎮める、航海の安全を保障する、という彼の政治目標を、内外にアピールするという点にあったに違いない。

福原には巨大寺院や新奇な塔など目をむくようなモニュメンタルな建物こそなかったが、それを補って余りある荘大で印象的な祭典は欠けてはいなかった。福原はむしろそのような次元で、東アジア世界の拠点海港たることをめざしていたのである。

なお、承安四年（一一七四）三月は和田浜の千僧供養が記録にみえない。清盛はこの時後白河法皇や建春門院とともに厳島に参詣していた（『玉葉』『吉記』三月一六日条）。厳島も竜宮の地として知られた名所である。また治承元年（一一七七）一〇月には、和田の代わりに、厳島で盛大な千僧供養が営まれ、一四日から始まるそれのいわば前夜祭として、万灯会が行われた（「伊都岐島千僧供養日記」）。

万灯会は一万の灯火を点じて罪障を懺悔する法会である。この時は、宮崎と西崎という厳島の社殿を抱きかかえる如く突出した両岬の間、現在の大鳥居の位置より外に東から西に海中に柵（棚）を仮設し渡し、その柵に三尺の間隔で、松明を上下二段に結びつけた。はるか対岸にも同様の松明の柵を作り、厳島神社の南北の回廊に列座する千僧の座の背後にも、各一本の大松明を立てる。やがて三重の松明の柵に一斉に火が点じられ、天をも焦がす烈々たる明かりが白昼をあざむく。波に映る一大光明世界について、記録は「海底、偏に火を敷くが如し」と記している（同右）。

むすび

清盛と後白河二大勢力の提携も、やがて破綻の時を迎える。安元三年（一一七七）六月両者の暗闘が顕在化した。後白河が平家打倒を企てたとされる、いわゆる鹿ヶ谷事件である。後白河の頻繁な福原への行幸も、この時をもって終わりとなった。その後、両者の対立はいよいよ深刻化し、治承三年（一一七九）一一月、ついに平家による軍事クーデタが起る。清盛は数千の軍兵を率いて福原から上洛、後白河法皇を幽閉、反対派を一掃し、院政を停止して国家権力を全面的に掌握した。

クーデタの時、清盛が高倉天皇の中宮徳子と皇太子の言仁（のちの安徳天皇）をつれて福原ないし鎮西に赴くとの噂が流れ、人びとに衝撃が走った（『山槐記』『玉葉』一一月一五日条）。実行には至らなかったが、すでに和田（福原）遷都の構想が芽生えていたと判断される(37)。

翌年二月、大輪田泊（経の島）の新たな改修計画が発表された。六年前のそれが平家の私力によるものであったのにたいし、今回は平家の地位の向上を反映して国家権力をあげてのものとなった。朝廷に提出された実施要求書には、必要な労働力について、①河内・和泉、および備前を除く山陽・南海両道諸国では、「庄公を分たず、権勢を論ぜず、不日の勤を致さしめ、逆風の難を禦がんと欲す。その人夫は田一町別畠二町別各一人を宛て、雇ひ召し出さるべし」、播磨と備前は「他国に准ずべからず。宜しく公田を除き庄園に支配すべし」、②東海・西海両道諸国については、「当国大小雑物運上の時、その船の梶取・水手下向の次、慥に先例に任せ（禦風波の石椋）役三日を経るべし」という案が示されていた（『山槐記』治承四年三月五日条所収二月二〇日太政官符）。

当然、上下の激しい抵抗が予想された。実施要求書には筑後守貞能が署名しているから（『玉葉』二月二一日条）、この案推進の中心は清盛家司の平貞能だったらしい。彼は平家の筆頭郎等格の人物である。貞能の名前が添えられてあるということは、武力を用いても断固実行するという意志表示である。

次いで同年六月二日、平家一門は、安徳天皇・高倉上皇・後白河法皇を奉じて福原に向かう。和田の地に新京建設が構想された。この都では、整備なった新大輪田泊をそのうちにとりこむことになっていた。しかし、和田京構想は福原を中心とする宮都建設へと変質縮小する。八月には源頼朝が伊豆で挙兵、治承・寿永内乱はたちまち全国化し、深刻化した。大輪田泊の改修も手が着かず、結局一一月には天皇以下が京都に帰還した。

国際貿易と新王朝確立にかけた清盛の意欲も、ひとときの光芒とともに夢と消え去った。

注

(1) 拙稿「平家の館について――六波羅・西八条・九条末」本書第五章に所収。
(2) 拙稿「治承三年六月中旬の瀬戸内航海記録」本書第九章の補論として所収。
(3) 石井謙治『図説・和船史話』至誠堂、一九八三年、三四三―三四六頁。
(4) 『尼崎市史　第一巻』第三章第三節（戸田芳実執筆）、尼崎市役所、一九六六年。『日本歴史地名体系28　大阪府の地名Ⅰ』平凡社、一九八六年。
(5) 石井謙治注(3)書、三七―三九頁、一一九―一二〇頁。
(6) 従来筆者は、『文献通好』巻三百二十四に、乾道五年（一一六九）に日本国が明州の「綱首（船頭）」に託し、宋朝に貢物を進めてきたとあるのに従い、清盛の使を嘉応元年（一一六九）と述べてきた。しかし、『宋史』巻四百九十一の乾道九年の記事にほぼ同文が記され、違うのは事実上そこに「初めて」と記されている点だけで、それが気になっていた。榎本渉氏は、より詳細な記事を載せる『宋会要輯考』の記事も併せて、「『文献通考』の記事は繋年の誤りだろう」と筆者の判断に変更をせまり、『仏祖統紀』巻四十七の乾道三年の日本からの「使」を清盛からの使としている（『僧侶と海商たちの東シナ海』講談社選書メチエ、二〇一〇年、一二八頁）。氏の指摘に従いたい。
(7) 斯波義信『宋代江南経済史の研究』汲古書院、一九八八年、四六二―四六四頁。
(8) 日野開三郎「沿海制置使」『東洋歴史大事典』平凡社、一九三七年。
(9) 宮崎市定「宋代州県制度の由来とその特色」『宮崎市定全集10　宋』岩波書店、一九九二年。小島毅『中国の歴史07巻　中国思想と宗教の奔流』講談社、二〇〇五年。
(10) 拙著『平清盛　福原の夢』第三章第二節「承安の外交」、講談社選書メチエ、二〇〇七年。
(11) 藤田豊八「宋代の市舶司及び市舶条例」同『東西交渉史の研究　南海篇』萩原星文堂、一九四三年。
(12) 同右、三一九―三二〇頁。
(13) 拙著注(10)書。藤田明良「明州と大輪田泊――歴史をつないだ二つの港町」髙橋昌明編『別冊太陽　平清盛――王朝への挑戦』平凡社、二〇一一年。
(14) 日野開三郎「日本関係史料としての『阿育王山妙智禅師塔銘』」『日野開三郎東洋史学論集第一〇巻　北東アジア国際交流史の研究下』三一書房、一九八四年。藤田明良「南都の「唐人」――東アジア海域から中世日本を見る」『奈良歴史研究』五四号、二〇〇〇年。横内裕人「重源における宋文化――日本仏教再生の試み」『アジア遊学』一二二号、二〇〇九年。渡邊誠「後白河法皇の阿育王山舎利殿建立と重源・栄西」『日本史研究』五七九号、二〇一〇年。
(15) 榎本渉「「板渡」の墨蹟と日宋交流」四日市康博編著『モノから見た海域アジア史』九州大学出版会、二〇〇八年。渡邊注(14)論文。
(16) 藤田明良注(14)論稿。
(17) 拙稿「東アジアの武人政権」『日本史講座3　中世の形成』東京大学出版会、二〇〇四年。
(18) 拙著『［増補改訂］清盛以前――伊勢平氏の興隆』平凡社ライブラリー、二〇一一年。
(19) 田島公著・発行『日本、中国・朝鮮対外交流年表（稿）――大宝元年～文治元年〔増補改訂版〕』二〇一二年。
(20) 拙稿「宋銭の流通と平家の対応について」本書第一〇章に所収。
(21) 山内晋次「平安期日本の対外交流と中国海商」同『奈良平安期の日本とアジア』吉川弘文館、二〇〇三年。同『日宋貿易と「硫黄の道」』山川出版社、二〇〇九年。
(22) 宮崎市定「中国における奢侈の変遷――羨不足論」『宮崎市定全集17　中国文明』岩波書店、一九九三年。
(23) 藤田豊八「宋代輸入の日本貨について」同『東西交渉史の研究　南海篇』萩原星文堂、一九四三年。
(24) 宮崎市定「宋代における石炭と鉄」『宮崎市定全集9　五代宋初』岩波書店、一九九二年。
(25) 岡元司「南宋期浙東における墓と地域社会対岸社会の一断面」岸田裕之編『中国地域と対外関係』山川出版社、二〇〇三年。
(26) 大村拓生「大輪田・福原と兵庫津」『兵庫津の総合的研究――兵庫津研究の最新成果』大手前史学研究所オープン・リサーチ・センター研究報告第七号、二〇〇八年。
(27) 『兵庫県史』第二編第三章第二節（藺田香融執筆）、一九七五年。藤田明良「清盛塚石塔と鎌倉時代の兵庫津」歴史資料ねっとわーく編『歴史のなかの神戸と平家』神戸新聞総合出版センター、一九九九年。
(28) 大国正美「森幸安の宝暦年間「兵庫地図」をめぐって――兵庫津の都市形成の再検討と絵図史上の意義」注(26)報告所収。

(29) 藤田明良注(27)論稿。

(30) 岡山大学附属図書館蔵の「摂州花熊図」には、船大工町にあたる南からの張り出しがない描写がある。同絵図は天正八年(一五八〇)、池田氏が荒木元清の花熊城を攻略した時の記録に、慶長以後の江戸期の情報が混在した絵図と考えられる。『特別展よみがえる兵庫津――港湾都市の命脈をたどる』神戸市立博物館、二〇〇四年、二五頁参照。

(31) 開港三十年紀念会編『神戸開港三十年史　上巻』復刻版、原書房、一九七四年、五二〇頁。

(32) 赤星忠直「和賀江島築港趾」『史蹟名勝天然記念物調査報告書　第二輯』神奈川県、一九三四年。「和賀江嶋」『日本歴史地名大系14　神奈川県の地名』平凡社、一九八四年。

(33) 五味文彦「東大寺浄土堂の背景」第三節同『院政期社会の研究』山川出版社、一九八四年。山下知之「阿波国における武士団の成立と展開――平安末期を中心に」『立命館文学』五二一号、一九九一年。

(34) 小松茂美『小松茂美著作集第十二巻　平家納経の研究』第三章、旺文社、一九九六年。

(35) 『源氏物語』の須磨流離譚が『日本書紀』の海幸・山幸の神話の影響を受けていることについては拙著注(10)書第三章第六節参照。清盛の竜神信仰については梶谷亮治「平家納経雑感」『鹿園雑集(奈良国立博物館紀要)』二・三合併号、二〇〇一年。

(36) 中村元『現代語訳大乗仏典2　法華経』第一章、東京書籍、二〇〇三年。

(37) 拙稿「福原遷都をめぐる政治」本書第二章に所収。

補論　治承三年六月中旬の瀬戸内航海記録

はじめに

瀬戸内海を船で旅した日本中世の記録は、必ずしも珍しくない。が、使用された船そのものや航海術・海事慣行については、記述が簡略、関心も希薄で、よくわからない。

その中にあって、内大臣中山（藤原）忠親の日記『山槐記』には、治承三年（一一七九）六月、彼の同母の兄、前太政大臣花山院（藤原）忠雅が厳島に詣でた時のことが、多少詳しく記されている。忠雅の旅に供した民部大夫橘政清という人物が、帰京後の二二日、忠親に旅程などを報告したからである。そして、翌年三月には、高倉上皇の厳島御幸があり、同行の貴族土御門（源）通親が、今日の紀行文にあたる『高倉院厳島御幸記』（以下『御幸記』と略称）を書いた。

同一目的地に同一交通手段で、時期も近接する旅行記録が二つも残っているのは、はなはだ幸運で、両者つきあわせると、他ではみられない瀬戸内航海についての、興味深い事実が明らかになる。後者の分析は、すでに山内譲氏によって行われているので、[1]ここでは前者を中心に、忠雅の旅を追体験してみたい（図1）。

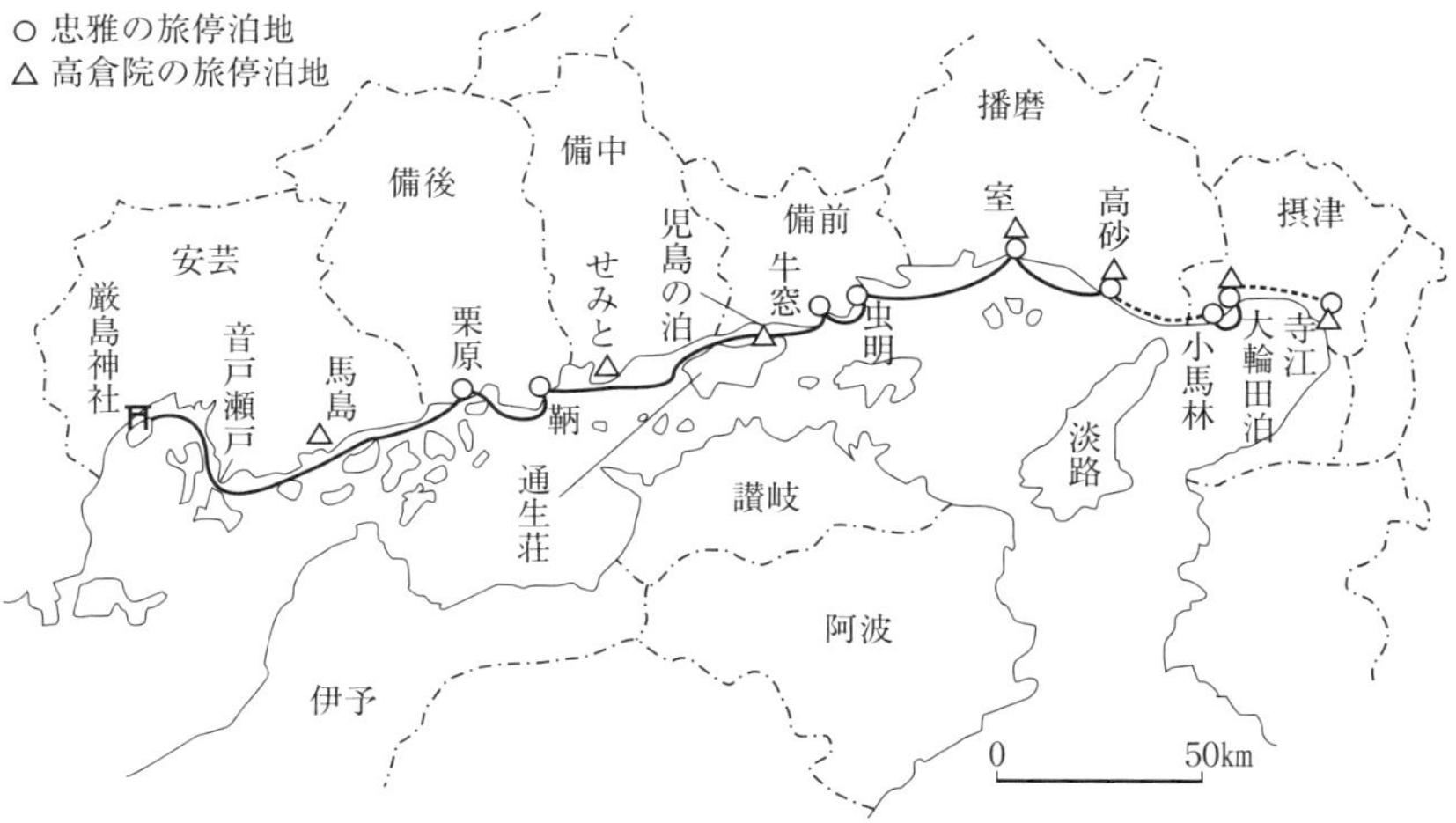

図1　藤原忠雅（清盛）の瀬戸内海航海

一　寺江から福原、経の島より出航

六月七日、京を出発した忠雅一行は、鳥羽で乗船し淀川を下った。午後遅く河尻（三国川、現神崎川の河口）の寺江（尼崎市今福から大阪市西淀川区佃の辺り）にあったある僧侶の別荘に着き、一泊している。中山忠親は、兄が厳島神社に献納する贈り物用として、三〇石の白米を提供した。その全部を忠雅の船に積むのは無理で、二〇石は随行の政清の船に載せている。

八日朝、忠雅一行は、尼崎から陸路をとって、夕方少し前に清盛（当時法名静海または禅門と称す）の住む摂津福原（兵庫区平野）に到着した。忠雅は、平家に寄り添う上流貴族で、厳島という平家が篤く信仰する神社に参詣するのも、清盛の歓心を買う意図があったのだろう。清盛も忠雅の厳島詣に同行する予定である。福原の南二・五キロには、平家の対中国貿易の拠点である大輪田泊（兵庫津の前身）があり、清盛は、これ以前、風よけ波よけの目的で、「経の島」と呼ばれる人工島を築いている。

忠雅は、まず清盛の邸宅に近い湯屋で、彼と対面。夜になって清盛は、経の島で乗船する。忠雅は別の船に乗った。清盛の船は

「唐船（宋船）」で、当時の南宋で建造された中国の構造船である。『御幸記』によると、翌年高倉上皇が厳島に向かうため、河尻の寺江の大納言藤原邦綱の亭に着いた時、清盛から「唐の船」が差し回され、これには「唐人」が乗り組んでいた。

内燃・外燃機関とすぐれた航海装置を有する近代の船はいざ知らず、船乗りの経験と技能・知識が決定的な意味を持つ帆船の場合、船だけ持ってきても動かせない。清盛の宋船は、後世、明王朝が朝貢貿易で琉球を優遇するため、海船を支給していた事実を参照すると、[2]クルーともども貸与されたものである可能性だって、まったく考えられないわけではない。もちろん、多くの島と複雑な海岸線、早い潮流の瀬戸内海を安全に航行するためには、日本人船員も欠かせない。船乗りの集団は、いつでも民族の混成である。

一方、忠雅は自分の船に、白米の他「雑菓・塩梅」など種々の物を積みこんだ。京都から寺江まで乗ってきた船は川船だろうから、忠雅用に清盛が仕立てた船に、持参の荷物、航海中の食料（主食・嗜好品・調味料）などを載せたわけである。船荷を軽くするため、贈り物の白米の一部は、福原在住の厳島の神主（佐伯景弘）に、あらかじめ給している。

清盛の宋船にたいし、忠雅の船は、「水手三六人」が乗り組むとあるので、和船である。室町期までの日本の大型船は、準構造船と呼ばれる独特の形式だった。二つ以上の刳船（丸木船）部材を前後に継ぎあわせて造った船底構造の両舷に、一～二段の舷側板をつけて乾舷を大きくし、耐波性や積載量の増大をはかった船のことである（図2）[3]。

船上には客室となる屋形のほか、一本の帆柱があり、莚帆がかかる。そして舷外にはセガイ（張り出し）が設けられ、水手と呼ばれる漕ぎ手が座して櫓を漕ぐ。帆はわずかに追い風を利用するだけの初歩的な構造で、航行はむしろ櫓によったといわれる。水手三六人なら片舷一八人で、当時最大級の船だろう。普通の大型船で、櫓は八―一二挺である。『御幸記』に、水手は「えいや声」をあげたとあるから、「えいや、えいや」のかけ声で力漕したのだろう。こ

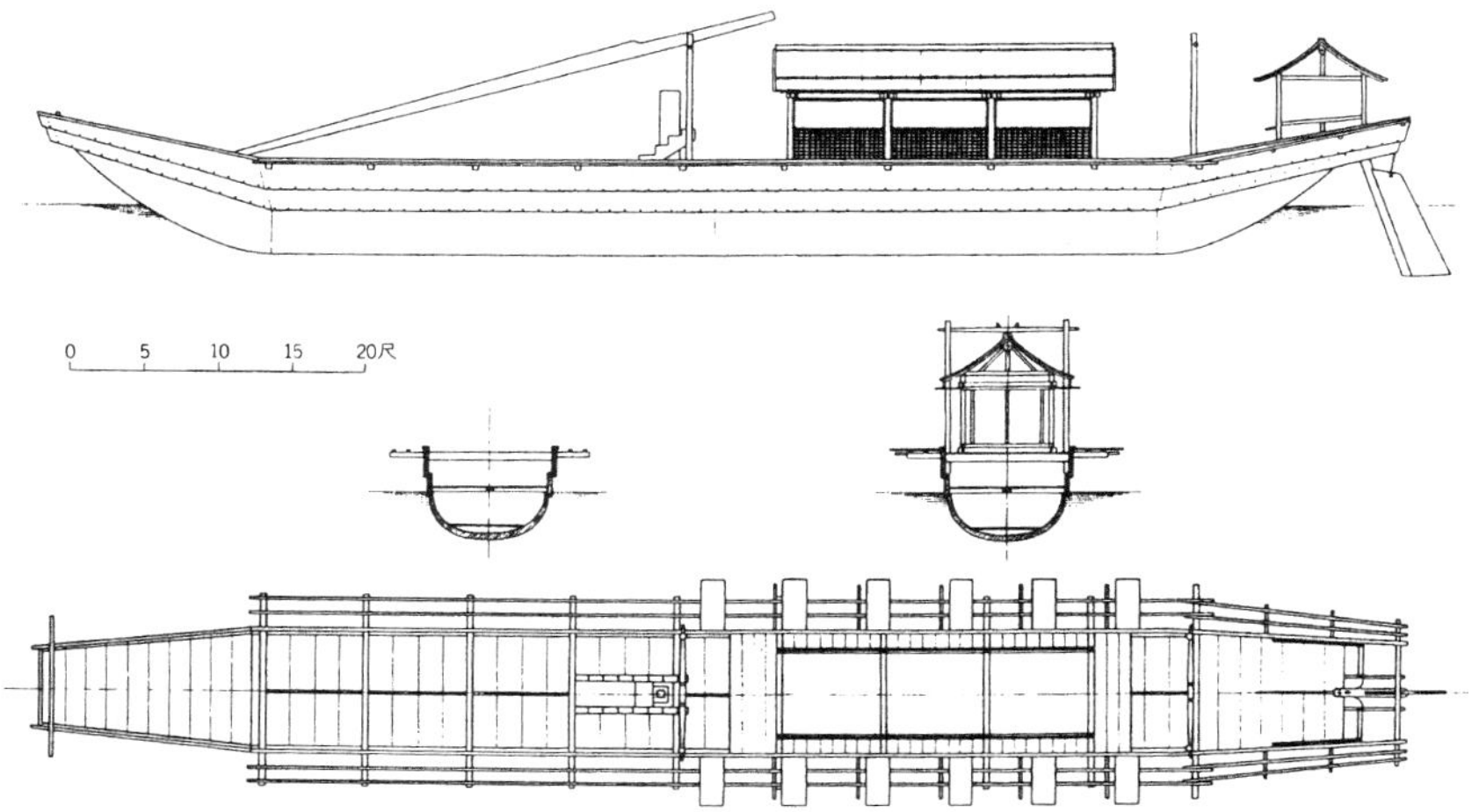

図２　鎌倉時代の大型和船（原図石井謙治氏）

の夜は、結局出航しなかった。

翌九日未明、清盛の船で鼓（太鼓）が打ちならされ、それを合図に諸船は一斉に出港した。『御幸記』にも、高砂の泊（兵庫県高砂市）から出航の時、「唐の船」から鼓を三度打って、その音を合図に出航したとある。平家の船隊は、唐船から進退を指示していたことがわかる。神戸商船大学名誉教授の松木哲氏の教示によると、日本の前近代の船は太鼓を合図に行動することはなく、船隊行動には伝令船（快速の鯨船）を利用した。これ以前に日本に来航した宋船にも、「鑼（ドラ）一面」「鼓一面」が積まれていたことがわかるので（『朝野群載』巻二〇堤挙両浙路市舶司公憑）、太鼓音は、中国人クルーの存在ゆえに採用された命令伝達法に違いない。

『平家物語』に、壇ノ浦合戦時の平家方は、「千余艘、唐船少々あひまじれり」（巻十一鶏合壇浦合戦）とある。「唐船」は本来平家の「大将軍」が乗船するものだったから（同遠矢）、高性能を買われ、平時は清盛の乗用、戦時には平家水軍を指揮する旗艦の役割を果たすことが期待されていた、と考えておきたい。

二　明石海峡に難渋、高砂からは快調な船旅

忠雅・清盛の船団は、和田岬を廻って外海に出る頃日の出を迎え、辰の刻までかかって小馬林にたどり着いた。小馬林は現在の長田区駒ケ林町の海岸、長田港のあたりである。この場所は「経の島を去ること廿町許」とあるが、現在両者は直線距離にしても三キロ以上ある。二〇町はちょっと近すぎる感があるが、当時は和田岬や駒ヶ林までの砂浜海岸の堆積が未発達で、二地点間の距離が今より短かったのかもしれない。この日、明石海峡からの、激しい東南東流にさえぎられて難渋したらしく、清盛の「今日の体不快、猶元の如く帰らしめ給ふべし」の鶴の一声で、経の島に帰港した。

翌一〇日早朝出航、小馬林に着く。清盛と忠雅は、「海路を恐るるの故」ここで下船、手輿で高砂に向かい、昼過ぎに到着。ところが、各種の船はすでに高砂港に先回りしており、結果的には、この日は海路でも特に問題なかった。なお、翌年も高倉上皇らは、夜明け前福原を出発、陸路和田岬・須磨の浦など浦づたいに播磨に向かった。空の御座船は磯辺を帆を「うちひき」（あげるの意か）ながら伴走、清盛は唐船で海から参るとあるので、この場合は、波になれない上皇の体調を配慮したのであろう。

ここまでの航海は不調だったが、翌一一日以降は快調で、未明出航、巳の刻室津（兵庫県たつの市御津町）を過ぎ、申の刻虫明（岡山県瀬戸内市邑久町）、さらに進んで晩頭（夕方）牛窓（岡山県瀬戸内市）に着いた。牛窓には清盛の「宿屋」が存在し、備前国通生荘（倉敷市児島通生）から、雑事（食事など）が運ばれていた。通生荘は忠親が所持する荘園である。身分高き旅客の便宜をはかるため、旅程に合わせ、近隣荘園の領主が、宿所に人夫や食物を届けることは、この時期熊野詣などでも行われていたことだった(4)。

図３　宋船の想像図
（原図山形欣哉氏，『別冊太陽190　平清盛　王朝への挑戦』平凡社，2011年より）

一二日、船団は丑の刻出港、巳の刻通生荘の西方海域にいたる。忠親は、あらかじめ京都から本荘・新荘の沙汰人[5]を現地に派遣、本荘の浜に御所を設営させている。御所は黒木を柱に、松葉で屋根を葺き、湯殿なども造って、貴人を迎える接待の準備に余念がなかった。ところが、このところの「潮合」（潮時）がよいというので、下船せず先を急ぐことになり、用意の御膳・雑事などは小船に積み、政清の船に運びこんだ。晩頭に鞆（広島県福山市）に着いたが、なおも夜間航行を続け、栗原にいたる。栗原は現尾道市内で、尾道には、平家の荘園として知られる備後国大田荘の倉敷（年貢の積み出し地）が置かれていた。だが、尾道にも泊まらず、西の栗原に向かった。さらに進んで翌日の初夜（戌の刻）には厳島に着いている。

同時期、夜間航行は原則として行われなかったといわれるが、この海域では夜を徹して航海している。一三日は、京都では雨だったが、現地では晴れていた。一三夜というのは一五夜についで月が美しいので、月見の宴を催しながらの航海だったかもしれない。その前提には、熟練した梶取（船頭）の存在が欠かせないが、海面を照らすこうこうたる月明かりの他、好ましい潮流、追い風など自然条件が揃っていたのではないだろうか。

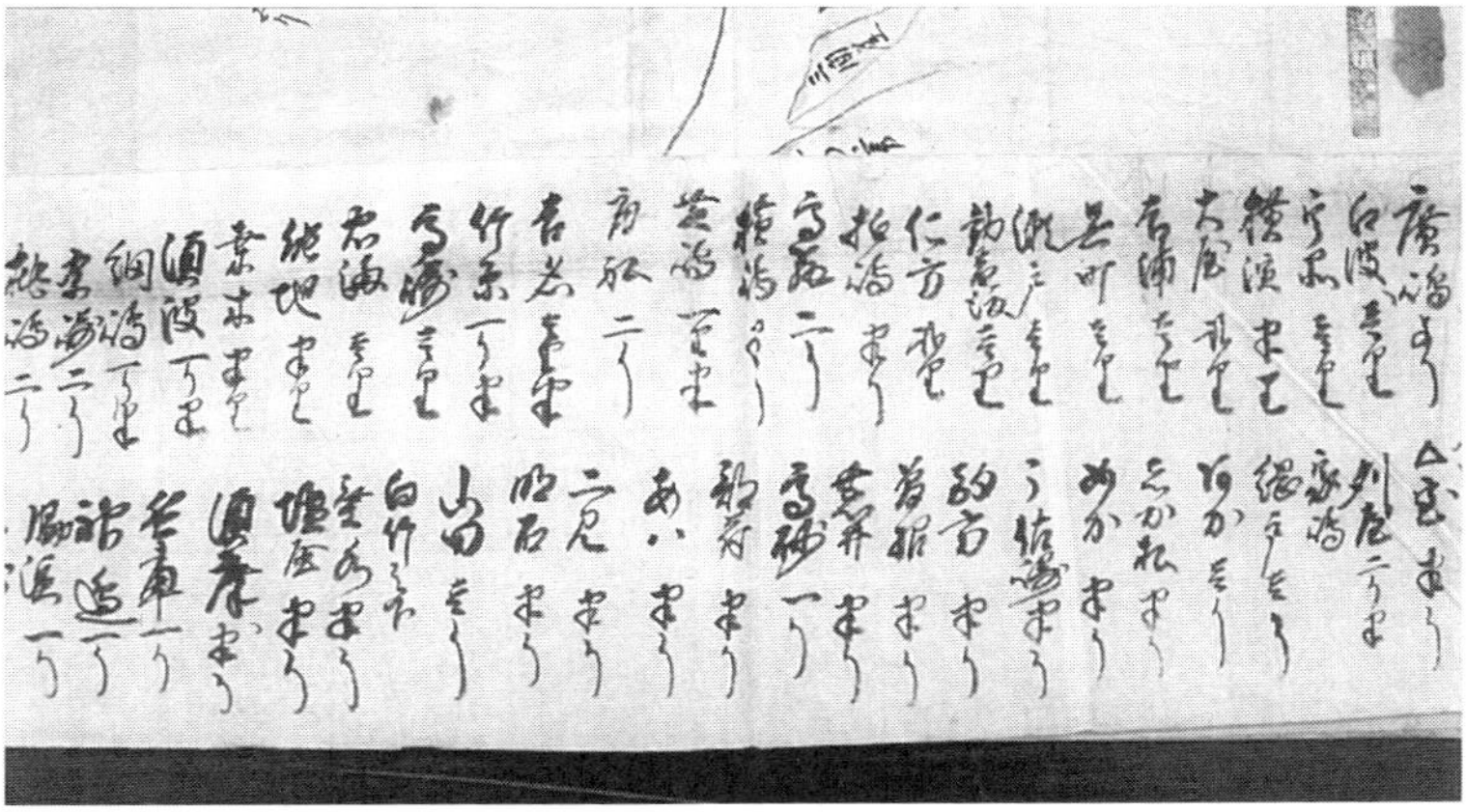

図４　近世の瀬戸内のある航路図に付された広島からの各港間の距離一覧
（下段に明石・山田・垂水・須磨・兵庫・神辺（戸）などの港名が見えている．神戸大学海事博物館蔵）

三　宋船の構造と船団の船脚

忠雅・清盛の瀬戸内航海について、二つの補足をしておきたい。

一つは、清盛の座乗した宋船の構造である。宋代の船については、中国福建省泉州や浙江省寧波の港で発掘された海船の例があるが、その報告や復原法は信がおけないという。至治三年（一三二三）、日本を目指す途中、韓国全羅南道新安沖で沈んだ中国船については、引き上げ後の科学的な報告があるけれど、これは元代の船で、中国の造船技術は、宋から元の時期、飛躍的な発展をみせたといわれる。結局、清盛時代宋船の直接参考になるものは、まだ存在しないわけである。山形欣哉氏は、泉州船や寧波船は肋材と梁で形を決め、その肋材に外板を張る西洋船（南地中海方式）類似の造船方式ではなかったかと推定しているが[6]（図3）、いずれにせよ、今後の発掘成果および中国造船技術史のさらなる深化を待たねばならない。

つぎに、厳島を目指した船団の船脚について。すでにみたように、六月一一日は、高砂（未明）—室（巳の刻）—虫明（申の刻）—牛窓（晩頭）、一二日は、牛窓（丑の刻）—下津井（巳の刻）—鞆（晩頭）のコースだった。そこで、神戸大学海事博物館所蔵の近世後期から近代初頭の航路図数種にあたってみると、高砂から室までは七ないし八里、室から牛窓までは一〇里ないし一二里、牛窓から下津井までは一〇里ないし一二里、下津井から鞆までは一〇里の距離、であるとわかった。同じ地乗り船（沿岸の山や地形を目標として航海する船）でも、同一の航路ではないのはもちろんだが、およその目安にはなる（図4）。

問題は、それぞれの十二支名が、今の何時にあたっていたかである。定時法だとしても前後二時間の幅がある。今は、武断的に、巳を一〇時、申を一六時、丑を二時と決めよう。また未明は夜明け前、晩頭は夕方だが、これも時間幅がある。治承三年六月一一日は、グレゴリオ暦で一一七九年七月二四日にあたるから、今年（二〇〇四年）の同月下旬の広島の日の出予想五時過ぎ、日の入り一九時過ぎを参考にして、未明を午前四時、晩頭を午後七時と定める。

そうすると、一一日は全部で一五時間かかって一七里から二〇里を航行、一二日は一七時間で二〇里ないし二二里を航行、前者はおよそ平均時速四・五もしくは五・三キロ、一二日は四・七ないし五・一キロ。この間潮流の影響、停泊による時間ロスもあるから、大雑把に平均時速三ノットを少し上回る程度の航海だった、と押さえておきたい。もちろん、これは唐船の性能ではなく、最鈍足の和船によって規定された船団全体の船脚である。

注

（1）山内譲『中世瀬戸内海の旅人たち』吉川弘文館、二〇〇四年。
（2）豊見山和行『日本の中世5　北の平泉、南の琉球』第二部、中央公論新社、二〇〇二年。
（3）石井謙治『日本の船』創元社、一九五七年。同『図説和船史話』至誠堂、一九八三年など。
（4）戸田芳実「『中右記』にみる院政期熊野詣」同『歴史と古道』人文書院、一九九二年。
（5）沙汰人については本書第七章一七九—一八〇頁参照。
（6）山形欣哉『歴史の海を走る——中国造船技術の航跡』農山漁村文化協会、二〇〇四年。同「宋から来た船」拙編『別冊太陽190　平清盛　王朝への挑戦』平凡社、二〇一一年。

第一〇章　宋銭の流通と平家の対応

はじめに

一一世紀の日本では、皇朝十二銭が流通しなくなり、取引には米・絹等の物品貨幣や文書による支払指図方式が用いられるようになる。平安後期になって、中国銭（次頁図1）が船のバラスト（底荷）の役目も果たしながら、日本に持ちこまれた。一二世紀半ば以降になると、物品貨幣と拮抗しながら流通し始める。南宋との外交・貿易を推進した平家は、この宋銭流通についてどのような態度をとったのだろうか。

一　治承二年の高倉新制

右の設問については、治承三年（一一七九）制定された沽価法をめぐる意見対立のなかに、判断材料が隠されている。この法については、近年保立道久・井原今朝男・井上正夫氏らの意欲的な研究が続いた(1)。筆者はそれらの主張に多く賛成なのであるが、拙著『平清盛　福原の夢』(2)執筆時には準備不足で考察にいたらなかったし、三氏とはそれぞれ若干の意見の違いもある。小異をいいたてるようだが、筆をとったしだいである。

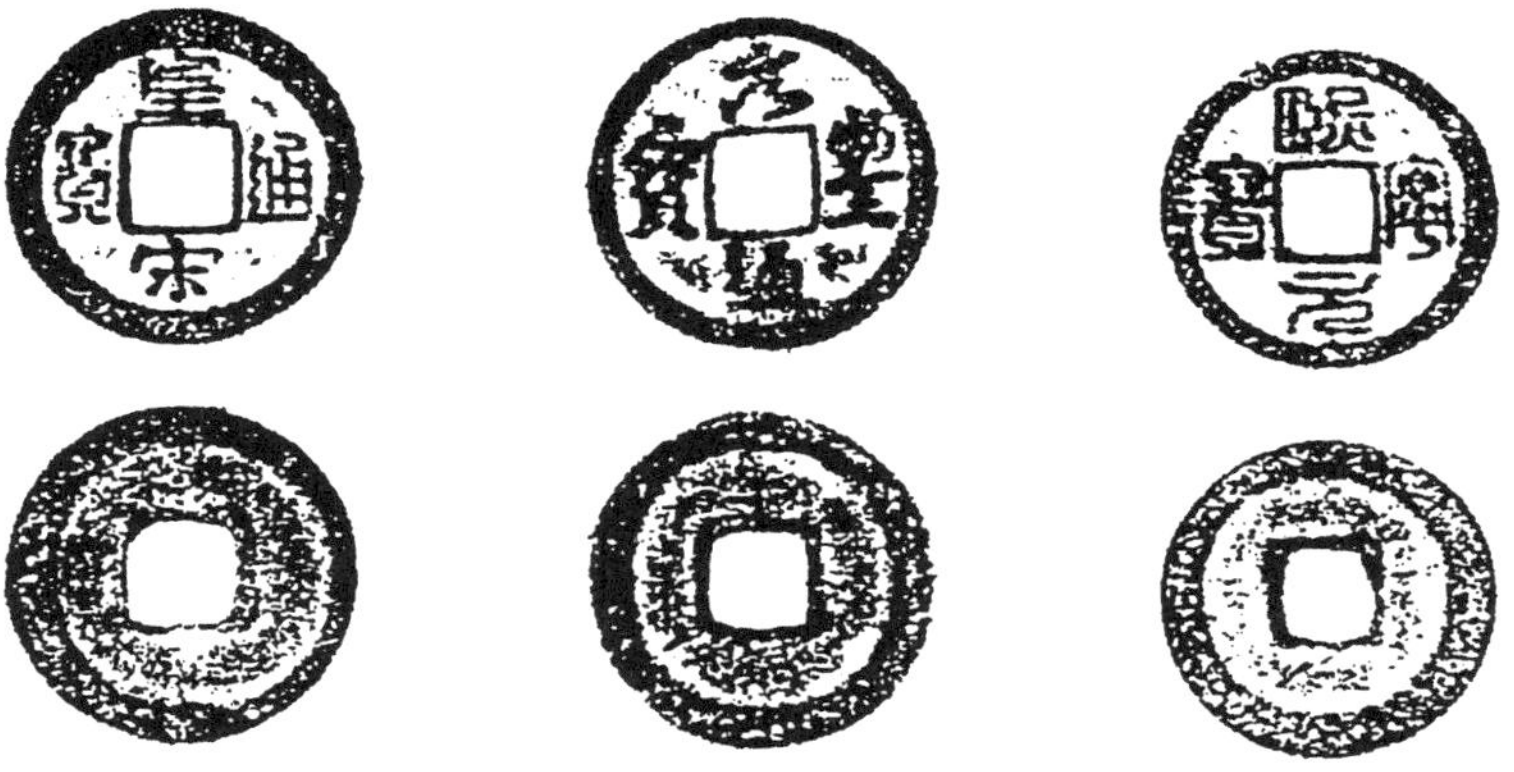

図１　日本で出土する中国銭のうち数量面でのビッグスリー（いずれも北宋銭）
（左から１位　皇宋通寳（真書，1038年初鋳），２位　元豊通寳（行書，1078年），３位　熙寧元寳（篆書，1068年）．兵庫県西宮市石在町より出土のもの，西宮市教育委員会提供）

主な史料は、当時右大臣であった九条兼実の日記『玉葉』の記事である。話は前年制定の公家新制の審議とも関係するので、少し遡ってみる。公家新制とは、平安中期以降、天皇の命にもとづいて出される禁制を中心とする新しい法令をいう。

治承二年三月高倉天皇は、複数の有力貴族に「近日新制を下さるべし、その間の事計らひ奏すべし。保元の制符の中より、取捨を加へ言上すべし」と命じ、一八日には蔵人頭（頭中将）藤原光能が、意見を求めに兼実宅にやってきた。保元制符は後白河天皇の保元年間に発せられた新制で、とくに保元の乱直後の保元元年（一一五六）閏九月一八日に発せられた全七条からなるものが有名だが、ほかにも保元二年一〇月八日に三五ヵ条の宣旨が発せられた（『兵範記』）。これは現存しないが、内容の一部に出挙一倍法（高金利規制法）などがあったことが確認されている。

兼実は公の儀礼・法式やその故実に明るく、政治の刷新に意欲をもっていたから、保元の制符を適当に取捨選択せよ、との天皇の指示には納得しない。しかし、天皇は保元に宣下されたもののなかから、「要枢」を抽出して奏上することにこだわった。兼実は、保元一代の制符に漏れている問題は、たとえ違犯があっても法を下すことができないではないか、となおも異議を唱え、長保（九九九―一〇〇四年）以後の代々の制符（新制）を、太政官・弾正台・検非違使など関係官庁で捜し集め、一方今の世を乱す行為を調査し、その上で既成の法のなかから取捨して発令すべきだと主張し、私案を提出する用意もあると粘った（四月二三日条）。六月になって天皇側が折れ、兼実自身の検討も進んだ八日、兼実は光能に「新制の条々」計一五ヵ条を書き記したものを与えた。光能は、彼の意見について、「今日入道相府（清盛）の許に仰せ含めらるべし」、すなわちこのとき娘徳子の御産のため常の居所たる摂津福原から上京していた清盛に、その内容を示して同意をえることになるだろうと語った。

そもそも今回の新制が、高倉天皇のイニシャチブのもとに進められているのは、前年六月に発生したいわゆる鹿ヶ谷事件で、平家打倒をはかったとされた後白河法皇の側近勢力が粛清されて院権力が減退、平家の廟堂への圧力が一段と増大していたという背景がある。高倉天皇は、清盛の正妻時子の異母妹滋子と法皇との間に生まれ、かつ清盛の娘徳子を中宮にしている平氏系の天皇である。高倉の新制制定への意欲は、後白河院政の陰で存在感の薄かった天皇の治世到来を顕示する意味がある。当然清盛の後押しを前提にした新制であろうし、したがってその内容も清盛が了解できるものでなければならなかったのである。

新制は、翌閏六月一七日、一七ヵ条の条文で公布された。その担当奉行は兼実との折衝に当たった光能である。その内諸国司宛の一二ヵ条は現存しているが（『平安遺文』三八五二号）、残り五ヵ条の内容を伝える史料は存在しない。京内過差関係・都市法関係のものだろうと推測されている(3)。公布前の閏六月四日、光能からもたらされた情報によると、兼実提案一五ヵ条中、一四ヵ条が採用されたという。さらに翌日の別情報によると、兼実のそれが「時議に叶ふ」と関白松殿基房に支持され、奏上された結果だという。識見の高さで知られる兼実ならではの結果だが、兼実案中没になった一ヵ条は、たんなる一条にとどまらない重要な内容をもつものだった。

二　治承三年の万物沽価法関係史料

ここで本題に入るが、その一条がどのような性格のものであったかが、翌治承三年七月二五日・二七日の『玉葉』の記事で明らかになる。二五日に、高倉天皇は「万物の沽価法を定め申さしむべし」という命を兼実に伝えた。Ｉがその全文である。

Ｉ　（a）近日万物の沽価、殊に以て法に違ふ。唯に市人の背法するのみにあらず。殆ど州民の訴訟に及ぶと云々。寛和・延久の聖代、その法を定め下され了んぬ、随ひて去ぬる保延四年、且つは中古の制を用ゐ、且つは延久の符に任せ、宜しく遵行すべきの由、重ねて宣下せられ了んぬ。今度猶かの法を用ゐらるべきか。将又驪騁推移し、時俗随ひ難くんば、新に定め下さるべきや。（b）就中銭の直法、還りて皇憲に背く。宜しく停止すべしと雖も、漢家日域これを以て祥となす。私鋳銭の外、交易の条、寛宥せらるべきか。（c）その法寛和沽価の准直を用ゐるべきか。又は諸国当時の済例に依るべきか、将新に定め下さるべきか。これ等の趣、殊に計ひ申さしめ給ふべく候。てへれば天気に依りて言上すること件の如し。この旨を以て且つ披露せしめ給ふべく候ふ。通親恐惶謹言。

七月廿五日　　右中将通親上る

進上す　美作守殿

発信人の右中将通親は蔵人頭（頭中将）源通親である。こういう主君に近侍する臣が上意を奉じて発給する文書を奉書（御教書）といい、天皇の奉書をとくに綸旨という。宛所の美作守は兼実側近の藤原基輔である。側近が側近に対して出している形だが、要するに天皇が兼実に命じているのである。それに対する兼実の復命がⅡの状である。

Ⅱ　万物沽価の法を定め下さるべき事、計らひ申さしむべきの由、謹みて以て承り候ひ了んぬ。抑かくの如き事、短慮を以て輙く定め申し難きか。（d）去年制符を下されし時、この事朝家の要須たるの由を存じ、尤もその法を定め下さるべきの旨、言上せしめし許りなり。その上の子細に於ては、愚意暗に及び難きか。先づ法家及び官底・使庁等に仰せられ、子細を注進せしむるの後、議奏に及ぶべきか。且つこれ等の趣を以て、奏状を洩らさるべきは件の如し。

七月廿五日　　　　　　　　右大臣在判

そして『玉葉』同日条には、この件にかんする彼の感想も記されている。Ⅲである。

Ⅲ　この事暗に注進能はず。価直の事なり（はカ）代々使庁の沙汰なり。（e）先づ法家本条を勘へ申し、幷に使庁・官底度々の制符を注進せしめ、且つ当時の官行事所及び蔵人所、色代検納の例・諸国の済例等を勘へ申し、彼是を斟酌し、且つは有識を訪ひ、且つは群議に及び、定め下さるべき事なり。凡そ我朝の衰弊、只この事にあり。（f）仍りて去年注し申さしむと雖も、新制の中にこの事を載せられず。時議に叶はざるかの由、存ぜしむるの間、今この沙汰あり。尤も善政と謂ふべきか。始終の沙汰、能く計らひ行はるべき事なり。（g）凡そこの貫首（通親）、万事旧法を糺して申し行ふと云々。賢と謂ふべし賢と謂ふべし。但し法に過ぐるか。

さらに兼実は翌日検非違使明法博士の中原基広を呼び、沽価法のことを質問をした。基広の調査結果は、二七日の

『玉葉』に紹介されている。それがⅣである。

Ⅳ（h）基広注し申す銭の売買の間の事、近代渡る唐土の銭、この朝に於て恣に売買すと云々。私鋳銭は八虐に処す。縦ひ私に鋳さずと雖も、所行の旨私鋳銭に同じ。尤も停止せらるべき事か。而るに先日の職事の御教書の如きは、停止せらるべからざるの趣か、尤もその謂はれ無き事か。（i）基広の勘注の旨、愚存に叶ひ了んぬ。（j）又年々の沽価法を尋ね見るに〈天暦・応和・寛和・延久等なり、長寛の比、この沙汰に及ぶと雖も、始終の事無し〉、この中延久尤も委細、近世の法に叶ふか。但し猶市人を召し、中沽の法を行はるべきか。中沽の法と謂ふは、売人は高直を指し、買人は減直を好む。折中して裁断あり。これを中沽の法と謂ふなり。

三　沽価法とは

井原今朝男氏は前年の新制発布までの経過やⅡ（d）とⅢ（f）から、兼実が前年万物沽価法にかんする何らかの提案を行い、それが没になった一ヵ条そのものであること、没になったのは清盛の側の拒否によるものであることを、明快に明らかにした。

焦点の「沽価法」とは、朝廷が市場における物品売買の公定価格を定める法であるが、そのほか中央諸官司や行事所（儀式や行事・事業の施行主体）が求める調庸などの物品を、諸国が交易によって調達する場合の定価法や、色代納（代わりの品で代納する）などに適用される価値換算基準などをいう。(4) 沽価の制定は、市場の安定した維持のみならず、国家収入および地方負担の増減にかかわる重要施策であるから、一〇世紀中期から後期にかけて、また一一世紀後半の延久年間（一〇六九—七四）やそれ以降も次々と出され、直近の長寛年間（一一六三—六五）にも準備が進められたが、ついに発布に至らなかったという（Ⅳ-j）。

兼実提案を没にした高倉天皇や平家が翌年になって、なぜ万物沽価法を制定しようとしたのであろうか。これについては、Ⅰ（a）に「近日万物の沽価、殊に以て法に違ふ。唯に市人の背法するのみにあらず。殆ど州民の訴訟及ぶと云々」とある。事実高倉天皇綸旨が発せられた直前には、「近日、天下上下病悩す。これを銭の病と号す」（『百錬抄』同年六月条）といわれた。「銭の病」とは銭形の斑紋をもとなう疫病（麻疹カ）の流行で、斑紋が銭を連想させるほど、銭が流布・流通していた状況を示唆しているとされる[5]。つまり実勢価格の公定価格からの乖離が、平安京の七条市での混乱にとどまらず、地方民の訴訟に発展するという異常事態をもたらし、全国的な社会問題化していたのである。

沽価の違法とは、同年一〇月二六日の検非違使別当宣に市人の「高買（売）」が問題になっているから（『大夫尉義経畏申記』）、具体的には実勢価格が高騰する事態をさしている。桜井英治氏や井上正夫氏は、近年、この事態を銭貨の流通によって物品貨幣が「貨幣機能を宋銭に奪われた」[6]り、「交換価値が低下」したことから説明している[7]。すなわち決済時の受納に際して銭が選ばれるようになれば、使い勝手の悪い絹・米などで支払おうとすると、取引相手から譲歩を強いられ、物品貨幣の購買力は低下する。それを嫌って米や絹を商品（食糧や衣料素材）として処分しようとすれば、一時的な供給過多から他財との交換比は低下するという。説得力ある説明である。

その結果、市場における諸物資の米・絹建て価格の急騰が起こった。そればかりか地方から上納される絹や米の価値目減りが国家財政収入の減少を招き、他方交易で調達する中央への貢納物品の絹や米を基準とする公定価格が、現状から著しく乖離していることへの、地方の売り手側の不満（→州民の訴訟）も起こっていたのであろう。

そうしたなかでの天皇綸旨は、（a）の冒頭で「万物沽価法」云々と切り出し、次に（b）の話題に移り「就中銭の直法」云々と続けている。就中といっているから、今次の沽価法の核心は、銭の直法の制定にあった。そして、それはⅣに「而るに先日の職事（通親）の御教書の如きは、（銭の売買を）停止せらるべからざるの趣か」とあるように（h）、皇朝銭に替わる「近代渡る唐土の銭」の流通公認、（b）流にいえば「寛宥」をともなうものであった。

四　沽価法に銭の直法はなぜ必要か

ここで銭の直法の制定が政策課題になっているのは、宋銭と物品貨幣（に用いられる商品）との交換比を定め、それにより物品貨幣の価値下落に歯止めをかけ、全体として公定物価体系の維持をねらったからだと考えられる。この意味で「銭の直法とは銭使用のこと」として、沽価法制定とは別個の政治問題とみた井原説にはしたがえない。

万物沽価法の制定にあたり参照されるべき先例と目されたのは、保延四年（一一三八）法で、それは「且つは中古の制を用ゐ、且つは延久の符に任せ」たものであった（Ⅰa）。「中古の制」とは、それに先立つ「寛和・延久の聖代、その法を定め下され了んぬ」の一節と対照すれば、寛和の沽価法を指していると考えてよい。すなわち、保延四年法は銭の直法を含む最後の沽価法である寛和法と、もはや銭の直法は見あたらないが数ある沽価法のなかでも「尤も委細、近世の法に叶ふか」（Ⅳj）と、詳細で今日でも通用可能な延久法の両者を斟酌して作成された法だったからである。

なお寛和の沽価法は、『本朝世紀』寛和二年（九八六）三月二九日条に「京中物直沽売（異本には価）法を定めらる」とあるもので、主に京中の物価を安定させるために公定された新制らしい。同じものを指すのであろうが、『政事要略』巻八十二糾弾雑事収載の刑部省式逸文には「寛和二年沽価の官符に云ふ、銅一斤百五十文」、また「寛和の沽価法、銅一斤直六（百五の誤写カ）十文」とみえ、銅と銭の交換比率が記されている。また『西宮記』巻二一には、「寛和沽価の官符に云ふ、調布一端百文〈尺別二文二分に当る〉、五丈二尺は（百脱）十四文四分に当たるべし〈尺別二文二分〉」とあって、調布の銭による価格表示がなされている。

沽価法は右のように条文の断片しか残っていない。が、『玉葉』治承三年七月二八日条には、Ⅲ（e）にもとづいて太政官の事務主任格の小槻隆職が、兼実のところに「寛和・延久の沽価注文」を持参したとある。注文（明細書きにしたもの）という以上、発令の様式は銅や調布以外の主要品目についても、銭（延久時は米・絹）との交換比が列挙されたものであっただろう。

今次の沽価法が銭の直法をともなうとすれば、宋銭を基準とする公定価格や代納物のレート設定という形で、外国銭を朝廷が公認することになる。Ⅰ（b）が「就中銭の直法、還りて皇憲に背く。宜しく停止すべしと雖も」といっているのは、外国の銭の国内流通を独立国家が正式に認めてよいのか、という国家の面子を理由にした反対論の起こることが予想されるからである。だが綸旨はその口の先から、続けて「漢家日域これを以て祥となす」と、中国王朝や日本の民間では瑞祥とみなしていると断言し、開き直っている。

天皇が銭の直法制定によって物品貨幣の価値下落に歯止めをかけようとしたとすれば、反対論者は宋銭の流通そのものを禁止することによって、物品貨幣の交換価値を回復し、公定物価体系を維持し治安や国家財政の安定を計ろうとしたのであろう。兼実の問いに明法博士の中原基広が、「私鋳銭は八虐に処す。縦ひ私に鋳さずと雖も、所行の旨私鋳銭に同じ」と答えたように（Ⅳh）、反対論者が宋銭の流通を停止させるためもちだした理屈は、宋銭は私鋳銭と同じだという論理である。ちなみに井上氏はⅠの綸旨の趣旨を宋銭流通に反対と理解し、中原基広が平家の庇護下にあった人物だったから、平家は宋銭の流通公認に反対だったと断ずる。前者は文脈を読み違えているし、後者は中原基広を親平家派とみる根拠が薄弱で、したがってそれらから導かれる結論も納得できない。

基広の上申にもかかわらず、日本では私鋳銭禁止に対するそれまでの禁令では、偽造貨の鋳造、正貨の変造、正貨を磨り削って銅をとる行為に限定され、それを使用する行為が科罰対象になったことはない。渡来銭の使用を私鋳銭と決めつけることは、条文の解釈の範囲を越えた新たな立法を意味する。(8) これにたいして、天皇の側は反対論を予想し、先手をうって、「私鋳銭の外、交易の条、寛宥せらるべきか」と、私鋳銭を法の条文に定められたものに限定しようとしている（Ⅰb）。

むろん綸旨が「その法（万物沽価法）寛和沽価の准直を用ふべきか。又は諸国当時の済例に依るべきか。将《はた》新に定め下さるべきか」というように（Ⅰc）、二世紀近い前の沽価法では現実との乖離は否めないし、交易によって調達する価格を全国一律に定めるというのも現実的でない。それで、治承年間現在の諸国それぞれの中央への「済例」（弁済の先例）を参照するか、あるいは新規に交換比率を考えるべきか、という見解も添えられている。

五　銭の流通は公認されたか

高倉天皇が銭の直法の制定（→宋銭流通の「寛宥」）をともなう沽価法の制定を命じたことには、清盛の意向が反映していると考えるべきであろう。綸旨の名目上の差出人である源通親は、鎌倉初期の政界を領導した辣腕の公卿として知られるが、この時期は親平家の貴族としてふるまっており（たとえば『玉葉』治承四年五月二七日条）、清盛の弟教盛の娘を娶っていた。前年閏六月の新制策定の中心となって働き、公布の執行役を務めたのが蔵人頭の藤原光能であったことを考えれば、高倉天皇が通親に沽価法の策定を推進させようとしていたと判断してよい。Ⅲ（g）で兼実が「凡そこの貫首（通親）、万事旧法を糺して申し行ふ」といっているのは、綸旨に寛和法や延久法への言及があったからだろうが（Ⅰa）、それはこの案件成立にかけた彼の意欲を物語るものである。

右大臣兼実は、前述のようにすでに自らが沽価法の策定を献策していたから、今回の天皇の命を「善政」と呼び「賢と謂ふべし」と述べて歓迎したが、沽価法に銭の直法をもりこむのは、「但し法に過ぐるか」、これまでの法からの逸脱が過ぎるのではないか、宋銭の公認までゆくのは困るとの判断を持っていた。だからⅢ（e）にもとづいて、宋銭を私鋳銭同様とみなし八虐にあたると断じた明法博士の勘注を（Ⅳh）「愚存に叶」うと述べたのである（Ⅳi）。となれば清盛が前年兼実の沽価法の制定提案に賛同しなかったのは、沽価法一般に反対だったのではなく、宋銭の公認、銭の直法を含まない沽価法など時代錯誤と考え、時期を見計らって自分から提起に動こうと考えたからではないか。

その機会が翌年早速やってきたのは、物価騰貴という経済情勢で火がついたこともあるが、治承二年一一月に徳子に皇子（のちの安徳天皇）が誕生し、安元三年（一一七七）の大火によって失われた大内裏の八省院（朝堂院）再建が急に彼の関心事になったからであろう。天皇即位の儀式は、必ず八省院で行われなければならなかったからである。もっとも再建といっても、私見では平安京においてではなく、すでに脳裡にあった摂津和田（福原）への遷都、そこでの八省院の建設なのであるが(9)、それにあたり物価騰貴による治安の乱れと国庫収入の実質減少は、労働力や物資の大量動員を要する大建築事業の遂行を難しくする。なんとかそれを経済政策の面からもくい止めようとしたのではないか。

こうして高倉天皇・源通親らの銭の直法を核心とする沽価法の制定が発議されたが、宋銭の流通公認問題が、その後どのように審議されたかについて、具体的な記録は残されていない。ただ諸氏が指摘するように、翌八月三〇日になって、「市廛雑物沽価法」が宣下されたことが、『大夫尉義経畏申記』に載せられた検非違使別当宣によって分かる（『群書類従』第七輯）。同じ日付で三二ヵ条からなる新制が出されたことがわかっているが（『玉葉』『百錬抄』）、注文という文書の様式をとったであろうから、三二ヵ条中の一条であったというのは無理があり、別個の立法であったとみられる。

ちなみに時の検非違使別当は、清盛の義弟である権中納言平時忠である。平安京の東西市の沽価を統制していた市司は京職に所属し、検非違使ははやくから京職の権能を吸収していた。時忠は売価をつり上げる市人が後を絶たないので、九月一九日の宣旨で、検非違使に五日に一度、分番して東西市に赴き違法を勘糺せしめることにし、一〇月三〇日からの実施を命じている。

古く小葉田淳は銭の停止は「無かったものと見るが穏当」とし、[10] 保立氏はこの新制で銭の直法（宋銭の寛宥）が採用された可能性が高いとする。井原氏は政治状況から寛宥も禁止もならず、宋銭の流通については現状維持だったとする。たしかに、兼実など守旧派の反対に加え、当時は鹿ヶ谷事件後の平家の高姿勢に反発する後白河院権力のまきかえしが展開していた際どい時期だった。とはいえ、中国銭の流通禁止を平家や高倉天皇にのませることはさらに難しかっただろう。銭の直法を採用しただろうという保立氏の見解に賛成する。九月一九日の宣旨で、検非違使に東西市で違法を糾弾するよう命じているのは、銭の直法の徹底をはかる目的があったと思われる。

そして同年一一月には平家の軍事クーデタがあり、院政は停止、反対派の大量解官があった。もはや銭の直法への表だった反対勢力は存在しない。だが、その翌年夏には以仁王の乱、さらに頼朝の挙兵を引き金に、秋以降同時多発的な反平家の挙兵があり、全国的な内乱に突入してゆく。沽価法の効果どころか、中央への貢納、年貢運上自体が激減した。[11] そのあげく、あしかけ六年にわたる内乱の果てに、平家一門は壇ノ浦で海の藻屑と消える。

鎌倉期に入ると、源頼朝の後押しで執政の地位についた九条兼実は、文治三年（一一八七）六月に中国銭の停廃と銭貨一般の停止を命じ、翌々年九月にも東西市における銭貨使用停止の宣旨が下った。そして建久三年（一一九二）朝廷は宋銭使用の停否について審議し、翌年七月には中国銭の停廃が行われ、その後も停廃が繰り返された。しかし、これらの度々の銭貨停止も結局徒労に帰したことはいうまでもない。

清盛が公認させようとした中国銭の流入と使用は、鎌倉期に入ってますます勢いを増す。畿内を中心にまず絹布、ついで米の順で物品貨幣の交換・支払手段機能を吸収、並行して両者の持っていた価値尺度・計算手段の機能を統合してゆく。さらに鎌倉末期になって富の蓄蔵手段としての機能を獲得する(12)。その結果、周知のごとく中国銭が日本中世を通じて貨幣の中心的な担い手でありつづけることになった。

注

(1) 保立道久「中世前期の新制と沽価法――都市王権の法、市場・貨幣・財政」『歴史学研究』六八七号、一九九六年。井原今朝男「宋銭輸入の歴史的意義――沽価法と銭貨出挙の発達」池享編『銭貨――前近代日本の貨幣と国家』青木書店、二〇〇一年。井上正夫「一二世紀末の宋銭排除論とその背景」『社会経済史学』七〇巻五号、二〇〇五年。
(2) 講談社選書メチエ、二〇〇七年。
(3) 遠藤基郎『後白河上皇』山川出版社、二〇一一年。
(4) 脇田晴子「沽価法の成立と調庸制」同『日本中世商業発達史の研究』御茶の水書房、一九六九年。
(5) 橋本雄「中世日本の銅銭――永楽銭から「宋銭の世界」を考える」伊原弘編『宋銭の世界』勉誠出版、二〇〇九年。
(6) 桜井英治「中世の貨幣・信用」『新体系日本史12　流通経済史』山川出版社、二〇〇二年。
(7) 井上注(1)論文。
(8) 利光三津夫「建久四年の銭貨禁令について」『古代文化』五一巻二号、一九九九年。
(9) 拙稿「福原遷都をめぐる政治」本書第二章に所収。拙著注(2)書。
(10) 小葉田淳「中世初期の銭貨流通について」『経済史研究』一一巻二号、一九三四年。
(11) 拙稿「養和の飢饉、元暦の地震と鴨長明」『文学（岩波書店）』隔月刊一三巻二号、三・四月号、二〇一二年。
(12) 松延康隆「銭と貨幣の観念――鎌倉期における貨幣機能の変化について」『列島の文化史』六号、一九八九年。

［付記］井原今朝男氏は注(1)論文所載の近著『日本中世債務史の研究』（東京大学出版会、二〇一一年）において、宋銭流通にかんする拙論を含む諸説が、旧来の経済学の貨幣理論の立場を共有していると批判している（一一七頁）。すなわち、諸説は、米・絹・布が物品貨幣として機能し、沽価法は市場における物品売買の公定価格であるとみなしている。この点で商品経済における交換貨幣と理解する立場だから、旧来の経済学の貨幣理論の域にとどまっていると批判するのである。井原氏は、平安末期

の米・絹・布の沽価法は計算貨幣としての換算基準を定めたものであって、自分は市場での公定価格説や市場価格変動論の立場には立たないと主張している。氏の批判はたんなる貨幣論にとどまるものではなく、広く前近代所有権史・債務史、ひいては前近代史の捉え直しにいたる刺激的なものであり、その主張の当否をも含めて対応には深い理解と慎重な検討が必要である。ここでは即応の釈明や反批判は避け、他日を期したい。

第四部　物語への展望

第一一章　『平家物語』の虚実
――北米の日本史・日本文学研究者に向けて

はじめに

『平家物語』は、一二四〇年前後の時期に原形が成立し、その成立・成長の過程で、史実と虚構・誇張が複雑に交じりあっていった。だから起こった出来事を忠実に記述した歴史書ではない。あくまで、平家一門の悲劇的な滅亡と、裏返しとしての源氏の勝利の過程に焦点をあてた文学作品である。『平家物語』が描く歴史像は、実際にはこの時期の政治・社会の実像とはかけ離れており、そのフィクショナルな歴史像がまた、後世の歴史に大きな影響を及ぼしてきた。それは『平家物語』の文学としてのすばらしさを損なうものではないけれど、歴史としての平家の時代を考える時には、はっきり一線を画さねばならない。

報告者は日本の中世を専門とする歴史研究者として、伊勢平氏や公卿としての平家の成長・発展・滅亡の歴史を長らく研究してきた。今回のカンファレンス（章末付記参照）で、平家の実際の歴史や個々の人物像と、『平家物語』の構想および人物造型の傾向性を比較し、歴史家の立場から見た『平家物語』（以下の引用はとくに断らない限り覚一本）の文学的特徴や、その魅力と問題点を明らかにしたいと考えている。

一　『平家物語』の基本構図はどう理解されるべきか

この物語は人物中心に見た場合、平清盛とその後継者宗盛（清盛三男、以下同じ）の悪行や愚かしさと、重盛（長男）・知盛（四男）の善行や賢明さとの、葛藤・相克を基本的な構図としている。(1)すなわち、重盛の度重なるいさめにもかかわらず清盛の悪行は続き、重盛が死ぬと清盛の暴走を止められる者がいなくなり、平家一門は滅亡へと向かう。清盛死後平家一門の総帥になった宗盛は、凡庸・怯懦な人物で、全国的な内乱の中で難局を乗り切る指導者としての能力を欠き、知盛の奮闘によっても平家の退勢は支え切れず、一門は滅びへの坂を転げ落ちてゆく。

その運命の無情を代表する形で担わされたのは、南都の焼討を指揮し、一の谷戦で捕らわれ、鎌倉に護送され、のち斬られた重衡（五男）と、裏切りの下心ありと人びとに疑われ、一門のいる屋島から脱出して熊野に入り、那智で入水する維盛（重盛の長男）だった（巻十の各章段）。

清盛がなぜ悪評かと言えば、亡びた政権には亡びるだけの理由がある、とくに「春の夜の夢」「風の前の塵」同然に、あえなく滅び去った短命な政権には、天も人も許さぬ悪逆・無道の行いがあったから、というごくわかりやすい論法が適用されたからである。実際『平家物語』では、清盛の悪行の代表として以下の四つがあげられている。

①貴族の頂点に位する摂関家にダメージを与えたこと（巻一殿下乗合など）、②治承三年（一一七九）一一月の軍事クーデタによって後白河院政を停止し、外孫の言仁を天皇（安徳）に据えたこと（巻三法皇被流など）、③翌年六月以降、平安京を棄ていわゆる福原遷都を強行したこと（巻五都遷）、④同年一二月に興福寺・東大寺などを焼き討ちし南都の寺院勢力に甚大な打撃を与えたこと（巻五奈良炎上）である。(2)

そのころ、王法と仏法は相依するという論があった。王法は国王の定める法令や政治、ひいては王権やそのもとでの政治秩序、仏法とは仏の説いた教えあるいは衆生を導く教法のことであり、実際には大寺院のもつ宗教的なパワーを意味する。王法仏法相依論は、その両者が互いに支え合うことにより双方発展し、社会の秩序が維持される、ともに欠くことのできないものだ、という主張である。そして、王法とは、院政（譲位した天皇である上皇あるいは法皇が政治の実権を握る政治の形）と呼ばれる当時の政治体制を意味し、また摂関家は王法を支える重要な柱と考えられている。さらに、平安京は王法が四〇〇年にわたって実現されてきた不動の聖域としての意味をもっている。

つまり、「入道浄海（清盛の出家人としての法名）、ほしいまゝに王法を失ひ、仏法をほろぼさんとす」（巻四山門牒状）といわれるように、清盛のやったことは、王法・仏法への敵対、当時のあるべき社会秩序の破壊とみなされていた。それゆえ彼と彼の一門は、俗権としての後白河院勢力、教権としての寺院勢力、双方から強力な非難・攻撃をうけてあたりまえの存在だったのである。既成の権威的秩序のすべてを敵に回せば、急速な没落はさけられない。『平家物語』が清盛を悪逆無道の暴君として描かねばならなかったのは、理由のないことではない。

これにたいし宗盛の愚かしさについては、摂津源氏仲綱の愛馬を強引に取り上げて父頼政の自尊心を傷つけ、以仁王に謀反をすすめる動機をつくったり（巻五競）、壇ノ浦の敗戦が決定し、皆が入水するなかで呆然としていたため、あまりの見苦しさにみかねた家人に海に突き落とされたが、死にきれず生け捕りになった（巻十一鶏合、壇ノ浦合戦）。さらに鎌倉で頼朝に対面して卑屈に振る舞ったりしたことがあげられるだろう（巻十一能登殿最期、腰越）。

一方、暴走する清盛の対立項たる重盛は、後白河院の忠臣、清盛の孝子としての姿が前面に押し出され、未来予見の力を有する人物としても描かれる。そこから朝恩絶対、王法護持の長広舌が揮われ、運命甘受、医師辞退の達観的な言動を発する。知盛は都落ち以後存在感をます人物で、平家の滅びの運命を自覚しつつも、その運命にあらがった人物として描かれた。

ところが、暴君としての清盛や聖人君子としての重盛は、実在の人物とは相違する点があり、多くは『平家物語』作者が創りあげた虚像である。『平家物語』は、基本構図に合わせて清盛を無思慮な暴君として描くため、たとえば「殿下乗合」で摂政基房に辱めを加えた人物を、意図的に重盛から清盛に代えている。

その他、史上の知盛は、てんかんらしい持病をもち、とくに一一八一年以降は満足な政治・軍事活動ができなかったようだ。『平家物語』では知盛は平家の軍事面の責任者的地位にあった人物として描かれているが、その活躍には重衡のそれが重ね合わされている(3)。史上の知盛は存在感の薄い人物だったので、作者がそれを理想化するのはたやすかったのだろう(4)。

重衡は平家随一の軍事指導者としての面を知盛に譲った結果、恋多き貴公子と化し、その言及もほとんど一の谷戦で捕虜となって以降に限定されてしまった。維盛も平家の「嫡流」にありながら、合戦では負け続けで、運命にうちひしがれた心弱き人として描かれている。

報告者は、拙著で同時代ないし同時代に近い史料にもとづき、清盛の実像を次のように描いている。彼は感情の起伏の大きなタイプであったが、それゆえに情に厚く家族肉親に対する愛情も人一倍だった。周囲に気配りができる優しい一面もあり、同時に沈着冷静、合理的であるとともに思い切りのよい顔もみせる。その複雑な性格は、奔放な素地に修養の努力が積み重なった結果だろう。また平治の乱に快勝した点から見ても、武将として一流である。果断や感情過多が裏目に出ると、『平家物語』以来の悪逆無道の清盛入道という評価に接近するだろう。確かに最晩年には、好き嫌いや強引さが目立つようになり、ここぞの判断にもかげりが見える。とはいえ、これは忍び寄る老いと、反対派を力で押さえこんだ、古今の権力者が陥りがちな一種の動脈硬化症で、生来の体質と考えない方がよい(5)。

こうした彼の性格のポジティブな面が具体的に表れたものとして、厳島神社があげられる。この神社の、波打ち際という絶妙の立地、斬新な建物配置、日本一巨大な本殿という顕著な特徴は、造営のスポンサーである彼の好みや意向抜きにはありえない。また日宋貿易に積極的に取り組み、それまで博多止まりとされていた宋船を、瀬戸内海に導き入れ、福原近隣の経の島で交易をさせたことは、型破りで革新的な性格を語るものとして特筆すべきであろう。

さらに、一一世紀から一二世紀半ばまでの日本社会では、銭貨（銅銭）の流通が途絶え、絹布や米といった物品貨幣しか使用されていなかった。ところが平家が日宋貿易に力を入れるにともない、日本国内では宋銭の使用が盛んになった。治承三年（一一七九）、高倉天皇は朝廷として宋銭の流通を公認したい旨を有力貴族に諮ったが、その背後には清盛の強い意向があった。保守的な貴族の中には反対の声もあったが、平家滅亡後の鎌倉期に入ると、中国銭が物品貨幣の交換・支払い機能を吸収し、絹布や米がもっていた価値尺度・計算手段の機能を統合してゆく。日本社会が本格的な銭遣い経済に突入してゆくにあたって、清盛の果たした役割は大きい(6)。

二　平家の政権をどう評価するか

『平家物語』は、東国武士の勇猛さを讃える文学としての面をもっているが、それが平家の運命をいっそう悲劇的なものにする効果をもたらしている。作者は明らかに平家の側に心を寄せ、彼等に同情の涙を注いでいるが、そのような物語の原型が鎌倉時代中期までに成立した背景には、承久の乱後の京都の政界に生まれた親平家的な雰囲気があったと考えられている。

すなわち、承久の乱（一二二一年）の結果、一〇歳の後堀河天皇が即位し、皇位についたことのないその父後高倉院（高倉天皇第二皇子守貞親王、隠岐に流された後鳥羽院の実兄）が、院政を行う体制が生まれた。守貞親王は誕生時より知盛夫婦に養われ、都落ちにも同道し、壇ノ浦を生き延びて知盛未亡人（治部卿局）と一緒に都に帰還した。帰京後親王の世話をしたのは彼女と、もう一人の乳母である頼盛（清盛異母弟）の娘である。そして後者が夫持明院基家との間に生んだ頼盛の孫娘（北白河院）が、成長した親王と結ばれ、茂仁《ゆたひと》（後堀河天皇）を生んだ。治部卿局は、平家時代清盛の妻時子に仕えて庶務をつかさどる「執権」の立場にあったが、後高倉院政の開始とともに「執権」の地位に返り咲いたという。

維盛の妻は、平家滅亡後頼朝の後援で権大納言に昇進した吉田経房の後妻になり、その同腹の姉妹（成子）は北白河院とともに幼帝を支えて権勢を誇り、平家都落ちの時八歳であった維盛の娘を同居させていた。その維盛の娘は、鬼界島に流された丹波少将成経と再婚した。その子資経は『醍醐雑抄』が『平家物語』の作者に擬す人物の一人である。このように、平家に縁があり同情的な人脈が後堀河・四条朝の朝廷に存在したことが、『平家物語』が生まれるにあたって大きな背景となった(7)。

この物語が南北朝期に一応の完成をとげた後は、その文学としての魅力によって、室町・江戸期を通じて能や浄瑠璃・歌舞伎など各ジャンルの文学や芸能演劇に影響を与え続けた。それにより『平家物語』の民衆化が達成されるとともに、清盛は『平家物語』のそれを越えた、おごり高ぶる我が儘な権力者（悪玉）に造形されていった。

そして近代日本が天皇を頂点とする権威主義体制の国家であったため、前述の『平家物語』の清盛の悪行中、とくに②が皇室に対する不忠としてヤリ玉に挙げられた。また江戸中期以来の「おごる平家久しからず」（滑稽本『教訓雑長持』）というフレーズが、明治末年までには小学校教科書に登場し(8)、広く人々の口の端にのぼる常套句になった(9)。

他方学問の世界において、平家が鎌倉幕府に比べ不徹底な武家政権であり、貴族化したため、地方の武士の失望を買って源平の内乱で没落していった、という歴史評価が登場し一般化していった。富国強兵を国是とする大日本帝国の臣民として幼少年期を過ごした一九四五年までの歴史研究者にとって、貴族を「頽廃・文弱」と忌避し、武士を「質実・剛健」と讃えることは、思考の意識・無意識の前提だったのだろう。

アジア・太平洋戦争後の日本史学は、学問の政治からの自立と厳密な科学性を標榜してきたが、右の歴史評価は最近まで大筋で維持されてきた(10)。そして、学校教育や国民の歴史認識にあっては、今日でも揺るぐことのない歴史像である。多くの知識人・教養人にとって、平家の滅亡に涙する情緒や感性と、武家政治（鎌倉幕府）の出現を肯定的にとらえる理性は、矛盾をきたすことなく同一人格内に共存してきた。

報告者の近年の平家についての研究は、そのマイナスの歴史的評価の克服にも向けられており、たとえば広範な読者を想定した岩波新書の『平家の群像　物語から史実へ』（二〇〇九年）においては、下記の主張を展開している。

御家人といえば、まず鎌倉幕府のそれを思い浮かべがちだが、彼らの専売特許ではない。室町幕府にもいる。江戸幕府にも少し変わった形であるが存在する。平家全盛期の家人もまた「御家人」だった。

御家人とは、もともと家人と呼ばれる主人に仕えた従者である。それがただの家人でなく、「御」を冠して御家人と呼ばれるようになったのは、彼らが国家レベルの軍事警察を担当する役割をえたことに由来する、と考えられる。平家は平治の乱後、国家を守護する任務を担うようになった。そして一一七〇年代後半になると、諸国の御家人を、国を単位に輪番で上京させ、天皇の住む内裏（閑院内裏）の警固を行わせるようになっていたらしい。天皇の「玉体」の安穏を実現し、都の平安を維持することが、平時の国家守護を象徴していたのである（九八頁）。

ここで報告者は、幕府（武家）の本質は、国家の諸機能のうち軍事警察部門を担当するものであり、中世国家は幕府のみでなりたっていたのではない、という立場に立っている。すなわち、中世には、幕府以外にも、朝廷で行われる政務および儀式をつかさどる王家（天皇家）・摂関家その他の権勢ある貴族たち、仏教の力による国家鎮護をめざす大寺社などが併存した。国政は、これら権門勢家の伝統と実力にもとづく強力な発言権と、権力の職能的な分担によって、矛盾対立をはらみながらも相互補完的に維持されていた。朝廷はこの諸権門の競合・対立を調整し、伝統的権威を飾るための互いの競争と儀礼の場である。天皇は王家という権門の主要な一員であるとともに、諸権門の頂点に立つ国王としての役割も合わせ持っていた、との主張である。

以上は、黒田俊雄氏によって唱えられた有力な学説の要点であって[11]、報告者はそれを継承し、そうした政治構造が平家の全盛期にも存在したことを確認し、平家ははじめて登場した幕府であると主張しているのである。それは、農村に足場を置き、歴史を前進させる原動力であった勤勉な武士（在地領主）勢力が、守旧的で怠惰な貴族たちを圧倒し、中世的な政治・社会への途を開くという伝統的な歴史像――以前、報告者は、これをイソップの寓話になぞらえて「アリとキリギリス」論とよんだ[12]――への批判が含まれている。

そもそも一一五六年の保元の乱のずっと以前から、源平の棟梁のような武士は、中下級とはいえまぎれもなく貴族集団の構成員（軍事貴族）だった。私見では武士は都の天皇の周辺、貴族社会のなかから生み出されてきたものである。だから貴族と武士を、階級的性格を異にする新旧両勢力として、頭から対立関係にあるものと理解することは、歴史の現実にあっていない。

さらに報告者は同書の中で、平家の幕府について、次のような説明を加えている。

筆者は、平家の政権は、それらの先入観（注、貴族化した中途半端な武家政権云々）を排しもっと冷静・客観的に評価すべきものと考え、前著『平清盛　福原の夢』で、平家こそ史上初の幕府（六波羅幕府）だと主張した。すなわち京都六波羅を拠点に、諸国御家人に国家の軍事警察の仕事をやらせる。最高実力者の清盛は摂津福原（注、現神戸市兵庫区平野）に居を構え、めったに上洛しないことで後白河法皇の権力に距離を置き、親平家の公卿に自らの利害を代弁させる。この政治方式は、確実に鎌倉幕府に受け継がれた。源頼朝は清盛の手法から多くを学び、それをより強力かつ整備されたものにした、と述べたのである。

保元の乱以前の武家の「棟梁」は、まだ家人を多数抱えるための経済的な裏づけを有していなかった。しかし、保元・平治の乱前と乱後では、平家の政治的・経済的力量はまったく異なる。勢威勢力の急速な増大により、御家人らに、奉公に見あう御恩を与える条件は、比較にならないほど調った（九九頁）。


九九頁で略述したところを若干敷衍すれば、頼朝は、国家の軍事警察機能を掌握し、その幕府を福原以上に都から離れた鎌倉に開設し、清盛以上に上京を禁欲し（平家討滅後わずか二回）、親平家公卿を使う手法から一歩進み、うまく機能しなかったとはいえ、王朝側に議奏公卿制（文治元〈一一八五〉年一二月、右大臣九条兼実ら一〇人の親頼朝派の公卿の集議奏上によって政務を行わせ、後白河院の専断を抑制しようとしたもの）を押しつけ、そうして六波羅を鎌倉権力の京都での拠点として再編成した。これが京都守護（洛中警固、裁判その他の政務、朝幕間の連絡等にあたる機関）であり、のちに南北両六波羅（探題）に発展する。清盛が摂津・播磨にまたがる地域を基盤的勢力圏としたのに対し、研究者によっては「東国国家」とまで規定する、東日本諸国への強力広範な行政権を獲得した。

頼朝の幕府の画期性を信じて疑わない人びとは、平家のそれとの多くの共通性を見落としていると思う。頼朝の歴史的評価は、幕府を創設したことにあるのではなく、平家の創り出したひな型を踏襲し、その手法をより厳格、より本格的に追求した点にもとめられるべきである。

平家の権力は、新王朝（注、後述）はもとより幕府自体も十分成熟したものではなかったが、その後七〇〇年近い武家政治の出発点となったわけだから、やはり重要な意義を認めねばならない。筆者は、武家の政治の到来を、歴史の進歩として無邪気に肯定する立場をとらないが、それが日本歴史を前後に区分する重大な画期、歴史の大きな分岐点であったことは、疑うべくもないのである（一九六―一九七頁）。

ついで、政治権力としての平家を論じる時、避けて通れないのが、福原遷都である。治承三年一一月清盛は軍事クーデタで後白河院政を停止し、翌年二月には実の孫である言仁親王を即位させた（安徳天皇）。同じ年の五月、以仁王（後白河の第三皇子）らの平家打倒計画が発覚する。これは未然に鎮圧され、六月二日平家一門は、安徳天皇・高倉上皇・後白河法皇をともなって福原に向かった。世にいう福原遷都である。これについて前掲書では、

これまで遷都は、平安京にいては以仁王の背後にある勢力、とくに南都の寺院勢力の圧力を回避できないと判断しての、清盛の発作的な思いつきであるかのようにいわれてきた。しかし四〇〇年も続いた平安京から都を遷す企てが、衝動だけでなされるはずがない。

筆者は、清盛が、たんなる幕府にとどまらず高倉上皇・安徳天皇を頂点とする平氏系新王朝の立ち上げに踏み切った以上、それにふさわしい新都の建設を断行しようとした、と考えている。遷都は政治環境の大転換、少なくとも人心の一新をもたらす。それゆえ新王朝には新都がふさわしい。中国では王朝交替とともに、都が洛陽と長安の間を振り子のように移動した。明治新政府も東京に遷都し、古く桓武天皇は山城長岡京、さらに平安京での新都建設に邁進した。奈良朝は壬申の乱を起こして天皇位を奪った天武系の王朝である。同王統はあいつぐ政争によって男子がとだえたので、ひっそりと残っていた天智の六二歳の孫（光仁天皇）、一〇年後にはその子（桓武天皇）が即位した。仇敵の王統が造った平城京を棄てることは、彼にとって新王朝の誕生を内外に顕示する不可欠の措置であったのである。

しかし遷都に際しては、旧勢力による執拗な反対の動きがあり、八月の伊豆での頼朝の挙兵をかわきりに、反乱が急速に全国化した。一般に源平合戦と呼ばれる内乱の始まりである。事態打開のため清盛はしぶしぶ都帰り

をし、反乱勢力の鎮圧に全力を注ぐ。同年末には南都の東大寺・興福寺を焼き討ちし、強力な政治体制を実現すべく態勢の立て直しをはかるが、翌年閏二月病死してしまう。享年六四歳だった（一七―一八頁）。

とまとめた。すなわち平家はクーデタを起こし、それまでの幕府から平氏系新王朝の樹立という政治的な大飛躍をはかった。これが福原遷都という形であらわされたのである。その目論見が挫折すると、幕府に回帰し軍事力の強化につとめたが、努力は実らず内乱の中で打倒された。

三　石母田正の『平家物語』について

これまで『平家物語』について論じた研究は膨大である。そのうち歴史家の筆になるもので、もっとも優れ、かつ文学研究にも著大なインパクトを与えたのは、半世紀以上前に出版された石母田正の『平家物語』[13]（以下古典平家と区別して新書平家と略称）である。同書中とくに知盛にかんする論は、文学研究者をも感嘆させた出色のできばえであった。そのため、それへの報告者の意見を述べておきたい。

報告者は報告の最初の部分で、知盛は凡庸な宗盛を支えながら、都落ち以後平家の滅びの運命にあらがった人物として描かれているとした。それまでの研究で、めだたぬ脇役として見過ごされてきた知盛を、『平家物語』の構成上欠かすことのできない重要人物として積極的に評価したのは、まさに石母田であった。

石母田は、この知盛を、どのように描いているか。氏はまず、一の谷の負け戦さで、我が子知章が身代わりとして討死するあいだに沖の船に逃れ、「他人のことならばどんなに非難めいたことをでもいいたく思うのに、自分のことになると、よくも命は惜しいものでありましたと、今こそ思い知らされました」と、自らのふがいなさを、宗盛らに涙ながらに語る場面をとりあげ、知盛の真率さに注意を喚起している。

以下氏は、新書平家において、知盛が、人間の生への執着と利己心の恐ろしさを深く知るがゆえに、そうした人間理解の上にたって、運命というものをとらえることができた人間として、さらに、自分と一族、あるいは時代そのものを動かす運命の存在を確信しながら、運命を回避したり、そこから逃避しようとしなかった人間として描かれている、と説く。

また、壇ノ浦合戦の時、「軍《いくさ》は今日ぞ限る。者共《ものども》少もしりぞく心あるべからず。天竺震旦にも、日本吾朝にも、双なき名将勇士と云へども、運命尽ぬれば力及ばず。されども名こそ惜けれ。東国の者共に弱気見ゆな。いつの為に命をば惜むべき。唯是のみぞ思ふ事」と大音声を張り上げて督戦し、いよいよ敗戦必至の時、安徳天皇の乗船を見苦しからぬよう自ら掃き清め、女房たちが口々に「新中納言殿、軍は如何に」と問うたところ、「めづらしき東男をこそ、御覧ぜられ候はんずらめ」と答え、「から〳〵と」笑ったことに、運命を見とどけたものの爽快さを感じ取っている。

そして、最後、知盛は「見るべき程の事は見つ、今は自害せん」といって鎧を二領着て、乳人子と手を取りあって、海に身を投じる。石母田はここのところを

「見るべき程の事は見つ、今は自害せん」という知盛の言葉は、『平家物語』のなかで、おそらく千鈞の重みをもつ言葉であろう。彼はここで何を見たというのであろうか。いうまでもなく、それは内乱の歴史の変動と、そこにくりひろげられた人間の一切の浮沈、喜劇と悲劇であり、それを通して厳として存在する運命の支配であろう。あるいはその運命をあえて回避しようとしなかった自分自身の姿を見たという意味であったかもしれない。知盛がここで見たというその内容が、ほかならぬ『平家物語』が語った全体である（一六頁）。

という格調高い文章で締めている。

以上の知盛像は、まことに魅力的である。それは一方に、饒舌な運命の予言者で、一族栄華の時期にはやくも滅亡についての自覚をもち、自分の死もその運命の一部としてとらえ、医師の治療を退けた重盛、およびその子で没落の運命に打ちひしがれてしまった維盛などの物語を配しているがゆえに、いっそう印象深い人間像に仕上がっている。

もちろん石母田は、以上が文学として造形された像であり、史上に存在した知盛とは別のものであることを、慎重に指摘している。しかし、彼は当時の『平家物語』諸本にかんする研究水準に制約され、語り本系（とくに覚一本）と読み本系（とくに延慶本）の先後関係について逆の理解をしていた。その結果、石母田がもっぱら依拠した覚一本が、諸本のなかでは古態を示し記事量が豊富な延慶本的なものを刈り込み、文学的に洗練されたものに仕上げられた、成長の最後段階の作品であることを理解していなかった[14]。

この場では時間がないので二、三の例を挙げることしかできないが、延慶本には知盛の一ノ谷戦後の「人のうへで候はば、いかばかりもどかしう存候べきに、我身の上に成ぬれば」という痛切なフレーズがない（第五本大夫業盛被討給事）。また壇ノ浦戦では、覚一本「先帝身投」の女房相手に哄笑する場面がない。「見るべき程の事は見つ」の言は同じでも、両本の見ているものは明らかに違う。海戦開始にあたり知盛が大音声で全軍を叱咤激励する際の口上は、覚一本と延慶本ではほとんど同じだが、後者には「如《いか》ニモシテ九郎冠者（義経）ヲ取テ海ニ入ヨ」との独自な一句があり、それが知盛の「今ハ夫《それ》ノミゾ思事」の中身である（第六本檀浦合戦事　付平家滅事）。

ということは、「見るべき程の事は見つ」は、もとは石母田が述べた平家の運命、時代に翻弄される人間の運命を見とどけたという意味ではなく、勇将能登守教経が海上で義経を追い回したが、一歩及ばず討ち果たすことができなかった、というはるかに卑小な眼前の事実をさしており、知盛がこの決戦に賭けた意地、一筋の光明が、もはや失われたことを確認する言葉であったことになる。

覚一本は、延慶本的なものを、こうした巧みな描きこみや省筆、あるいは内容の洗練によって、透徹した人間理解とあらがいがたい時の勢い（運命）を語るものへと改変している。その高度な文学的な達成に石母田も幻惑され、『平家物語』作者が意図して知盛に託した役割・言説を全肯定し、しかも文学的真実と歴史的真実の境界を、いつの間にかあいまい化してしまったのである。

近年になってようやく若手研究者のなかから、壇ノ浦の知盛はナルシズムにおぼれており、死を美学化しているとの批判の声が上がった。そのなかには、いよいよ敗戦必至の時、女房達に「めづらしきあづま男をこそ御覧ぜられ候はんずらめ」と語ったことについても、「見る」の尊敬語である「覧る」とは、この場合性的陵辱行為を指しており、東国武士たちの陵辱が待っているという恐怖心をふりまき、女房たちを精神的に支配し、集団自殺に追いこんでゆく所為であった、との指摘もある(15)。

論者はあえて明言していないが、それはまるで、アジア・太平洋戦争の最中に、日本軍がサイパンや沖縄で、米兵への恐怖心をあおりながら、住民を集団自殺に追い込んでいった状況とほとんど同じ、と考えているかのようである。実際には二位の尼時子など一部の女性を別として、多くの女房達は入水などしていない。天皇や国家のための死を当然とするマインドコントロールが十二分に効いていた戦前日本社会と中世の時代差は大きいのであり、この点は少なくとも勇み足の感がある。

もちろん石母田の本意が死の美学化を称揚するところにあったはずはない。しかし『平家物語』がすぐれた古典であったがゆえに、良質善意の研究者・享受者にあっても、文学テキストとしての冷静な対象認識、距離感・緊張感に欠けたところがあり、『平家物語』がもたらしたもろもろの虚像や滅びへの甘美な誘惑といったマイナスの影響に無警戒であったことは否定しがたい。かくいう報告者も長い間それに魅せられてきた。そうであればあるほど今後歴史家には、この作品につきあう姿勢に、より冷徹なものが求められるのである。

注

（1）板坂耀子『平家物語――あらすじで楽しむ源平の戦い』中公新書、二〇〇五年。
（2）樋口大祐「清盛の「悪行」を読み替える」同『「乱世」のエクリチュール』森話社、二〇〇九年。
（3）拙著『平家の群像　物語から史実へ』岩波新書、二〇〇九年。
（4）板坂耀子注(1)書。
（5）拙著『平清盛　福原の夢』講談社選書メチエ、二〇〇七年。
（6）本書第一〇章「宋銭の流通と平家の対応」参照。
（7）日下力『平家物語の誕生』岩波書店、二〇〇一年。
（8）文部省『尋常小学日本歴史』巻一（児童用）、一九一一年。
（9）樋口大祐『変貌する清盛――『平家物語』を書きかえる』吉川弘文館、二〇一一年。
（10）拙稿「常識的貴族像・武士像の創出過程」同『武士の成立　武士像の創出』東京大学出版会、一九九九年。
（11）黒田俊雄『黒田俊雄著作集　第一巻、権門体制論』法蔵館、一九九四年。
（12）拙稿「二つの武士観」拙著注(10)書所収。
（13）岩波新書、一九五七年。
（14）佐伯真一「解説」築島裕他編『大東急記念文庫善本叢刊　中古中世篇　別巻一　延慶本平家物語　第六巻』汲古書院、二〇〇八年。
（15）高木信『死の「美学化」に抗する』青弓社、二〇〇九年。

［付記］本章は、カナダ・アルバータ大学の Mikael Adolphson 教授と Anne Commons 教授、およびブリティッシュ・コロンビア大学の Joshua Mostow 教授によって計画・組織化された国際シンポジウム Loveable Losers : The Taira in Action and Memory における私の基調報告原稿に手を加えたものである。同シンポジウムは二〇一一年八月一三日―一五日の三日間、カナダの Banff Center で開催された。アメリカ・カナダを中心とした一六名の報告と多数の欧米の日本史・日本文学研究者の参加を得、熱心な討論が行われた。日本側では髙橋と近藤成一氏の両名が参加し、近藤氏はカンファレンスの最後に総括的な感想・意見を述べた。シンポジウムの成果については、英文論集が作成される予定で、現在進行中である。

第一二章　平重盛の四天王寺万灯会について

はじめに

院政期、仁和寺法親王は東密諸流を統轄、国家仏教（顕密体制）にかかわる政策を推進する院の宗教的分身の役割を担わされていた。後白河院第二皇子の守覚法親王は、その地位・役割の強化確立にまい進するとともに、仁和寺を扇の要として営まれた広範な宗教文化、文芸・学芸活動の主催者・統括者、研究者から仁和寺文化圏と呼ばれている世界の、文字通り中心にあった人物である。(1) 十二巻本『表白集』は、その守覚周辺において撰述された表白の類聚で、諸仏事・法会・修法のための表白を集成したもの、成立は鎌倉初・前期と考えられている。

同集伝本の一つに、早稲田大学図書館所蔵本（以後早大本と略称）が存する。巻五から巻十二までの五冊からなり、各冊首には、「温故堂文庫」「黒川真頼蔵書」「黒川真道蔵書」の印が捺され（第二冊のみ「温故堂文庫」印なし）第三冊本文末には、「延享第五龍集（歳次）戊辰（一七四八）初夏廿二日修復せしめ、函庭（底）に収め了んぬ、余巻を得て補ふ焉、僧正賢賀、行年六十五」の識語を記す。第一冊から第三冊までは虫損箇所を示す描線の存在などによって影写本と見なされ、影写を通して窺える書風から、原本は南北朝末期・室町中期のもの、と推測される。牧野和夫氏も「薄様による透写」で「底本は、中世の写本か」と判断している。(2)

牧野氏の調査によると、全伝本中（一一種）、巻八雑部を伝えるのは、東寺観智院金剛蔵本（以後観智院本と略称）と早大本しかない(3)。そして、氏は一九九〇年、後者から「院政期から鎌倉初期の「文学」作品の研究に資するところ多大な」ものとして、表白二首を翻刻紹介した(4)。うち一首が「小松大納言於天王寺修万灯会導師表白同人（聖鑁）作」である。

牧野氏の一連の十二巻本の書誌学的調査と、右表白を学界に紹介した労を、多としたい。ただ、その後氏自身によって行われた該表白の具体的分析は(5)、なお中間報告の印象があり、内容を十分汲み尽くしていない憾みがある。筆者も、平家や平家政権に関心を持つ日本史研究者の一人として、自ら検討を試みたい、という意欲を持ち続けてきた。今回、ようやくその結果を報告するしだいである。もとより表白類を読み解く知識と能力に乏しく、論の十全は期しがたい。今後、牧野氏をはじめとする日本文学研究者の研究の進展を、待望すること切である。

一　釈文・読み下し・語釈など

はじめに、牧野氏の書誌報告に蛇足を加えておくと、早大本冊首蔵書印の「温故堂文庫」は塙家のそれ、黒川真頼と黒川真道は親子である。塙保己一の四男忠宝は父の死後、『続群書類従』の校訂・浄書などに取り組み、出版計画を進めた。真頼の養父黒川春村は忠宝と親交があったから(6)、本書はその縁で黒川家が所蔵するようになり、その後早稲田大学が入手するところとなったのだろう。

牧野氏は、また第三冊本文末識語に見える僧正賢賀を、「東寺ゆかり（勧修寺にも縁あり）の僧侶」としている(7)。まさしく賢賀（一六八四―一七六九）は、東寺観智院の第一三世院主であった。同院には、『覚禅鈔』をはじめ大量の聖教類が現存する。賢賀の師一二世杲快は、元禄五年（一六九二）、風雨にさらされ破壊の危機に陥った南経蔵（金剛蔵）

を修造した。この時、蔵内の累代聖教の修理や裏打ちを行い、続いて賢賀も精力的に修補を行っており、これらは新たに作り替えた箱に収められ、多くに修補奥書が付された(8)。

以上の点からいって、早大本は、元来は金剛蔵聖教として観智院に伝来したもの、と考えるべきであろう。早大本を観智院本と対照すると、本文に多少の異同がある。また、前者は表白によってはルビおよび捨てがなが豊富で、返点なども付されているのに、後者には総体に少なく、当該表白にいたってはまったく見えない。両者はそれぞれ若干異なる系統のテキストと考えねばならない(9)。

以下、早大本の表白文を紹介する。釈文は筆者が同図書館特別資料室で筆写したもので、牧野氏の読みと、若干の箇所で異なっている。観智院本との相違箇所は、観智院本の記載を括弧内に記した（」は行末を示す）。また読み下し文の作成にあたって、両本異なる字は妥当と思われる方を取り、早大本の返点・捨てがなを最大限生かした。読み下し文は常用漢字とし、併せて語釈を付す。

〔釈文〕

小松大納言於天王寺修万燈會導師表白同人（聖鑁）（擬）作

夫四天王寺者、尺迦如来轉法輪之地、救世観音」利衆生之砌也、唱佛号而除塵勞之人、皆歩蓮」臺之月、感神變而礼舎利之輩、遥（途）泣荼毗之」煙、歸依之盛何處侈サラム旃（旃）、是（観智院本ニナシ）以納言殿下崇テ三寶」於懇棘《クイヨク》ニ、挑ク万燈於伽藍、炎ゝトシテ吐キ焰、煌ゝ並フ光ヲ、銀漢星（皇）」列ル、宛似移円蓋之夜躔《アトリ》ヲ、鐘山ニ龍遊フ、還テ可慙二明珠」之晝《ヒル》ノ影一ヲ、繂《コトノ》之鄭重誰不随喜セ、彼ノ須弥燈之得」佛記也、即是両餞（銭）之志也ナリム天、（矣、爰カ）阿那律之備天眼也、寧」非一點之功哉、抑大施主、家禀テ平氏ニ、國抽貞忠ヲ、」三略軼《スギ》タリ人ニ、雖モ拉《トリヒシ》ク武威於漢ノ四七将、五 教《カ(ケか)フ》被世遂比」賢名於舜ノ二八臣、所帯者亞相、其官也、具瞻《クセム》待ツ」仁ヲ、所敍《ショ》者持《トク》（特）進、其位也、文散期ス爵ヲ、入趍ルハ蓬壺、則」秋霜昳（昳、映カ）劒焉、出帰レハ棘路ニ、亦暁風鳴ス珮《オモノ》ヲ矣、爰」知、昔シ殖テ二徳本ヲ、既誇ル二此生之榮花ニ、今修ス善根、」定開ム来世之覚藥ヲ、然則信心水潔シ、宜契ル二壽」算於東海一變之期、宿報花芳、盍遂意樹於」西土九品之望、仰願、殊以所修恵業、資奉（奉資）ノ太」子聖霊、大悲闡提之誓、縦ヒ無モ二盡時、妙容荘（端）」厳之姿タ、早顕セ本地ヲ、乃至、幽闇ノ庶《ショ》類者破シ迷暗ヲ、」愚癡群生者照サム恵炬《コウ》（炬）、凡無ク三處而不スト云事利セ、倚（併）有ラム三物トシテ」而蒙ルコト二益ヲ者歟、敬白

〔読み下し〕

小松大納言天王寺に於て修す万灯会の導師の表白同人（聖鍐）（擬）作

それ四天王寺は、釈迦如来法輪を転ずるの地、救世観音衆生を利するの砌なり、仏号を唱へて塵労を除くの人、皆蓮台の月に歩み、神変に感じて舎利を礼するの輩、遥かに荼毘の煙に泣く、帰依の盛んなること何処か旃《これ》に侈《ま》さらむ、これを以て納言殿下三宝を懇棘に崇めて、万灯を伽藍に挑ぐ、炎々として焔を吐き、煌々として光を並ぶ、銀漢に星の列なる、宛も円蓋の夜の躔を移すに似たり、鐘山に竜の遊ぶ、還りて明珠《みょうじゅ》の昼の影を慙づべし、ことの鄭重誰か随喜せざらん、かの須弥灯の仏記を得たるなり、即ちこれ両銭の志なり、爰に阿那律の天眼を備ふるなり、寧《いかん》ぞ一点の功にあらざらんや、抑大施主、家は平氏に禀けて、国に貞忠を抽《ぬきい》づ、三略人に軼たり、武威を漢の四七将に拉ぐと雖も、五教は世を被ひ遂に賢名を舜の二八臣に比ぶ、帯する所は亜相、その官なり、具《ぐ》贍《せん》仁を待つ、叙する所は特進、その位なり、文散は爵を期す、入りて蓬壺に趍《わし》るは、則ち秋霜剣に映ず、出でて棘路に帰れば、亦暁風珮を鳴すなり、爰に知りぬ、昔徳本を殖ゑて、既に此生《ししょう》の栄花に誇る、今善根を修す、定めて来世の覚薬を開かむ、然れば則ち信心の水潔し、宜しく寿算を東海一変の期に契るべし、宿報の花芳しく、盍ぞ意樹を西土九品の望に遂げざる、仰ぎて願ふ、殊に修す所の恵業《えぎょう》を以て、太子聖霊に資し奉る、大悲闡提《せんだい》の

誓、縦ひ尽くる時無くも、妙容端厳の姿、早く本地を顕はせ、乃至は、幽闇の庶類は迷暗を破し、愚癡《ぐち》の群生は恵炬《えこ》に照さむ、凡そ処として利せずといふこと無く、併しながら物として益を蒙る者あらむか、敬みて白す

〔語釈〕

塵労　①煩悩の異名。②世俗のわずらわしさ、世俗的な苦労。

神変　仏・菩薩が世の人を導くために、その身の上に現す種々の不思議な変異のこと。

懇棘　まごころのこもった心、ねんごろな心。

銀漢に星の列なる　銀漢は銀河。後世のものだが『太平記』巻三十一笛吹峠軍事に、「夜ニ入ケレバ、両陣共ニ引退テ陣々ニ篝ヲ焼タルニ、将軍ノ御陣ヲ見渡セバ、四方五六里ニ及テ、銀漢高クスメル夜ニ、星ヲ列ルガ如クナリ」とある。

円蓋の夜の躔　円蓋はまるい屋根、すなわち天で、躔は軌道にそって移動すること。星躔は星の運行。大江朝綱の「夏夜於鴻臚館餞北客」に「北客彼の星躔を算へて、この日域に朝く《まいり》」（『本朝文粋』巻九）などとある。躔の訓は『類聚名義抄』ではヤトリ。アトリは影写の際の誤写。

鐘山に竜の遊ぶ　鐘山は中国建康（南京）東郊の山。蒋山・紫金山などとも。江南の名山として知られ、かつて山中に七〇寺が存した。「遊」は寺を訪れる意味で、「某寺に遊ぶ」の例は唐詩に多い。竜は皇帝の喩えか。六世紀前半の梁の武帝（蕭衍）は鐘山で幾度も法会を開き、大愛敬寺・開善寺（霊谷寺）などを建てた（『梁書』巻三武帝紀下、『仏祖統紀』巻三十七）。

還りて明珠の昼の影を慙づべし　明珠は光り輝く宝玉。竜に玉はつきもので、院政期日本でも如意宝珠は王権の象徴。昼の影が昼景《ちゅうえい》、すなわち昼間の日光の意味だとすれば、重盛の万灯会の盛大さは、奉仏の天子として知ら

れる武帝の法会の昼光の輝きをも顔色なからしめるの意味か。

かの須弥灯の仏記を得たる也　『阿闍世王受決経』に、貧女が仏のために灯明をともし、三十劫を経て成仏するという仏記（予言）を得たとの故事が載っている。いわゆる貧者の一灯であるが、貧女の仏号を「須弥灯光如来」という。『三宝絵』下巻薬師寺万灯会前半に故事を引くが、原話は『法苑珠林』第三十五や『諸経要集』第四に見える。

両銭の志　『法苑珠林』では、貧女は乞食の行で、「両銭」を入手し灯明の油を買ったとある。

ここに阿那律の天眼に備ふる也、寧ぞ一点の功にあらざらんや　阿那律は釈尊のいとこ、十大弟子の一人。視力を失ったが、かえって真理を見る眼を得たので、天眼第一といわれた。『三宝絵』下巻薬師寺万灯会の後半には、阿那律が盗みに入り、消えかかった仏前の灯心を矢でかき上げた功徳によって道を得た話がある。一灯の光すら天眼を得るという故事。『注好選』中巻、『今昔物語集』巻二第十九話など諸書に見ゆ。これも原話は『法苑珠林』第三十五や『諸経要集』第四に見える。なお、早大本の釈文前行「即是両餞之志也ナリム天」の也に続く捨てがな様のものの「ナリ」は、本文「也」の訓で、ここで文章が終わることを示している。「ム天」は並字「矣」の誤記であろう。それは該当箇所が観智院本で「矣」とあることからもいえる。そしてそれは次行冒頭にあたっており、そのままでは意味が通じないので、「爰」の誤写かと思われる。

三略　六韜と併称される中国古代の兵書。黄石公が圯上で張良に授けたものと伝えられるが、実は後人の偽作。

武威を漢の四七将に拉ぐと雖も　源順の「夏日陪右親衛源将軍初読論語各分一字」に「職虎牙に列せり、武勇を漢の四七将に拉《とりひし》ぐと雖も、学は麟角を抽づ、遂に文章を魯の二十篇に味はふ」とある（『和漢朗詠集』下巻、『本朝文粋』巻九）。漢の四七将は、後漢の光武帝の功臣で、像を南宮雲台に描かれた二八人。

五教は世を被ひ遂に賢名を舜の二八臣に比ぶ　五教は、父の義、母の慈、兄の友、弟の共（恭）、子の孝の五つの家族倫理を指す。二八臣は舜に仕えたとされる八元・八愷合計一六人の賢人の総称。ひいては多くの賢良。『春秋左氏伝』文公一八年に「（舜は）八元を挙げて五教を四方に布かしむ（中略）内平かにして外成る」とある。

亞相　大納言の唐名

具瞻　大臣の地位のこと。藤原基経の「為右大臣謝官表」に「俯して具瞻を佇《ねが》へば、烝黎（庶民）を揖《いふ》して顔厚し」とある（『菅家文草』巻十）。

特進　正二位の位のこと。『拾芥抄』官位唐名部第三に「正二位〈武輔国大将軍、特進、随時進みて正二位となる〉」とあり、一条兼良の『職原抄補遺』にも「正二位〈唐名ハ特進、或ハ上柱国〉」とある。

文散は爵を期す　文散はあるいは文散階のことか。『拾芥抄』官位唐名部第三に「正一位〈文散階、武官階〉」と見える。ただし人臣の最高位は従一位。正一位は没後の追贈になるので、この場合あり得ない用法。爵は氏爵のことか。毎年各一人、各氏長者の申請した者に従五位下を与えること。無理にこじつければ、文散は氏の最高位の意味で使用されているのかも。重盛は当時平家の最高位保持者、すなわち氏長者であったので、爵を申請する権利を有していた。

入りて蓬壺に趍《わし》るは、則ち秋霜剣に映ず、出でて棘路に帰れば、亦暁風珮を鳴すなり　『白氏文集』巻十六「夜宿江浦、聞元八改官、因寄此詩」の一節に、「劔珮暁に趨る雙鳳の闕」とあるのを下敷きにして、重盛が文武官として精励恪勤なことを讃えている、と思われる。蓬壺は内裏や上皇の御所を指し、雙鳳の闕（宮門）にあたる。秋霜剣に映ずの映は、釈文では昳（咲）だが、意味が通じない。映の誤写か。それなら、天皇を夙夜警衛する近衛大将の勤務ぶりを讃えているのだろう。棘路は『百寮訓要抄』に「大納言〈龍作・喉舌・棘路〉」とあり、大納言の別称。珮は佩に同じで、礼服の腰帯に佩びる飾りの玉。『和漢朗詠集』下巻慶賀では『白氏文集』の珮が佩になっている。組み糸に通して腰から沓の先まで垂らし、歩く時鳴るようにしたもの。なお本表白では珮を「オモノ」と訓じているが、『類聚名義抄』では「オム（フ）モノ」、『伊呂波字類抄』では「オムモノ」と訓じ、『字鏡集』に「オヒク、オモノ」とある。

徳本　結果として優れた果をもたらす善根。功徳、または功徳の本となる善法。

此生　この世。現世。

覚蘂　仏の悟りを花に喩えたもの。

東海一変の期　東海は日本のこと。一変の期とは当時広まり始めた百王説と関連あるか。

意樹　人の意《こころ》を樹に喩えていう。善果も悪果も人の意のいかんであることからいう。

九品の望　九品浄土に往生したいと望むこと。

恵業　善根を積むこと。智恵によって生ずる善業

大悲闡提　闡提は一闡提の略。成仏不可能なものの意。大慈悲の心をもって世の人を救おうとする菩薩。すべてを救い尽くすことはできないから、この菩薩は遂に仏になることはない。「彼ノ聖徳太子ハ救世観音ノ応現、大悲闡提ノ菩薩ナリ」（『源平盛衰記』巻八法皇三井灌頂）。

庶類　六道の迷いの世界にいる朱儒の生き物。

愚癡　愚かで思い迷い、ものの理非のわからないこと。またそのさま。

群生　衆生。人びと。

恵炬　知恵のともしび。智恵を人の世の迷いを照らし、悟りへと導く灯火に喩えたもの。

物　衆生、世の人びとのこと。「賢シキ人ハ身ヲ捨テ物ノ命ヲコソハ救ナレ」（『三宝絵』上巻薩埵王子）。

二　表白の作者および作成時期など

表白は願文の一種である。願文がどちらかといえば祈願者の側に立ったもので、発願自体に重点が置かれたのに比べ、修法・法会の開白または結願に際し、本尊の宝前で行事の旨趣や功徳を啓白すること、または啓白する文をいう。すなわち、施主・願主から依頼を受けた導師あるいは表白師が、その心中に求めるところを表して、本尊・大衆に知らしめるために行うものである(10)。

表白を作成した聖鑁は、牧野氏によって、十二巻本の撰述にかかわった人物の一人と推定されている(11)。『吉記』養和元年（一一八一）九月二三日条によれば、彼は仁和寺宮（守覚法親王）の解によって、僧の人事で阿闍梨に任じられている。建久九年（一一九八）一〇月には、菩提院で行宴法眼から付法を受けた（『血脈類集記』第七(12)）。師行宴は守覚法親王家政所の別当である(13)。

彼は、俗名を尚栄中大夫といった。義仲を養育した木曾の中三兼遠が中原の三男だったように（『平家物語』巻六廻文）、中大夫は中原姓の大夫を意味するだろう。ならば、聖鑁（中原尚栄）は、法親王家政所職員（仁和寺宮庁公文）をつとめた中原氏一族の可能性がある(14)。当該期の中原姓には、大外記中原師尚（『兵範記』仁安元年一一月一一日条）、造酒正中原尚家（『玉葉』安元二年一月三〇日条）、右小史中原尚光（『猪熊関白記』建久九年正月三〇日条）など、尚の一字を共有する人びとがいたし、院庁や女院庁の事務担当者である主典代（仁和寺宮庁公文に相当）には、造酒正や官史などの肩書きを持つ中央の実務官人の起用される例が多かったからである。仁和寺のような権門寺院に蓄えられた膨大な知識・情報を利用できることに加え、明経・明法道を家職とする中原氏一族の出身なら、漢文に強く、文章をつづる力量に恵まれていて不思議ではない。

さて、十二巻本『表白集』首表題下方に記された作者名には、「(藤原) 敦周擬作」「御室御擬作」など、擬作の旨注記するものがある。擬作注記は、集全体二三一首中三〇首または三一首、約一三%の比率で見えている。一首の違いは、焦点の「小松大納言於天王寺修万灯会導師表白」が、早大本に擬作注記がなく、観智院本にはあることによる。いずれが正しいか難しいところだが、まず観智院本の方が書写年代が古い。つぎに原本から書写する際、不注意で擬の字を抜かすことはあり得ても、もともとなかった擬の一字を誤って付加する可能性は相対的に低いだろう。聖鑁作全六首中、早大本では三首、観智院本では四首が擬作である。彼の作は、擬作比率が高いことも考慮に入れる必要がある。そういうわけで、ここは大事を取り、本首は「擬作」であったという立場で、以下論を続けたい[15]。

「擬作」とは何か。一般には、詩会・歌会などに備えあらかじめ作っておいた作品をいう。願文・表白でいえば、修法・法会に向け事前に作り置きされた文である。牧野氏は「擬作」について、表白などの類聚を作る時、在来既成の作例に適当なものが見あたらない時、新しく適当な作例をその書のために擬らえ作った、という川瀬一馬氏の解釈に賛意を表しつつ、「表白類の「擬作」はかなり〝題詠〟(実際に挙行された法会が中心) 的な要素を含む体のものであった」という[16]。文範的・理念的な要素の存在は間違いないが、氏の理解は、事後の新作と実際の法会を念頭に置いた事前作の両解釈の間を揺れている感がある。実際には両方の事例があったのだろう[17]。

後者の場合、文名ある者が施主の依頼を期待し、あるいはしかるべき僧が導師に起用されるのを予期して作るから、本番で披露されることも多いが、時には、未使用に終わるものも出てくる。例えば本『表白集』巻六の「中宮孔雀経御修法表白」は、末尾注記によって、建久六年 (一一九五) 後鳥羽天皇中宮任子の御産のため、守覚法親王があらかじめ「擬作」しておいたものだったが、実際には道法法親王が代わって修法の導師となったので、「この草用ゐられ」なかったことがわかる。

遡って嘉承二年 (一一〇七) 九月一日、堀河天皇の旧臣達が一周忌にあたり、香隆寺で各々書写の一品経を供養し、先帝の菩提を弔った。この時の願文は、式部大輔藤原正家が作っている。ところが、大宰権帥大江匡房も、「擬作」の「同院（堀河天皇）旧臣結縁経願文」を、世間に披露した（『江都督納言願文集』巻一）。自らを恃んだ彼は、前もって準備していたものを強引に公開したわけで、藤原宗忠から、「凶事の所役二人に及ばず、匡房の所為奇なり怪なり」、近頃匡房は老耄だ、素行がおかしい、などとこき下ろされている（『中右記』嘉承二年九月二九日条）。

だから、表白が遺存しているからといって、それが実際の法会・修法で用いられたとは限らない。中には、使用されるはずだったけれど、やむを得ない突発の事情によって、肝腎の修法・法会自体が中止され、宙に浮いた作もあったかも知れない。重盛の四天王寺万灯会は、実施されたことを、現存史料で裏づけることができない。あるいは実施されなかったかも知れない。挙行されたとしても、聖鑁の表白が使用された、という保証はない。事後の新作ですらあり得る。

だが、擬作の如上のような性格からして、聖鑁の表白は万灯会の挙行が前提にあって作られ、重盛身辺の事情や所願が忖度されてもりこまれ、彼にたいする同時代人の公約数的評価や当時の政治状況を、かなりな程度に反映するものであった、ということがいえるだろう。それゆえに、本表白は歴史の史料として、それなりに使用に堪え得るものと考える。早大本の「擬作」注記なしが正しければ、もちろんまったく問題はない。

万灯会が挙行された（される予定だった）時期は、表白内容から重盛が「亜相」（正・権の大納言）であって「特進」（正二位）の期間、と押さえることがひとまず可能である。すなわち仁安四年（一一六九）正月五日から内大臣に就任した安元三年（一一七七）三月五日までの間である（『公卿補任』）。下限は動かないが、上限は「具瞻待つ仁」といわれているので、大臣への昇任が近い時期であろう。とすれば、彼の官歴では、二度も辞退―還任を繰り返した権大納言時代より(18)、正官の大納言に昇った時期以降と見るのが適当と思われる。

かくいうと、権大納言から大臣に直任する例があるから、権大納言時代かも知れない、との意見があるだろう。そこで、『公卿補任』を使って、当該期の権・正大納言から大臣への昇任の状況を、確かめておく。

鳥羽院政開始の大治四年（一一二九）七月から重盛の内大臣就任の安元三年（一一七七）三月までの約五〇年間に、権大納言から直に大臣に昇った者は合計一一人いる。この中には、摂家相続孫の頼長・基実・基房・兼実の四名が含まれる。一五歳もしくは一七歳の年少者が、権大納言の第三～四席あたりから、年長の上﨟を尻目に、一気に大臣に就任するのだから、特別待遇以外の何ものでもない。彼らは除外する。

残りは頼宗公孫の藤原宗忠（中御門家）、公季公孫の藤原実行・公教（以上三条家）・公能（徳大寺家）、村上源氏の源雅定（久我家）、師実公孫の藤原経宗（大炊御門家）と清盛の七名である。同じ時期に正大納言から大臣に昇ったのも同数の七名だから、権大納言から大臣へというのは、確かに有力な昇任ルートのように見える。

だが、右のデータには、白河・鳥羽院政期と後白河院政期の昇任状況の違いが隠されていることを、見落としてはならない[19]。というのは、白河・鳥羽院政期には、権大納言から正大納言への昇任は抑制されており、保安四年（一一二三）の藤原能実から、大治六年（一一三一）の源能俊までの間、一人の昇任もない。さらに保延七年（一一四一）から久安五年（一一四九）まで、正大納言在任者そのものがまったく存在しない。正大納言への昇任が抑制された結果、宗忠はあしかけ八年首席権大納言のまま、実行・雅定は実に一四年にわたって上﨟（首席実行、次席雅定）に据え置かれ、宗忠と実行は七〇歳、雅定は五六歳になってようやく大臣に昇任し得た（宗忠・雅定は内大臣を経て右大臣、実行は右大臣直任[20]）。

一方、鳥羽院政末期以降それが変化する。久安五年から権大納言の正大納言への昇任が再開され、後白河親政期・院政期には、むしろそれが常態になった。期間中重盛以前で、権官から正官に転じた者は一〇名にのぼる。この結果、鳥羽院政期に正大納言から大臣に昇任したのが実能（徳大寺家）一人だったのに比し、重盛までの後白河期では六名に急増する。頼宗公孫の宗輔・宗能（中御門家）・伊通（坊門家）、そして師実公孫の忠雅（花山院家）、源雅通（久我家）、頼長の子の師長であるが、後三者は、家格面で明らかに重盛より上位であった[21]。

後白河期、権大納言から大臣に昇任したのは、公教、公能、経宗、そして清盛の四人である。公教は、父実行の太政大臣辞任と引き替えの人事であり、徳大寺実能の猶子であったことも大きかったと思われる。公能は実能の嫡子で、鳥羽院政期中では、花山院忠雅に次ぐ二四歳の異例の若さ（摂家相続孫を除く）で参議に就任した院近習の公卿。大炊御門経宗は平治の乱で信頼に同心したが途中から清盛側につき、永暦元年（一一六〇）解官・配流、翌々年召還、右大臣就任という波乱の経歴を有するが、後白河上皇と対立する二条天皇の外戚で、天皇親政派の中心人物だったから、その縁からの重用であろう。

重盛の父清盛は、白河院の落胤であるとともに[22]、保元・平治の乱後の政界をリードする最高実力者で、後白河・二条対立の時期は基本的に二条側に軸足を置き、天皇没後は後白河と連携して官位跳躍した。結局、この四人、特に清盛の場合は特別なのであり、重盛が正大納言を経て内大臣に進んだのは、順当といわねばならない。

回りくどい証明ではあるが、後白河院政の一一七〇年代、彼の家格では正大納言を経て内大臣に昇任するのが、最も自然な状況にあったことを確認した。当然、聖鑁が表白を執筆した時、重盛が正大納言の地位にあることを念頭において、「具瞻待つ仁」の表現を採用した、と断言したいところである。とはいえ、表白のような性格の文書だから、新聞辞令的な追従口かも知れない。

そこで、改めて表白に立ち返ると「入りて蓬壺に趨るは、則ち秋霜剣に映ず」の一節がある。語釈ではこれを、「天皇を夙夜警衛する近衛大将の勤務ぶりを讃えている」とした。彼は正大納言に昇任する前年の承安四年（一一七四）、右大将に就任している（『公卿補任』）。それゆえ、重盛の四天王寺万灯会は、彼が正大納言に進んだ安元元年一一月二八日以降、安元三年（一一七七）三月五日までの一年三箇月余、より慎重を期すれば右近衛大将になった承安四年七月八日から安元三年三月五日までの二年九箇月弱、の間だった可能性が高い[23]。

なお、当時仁和寺には重盛の子で重遍という僧侶がいた[24]。聖鑁の重盛にかんする個人情報は、一部彼から提供されていたのかも知れない。

三　四天王寺の万灯会

表白の主題は、四天王寺における万灯会である。万灯会は燃灯会の一種で、十方仏の名号を誦し一万の灯明を点じ、同数の香華果を供養するという『大宝積経』菩薩蔵会の説などにもとづく。当該期の四天王寺における実施状況を追跡すると、左記の通り[25]。

・久安三年（一一四七）九月一二日、鳥羽法皇四天王寺に御幸、内大臣頼長・信西ら供奉（『古今著聞集』巻六）、法皇、金堂において舎利会を行い、次いで万灯会を行わせる（『台記』）。
・久安四年（一一四八）九月一〇日、鳥羽法皇四天王寺に御幸、頼長・平忠盛・信西ら供奉。一九日晩、法皇、金堂において万灯会を行う（『台記』・『天王寺旧記』）。
・久安五年（一一四九）一一月一一日、鳥羽法皇四天王寺に御幸、頼長・清盛ら供奉。天王寺念仏堂落成供養による。一五日法皇舎利を供養。夜に入り万灯会あり（『本朝世紀』）。
・久安六年（一一五〇）九月九日、鳥羽法皇・美福門院四天王寺に御幸、逆修善根を修す。一六日女院金堂に参り、万灯会を行う。一七日戊の時、両院西門に移御し万灯会を行う。終わって念仏所に渡御（『台記』）。
・仁平二年（一一五二）一一月九日、入道太政大臣忠実四天王寺へ参詣。一〇日夕方、万灯会を行わせる（『兵範記』）。
・治承三年（一一七九）四月二日、皇嘉門院四天王寺に参御。舎利供養、並びに万灯会あり（『玉葉』）。
・文治二年（一一八六）八月一三日、後白河法皇天王寺に参り、三七日の参籠。逆修・万灯会を修す（『百錬抄』）。

・文治三年（一一八七）一月二四日、後白河法皇四天王寺に御幸、二六日舎利会、万灯会を行う（『一代要記』）。
・文治四年（一一八八）九月一六日、観性法橋の如法経十種供養あり。後白河法皇・八条女院・摂政兼実・法印慈円など参列。法皇ら金堂で舎利に礼する。夜万灯会あり（『吉記』『玉葉』）。

冒頭の久安三年の万灯会は、四天王寺における実施の史料上の初見であり、しかもこの一覧の後には、大きく飛んで嘉禎三年（一二三七）一〇月二日の前摂政九条道家の万灯会があるだけである(26)。一二世紀の半ば以降四〇年間の幅にほぼ収まってしまう四天王寺万灯会の歴史で、施主になったのは、時の治天の君、摂関家の大殿（忠実）、権勢を誇る皇后や九条家を背景とする女院のような当代最高の貴顕であった。

万灯会の実施日は、鳥羽法皇が四回とも月の中旬、忠実の一回、後白河も二度は月の中旬である。広く見渡してみると、藤原道長が法興院で行ったそれが寛弘元年（一〇〇四）三月一三日（『御堂関白記』『日本紀略』同日条）、法成寺では治安三年（一〇二三）三月一〇日（『日本紀略』『小記目録』同日条）。清盛入道もまた、承安二年（一一七二）三月一五日、摂津輪田の浜で持経者千人を集めて法華経転読の供養を行い、万灯会を修している（『山家集』中雑・八六二、『古今著聞集』巻二）。寺院の恒例行事としての万灯会は、元興寺が毎年一〇月一五日（『延喜主税式』巻二十六諸寺料物条）、東大寺が一二月一四日（『東大寺要録』諸会章第五十二月）で、圧倒的に月の半ばであった。

鎌倉初期の歌学書『八雲御抄』では、一四・一五・一六日の三日間が「もち月」である。一五日の前後を含めるのは、暦法未発達により、年によって満月が一日前後するからである。また陰暦九月一三日夜は、八月一五日の中秋の名月に対し、「後の月」と称された。『中右記』には、「寛平（宇多）法皇、今夜の名月無双の由仰せ出さると云々、仍りて我朝、九月十三日夜を以て、名月の夜となすなり」とある（保延元年九月一三日条）。大気が澄みわたり、月煌々と輝く夜こそ、万灯会にふさわしい。

万灯会が行われる場合、「火ともすべき灯台一基して給はらん」と、道長が親疎を問わず一灯の喜捨を求めたように（『栄華物語』巻十九御裳ぎ）、広く勧進が行われる。その時人びとがどれだけ競って灯籠を寄進するかは、施主の現世の威勢の大きさにかかっている。重盛について、表白は「帯する所は亜相、その官也、具瞻《ぐせん》仁を待つ、叙する所は特進、その位なり」という。正二位大納言は、位階官職としては物足りないが、彼の威勢はそれにとどまらない。

重盛は当時、公的には平家一門の総帥であった。清盛が仁安三年（一一六八）二月病を得て出家、やがて福原に引退、一門の公的な代表権は嫡男の重盛に移っていたからである[27]。年来の健康不安や腹違いの弟宗盛の追走などで、一族内の地位に翳りがあるとはいえ、当時威勢隆々たる平家の氏長者が万灯会を行うとなれば、人びとが灯籠の喜捨を争うのは当然であろう。彼の右近衛大将拝賀の式の時は（承安四年七月二一日）、権中納言藤原邦綱以下公卿一〇人雲客二七人が扈従した、といわれる（『公卿補任』承安四年重盛尻付記事）。

むろん、万灯会は貴顕のみを対象にしていない。仏典では、信心深い貧者が苦しい生活の中で供える一つの灯明が、富者の供える万灯より尊く功徳がある、と説く。灯明は迷妄を打ち破る智恵に喩えられ、ただ一灯でも天眼を得せしめるという。聖鑁の表白が中段で、「かの須弥灯の仏記を得たるなり、即ちこれ両銭の志なり、爰に阿那律の天眼に備ふるなり、寧ぞ一点の功にあらざらんや」と功徳を讃え、末尾で「幽闇の庶類は迷暗を破し、愚癡の群生は恵炬に照さむ」と所願を述べるゆえんである。この場合も、各層多くの人びとの喜捨が期待され、募られようとしていたのだろう。

さらに万灯会では、行列して仏像や仏殿の周囲をめぐる行道の行われる場合がある。道長の法興院の例では、「日入りて後灯を挙ぐ、導師厳久・呪願慶算高座に登り、菩薩或は行道、堂中に法用（要）あるの後、讃十人・梵音十人・錫仗（杖）十人、子時許り事了んぬ、灯尚盛んなること昼の如し」とあり（『御堂関白記』寛弘元年三月一三日条）、同じく法成寺では、灯ともし前の行事として、「百余人の僧麗しく装束きて、行道して池のめぐりを廻る程、植木（灯籠の立ち並んでいるさまが植木のようで）の中を分くると見えて、いみじう尊くめでたし」とある（『栄華物語』巻十九御裳ぎ)。菩薩行道とは、僧達が菩薩面を着けてする行道に違いない。万灯会という法会には、極楽世界を視覚化・音楽化する多くの美的工夫が凝らされている。

ところで、万灯会主催最多の鳥羽法皇は、そのためだけに四天王寺に赴いたのではない。四天王寺参詣者は、通例金堂の舎利と聖霊院の聖徳太子像を拝する。鳥羽法皇の場合は、西門で行われる百万遍念仏に参加するのが主目的だった。融通念仏は、自他の念仏が融通しあって功徳になると説く教説であるが、法皇も「中旬の番衆」「戌の番の念仏者」として九月中旬の戌一刻(二時間)を担当、リレー式に一〇日間念仏を唱えることで、念仏百万遍を満たしたのである(『台記』久安四年九月一五・二一日条)。百万遍念仏を主催したのは、出雲聖人と呼ばれる民衆的布教者だった(28)。

こうした「大念仏」と万灯会との関係がどうなっているかであるが、例えば久安四年九月一九日の場合、法皇は戌の刻に念仏所に赴き、時が終わると金堂に移り、そこで万灯会を行っている。久安六年九月一七日の場合は、戌の時に万灯会を行ってから、念仏所に渡御している。百万遍念仏は番衆の一人としての参加であるが、万灯会は法皇が施主であり、彼の意志と指示で実施される。

万灯会の会場は主に金堂である。発願者が懺悔滅罪して無上菩提を得るため、灯を仏・菩薩に捧げる法会だから、本堂たる仏舎利安置の場で、というわけだろう。前掲九回の万灯会中、詳細不明のものを除いても、五回までが舎利会・舎利供養に引き続いて催されているのは偶然でない。平安中期成立の「四天王寺御手印縁起」は、金堂内に「金銅救世観音像一体、四大天王像四体、金塗六重宝塔壱基、金銅舎利塔形壱基」などがあった様子を伝えている。婆羅門六体に担がれた金銅の舎利塔形には舎利一三粒が入っていた(『大日本仏教全書　寺誌叢書二』)。その後、堂塔の修理は幾度か繰り返されているけれども(『鎌倉遺文』三一五〇号、『中右記』大治二年二月四日条)、金堂内部は基本的に変化なかったはずである。

付言すると、念仏百万遍を主催した出雲聖人は、久安三年・四年の鳥羽法皇参詣中、西門で迎講を行った(『台記』

『天王寺旧記』久安三年九月一三日・久安四年九月一七日条）。迎講とは、諸菩薩をともなった阿弥陀如来が迎えにくるさまを催す法会である。現在では当麻寺の練供養が最も有名だけれど、当時迎講の場所として知られていたのが、四天王寺であった。

四天王寺の西門を極楽浄土の東門に見立てる信仰（『梁塵秘抄』巻二極楽歌など）を念頭に置くと、難波の海に夕日が没する頃、諸菩薩に扮した聖に門の東西を往還させ、極楽と娑婆の間を練り歩く幻影を演出したのだろう。『台記』と『天王寺旧記』の記事を合すると、久安三年の迎講は前後二回、最初は聖人が、二度目はそれに感涙を催した法皇自身が修している。また前記法興院の菩薩行道は、迎講との共通性が多い。結局、鳥羽法皇など貴顕の参詣中には、念仏番衆による大念仏会、行道、迎講、万灯会などが多彩に組み合わされ、催されていたわけである。

表白を作るにあたって聖鑁が入手し得た情報では、重盛の万灯会の実施日は、やはり中旬の月の盛りの頃だったのだろう。あとは他の例から、主会場は金堂、結衆念仏や行道、あるいは迎講的な要素など、さまざまな趣向が凝らされる、と容易に判断できる。その時、彼のまぶたには早くも、冴え冴えとした名月のもと、無数の灯籠が「炎々として焰を吐き、煌々として光を並」べ、まるで銀河に星が連なり「円蓋の夜の躔を移す」かのような夢幻の情景が、浮かんで見えていたのではなかろうか。

四　表白から「灯炉之沙汰」へ

周知のように『平家物語』の重盛は、鹿ヶ谷事件の際、朝恩の重さを説き、十七条憲法第一〇条を引いて君臣の和を唱え、敢然と父に抵抗する理想的人物に描かれている（巻二教訓状）。牧野氏は、本表白から、「彼が忠臣であったとの評判や聖徳太子信仰（四天王寺）との関わりなど」は、「ほぼ正確」な史実だろうといい[29]、その後さらに、表白は仁和寺周辺に蓄えられていた重盛存生時あるいは没後の、『平家物語』以前における「あるべき「重盛」の姿」、「〝晴れ〟の〝重盛像〟」を示している、と分析を深めた(30)。

表白が語る太子信仰の聖地たる四天王寺での盛大な行事の挙行や、「五教は世を被ひ遂に賢名を舜の二八臣に比ぶ」といった人物評は、氏の指摘が妥当なものであることを示すとともに、『平家物語』の重盛像に近似のものが、すでに『平家物語』以前より準備されていた、との注目すべき見解に導く(31)。

ところで、重盛施主の表白を一読すれば、人によっては『平家物語』の「灯炉之沙汰」を想起するだろう（巻三）。「医師問答」の重盛死去に続く一連の重盛回顧説話の一つで、重盛が阿弥陀仏の四十八願になぞらえて、東山に四十八間の阿弥陀堂を建て、一間ごとに灯籠を掲げ、美女を時衆に定めて大念仏を修した、というものである。念のため原文を掲げておく。

すべて此大臣は、滅罪生善の御心ざしふかうおはしければ、当来の浮沈をなげいて、東山の麓に六八弘誓の願になぞらへて、四十八間の精舎を建て、一間にひとつづゝ、四十八間に四十八の灯籠を懸けられたりければ、九品の台目《うてな》の前にかゝやき、光耀鸞鏡をみがいて、浄土の砌にのぞめるがごとし。毎月十四日十五日を点じて、当家他家の人〻の御方より、みめようわかうさかむなる女房達を多く請じ集め、一間に六人づゝ、四十八間に二百八十八人、時衆に定め、彼両日が間は、一心不乱称名声絶ず。誠に来迎引摂の悲願も、この所に影向をたれ、摂取不捨の光も、此大臣を照し給ふらんとぞ見えし。十五日の日中を結願として、大念仏有しに、大臣みづから彼行道の中にまじはッて、西方に向ひ、「南無安養教主弥陀善逝、三界六道の衆生を普く済度し給へ」と、廻向発願せられければ、見る人慈悲をおこし、きく物感涙をもよほしけり。かゝりしかば、此大臣をば灯籠大臣とぞ人申ける。

牧野氏が、かつて「院政期から鎌倉初期の「文学」作品の研究に資するところ多大」と述べたのも、一つには右の章段を念頭に置いていたのであろう。

「灯炉之沙汰」は、語り本系（当道系）では一方系統の諸本と、読み本系（非当道系本）では成立の遅れる『源平盛衰記』だけにある。研究史的には、「時衆」や「大念仏」などの語句が見えるところから、『平家物語』における浄土教の性格や、作者の実態などが、いろいろと論じられてきた。古くは御橋悳言の時宗説や、中古的・貴族的浄土教の思想とする渡辺貞麿氏説など、近年では南北朝期の覚一本成立に時衆の関与を説く兵藤裕己氏説と、それを不可とする砂川博氏の論などである(32)。

素人たる筆者は、もちろん直接論争にかかわる能力を持たない。だが、これまで紹介分析してきた表白を材料に、「灯炉之沙汰」への若干の感想を述べるのは許されるであろう。

それはつまり、情景がかもし出す両者の相似性である。遺された重盛の四天王寺万灯会表白を目にした後世の人は、それが実際に行われたことを疑わなかっただろうし、またそこから自然に、多数の人びとの喜捨があり、美麗な灯籠の火影が連なり、行道が練り歩き、寺中では雁行して、百万遍念仏や迎講なども催されていた華やかな夜景を、思い浮かべるだろう。一方「灯炉之沙汰」の、四十八間の精舎に掲げられた四十八の灯籠は、万灯会イメージの延長上にある。万灯は多くの灯明を意味し、必ずしも実数ではないからである。月半ばの二日間の念仏専心というのも、万灯会と日どり面での共通性がある。

平家及び他家の人びとから女房達を招き寄せるのは、多数が灯明を献じる万灯会の趣旨に相通じよう。一間に六人ずつの女性を「時衆にさだめ」たのは、渡辺氏が主張するように、一人二刻（四時間）ずつの番念仏衆による大念仏だろうから、四天王寺で行われていた出雲聖人の百万遍念仏を連想させてくれる。重盛自身を含めた行列が、経を読みながら仏殿をめぐる姿は、万灯会の行道と重なり合う。

つまり、灯籠の明かりで九品の蓮台や鳳凰を刻んだ鏡が光り輝く阿弥陀堂、称名念仏を唱える多数の美貌で若盛りの女房達など、幻想的で美的興奮を誘う情景は、万灯会の夜景を再現する趣きがあり、聴衆・読者をして、極楽浄土・音楽浄土をイメージさせる強い効果を生むであろう。

「灯炉之沙汰」が史実でない、というのは諸氏の指摘するところだが、本章では、もう少し積極的に、重盛の四天王寺万灯会（史実か否かにかかわりなく）表白から得た印象を換骨奪胎したフィクション、と考えてみたい。ちなみに灯籠堂は、「六八弘誓の願になぞらへ」た四十八間の建物だったという。仏堂としては実在しそうもない変形建築だが、これも鎌倉末期の『上宮太子拾遺記』第三裏書に「或る記に云ふ」として、「（四天王寺の）東西八町、南北六町は、是則ち六八四十八、弥陀六八の悲願を表すなり」と見える、当時一部で説かれていた四天王寺境内範囲にかんする独自な宗教的解釈に、示唆を得、影響を受けた結果ではないか。

一方系統の『平家物語』に「灯炉之沙汰」を追補した主体が、四天王寺万灯会の表白、つまり十二巻本『表白集』にいかにして接し得たのか、両者を結ぶ地下の水脈を探り当てるのは、たいそう難しい作業である。だが、百年以上の時を超え、後者が前者に影響を与えた、と判断して、さほどの無理があるとは思えない。

むろん、表白と「灯炉之沙汰」の違いはある。舞台が『平家物語』では、四天王寺から京都「東山の麓」の阿弥陀堂に移っているのがその一である[33]。第二に、行事の目的も、表白では、重盛自身の九品浄土への往生と、積むところの善根によって、世人を救わんとする聖徳太子の思いに助力するというところにあった。「文散は爵を期す、入りて蓬壺に趨《わし》るは、則ち秋霜剣に映ず、出でて棘路に帰れば、亦暁風珮を鳴すなり、爰に知りぬ、昔徳本を殖ゑて、既に此生の栄花に誇る」と、現世の恪勤・栄華をしっかり書き添えたのは、所願の真剣さを印象づける修辞であろう。

それに対し、「灯炉之沙汰」は、「一門の運命すでにつきんずるにこそ」（巻三無文）と悟り、死を冀いながらも、なお「当来の浮沈」（来世において浄土に往生するか、悪道に沈むか）を心配する、聡明ではあるが覇気に乏しい、平家棟梁の心情告白の物語へと変貌している。これらは覚一本作者が、本章段を、平家の滅びの運命を予告する前奏曲の一つに仕立て上げようと、強く意識した結果であろう。素材と作品の距離は、存外に大きいのである。

以上、本表白が、重盛の人間像にかんする貴重な同時代人の認識を示しており、また議論の多い「灯炉之沙汰」への新たな探求を可能にする重要資料であるゆえんを、確認してきた。本章は半端で蕪雑な解説に過ぎないが、牧野氏はじめ『平家物語』研究者のご批判、ご教示を得られれば、これに過ぎる喜びはない。

注

（1）横内裕人「仁和寺御室考――中世前期における院権力と真言密教」『史林』七九巻四号、一九九六年。阿部泰郎「守覚法親王における文献学」阿部泰郎・山崎誠編『守覚法親王と仁和寺御流の文献学的研究　論文篇』勉誠社、一九九八年など。

（2）牧野和夫「鎌倉初・前期成立十二巻本『表白集』伝本の基礎的調査とその周辺（1）・「類聚」ということ」『実践国文学』第三五号、一九八九年（牧野和夫A論文と略称）。

（3）牧野和夫「十二巻本『表白集』三種、影印（一）」『実践女子大学文芸資料研究所年報』第九号、一九九〇年（牧野和夫B論文と略称）では全一二種とされていたが、l番目の伝本の田中教忠氏旧蔵表白集（存巻四、現田中穣氏旧蔵歴史民族博物館蔵典籍古文書所収記録目録番号二六一）は、j番目の伝本の「東寺観智院金剛蔵『表白集』十二巻（欠巻四）十一帖」の欠巻に相当することが判明したのであろう。同氏「軍記物語と寺院の〝学文（学問）〟周辺」『和漢比較文学叢書第十五巻　軍記と漢文学』汲古書院、一九九三年（牧野和夫C論文と略称）では「管見に入るもの十一本」とされている。なおj番目の伝本は『東寺観智院金剛蔵聖教目録一七』京都府教育委員会、一九八六年に見える第二八六箱一五号の『表白集』にあたり、鎌倉時代中期書写の善本である。牧野氏の十二巻本についての論文には、他に「『〔本朝〕文集』編纂資料についての一考察――十二巻本『表白集』・『含英私集』など」『実践国文学』第三六号、一九八九年、「十二巻本『表白集』編集とその四周――附、『大乗毘沙門功徳経』と本地物・拾遺」『実践国文学』第四六号、一九九三年がある。

（4）牧野和夫B論文。

（5）牧野和夫C論文。
（6）伊東多三郎「黒川春村」『国史大辞典第四巻　き―く』吉川弘文館、一九八四年。
（7）牧野和夫B論文。
（8）新見康子解説「子院文書　観智院金剛蔵聖教・文書」『東寺文書十万通の世界　時空を超えて』東寺宝物館、一九九七年。
（9）両本は明らかに異筆であり、また観智院本には早大本の虫損影に対応する虫損が存在しない。また、早大本のルビ・捨てがなには、原本にあったものを写し誤った結果と見られるものが幾つか見受けられるので、影写の段階で付されたのではなく、もともと原本に備わっていたと考えられる。故に早大本の原本は、ルビ・捨てがなのない（少ない）観智院本とは区別される。早大本が観智院本の影写ではあり得ないゆえんである。
（10）富田正弘「表白」『世界大百科事典12　ハマ―フノ』平凡社、一九八五年。
（11）牧野和夫A論文。
（12）武内孝善「東寺観智院金剛蔵本『真言付法血脈仁和寺』」『高野山大学密教文化研究所紀要』第六号、一九九三年によれば、聖鑁は行宴の付法である。ところが、『血脈類集記』では、行宴の灌頂弟子名は「聖範」と表記されており、それに「鑁イ」の傍注が付されている。「真言付法血脈」に聖鑁とともに記されている他の付法達が、『血脈類集記』の灌頂弟子と一致するので、『血脈類集記』の「聖範」は異本が指示する「聖鑁」と同一人物とみなしてさしつかえない。なお、「真言付法血脈」の別の箇所には、神護寺の再建に力を尽くした上覚房行慈上人の付法であり、高弁（明恵）からいえば弟弟子にあたる聖範という僧が見えるが、これは活動年代が数十年遅れ、聖鑁とは別人物である。これらの点は米田真理子氏の懇切な教示を得た。
（13）土谷恵「中世初期の仁和寺御室」『日本歴史』四五一号、一九八五年。
（14）牛山佳幸「『賜綱所』と『召具綱所』」『古代中世寺院組織の研究』吉川弘文館、一九九〇年所収の表10仁和寺宮庁下文一覧には、元暦三年から承久二年まで中原姓の公文が見える。
（15）牧野和夫C論文も同様の判断を示している。
（16）牧野和夫C論文。
（17）十二巻本では、守覚法親王の「神泉苑孔雀経御読経表白」（巻七）、「内御仏名表白」（巻八）の二つの「擬作」に、「次第に入れんがため、これを草さる」の注記が付されている。これこそ『表白集』編集の過程で、類聚としての形式体裁を整える必要から、新たに「擬作」されたという意味であろう。こうした年中行事的でルーティンな法会の場合、まったく机上で創作しただけという作もあったと思われる。一方、特定日時に個別目的で開催される一般の修法法会の「擬作」の場合、事前に施主にまつわる情報を蒐集し、その場に相応しい内容を文飾も含めて盛りこみ、まさに題詠的に作られるのであろう。

(18)『愚昧記』仁安三年六月二〇・二七日条によれば、重盛の辞職の背景には、「脚病」があり、それもかなり重篤だったようである。

(19)公卿昇進状況から見た白河・鳥羽院政期の特色については、拙著『［増補改訂］清盛以前――伊勢平氏の興隆』第六章第二節、平凡社ライブラリー、二〇一一年を参照。

(20)『続本朝文粋』巻十一に収められた保延四年三月日藤原実行泰山府君都状は、「方今右大臣にその闕あることあり、若し転任の事あらば、内大臣に任ずべきなり」と、権大納言から内大臣への昇任を願う内容である。

(21)同時期の主要廷臣の家格については、玉井力「『院政』支配と貴族官人層」同『平安時代の貴族と天皇』岩波書店、二〇〇〇年。曽我良成「安元三年の近衛大将人事――『平家物語』と古記録のはざま」『名古屋学院大学論集　人文・自然科学篇』第三二巻一号、一九九五年参照。

(22)清盛が皇胤であることは注(19)の拙著第四章第四節参照。

(23)『玉葉』安元元年六月一〇日条によれば、同時期、源雅通が二月二七日に死去して以来、内大臣の後任人事が遅れ滞っている事態について、世人は奇異の念をいだいていた。「聖明の代」の欠員常態とは違い、「濁乱の時」は「官秩皆剰任」、まして片時も欠員のまま放置されることはないからである。適任者に大納言首座の左大将師長がいたにもかかわらず、彼が任じられないことにつき、人びとは皆、「右将軍すでに無双の権、法皇それ任を欲するの志を疑ふか」、後白河法皇が、右大将重盛が絶大な権勢を背景に、任大臣に意欲を燃やしていると疑っているからだ、と思っていたらしい。その後も、内大臣人事は遅れに遅れ、結局同年一一月二八日、師長が就任して落着する。「具瞻仁を待つ」の表現がリアリティをもつのは、風評憶測飛び交ったこの期間以降、とみなすのが、やはり妥当であろう。

(24)千草聡「仁和寺と平氏――平家歌壇形成の一面」『筑波大学平家部会論集』第二集、一九九〇年。

(25)棚橋利光編『四天王寺年表』清文堂出版、一九八九年などを参考にした。

(26)同右。

(27)拙稿「平家の館について――六波羅・西八条・九条末」本書第五章所収。

(28)渡辺貞麿「四天王寺百万遍念仏考――『台記』の場合を中心として」同『平家物語の思想』法蔵館、一九八八年。
(29)小川国夫・牧野和夫『新潮古典文学アルバム13　平家物語』新潮社、一九九〇年の牧野和夫氏執筆分中六二―六三頁。
(30)牧野和夫C論文。
(31)同右。
(32)御橋悳言「平重盛の燈籠堂と浄教寺」『東方仏教』一九二七年一二月号。渡辺貞麿『平家物語の思想』法蔵館、一九八九年。兵藤裕己「覚一本の伝来――源氏将軍家の芸能」「当道の形成と再編――琵琶法師・市・時衆」同『平家物語の歴史と芸能』吉川弘文館、二〇〇〇年。砂川博「尼崎大覚寺文書・琵琶法師・中世律院」「琵琶法師と時衆」同『平家物語の形成と琵琶法師』おうふう、二〇〇一年。
(33)この「東山の麓」の阿弥陀堂と六波羅辰巳の角の重盛の小松殿の関係については、拙稿「平重盛の小松殿と小松谷」『日本歴史』六七二号、二〇〇四年参照。なお、南北朝・室町期の京都における聖徳太子信仰の最大の拠点は、粟田口にあった「東山の太子堂」(『大乗院寺社雑事記』長禄元年一二月四日条)である(林幹弥「律僧らと太子堂」同『太子信仰の研究』吉川弘文館、一九八〇年。和島芳男「西大寺と東山太子堂および祇園社との関係」『日本歴史』二七八号、一九七一年)。この東山太子堂(速成就院・白毫寺)は西大寺律宗の拠点で、四天王寺も叡尊・忍性が別当に補任されたことを始めとして、西大寺と深い関係にあった。そして、琵琶法師と中世律宗寺院とは勧進活動を媒介とする深い結びつきが想定されており(砂川博注(32)論文)、説話の舞台の東山への移動の背景には、これらのネットワークが介在していたのかも知れない。

〔追記〕本章は、二〇〇三年七月二七日開催の平安京文化研究会第六八回例会で報告した内容をもとにしている。稿を成すにあたっては、荒木浩・釜谷武志・佐伯真一・田島公・田中貴子・千本英史・樋口大祐・深澤徹・福長進・米田真理子・森田竜雄・横田隆志の諸氏から、さらに刊行後には佐藤進一氏から、さまざまなご教示を得ることができた。記して深謝する。

第一三章 「朝敵」という語の成立

はじめに

日本文学の研究者・佐伯真一氏は、「朝敵」という語は、治承・寿永内乱開始より前には確たる用例がない、という[1]。筆者の忽卒の検索によっても同様の結果で、例えば福田豊彦氏らの御苦労になる承平・天慶の乱にかんする網羅的な史料集『平将門資料集』[2]をくって見ても、「朝敵」は延慶本『平家物語』『蔗軒日録』など後世の史料中にこそ散見するが、平安時代に書かれた史料には見あたらない。

『古事談』には、白河法皇が殺生を禁断していた時、加藤成家が鷹を使ったため、「何様存じて尚ほ鷹をば仕ふなるぞ、已に朝敵にあらずや」(巻一―八二)と咎めたとあるけれど、これも白河院政期の検非違使の発言をそのまま伝えているという保障はなく[3]、『古事談』が成立した鎌倉前期の用語法で書いた可能性が高い。

それでは、当時謀反人の意味で使われていた用語はなにか。『平将門資料集』所収史料では、「凶徒」「賊」「逆徒」といった語が使われており、これが平安期の一般的な用語法であろう。ところが治承・寿永内乱期になると、文書・記録に俄然「朝敵」の語が出現する。

本章は「朝敵」本来の意味の考察を通して、この語成立の歴史的事情に迫るのを目的としている。

一　「朝敵」の用例

順序として、まず信頼に足る「朝敵」の用例をあげて見よう。便宜一二〇〇年までを掲げた（『吾妻鏡』地の文は除く）。

①『吾妻鏡』養和二年（治承六）（一一八二）二月八日条所載同日伊勢大神宮宛源頼朝願文。「方今無為無事仁遂参洛天、防朝敵天、世務遠如元、一院仁奉任天……」。

②『玉葉』寿永二年（一一八三）一〇月四日条所載源頼朝奏状、「何頼朝蒙勅勘雖坐事、更全露命今討朝敵」。

③『吾妻鏡』寿永三年二月二五日条所載二月日高階泰経（後白河法皇）宛源頼朝言上状。「至僧家武具者、任法奪取、可与給於追討朝敵官兵之由……」。

④『吾妻鏡』元暦二年（一一八五）三月四日条所載同日吉田経房（後白河法皇）宛源頼朝書状。「武士之上洛候事者、為令追討朝敵候也、朝敵不候者、武士又不可令上洛」。

⑤『吾妻鏡』元暦二年三月七日条所載同日東大寺宛源頼朝書状。「如当時者、朝敵追討之間、依無他事、若令遅々候歟」（『東大寺文書』一〇四―七四―三と同文）。

⑥『玉葉』文治元年（一一八五）一一月二六日条所載高階泰経（後白河法皇）宛源頼朝書状。「頼朝降伏数多之朝敵、奉任世務於君之忠……」（『吾妻鏡』同月一五日条に同文あり）。

⑦『吾妻鏡』文治二年三月一三日条所載同日吉田経房（後白河法皇）宛頼朝書状。「先朝敵追討沙汰之外、暫不及他事候之間……」。

⑧『玉葉』文治二年閏七月二日条。後白河院が自分にたいして激しい怒りをいだいていることを耳にして、兼実が

「此事不能左右、已被処朝敵歟」との感想を漏らす。

⑨『玉葉』文治二年閏七月一六日条。義経とそれを匿まった叡山の三人の悪僧が逃亡した件について、左少弁藤原定長をもって座主以下に問わせた中に、「彼悪僧等見住山上、衆徒同心令逃去了、日来隠置朝敵、露顕之時、早以逃脱」の言あり。また兼実が座主に悪僧の召進を命じている中に、彼らを指して、「所被召之輩、非例之悪僧、偏是朝敵也、依三人之凶徒、忘一山之滅亡之条、為朝、為宗、為仏法、為衆徒、貽万代之恨、無一分之益歟」の言あり。

⑩『玉葉』文治二年閏七月二二日条。義経に与同した悪僧等にたいし、兼実が「近代如強盗之犯人、猶為武士之沙汰、何況於此悪僧者、朝敵之一党、謀反之同類也、奉追討使之武士、尤可尋沙汰也」と述べる。

⑪『赤星鉄馬氏旧蔵文書』文治三年三月一六日吉田経房（後白河法皇）宛源頼朝書状。「平家朝敵と奉成候ひし余に、令破滅当寺候畢」（『東大寺文書』一〇四―七四―四と同文）。

⑫『吾妻鏡』文治三年一〇月九日条所載同日重源宛源頼朝書状、「遂誅戮平家之凶賊畢、誠是為朝敵又寺敵之所致也」（『東大寺文書』宝庫文書六八―二と同文）。

⑬『吾妻鏡』建久四年（一一九三）八月二日条所載八月日頼朝宛源範頼起請文。「為（頼朝の）御代官、度々向戦場畢、平朝敵尽愚忠以降全無弐」。

⑭建久九年（一〇月一七日カ）源頼朝書状案。「朝家大礼之時、依少事欲成違乱、非朝敵哉、頼朝奉　勅命、追討凶党之後……」（『興福寺牒状』）。

なお、以下のものは文書として不安ないし疑問のあるものだが、[4]念のために掲出しておく。

（ア）延慶本第二末所載治承四年七月六日後白河法皇院宣（いわゆる福原院宣の甲院宣）。「（平家は）既為仏神怨敵、且

為王法朝敵、仍仰前右兵衛佐源頼朝、宜令追討彼輩、早奉息逆鱗」。
（イ）延慶本第三本所載治承五年五月一九日伊勢大神宮宛源行家願書。「行家為防朝敵下向東国」。
（ウ）延慶本第四所載寿永二年五月日白山宮宛御領安堵状。「於是為抽愚忠、為慰民肩、進催義兵、多誅朝敵」。
（エ）延慶本第四所載寿永二年一二月二一日山門宛頼朝牒状。「義仲等、忽忘朝敵之追討、先申賜勧賞、次押領国庄」。
（オ）『吾妻鏡』寿永三年三月一日条所載同日鎮西九国住人宛源頼朝下文。「可早為鎌倉殿御家人（中略）追討平家賊徒事／右彼国之輩皆悉引率、可追討朝敵之由、奉　院宣所仰下也」。
（カ）『吾妻鏡』元暦二年正月六日条所載元暦元年正月日鎮西九国住人宛源頼朝下文。「可早為鎌倉殿御家人（中略）随参河守下知同心合力追討朝敵平家事／（中略）右仰彼国々之輩、可追討朝敵之由、院宣先畢」。
（キ）『吾妻鏡』元暦二年五月二四日条所載五月日大江広元（頼朝）宛源義経書状（いわゆる腰越状）。「為　勅宣之御使、傾　朝敵、顕累代弓箭之芸、雪会稽恥辱」。

前記信頼に足る文書記録のほとんどが、頼朝発給の文書である点に注目した佐伯真一氏は（但し、氏の検索は②を漏らしている）、その理由を「東国にあって当初から中央政府との関係に気を配り、朝廷の認める範囲内で自己の正統性を強く打ち出すことに熱心であった頼朝としては、平家との戦いは私の戦いではなく、朝廷の敵を討つのだという姿勢を強調したものであろうと考えられ、そうした姿勢が「朝敵」を討つという言葉の多用となって現れたと考えることもできよう。ともあれ、「朝敵」の語誌における頼朝の突出した用例数は、「朝敵」が必ずしも朝廷の側の必要によって使われるようになった言葉ではなく、むしろ「将軍」的存在にとって必要な言葉という側面を持っていたことを示しているのではないか」と述べ、将軍による謀反人退治、すなわち朝廷・征夷大将軍相即による国家秩序の安定という、中世のあるべき国家観を表現する言葉として、機能したことを指摘している(5)。

氏の指摘は、問題の勘所をおさえているだろう。したがって大局的にはつけ加えるものはないのであるが、この語が生まれた治承・寿永の内乱の政治過程的な背景や、頼朝の選択した政治的立場については、概括的な論及に止まっている。それは氏の関心が『平家物語』における「朝敵」観や、その後の中世軍記における「朝敵」イメージの怪物化などにあるためで、政治史研究を本領としない日本文学の研究者には、やむを得ない結果である。

当然ながら、歴史学の立場から見て論じ足りないものは、歴史学の責任において解決しなければならない。そこで、本章は佐伯氏の驥尾に付しながら、氏の論を深め、あるいは氏が論じ及ばなかった点について、若干の展開をすることをめざしたい。

二 「朝敵」と「君の御敵」

最初は頼朝が使った「朝敵」の正確な意味について考える。

これについては『玉葉』寿永二年一〇月四日条に見える用例②が重要であろう。その政治的背景は次の通りである。都落ちした平家が西に去り、義仲率いる軍勢が入京すると、国衙領・寺社権門領からの年貢の途絶がいよいよ深刻化し、一方礼節を知らぬ田舎武士の乱暴狼藉が頻発する。そうした現実に直面した後白河ら王朝勢力は、頼朝との交渉によって事態の打開を図ろうと、早々に使を鎌倉に派遣。九月末帰京した使者は折紙に記した三ヵ条の頼朝回答を持ち帰った。

その第一条は「勧賞を神社仏寺に行はるべき事」、第二条は「諸院宮・博陸以下の領、元の如く本所に返付せらるべき事」である。そして第三条が用例②を含む一文で、「奸謀の者と雖も斬罪を寛宥せらるべき事」という事書のもとに、「右平家郎従落ち参るの輩、縦ひ科怠ありと雖も、身命を助けらるべし、ゆえんは何ぞ、頼朝勅勘を蒙り事に坐すと雖も、更に露命を全くし今朝敵を討つ、後代又この事無からんや、忽に斬罪を行はるべからず、但し罪の軽重に随ひ、御沙汰あるべきか」と述べている。この背後には佐藤進一氏の指摘するように、都落ち集団から脱落した平家郎従に、義仲の厳しい追求が行われていたのに対し、寛刑特令を発して義仲の政策や人事の意図を挫かんとするねらいがあるのであろう。[6]

ところで、『玉葉』の該当記事直前の一〇月一日・二日条を見ると、「或る人」によって頼朝回答の内容が事前に九条兼実のもとに伝えられている。それによれば、当該の第三条は「帰降参来の武士等、各その罪を宥め、斬罪に行はるべからず、その故何とならば、頼朝昔勅勘の身たりと雖も、身命を全くするに依りて、今まさに君の御敵の仁を伐つべし、今又落ち参る輩の中、自らかくの如きの類無からんや、仍りて身を以てこれを思ふに、敵軍たりと雖も、帰降の輩に於ては罪科を寛宥し、身命を存ぜしむべしと云々」と見える。かれこれ内容を対照すると、兼実の「件の折紙先日聞く所に違はず」という感想のように、前々日に「或る人」のもたらした情報が、確度の高いものであったことがわかる。となれば、②における頼朝の「朝敵」は、「君の御敵」と同義になるであろう。ちなみに当時の「朝」の訓には、「みかど」「みやこ」などがある（『類聚名義抄』仏中一三八）。「みかど」の語は、「うへ」が天皇の私的生活にかかわって用いられるのに対し、天皇の公的なそれを述べる際に使用されることが多いという。[7]「朝敵」はまさに「帝の敵」である。

「朝敵」＝「君の御敵」ならば、同じ時期の「君の御敵」の用例を探索して見なければならない。内乱期における初見は①を九ヵ月余遡るⒶ『玉葉』治承五年（一一八一）四月二一日条だった。これに次ぐのがⒷ『玉葉』養和元年（一一八一）八月一日条である。ともに内乱開始二年目、いずれもすでに関東をほぼ制圧し終えた時期の頼朝の言葉を伝えるもの。Ⓐは常陸国より上洛した「下人」がもたらした情報で、頼朝は清盛死去の報に接し「我、君（後白河）に於て反逆の心無し、君の御敵を伐ち奉るを以て望となす、而るに（清盛は）遮《さいぎ》りて天罰を蒙り了んぬ、仏神の加被偏に我が身にあり、士卒の心、弥相励むべき者なり」と語ったという。

Ⓑはそれから数ヵ月後、密使を後白河に送った時の言葉で、「全く謀叛の心無し、偏に君の御敵を伐たんがため」の挙兵であるけれど、「若し猶平家を滅亡せらるべからずば、古昔の如く源氏平氏相並び召し仕ふべきなり、関東は源氏の進止となし、海西は平氏の任意となし、共に国宰に於ては上より補せらるべし」と、相手の出方をうかがう和睦提案をしたのである。

次がⒸ『玉葉』寿永二年（一一八三）一〇月二日条である。これについてはすでに述べた。続いてⒹ『玉葉』文治元年（一一八五）一二月二七日条のそれがある。当該条には、国地頭設置の意図を兼実に伝えた有名な同月六日付けの頼朝書状が掲げられており、冒頭の平家打倒に立ち上がったいきさつの簡単な説明とその成功を自賛した部分に、「頼朝伊豆国の流人として、指せる御定を蒙らずと雖も、忽に籌策を廻し、御敵を追討すべきの由、結構せしめ候ふの間、御運然らしむるの上、勲功空しからず、始終討ち平げしめ候ひて」とある。右の「御敵」が「君の御敵」の意味であるのは、直前の文章に「平家君に背き奉り、旁遺恨を結び奉り、偏に濫吹を企て候ふ、世以て隠れ無く候ふ」、直後の文章に「敵を誅に伏し、世を君に奉る、日来の本意相叶ひ、公私依りて悦び思し給ひ候ふ」とあることからも明らかだろう。

ほかに、Ⓔ『愚管抄』には、建久元年（一一九〇）冬上洛した頼朝が後白河との会見の席で、「謀反心」を持つ上総介広常を討った過去を語る有名な場面がある。頼朝は、「介ノ八郎ヒロツネト申候シ者ハ東国ノ勢人、頼朝ウチ出候テ、君ノ御敵シリゾケ候ハントシ候シハジメハ、ヒロツネヲメシトリテ、勢ニシテコソカクモ打エテ候シカバ、功アル者ニテ候シカド」（巻六）と述べ、挙兵当初広常を傘下に収めたのが平家打倒に成功した要因で、彼は大功あった者だがといいながら、院への自分の忠勤を売りこんでいる。

以上当該期の「君の御敵」の用例をあげて見た。使用の主体は頼朝、「御敵」は平家勢力、「君」が後白河を指すことに一つの例外もない。いい遅れたが当時「みかど」の語には上皇も含まれるから、[8]「君の御敵」＝「朝敵」（帝の敵）でまったく問題はない。

「君の御敵」をとりあげたついでに、類似の表現を探すと、史料の信憑性に問題があるが、延慶本第四に「朝家ノ御敵」が見える。これは礪波山合戦の直前、寿永二年四月二八日、白山三馬場に戦勝を祈願した木曾義仲の願書中の文言である。同文書には「王敵」の語が見えるのも興味深い。

「朝敵」が「君の御敵」と同義語である以上、この語を発する者は、「敵」によって存立を脅かされる「君」ないし「朝」、もしくは「朝家」そのものであろうはずがないのである。

三　「朝敵」の語の意味したもの

さて、これも佐伯氏の紹介するところであるが、[9]すでに滝沢馬琴は、『南総里見八犬伝』巻之五下冊第六十一回で、「盛衰記已下の軍書に、大逆謀叛の徒《ともがら》を朝敵と誌」すことについて、犬村角太郎をして、「彼国《かしこ》（中国）の俗語に敵手といふは、此土《ここ》（日本）にて相手《あひて》といふにおなじ。甲乙を争ふもの、迭《かたみ》にこれを敵《てき》といふ。大逆の罪人を、朝敵《ちやうてき》といふときは、朝廷《みかど》の敵手《あひて》といふに同じ。記者の文盲笑ふべし」と語らしめ、朝廷と対等の「敵」など、そもそもあり得ようはずはない、清盛・頼朝以後の将軍がほしいままに兵権を振った時代に創り出された言葉だ、と喝破している。

目から鱗が落ちるたぐいの指摘であって、漢語の用法として馬琴はまったく正しい。例えば、『国語』巻二の「周語」中に、周の『秩官書』を引用して「敵国の賓至る」云々とあるが、そこに「敵は、位同じきなり」という注が付されているように、「敵国」は対等国の意味である。白川静氏も、「敵」の声符は「啇《てき》」で、「啇は帝を祀ること。帝を祀ることは帝の嫡系たるもので、相匹敵するものの意がある。これに攴《ぼく》を加えて、敵対者の意とする。〔説文〕

三下に「仇なり」とあり、仇にもまた相匹敵する者の意がある」という。[10] だから、中国の『二十五史』全巻を検索しても、「朝敵」という語はまったく見あたらない。[11] 朝敵が和製漢語であるのは確実である。

一方、敵という漢字を宛てられた和語は「かたき」であろう（『類聚名義抄』僧中五十五）。「かたき」について、中村幸彦氏他編の『角川古語大辞典』には、「対立・匹敵する相手。一対になるものの一方を、他の一方からいう。「あた」が害敵をいう語であるのとは原義を異にするが、闘争の相手をいうことが多く、平安時代より「あたかたき」と連ねて用いられた」とある。

同書「あた／あだ」の項にも、「「かたき」は、本来相匹敵するものであり、乙が甲のかたきならば、同時に甲は乙のかたきとして考えることができ、相互にかたき同士などという」、「「かたき」は、本来は甲乙対立の観点に立ち、外部から把握した概念であった」と見える。「敵」という漢語と「かたき」という和語は、平安期には意味的にきちんと対応していたことがわかる。

このことからすれば、「君」に匹敵する相手、釣り合う相手という意味を帯びた「君の御敵」という用例は、人臣まして謀反人ごときを対象としたものとしては、本来あってはならないはずのものであった。天皇や王家・朝廷の権威が本格的にはゆらぐことのなかった治承・寿永内乱以前に、「朝敵」の確たる使用例が見あたらないのは当然であった。

以上をふまえて、改めて朝敵の語を次のように整理したい。

（1）朝敵は、「敵」という漢字の言葉の字義からいって、また用例のあり方からいって、朝廷側が自発的・積極的に使用するたぐいの言葉ではない。

（2）「君の御敵」と同義語であることからして、「朝敵」の語を使う主体は、甲たる「君」＝「朝」と、その「敵」たる乙の双方の間に、すでに存在する対立関係を前提とし、しかもその外部にある者である。すなわち、「敵」

はもちろん、「君」＝「朝」とも一定の距離をおいた、「君」＝「朝」を対象化できる存在である。以下甲と乙の外部に存在し、「朝敵」の語を使用する主体を丙と称したい。

（3）朝敵とは、丙が自らの行動を、「君」＝「朝」に味方し、それに仇なす「敵」を討つものとして正当化せんとする時、使用する言葉である。

それでは、この語の使用者、判明する限り最初の確実な使用者であり、顕著な愛用者でもあった源頼朝は、果たして上記の条件とくに（2）を満たしていたのだろうか、それはまた彼のかかわった内乱政治史のどのステージで使われたのか、この語使用の政治史的な背景はいかなるものであったのか、以下検討してみよう。

治承四年（一一八〇）の内乱勃発時、頼朝は平治の乱による伊豆の流人、いまだ許されざる勅勘の人であり、当然「朝」の側の人間ではあり得なかった。朝廷側は頼朝を流人とみなしただけでなく、「大略謀反を企つか、宛も将門の如し」（『玉葉』治承四年九月三日条）と、将門と同等視さえした。

一方、頼朝は敗死した以仁王が東国に下り頼朝の陣に奉戴されているかのよそおいさえとっている。[12] その以仁王「令旨」は、平家の罪状を国家への反逆と仏法破滅の二点に求め、前者から「王位を推し取」った安徳天皇を否定、逆徒追討を企てる己れの地位を、壬申の乱時の大海人皇子（天武天皇）に擬して即位予定者と規定し、自らの命を「勅」、その下達文書を「宣」と称した。[13] これは自らの即位によって、前年一一月の平家クーデタによって院政を停止された父後白河の院政を復活し、王法仏法相依の正統な国家権力秩序の回復をめざす、という王朝再建構想を表明したもの、とみなされる。[14]

我こそ真の天皇たるべしとした以仁王（最勝王）の「宣」を、軍事行動正当化の根拠とした頼朝の政治的立場が、清盛のみならず現在の高倉上皇―安徳天皇の平氏系王朝と、全面的に対決するものであったのは当然であった。加えて彼の動きには、これと微妙に区別される、東国に京都朝廷の支配から独立した別の国家を樹立せんとする志向が含まれていた。その結果、すでに明治期の星野恒が明らかにしたように、彼は安徳天皇の制定した年号の存在を認めず、改元によって養和・寿永と年号が改まっても、なお治承年号を使い続け[15]、中央の年号を奉じたのはようやく寿永二年（一一八三）になってであった[16]。

現王統を真っ向から否定する、もしくは王朝とは別個の国家樹立をめざす。いずれの政治路線にしても、頼朝は対立する二つの勢力の一方当事者そのもので、この限りでは丙の立場たり得ない。といって、頼朝らが平氏系王朝から「敵」と呼ばれる存在かといえば、それも無理である。以仁王の死は疑問の余地がないし、第一彼は親王宣下すら受けていない、平家によって皇位から疎外されたただの皇子であった。以仁王をいただくと称しても、頼朝軍が現王権と対等の存在たる「敵」と認識されることなど、絶対にあり得ない。つまりはただの「賊徒」にすぎない。

ところで、周知のように以仁王の「令旨」は、諸国の「源家の人、藤氏の人」らに下されたもので（『吾妻鏡』治承四年四月二七日条所収同年四月九日以仁王平家追討令旨）、頼朝の独占物ではなかった。また王が生きているなどというフィクションが永続できるわけもない。政治家としての頼朝は早くから、生存しない以仁王を頭首にいただく無理、東国独立国家永続の保障についての不安などを、痛切に感じていたに違いない。この難題を解決するための論理を示すのが、前掲の「君の御敵」の用例Ⓐ Ⓑであろう。つまり、「挙兵は国家への反逆ではなく平家支配への反抗であり、しかもその平家は先祖以来の私怨の対象としてのそれではなく、皇位を掠め取る国家の謀反人である」という主張を維持し、それを正当化し得る根拠を、以仁王以外の「君」に求めるという、微妙だが重大な軌道修正である。

この「君」が、一般的・抽象的な天皇や上皇を指しているのではなく、生ける政治的人格としての後白河法皇その人を指すのは、すでに見てきた。後白河はかつての治天の君であり、治承四年一二月幽閉を解かれ、翌正月高倉上皇の死によって院政を再開しているから、以仁王より数等上の国家的政治的正統性を具備している。しかも現に平家に敵愾心を燃やし、自らを助勢する強力な軍事力を必要としているという点で、頼朝の求めにうってつけである。

他方、「君の御敵」の語が登場した治承五年夏の時点では、「敵」には平家一門だけでなく、現に帝位にある安徳天皇が含まれていたはずである。たとえ安徳が軍事クーデタによって皇位に就いた虚器であっても、国家体制の頂点にある天皇であることに変わりはない。しかも後白河からいえば孫であり、外戚たる平家の軍政に強力に後押しされて、形式・実力ともに後白河に匹敵、凌駕すらする存在である。甲である後白河と乙である安徳天皇およびそれと一体になった平家勢力は、対等ないしそれに近い資格で王権の掌握を競っているのであり、双方は互いに相手を「敵」または「かたき」とする関係にある。

すなわち、頼朝はそれまでのように、以仁王を戴いて京都の政権を否定するのでなく、後白河と平家の対立をふまえ、南関東の独立勢力としてその外部、すなわち内の立場から後白河を支援するという形の政治主張を、新たに唱えるようになったのであった。「朝敵」の用例①で、「一院」を正統の「朝」といただき、その「敵」たる平氏系王朝から「世務」を取り返す現実的な力として、自己を押し出しているのは、この路線の内外への表明である。

状況を以上のように整理してはじめて、漢語・和語としては本来あり得ない「朝敵」「君の御敵」という語が使用されたゆえんを説明し得る(17)。軍事クーデタによる院政の停止、安徳を王冠とする平氏系王朝の誕生、そしてそれへの謀反人が自らの政治的正統性獲得の模索の過程、権力を大幅に制約された後白河を奉戴するという特別の歴史的局面の中でこそ、この言葉は意味を持ったのである。

対するに、後白河と崇徳の「主上・上皇の国あらそひ」（金刀比羅本『保元物語』上、新院為義を召さるる事）であった保元の乱は、なるほど「敵」同士の争いと呼ぶにふさわしかった。しかし、互いに他方を「君の御敵」と呼ぶべき立場のそれぞれの陣営の武士達は、独立の政治主体としてはまだ未成熟であり、とうてい内の役どころに耐えられない。この政治用語の使用の背後には、治承・寿永の内乱という独特の相貌を帯びた内乱の、しかもその特定の局面・段階という、後にも先にもすぐれて一回限りの個性的な事態が深く横たわっていた。それにしても、本来「朝敵」の語が、謀反人ではなく天皇（安徳）にも向けられていたというのは、大いなるイロニーである。

「朝敵」の用例①の文書は「大夫属入道善信（三善康信）草案を献ず」と言われている（『吾妻鏡』養和二年二月八日条）。この当時康信はまだ在京していたはずだが、とくに疑う理由はないので、事実としておきたい。歴代明法を家職とする家に生まれ、永暦元年（一一六〇）から応保二年（一一六二）までの間に右少史・左少史・左大史という公文書を掌る官職を経験した、漢文に堪能なはずの人物[18]が筆をとったものとして、「朝敵」という熟語は異様であるけれど、「君の御敵」という頼朝の政治的立場を絶妙に反映する語の翻訳として、苦心のあげく思いついたものであろう。後年朝廷対策に重きをなした頼朝のすぐれたブレーンにして、はじめて生み出し得た効果的、印象的な政治スローガンというべきである。

四　匹敵するものから謀反人へ

頼朝の「朝敵」という語使用の背後事情について卑見を述べた。しかし特定の事情を背負って使用されたある語が、のちにその状況が変化しても使われ続けるためには、それなりの理由がなければならない。今少し頼朝政治への追跡を続けねばならない。

治承五年夏頃を初見とする頼朝の後白河奉戴の意欲は、その時点ではいまだ東国独立国家樹立への道と競合する、もう一つの可能な政治路線に過ぎなかった[19]。だが寿永二年（一一八三）七月の平家の都落ちと義仲の入京、続く京における義仲の不評と孤立、それに反比例する自らへの期待の高まりをバックに、頼朝の政治路線は後者を切り捨てる方向で絞りこまれていった。同年八月に後鳥羽の即位、すなわち安徳の皇位からの追放がなされた以上、京都の政権を否定すべき理由はもはや存在しなくなったからである[20]。彼は、翌九月、第二節でふれた②を含む三ヵ条の提案を行い、それに続く公武交渉を経て、一〇月東海東山道諸国の国衙在庁指揮権を獲得するに至る(21)。

東海東山両道諸国の国衙在庁指揮権の獲得は、頼朝に多大な収穫をもたらしたけれど、国家史から見てより大きかったのは、王朝と関東の国家並立の状態に終止符が打たれたことであろう。治承年号の使用は停止され、東国独立国家は可能性に終わり、頼朝の軍事政権は、実態はともかくとして後白河王朝の統属下に入った。かかる選択に際して、南関東の軍事集団内部で深刻な路線対立が生み出されていたことは、東国自立路線を主張する上総介広常が誅殺された事実に如実に示されている。

もちろん、頼朝の挙兵にあたり、後白河や上西門院・八条女院など王家の勢力が後押しをしていたことが近年明らかにされており(22)、頼朝がはじめ以仁王一辺倒で、のち後白河に乗り替えたとするのはあたらないだろう。

しかし、政治的局面に応じた選択肢の一つだった後白河奉戴と、創業の功臣上総介広常を誅殺してまで再開された後白河王朝の統属下で生きるのを選んだ段階では、まったく意味は異なってくる。治承五年夏のそれを後白河への媚態または秋波に喩えるとすれば、これは別心をいだいたままの婿入りとでも形容すべきものであろう。

平家都落ちに端を発する寿永二年の秋から冬にかけての政戦局の大転換と頼朝の決断は、本来「朝敵」「君の御敵」の語誌に甚大な影響を与えたはずである。すでに、安徳の西走と後鳥羽天皇の践祚によって、王権は後白河側に一本化された。安徳は「先帝」（『玉葉』寿永二年八月二〇日条）、「旧主」（同九月五日条）あるいは「西海の主君」（同寿永二年一二月二四日条）と呼ばれるようになった。平家一門も都落ち翌日から、国家に反逆する「賊臣」（『玉葉』寿永二年七月二六日条）、「賊徒」（同七月二七日条）集団に転落した。また頼朝も寿永二年（一一八三）一〇月九日、正式に勅勘が解けて本位に復し（『玉葉』）、形式上朝廷の構成員に復帰したのだから、第三者内ではなくなった。かくては「朝敵」「君の御敵」という言葉は、使用の正当な根拠を失う。

だが、寿永二年秋冬の大画期は、「朝敵」の廃語に直結しなかった。西海の平家が皇位の正統性を担保する三種の神器を握っている以上、なお形式的には東西両帝が並立していたからである。朝廷内では「我が朝の習、剣璽の主を以て、国主となす」という名分から、践祚はともかく後鳥羽の即位儀は延期すべきだ、という意見も主張されていた(『玉葉』元暦元年六月二四日条)[23]。

ともあれ、根本は頼朝の後白河王朝への帰属が多分に表面的なものであり、平家のように王権と密着し、既成国家機構を直接に掌握するのを避けたところにあった。彼は、強大な武力を保持しつつ王権や旧国家機構から相対的に独立した政治勢力、という立場を維持せんとつとめる。その意思表示が、以後も前右兵衛佐の肩書のまま、本拠の鎌倉から動かぬことだった。朝官を帯びず、中央との空間的距離をとり続ける。丙の立場にあるのを前提とする「朝敵を討つ」「君の御敵を伐つ」という政治言語は、頼朝のこうした姿勢を表現するのに、まことに適合的であった。そのためには、頼朝にとって安徳は、いぜん後白河—後鳥羽の王統に拮抗する存在、すなわち「八嶋に御座す大やけ」でなければならなかった(『吾妻鏡』文治元年正月六日条所引範頼宛頼朝書状)。

かくして、その後も頼朝により用例③~⑦⑪⑫⑭と「朝敵」の語は使い続けられる。だが彼の思惑とは別に、追討を急ぐ後白河らの勢力にとって、平家は「賊徒」そのものであった。そして、異なる主体から発せられる同一実体を指す二つの政治用語の重なりは、平家の滅亡と内乱の終結後も続き、やがて「朝敵」が本来含意していた意味を変質させ、一般の謀反人あるいは「賊徒」を表す言葉に、限りなく接近してゆく。

進行しつつあった「朝敵」の意味変化に連動して、「朝敵」類似の語彙にも同様の用法が現れた。例えば、建久五年(一一九四)秋、内乱で荒廃した備後国大田荘の支配再建をなしとげた僧鑁阿が、荘務権を高野山の検校らにゆだねる。その時、彼は荘務執行の指針を詳細にいい置き、もし違背すれば「顕は(後白河)法皇の御願を妨ぐ、国家の敵人なり、冥は大師の御意に背く、自ら仏身血を為出《しいだ》すべし」と強い調子で警告した(『鎌倉遺文』七二九号)。また建久八年一〇月四日、全国一斉に行われた「保元以来諸国叛亡の輩」の冥福を祈る供養会の中で、但馬守護安達親長は、

「我が君前右大将源朝臣、天に代りて王敵を討ち、神に通じて逆臣を伏す」と語っている（『鎌倉遺文』九三七号）。
後者の示す論理は以仁王「令旨」のそれに類似しているが、「王法を傾け」た「王敵」は「就中前太政大臣入道静海（清盛）」と特定され、安徳天皇は含まれておらず、前者の「国家の敵人」同様、賊徒の意味である。

こうした途上で用例⑧〜⑩のように、王朝貴族の中にも「朝敵」の語を使う者が現れる。⑧の時点で九条兼実は摂政の地位にある。文治二年三月の頼朝の摂政近衛基通の忌避とそれに代わる兼実推薦など、前年末の廟堂改造にはじまる頼朝の一連の朝政干渉・朝権侵害は、武家を後盾にする兼実にたいする後白河院の激しい悪感情・疑惑をひき起こしていた。左少弁藤原定長経由で上皇逆鱗の様子を聞いた兼実は、「已に朝敵に処せらるるか」と受けとめている。兼実は翌日自邸を訪れた定長に後白河への弁明の言葉を託したが、その中で、我が身にはまったく誤りや罪はないのに、これでは「殆ど謀反の罪に類す」ではないか、と不満をにじませている（『玉葉』文治二年閏七月三日条）。⑨は叡山に隠れた義経とそれに与同する悪僧達、⑩は義経を指している。

兼実・頼朝の盟友関係を考えると、兼実が「朝敵」の語を使っているのは決して偶然ではないだろう。だが、その内容ははやくも謀反人の意味で使われている。とはいえ使用時期は文治二年（一一八六）閏七月中に完全に限定されており、いまだ兼実の語彙として定着をみたものではない(24)。

続いて、頼朝が没した翌々年の正治三年（一二〇一）正月二三日、将軍頼家の勘気を蒙った越後の城長茂が、上京して後鳥羽上皇の二条殿に乱入、頼家追討の宣旨を申請、失敗して逃亡、一ヵ月後誅滅されるという事件が起こった（『百錬抄』『玉葉』『吾妻鏡』など）。『玉葉』によれば、この時長茂は「頼家は朝敵に候ふ、勅定を奉りて、かの卿を討たんと欲す」と述べたという（正治三年正月二四日条）。長茂の言葉を正確に伝えるものかどうか不安はあるけれど、宣旨の発給を迫るのに効果ある政治用語として使用されているかに見える。謀反人の意味での「朝敵」の語の用法が、王朝側にも違和感を薄めつつある状況を物語るものであろうか。

宣旨や院宣のような王朝側の文書に「朝敵」の語が見える最初は、元久三年（一二〇六）二月二八日の官宣旨案で、引用の鞍馬寺衆徒解中に「かの高座山の群盗は朝敵なり」とあるもの（『鎌倉遺文』一六〇三号）[25]。引用文中の語句ではなく朝廷自身の意志で「朝敵」の語を使用するようになるのは、建暦三年（一二一三）八月六日の後鳥羽上皇院宣からのようで（『鎌倉遺文』二〇一六号）[26]、「凶徒等官兵に向ひ、忽ちに矢を放ち畢んぬ、朝敵と謂ひつべし」と、叡山衆徒の乱行を非難したものである。本章冒頭に示した白河院政期のこととして「朝敵」の語を使う『古事談』の成立が、同じ建暦三年以降だとされていることと併せ[27]、この頃謀反人あるいは「賊徒」を表す言葉として「朝敵」が、公武を問わず広く定着を見せていった事実を示すものであろう。

以上、多少思弁的な考察になったかも知れないが、要するに「朝敵」の語は、二つの王統による王権の争奪に頼朝の南関東の軍事政権がからむという、一回的で個性的な歴史状況を背景として使用されてきたものであった。しかも、寿永二年八月から一〇月を分水嶺とする安徳の皇位からの追放と頼朝の政治的立場の新段階などにより、その後語は残ったが、意味内容に変化が生じ始め、やがてそれが定着をみて、今日理解されているような謀反人の意味に落ち着いたことを主張してきた。

当然ながら筆者としては、結論に自負を持っている。しかしこの結論は、「朝敵」の語を創始したのは頼朝である、という判断を前提としたものであった。用例研究の怖いところは、一つでも例外が出れば、それだけで行論の致命傷になってしまうところにある。史料の検索に完璧ということがあり得ない以上、頼朝以前に「朝敵」の使用例がないという絶対の保証はない。だからもし頼朝以前から存在したとすれば、彼の政治家としての独創は、既成の言葉を拾い上げ、天皇を戴く政治勢力を討つ政治スローガンに用いる、という離れ業を演じたところにあるだろう。

さらに、頼朝の政治言語として「君の御敵」が「朝敵」と同義だったとしても、逆に「君の御敵」という語句が、いつでも天皇や上皇と相匹敵するものを指していた、とは断言できない。「朝」のように対象を限定できる語と違って、「君」は主君として仕える人、人の上に立つ人、あるいは敬意をこめた二人称・三人称代名詞としても用いられるからである。(28) 会話文などの場合にはとくにそうで、「君」は天皇や上皇を指しているとは限らない。また「かたき」にしても、常に厳密に対等の意味で使用されていた、とは言い切れない。事実次のような用例がある。

「君の御敵」の用例として早いのは、一一世紀初めの一条朝には成立していた『うつほ物語』「菊の宴」に見えるそれである。東宮に物語の女主人公「あて宮」（貴宮、時の権勢家源正頼の九女）を奪われた、彼女の従兄で好色の宮廷人源宰相（実忠）が、宮の乳母子である女房（兵衛の君）にあたりちらし、忘れるよう説得する兵衛に、「まろを、かくながら殺し給ひても、君の御敵とこそあらめ」、つまり、私を恋煩いで死なせてしまっても、私があて(29)宮の御相手であることには変わりはないでしょう、と駄々をこね、できれば私を死なせず私のためをはかってください、とかき口説いているのである。ここでは実忠にとってあて宮は、対等というより、一対（対偶）の関係（一方的な懸想ではあるが）として把握されている。(30)『類聚名義抄』に「両カタキアリ」「隻カタキナシ」、黒川本『色葉字類抄』に「二カタキアリ」「一カタキナシ」とあるのも、この対偶の関係を示している。

対等の意味で考えるのに難のある「御敵」の用例として、他に『今昔物語集』巻十五第二十二話をあげることができる。雲林院で菩提講をはじめた聖人は、もと「極タル盗人也ケレバ、被捕レテ獄ニ七度被禁」た人物で、検非違使どもが「世ニ難有ク極タル公ノ御敵」だ、今回は足を切るべしとして鴨の河原に引き出す。ところが、やんごとなき相人が「必ズ可往生キ相ヲ具シタル者」だから、自分に免じて許し給えと強く迫ったので、ついに許された。盗人は出獄後道心を起こして法師になり、日夜弥陀の念仏を唱え、臨終に至っては相人の占い通り極楽往生する。

『今昔物語集』にあっては、「公《オホヤケ》」は制度的で抽象的天皇、抽象化された国家・朝廷を意味している。(31) また同集の「敵」の語が見える説話は、四〇以上と数多いけれど、「御敵」の使用はこの一話だけである。「御敵」が例外的で、ましてそれが「公ノ御敵」となれば、異常さは際だっている。極悪の盗人が「公ノ御敵」だというのは、甲乙釣り合った者同士の関係を表現する用法からは、明らかにずれている。

あるいは、盗人の本質が「往生可為キ人」であり、また本話と酷似する筋を持つ巻十三第十話で、在獄の盗人を救済すべく七度投獄された春朝持経者が、「只人ニハ非ズ、権者也」といわれているのを併せ考えると、『今昔物語集』編者には、天皇と権者（仏菩薩が衆生済度のため仮にこの世に姿を現したもの）の対応―均衡という構図が念頭にあり、それが話の顚末を語る前に、思わず検非違使の発言として出てしまったのかも知れない。

だがそれは憶測にすぎない。ここでは国家の極悪人が朝廷と鋭く対立するという意味での一対の関係にあることが、検非違使の口を借りて述べられているとする方がより穏当であろう。この場合、上記説話のような和文調の文章、それも会話文では、「敵《てき》」の対等・匹敵の意味より、「かたき」に含まれる対偶の意味が、ついつい優越してしまうからであろう。

注

（1）「「将軍」と「朝敵」」『平家物語遡源』若草書房、一九九六年。初出は『軍記と語り物』二七号、一九九一年。なお同号は朝敵特集号である。この他、市川浩史「「朝敵」考」『日本思想史学』二六号、一九九四年のような研究もある。同氏は佐伯論文を参看しているらしいが、「朝敵」の語の登場を『保元物語』『平治物語』などによりながら、保元・平治の乱以降としている。同時代史料と後世の軍記物の記述とを峻別する筆者は、その主張に与しない。

（2）新人物往来社、一九九六年。

（3）『古事談』は既成史料からの書承・抄出が多い。だがこの話の出典は明らかになっていない（「古事談　解説」及び「古事談出典一覧」小林保治校注『古事談』下、現代思潮社、一九八一年）。

（4）（ア）は院宣の様式にはずれ、下知状様式である。本院宣は、以仁王の令旨は頼朝挙兵の全面的なより所とはなりえないという『平家物語』作者の理解の産物であろう。早川厚一『平家物語を読む』和泉書院、二〇〇〇年、第二章参照。（イ）は同日に行家が伊勢大神宮に告文を捧げたことは事実だが、内容的に信ずるに足りない。（ウ）は義仲発給文書の冒頭に「被鎌倉殿仰云」とあるのが不審。（エ）はなお検討が必要。（オ）（カ）に疑問のあることは安田元久「御家人制の成立にに関する一試論」同『日本初期封建制の基礎研究』山川出版社、一九七六年、三三七―三四一頁参照。（キ）はあまりにも著名なものだが、一般に真偽不明と考えられている。

(5) 佐伯注(1)論文、三五四頁。

(6) 佐藤進一『日本の中世国家』岩波現代文庫、二〇〇七年、七九頁。

(7) 池田尚隆「みかど」秋山虔編『王朝語辞典』東京大学出版会、二〇〇〇年。

(8) 同右。

(9) 佐伯注(1)論文、三五〇―三五一頁。

(10) 白川静『字通』平凡社、一九九六年、一一五六頁。

(11) 台湾中央研究院漢籍電子文献の語句検索システムを使用した。

(12) 石井進「幕府と国衙との関係の歴史的展開」同『日本中世国家史の研究』岩波書店、一九七〇年、二九五―二九六頁。

(13) 羽下徳彦「以仁王〈令旨〉試考」豊田武先生古希記念会編『日本中世の政治と文化』吉川弘文館、一九八〇年。佐藤注(6)書。以仁王については、五味文彦『平家物語、史と説話』平凡社、一九八七年、六二―七六頁が詳しい。

(14) 田中文英「以仁王の乱」同『平氏政権の研究』思文閣出版、一九九四年。

(15) 星野恒「頼朝挙兵考」同『史学叢説』第二集、冨山房、一九〇九年など。

(16) 石井注(12)論文、二九六・三三二頁。ちなみに、寿永二年に入ると一〇月以前にも寿永二年年号を使用した頼朝発給文書がある。これらについて黒川高明氏は偽文書ないし検討の要ありとしている。『源頼朝文書の研究』吉川弘文館、一九八八年、一八五―一八六頁。

(17) なお「君の御敵」中の「御」は、一般に会話文では一方が「君」「公」のような高貴な存在であれば、「敵」がどのような相手であれそれに「御」がつくので、「敵」への修飾と思われる。『愚管抄』が東大寺を焼いた大将軍平重衡を「仏ノ御敵」と呼んだのも同じ用法である（巻五）。

(18) 永井晋『官史補任』続群書類従刊行会、一九九八年。

(19) 『玉葉』治承五年九月七日条によれば、この頃東国から伊勢大神宮に告文が捧げられている。具体的な内容は不明だが、これには「被最勝親王宣」と称する文言が含まれていた。時期は「君の御敵を伐たんがため」挙兵したと後白河に密使を送った「君の御敵」の用例Bの少し後のことであり、したがって南関東の軍事政権内には、彼らの行動の正当性が以仁王の命にあるという主張もいぜん強力で、頼朝は二つの路線の間を揺れているという理解が可能である。その約五ヵ月後伊勢大神宮に提出された「朝敵」の用例①を含む願書は、前回の告文の取り消しと頼朝の「真意」を伝える意味を持っていたのかも知れない。

(20) 大山喬平『日本の歴史9　鎌倉幕府』小学館、一九七四年、七五—七六頁。

(21) 佐藤進一「寿永二年十月の宣旨について」同『日本中世史論集』岩波書店、一九九〇年。佐藤注(6)書。

(22) 上横手雅敬「院政期の源氏」御家人制研究会編『御家人制の研究』吉川弘文館、一九八一年。石井進「源平争乱期の八条院周辺——『八条院庁文書』を手がかりに」同編『中世の人と政治』吉川弘文館、一九八八年など。

(23) 後鳥羽天皇の三種の神器なしの践祚・即位が貴族社会にどのような波紋と苦心をもたらしたかについては、龍粛「寿永の践祚」同『鎌倉時代』下、春秋社、一九五七年参照。

(24) 佐伯注(1)論文、三五四—三五五頁。

(25) 佐伯氏は、その前後の行文が「鞍馬寺縁起」中の利仁将軍説話と同文関係にある点から、史料の真偽に慎重であるが（注(1)論文、三五五—三五六頁）、同説話は天永四年には現在見る形で鞍馬寺の縁起に含まれていたと考えられるので、とくに真偽を疑う必要はない。拙稿「説話の奥行きを探る——利仁征新羅将軍説話を素材として」『五十周年記念論集』神戸大学文学部、二〇〇〇年参照。そもそも「鞍馬寺縁起」には「朝敵」という用語は使われていない。群盗は「国の蟲害」「異類」などと表現されている。

(26) 佐伯注(1)論文、三五六頁。

(27) 磯高志「古事談の説話採録の契機について」『人文論叢（二松学舎大学）』第一一輯、一九七七年。

(28) 鈴木日出男「きみ」秋山虔編『王朝語辞典』東京大学出版会、二〇〇〇年。

(29) 「君」をあて宮と解することは、河野多麻校注『日本古典文学大系　宇津保物語（二）』岩波書店、一九六一年、七五頁、室城秀之校注『うつほ物語　全』おうふう、一九九五年、三四二頁など参照。但し、野口元大『校注古典叢書　うつほ物語（二）』明治書院、一九七八年、一九五頁は、あて宮ではなく兵衛と解釈している。

(30) 対偶関係をあらわす「かたき」の用法として、配偶者もしくは閨をともにする相手を意味するものがある。「聟」の訓の「加太支」（『新撰字鏡』巻二耳部第廿）や、「霧ふかき袖にひえつゝあかす時　たれながき夜のかたきなるらん」（『かげろふ日記』下）などがそれである。『うつほ物語』俊陰にも、「よし御かたきをば知り奉らじ」という一節が見える。これは俊陰の娘が一夜をちぎった相手の若小君（藤原兼雅）を指している。

（31）前田雅之『今昔物語集の世界構想』笠間書院、一九九九年。同書では『今昔物語集』の「公」の用法について全巻にわたって言及があるが、とくに第Ⅲ部の諸論文参照。なお『うつほ物語』「菊の宴」の「君の御敵」の用例、及びそれを対偶関係に解すべき点や、また『今昔物語集』における「公ノ御敵」の語義について、同氏から懇篤で有益な教示・示唆をいただいたが、必ずしも十分に咀嚼できていない。「公ノ御敵」についてはなお考えてゆきたい。

あとがき

本書と既発表論文との関係、および初出論文執筆の背景などについて記しておきたい。

序、ならびに用語の問題（新稿）

第一部　六波羅幕府と平氏系新王朝

第一章　後白河院と平清盛――王権をめぐる葛藤／『歴史評論』六四九号、二〇〇四年四月。枚数縮減のため削った当初原稿の一部を復活させるなど大幅増となった。

第二章　福原遷都をめぐる政治――治承二年（一一七八）から同四年八月まで／『歴史学研究』八一六号、二〇〇六年七月。内容の一部を三章と一〇章に送った。

第三章　六波羅幕府と福原／初出論文名「西の福原・東の平泉・衣川」入間田宣夫編『平泉・衣川と京・福原』高志書院、二〇〇七年七月。初出は二〇〇六年六月二四日、岩手県衣川村の衣川遺跡群保存運動の一環として開催されたシンポジウム「日本史のなかの衣川遺跡群」での報告を、文章化したものである。平家が幕府であることを初めて公言した報告である。ただし本書の主題に集中するため大幅改訂し、平泉・衣川の部分を削ることになったのは心残りであった。

第四章　六波羅幕府再論／「六波羅幕府という提起は不適当か――上横手雅敬氏の拙著評に応える」『日本史研究』五六三号、二〇〇九年七月と、「平家政権の新しさ」『歴史地理教育』七八八号、二〇一二年四月の二つの旧作の内容を融合させた。上横手氏との一対一の論争という形を改め、幕府という用語の問題と平家の大番役について補強している。

第二部　平家権力の諸相

第五章　平家の館について――六波羅・西八条・九条末／『神戸大学史学年報』一三号、一九九八年五月。初出は、一九九七年七月六日に行われた神戸大学史学研究会での同名の講演を文章化したものである。講演の原型は、一九九一年二月二四日に行われた第一回平泉シンポジウム「古都平泉の実像をさぐる」で報告した内容に遡る。同シンポジウムについては記録集が出版される予定で校正刷りまで出たが、出版社側の事情でついに刊行されなかった。本書収録にあたって講演調を論文の形にした。

第六章　平家家人制と源平合戦／『軍記と語り物』三八号、二〇〇二年三月。初出は二〇〇一年八月二二日に行われた軍記・語り物研究会大会初日のシンポジウム「平氏と平家物語」での報告を論文化したものである。

第七章　清盛家家政の一断面――備後国大田荘関係文書を手がかりとして／笠井昌昭編『文化史学の挑戦』思文閣出版、二〇〇五年四月

第八章　嘉応・安元の延暦寺強訴について――後白河院権力・平家および延暦寺大衆／河音能平・福田榮次郎編『延暦寺と中世社会』法蔵館、二〇〇四年五月

第三部　日宋の交流と海

第九章　大輪田泊について／初出「福原の夢」歴史資料ネットワーク編『歴史のなかの神戸と平家――地域再生へのメッセージ』神戸新聞総合出版センター、一九九九年一二月。初出を改題し大幅増補、分量にして二倍以上、新稿といってよいほどになった。初出の掲載本は、阪神・淡路大震災の翌々年、一九九七年九月一五日に開かれた市民講座「清盛と福原京の時代――被災地神戸の歴史を考える」の成功を機に、新たな執筆者を加えて制作出版されたものである。地域再生のため市民と専門家が一緒になって、被災地の歴史や文化を

考えようと催した同市民講座に、講演者として参加を快諾してくださった作家の永井路子さん、歴史地理学者の故足利健亮氏のご芳志に改めて感謝したい。

［補論］　治承三年六月中旬の瀬戸内航海記録／『海事博物館研究年報（神戸大学海事科学部）』三二号、二〇〇五年三月

第一〇章　宋銭の流通と平家の対応／『アジア遊学一三二　東アジアを結ぶモノ・場』勉誠出版、二〇一〇年五月。初出を改題した。

第四部　物語への展望

第一一章『平家物語』の虚実――北米の日本史・日本文学研究者に向けて／成稿事情については同章末尾に付記した。

第一二章　平重盛の四天王寺万灯会について／『国文論叢（神戸大学国語・国文学会）』三四号、二〇〇四年一〇月。成稿事情については同章末尾に付記した。

第一三章「朝敵」という語の成立／福井勝義・新谷尚紀編『人類にとって戦いとは5――イデオロギーの文化装置』東洋書林、二〇〇二年一一月。初出は国立歴史民俗博物館の共同研究「人類にとって戦いとは？」（一九九五―九七年）、同「戦争と知識体系」（一九九八―二〇〇〇年）という二つの共同研究から生まれた成果である。そこには歴史学・考古学・文化人類学・民俗学、さらに第一期の共同研究には霊長類学・自然人類学の研究者までが参加していた。「平和のための戦争研究」を唯一の旗印とし、総大将故佐原真氏の水際だった采配のもと、知的刺激に満ちた討論や沖縄の陸軍病院跡など戦跡見学の胸をしめつけられる思い出などが、今も新鮮に蘇る。

内容の改訂については右の説明のとおりだが、その他の各論文も大小の補筆訂正を施している。

＊　　＊　　＊

二〇一二年はNHK大河ドラマ「平清盛」放映の年だった。時代考証の立場から制作に参加したが、仕事を始めて二年半、史実とドラマ、学問的達成と国民の歴史意識のはざまにあって、さまざまな思いが去来し、考えねばならないこと、反省すべきことが多々あった。視聴率についてとかくの評もあったが、関係者の昼夜を分かたぬ努力によって、内容的には従来にない水準のものができあがり、それに自分が一臂の力を仮すことができたことに、ひそかな満足を感じている。

と同時にこの期間は、新たな史実を発掘し、全体の中に位置づけ、論理化し、叙述すること、つまり研究者らしい仕事に憧れる毎日であった。正直いってかなりハードな日々だったが、これまで発表した平家関係の論文を一書にまとめ直す意欲が湧いてきたのは、そのせいであり、我ながら殊勝である。平家で論文集を出すというずっと以前の約束を思い出し、東京大学出版会の山本徹氏に相談したところ、積極的に受け止めていただき大変嬉しかった。

この一文を書いているうちに、南宋随一の詩人・陸游が、いまの私と同い年（満六七歳）に作った詩（一一九二年秋作）の一節を思い出した。自らの作詩の歴史、手法の変化について語った詩の冒頭である（「九月一日夜讀詩稿、有感走筆作歌」一海知義編『陸游詩選』岩波文庫、二〇〇七年）。

我昔　詩を学んで　未だ得《う》る有らず／残余　未だ免れず　人従《よ》り乞うことを
力孱《よわ》く気餒《う》えしを　心に自《み》ずから知り／妄りに虚名を取る　慚色有り

私ごときが陸游を気取ってもしかたがないが、心境・反省はぴったり重なる。治承・寿永内乱と人々の過酷な運命を正面から描く、という最終目標を遠望しながら、さらに精進してゆきたい。

＊　＊　＊

私事ながら、母幾子はいま郷里で病床にある。少年の日、本を読む楽しさに導いてくれた母に感謝しながら、願わくば完成した本書をじかに呈し、寸感を聞く日のあらんことを。

二〇一二年一一月一一日

髙橋昌明

著者略歴

1945年　高知市に生れる．
1969年　同志社大学大学院文学研究科修士課程修了
　　　　滋賀大学教育学部教授，神戸大学大学院人文学研究科教授を経て，
2008年　定年退職
現　在　神戸大学名誉教授．博士（文学，大阪大学，2002年）

主要著書

『中世史の理論と方法』（校倉書房，1997年）
『武士の成立　武士像の創出』（東京大学出版会，1999年）
『平清盛 福原の夢』（講談社，2007年）
『平家の群像　物語から史実へ』（岩波書店，2009年）
『［増補改訂］清盛以前——伊勢平氏の興隆』（平凡社ライブラリー，2011年）

平家と六波羅幕府

2013年2月13日　初　版

［検印廃止］

著　者　髙橋昌明《たかはしまさあき》

発行所　一般財団法人　東京大学出版会
代表者　渡辺　浩
113-8654 東京都文京区本郷7-3-1　東大構内
http://www.utp.or.jp/
電話 03-3811-8814　Fax 03-3812-6958
振替 00160-6-59964

印刷所　株式会社平文社
製本所　矢嶋製本株式会社

ISBN 978-4-13-020150-6　Printed in Japan

索　引

事　項

（平家・平清盛・後白河院などは多数にのぼるため，省略した）

あ　行

か 行

さ 行

た　行

な　行

は 行

ま　行

や 行

ら 行

わ行・欧文

研 究 者